La formalisation vue d'en bas

•

Dans la même collection

1. J. KAMANDA KIMONA-MBINGA, *Le défi congolais. De la dégénérescence à la renaissance*, 2001.
2. Z. HABIMANA MAKAMBA (dir.), *Courants actuels de la philosophie africaine*, 2002.
3. Ph. DENIS et C. SAPPIA (dir.), *Femmes d'Afrique dans une société en mutation*, 2004.
4. P.-J. LAURENT (dir.), *Décentralisation et citoyenneté au Burkina Faso*, 2004.
5. M. PONCELET, G. PIROTTE, G. STANGHERLIN et E. SINDAYIHEBURA, *Les ONG en villes africaines. Études de cas à Cotonou (Benin) et à Lubumbashi (RDC)*, 2006.
6. Ch. BECKER et Ph. DENIS (eds), *L'épidémie du sida en Afrique subsaharienne. Regards historiens*, 2006.
7. E. P. NGOMA-BINDA, *Principes de gouvernance politique éthique… Et le Congo sera sauvé*, 2009.
8. P. PETIT (dir.), *Société civile et éducation. Le partenariat à l'épreuve du terrain*, 2010.
9. L. VIDAL & C. KUABAN (dir.), *Sida et tuberculose : la double peine ?Institutions, professionnels et société face à la coinfection au Cameroun et au Sénégal*, 2010.
10. J.-P. SEGIHOBE BIGIRA, *Partenariat pour les forêts du Bassin du Congo et développement durable. Le droit à l'épreuve des enjeux*, 2012.
11. D. MOTTIER, *Une ethnographie des pentecôtismes africains en France. Le temps des prophètes*, 2014.
12. M. NTUBUBA BISIMWA, *Les pouvoirs politiques traditionnels dans la gouvernance démocratique en RDC*, 2014.
13. J.-C. MASHINI, *Gouverance en RD Congo. Regard et témoignage*, 2014.
14. F. LAPEYRE et A. LEMAÎTRE (dir.), *Politiques publiques et pratiques informelle en Afrique subsaharienne*, 2014.
15. O. KAHOLA TABU, *Les ménages à Lubumbashi. Hébergement des parents et vie domestique*, 2014.
16. Y. P. MANDJEM, *Sortie de crise en Afrique (tome 1). Le déterminisme relatif des institutions de sortie de crise en Afrique*, 2015.
17. Y. P. MANDJEM, *Sortie de crise en Afrique (tome 2). Le jeu politique des acteurs*, 2015.
18. V. KIMBA KAPANDA, Précarité des populations de l'ex-Katanga face à la loi de la valeur mondialisée, 2017.
19. J.-P. MPIANA TSHITENGE, L'Université à Kinshasa à l'ère du partenariat éductatif, 2017.
20. D. HIMPAN-SABATIER et B. HIMPAN, *Nomades de Mauritanie*, 2018.
21. S. ANDREETTA, *« Saisir l'État ». Les conflits d'héritage, la justice et la place du droit à Cotonou*, 2018.

Collection « ESPACE AFRIQUE »

22

LA FORMALISATION VUE D'EN BAS

Enjeux pour la transition vers l'économie formelle

FRÉDÉRIC LAPEYRE ET SIMON BARUSSAUD (DIR.)

academia
L'Harmattan

D/2019/4910/7 ISBN : 978-2-8061-0441-0

Grand'Place, 29
B-1348 Louvain-la-Neuve

www.editions-academia.be

Préface

•

En juin 2015, l'Organisation internationale du Travail adoptait une Recommandation historique (Recommandation no. 204) sur la Transition de l'économie informelle vers l'économie formelle. Celle-ci était suivie, en septembre 2015, de l'adoption par l'Assemblée des Nations Unies de l'Agenda 2030 du développement et ses Objectifs de développement durable qui incluent l'objectif 8.3 sur la formalisation et son indicateur (la part de l'emploi informel dans l'emploi total).

L'économie informelle est la réalité du monde du travail de la grande majorité des gens des pays en développement ; en particulier en Afrique où l'emploi informel atteint près de 86 % de l'emploi total par rapport à une moyenne de 61 % à l'échelle mondiale. Si elle assure tant bien que mal, à travers ses pratiques et ses opportunités, les moyens de sécurisation des conditions de vie et de préservation du lien social, elle est aussi caractérisée par des situations de grande vulnérabilité et de déficits aigus de travail décent. C'est dans ce cadre que ces dernières années en Afrique, on accorde, dans le cadre des politiques publiques, une attention toujours plus grande à l'économie informelle. Cela donne lieu à la formulation de stratégies nationales de formalisation (Côte d'Ivoire, Sénégal, Zimbabwe, Ghana, Algérie, Maroc, etc.) et à la constitution d'organes interministériels de mise en œuvre de ces stratégies.

Toutefois, la connaissance de cette réalité a longtemps été tronquée, car la littérature sur l'économie informelle s'est longtemps basée sur l'hypothèse implicite que le développement économique procédait par la croissance du secteur moderne formel, censé absorber progressivement le secteur informel composé de toutes ces petites unités de production marquées par une faible productivité et par le manque de capacités transformatrices. De ce fait, peu de recherches ont été menées sur les logiques de fonctionnement propres aux acteurs de cette économie informelle et peu d'analyses approfondies éclairent les pratiques socio-économiques développées par ce vaste ensemble d'initiatives économiques au cœur des mécanismes de sécurisation des populations en Afrique.

C'est dans ce cadre que le l'Organisation internationale du Travail (OIT) a lancé une série de recherches en Afrique subsaharienne, à partir d'une approche sectorielle, afin de faire progresser les connaissances de la réalité de l'économie informelle et de ses possibilités de transition vers l'économie formelle.

Cette publication réunit un ensemble cohérent d'études de chercheurs impliqués dans des programmes de recherche sur le fonctionnement de l'économie informelle. L'objectif est de poser les bases d'un autre regard sur les pratiques populaires au sein de l'économie informelle en donnant une visibilité nouvelle aux pratiques de sécurisation (individuelle et collective) et aux dynamiques associatives de ces acteurs.

Les textes présentés ici ne reflètent pas nécessairement la position de l'OIT mais enrichissent nos connaissances de l'économie informelle en Afrique subsaharienne. À travers ce livre, l'OIT poursuit sa contribution originale aux débats académiques et politiques afin de permettre la formulation de politiques appropriées pour faciliter la transition vers l'économie formelle et promouvoir le travail décent pour tous.

Dramane Haidara

Directeur du Bureau de l'Organisation internationale du Travail pour la Côte d'Ivoire, le Bénin, le Burkina Faso, le Mali, le Niger et le Togo

Remerciements

•

Nous exprimons ici tous nos remerciements aux directeurs des bureaux de l'Organisation internationale du Travail (OIT) d'Abidjan et d'Antananarivo, Dramane Haidara et Christian Ntsay respectivement, pour avoir facilité ces études de terrain et pour leurs commentaires très constructifs.

Cet ouvrage n'aurait pu être possible sans le soutien financier du projet de l'OIT d'Appui à la Promotion de l'Emploi et Réduction de la Pauvreté en Afrique (APERP) financé par le Gouvernement de la République française. Nos remerciements vont tout particulièrement à son responsable, Jean-Paul Barbier, pour ses contributions techniques et nos échanges nombreux lors de missions conjointes.

Enfin, un grand merci à nos collègues et aux mandants de l'OIT qui ont accepté de consacrer du temps à une lecture critique du manuscrit et à Margot Vandenbossche et Valérie Clémens pour leur révision des textes et suggestions pertinentes afin d'assurer la qualité scientifique de cet ouvrage.

Simon Barussaud
Frédéric Lapeyre

Biographie des auteurs

•

Sylvie Ayimpam est chercheur associé à l'Institut des mondes africains à Aix-en-Provence en France. Elle a plusieurs années d'expérience dans le domaine des études de développement, tant locales qu'internationales, travaillant principalement comme chercheur et parfois comme consultant tout en étant impliquée dans l'enseignement universitaire. Ses recherches se situent dans l'articulation entre la socio-économie et la socio-anthropologie. Elle possède une expertise particulière en matière d'économie informelle et des stratégies de survie dans les milieux populaires urbains, domaine auquel elle a consacré plusieurs travaux. Ses autres domaines d'expertise et d'intérêt scientifique sont aussi variés que ses publications et portent notamment sur les conflits et les violences sociales ordinaires, l'informalité et l'entrepreneuriat en contexte migratoire, la gouvernance locale, la transition humanitaire, les modes informels de régulation sociale, etc. Son ouvrage sur *l'Économie de la débrouille à Kinshasa* a été publié à Paris aux éditions Karthala en 2014, et elle prépare actuellement un ouvrage collectif sur les pratiques quotidiennes à la marge des lois et des règles en Afrique pour 2019. Elle a aussi publié : « La valorisation du rebut. Le recyclage commercial de la fripe en contexte de crise », Revue *Techniques et Culture* no. 65-66, 2016/1-2 ; « Informal trade, Cross-border networks and Contraband of Asian textiles from Brazzaville to Kinshasa », *Journal of Borderlands Studies*, volume 30 no. 3/2015, « De la fripe à la Sape. Migrations congolaises et modes vestimentaires » (avec Léon Tsambu), *Revue Hommes et Migrations* no. 1310, avril-juin 2015 ; « Commerce transfrontalier et migration féminine entre les deux Congo », *Revue Tiers Monde* no. 217 (1/2014) ; « Commerce et contrebande : les réseaux d'importation des textiles imprimés entre Brazzaville et Kinshasa », *Revue Espaces et sociétés* no. 155, 4/2013.

Simon Barussaud, chercheur franco-burkinabè, réside en Côte d'Ivoire et est titulaire d'un doctorat en socio-économie (Université de Genève) portant sur les politiques de développement du secteur privé et leur impact sur la dynamique entrepreneuriale au Burkina Faso. Il est spécialiste du développement des micros et petites entreprises (MPE), de l'économie informelle et du rôle des TIC comme vecteur d'inclusion financière en Afrique de l'Ouest (*Mobile Money*). Coordinateur principal de plusieurs études diagnostiques effectuées pour le compte du BIT au Burkina Faso (2016) et en Côte d'Ivoire (2017, 2018), centrées sur la formalisation des MPE, la santé et sécurité au travail et les principes et droits fondamentaux des travailleurs. Membre de plusieurs réseaux de chercheurs Nord-Sud (CEAB, CODESRIA, S-SAM) abordant les principaux enjeux du développement économique et social de l'Afrique subsaharienne. Parmi ses publications récentes : (avec Morvant S. and Peixoto-Charles A.), « *Here and There? Mobile money and the politics of transnational living patterns in West Africa* », *Development and Change*, (Forthcoming); *Les ambitions des politiques de développement du secteur privé face à l'instabilité de la dynamique entrepreneuriale à Ouagadougou* (Genève : Université de Genève) ; « Les politiques sectorielles intégrées de formalisation de l'emploi : L'exemple du secteur commercial au Burkina Faso », *Working Paper* no. 220, Bureau international du Travail, 2014 ; « Impact des politiques de développement du secteur privé au Burkina Faso : entre indifférence et espoirs déçus des petits entrepreneurs » in Lapeyre, F., et A. Lemaître, A. (eds), *Politiques publiques et pratiques de l'économie informelle en Afrique subsaharienne*, Louvain-la-Neuve, Academia, 2014.

Florence Bonnet est spécialiste du marché du travail pour les questions relatives à l'économie informelle au sein du Service des marchés du travail inclusifs, des relations professionnelles et des conditions de travail de l'Organisation internationale du Travail (OIT). Elle est responsable des diagnostics nationaux sur l'informalité et principal auteur de la publication *Women and Men in the Informal Economy : A statistical Picture*, Genève, Bureau internationale du Travail, 2018. Florence Bonnet travaille pour le BIT depuis 1994 en tant qu'analyste quantitative sur les questions relatives à l'informalité, à la protection sociale et à la sécurité socio-économique. Elle a été responsable des statistiques du département de la protection sociale du BIT de 2006 à 2014 et à ce titre, en charge des activités de collecte d'information et d'analyse de la sécurité sociale au niveau global et des diagnostics et du suivi de l'extension et de ses effets au niveau des projets pays. Co-auteur des rapports sur la protection sociale dans le monde (2010/11 et 2014/15). A rejoint le département de la Recherche en 2014 pour couvrir les sujets relatifs à la protection sociale, aux formes atypiques d'emploi et aux questions liées à l'emploi informel. Auteur de plusieurs chapitres des rapports sur « Emploi et questions sociales dans le monde ».

Justin Katumba Ndadua est chercheur au département de sociologie de l'Université de Lubumbashi. Titulaire d'un diplôme de deuxième cycle universitaire en sociologie avec une spécialisation en sociologie de la famille, il occupe actuellement le poste scientifique de « chef de travaux ». Il est également chargé de cours au département de sociologie à l'Université de Lubumbashi et enseigne principalement les statistiques. Il a mené plusieurs études statistiques pour le compte du Gouvernorat de la province du Haut Katanga et de l'association de santé familiale. Il prépare actuellement une thèse de doctorat en sociologie à l'Université de Lubumbashi, et son domaine principal de recherche est la santé de la reproduction.

Frédéric Lapeyre est coordonnateur principal pour la transition vers l'économie formelle au Département des Politiques de l'Emploi de l'Organisation internationale du Travail (OIT) au sein de laquelle il supervise des programmes de recherche et appuie les processus de formulation des politiques nationales de formalisation dans de nombreux pays, notamment africains. Il est titulaire d'un doctorat en études du développement de l'Université catholique de Louvain (UCL). Avant de rejoindre l'OIT, il était professeur à l'UCL, Président de l'École Doctorale en études du développement pour les universités francophones de Belgique, membre du projet d'histoire intellectuelle des Nations Unies et *Fulbright Post-doctoral fellow* à la Brown University (Watson Institute for International Studies). Parmi ses principales publications : (avec R. Jolly, L. Emmerij, D. Ghai) *The Contributions of the United Nations to Development Theory and Practices*, Bloomington, Indiana University Press, 2004 ; (avec A. Bhalla) *Poverty and Exclusion in a Global World*, New York, Palgrave, 2004 ; « Logique de l'accumulation versus logique de développement : les enjeux des nouveaux partenariats publics-privés et la participation des acteurs non étatiques », *Annuaire suisse de politiques de développement*, 2005, Vol.24, no.2 ; « Mondialisation, néo-modernisation et "devenirs" : un autre regard sur les pratiques populaires », in G. Froger (éd.), *La mondialisation contre le développement durable* ?, Paris : PIE Peter Lang, collection Ecopolis, 2006 ; « Développement, acteurs et régulations : retour sur une expérience d'enseignement profane » in I. Amoukou et J.M. Wautelet (eds), *Croisement des Savoirs*, Louvain-la-Neuve, PUL, 2007 ; (avec I. Hillenkamp and A. Lemaitre) *Securing Livelihoods: Informal Economy Practices and Institutions*, Oxford, Oxford University Press, 2013 ; « Securing Livelihoods in Africa: Towards Multi-scalar Policy Frameworks », *European Journal of Development Research*, no. 25, 2013 ;

(avec A. Lemaitre). *Politiques publiques et pratiques de l'économie informelle en Afrique subsaharienne*, Louvain-la-Neuve, Academia, 2014 ; « L'Organisation internationale du Travail face au travail dans l'économie informelle », *Revue de droit comparé du travail et de la sécurité sociale,* no. 3, 2017.

Modeste Mutombo Kyamakosa est professeur à la faculté des sciences économiques et de gestion de l'Université de Lubumbashi. Docteur en sciences économiques de l'Université de Lubumbashi ; il est également détenteur d'un diplôme spécialisé en études de développement de l'Université catholique de Louvain et d'un master en économie rurale des facultés agronomiques de Gembloux. Il a travaillé en tant qu'expert de l'Union internationale des télécommunications, et a occupé plusieurs postes ministériels. Il a coordonné le projet du Bureau international du Travail d'appui économique aux jeunes du Katanga (PAEJK). Il a aussi occupé des fonctions de direction au sein de la Gécamines. Son domaine principal de recherche porte sur les mutations économiques informelles auxquelles il a consacré sa recherche doctorale et de nombreuses publications. Il s'intéresse également aux mutations dans le domaine des télécommunications. Il a notamment publié : (avec F. Lapeyre, P. Lebailly et L. M. M'Bayo), *Le modèle de croissance Katangais face à la crise financière mondiale : Enjeux en termes d'emplois*, ILO Working Paper Series no. 82, 2011.

Jean José RAKOTOASIMBOLA est ingénieur statisticien-économiste, diplômé de l'Institut sous-régional de statistique et d'économie appliquée (ISSEA) de Yaoundé au Cameroun et titulaire d'une maîtrise *ès* Mathématiques de l'Université de Fianarantsoa – Madagascar. Il est spécialiste en data mining et en modélisation économétrique. Avant d'occuper actuellement le poste de Directeur de la base de données au sein de l'Office national de l'emploi et de la formation (ONEF) de Madagascar, il est chef de service de méthodologie et de collecte à la Direction des statistiques des ménages (DSM) de l'Institut national de la statistique de Madagascar (INSTAT). Il participe, en tant qu'analyste principal, à la conception et à la conduite de différentes enquêtes et études statistiques menées par l'INSTAT telles que l'enquête sur la transition des jeunes vers la vie active (ETVA), l'enquête « *No Poor* », l'enquête de référence du Projet pôles intégrés de croissance (PIC2) et bien d'autres. En 2015 et 2016, il était également responsable de la modélisation et de la prévision de l'inflation à l'INSTAT.

Faly Hery Rakotomanana est titulaire d'un doctorat en économie de l'Université Montesquieu Bordeaux IV-FRANCE et ingénieur statisticien-économiste, diplômé de l'École nationale supérieure de la statistique et de l'économie appliquée (ENSEA) d'Abidjan en Côte d'Ivoire. Il est spécialiste du marché du travail et du secteur informel et travaille actuellement à la Direction générale de l'Institut national de la statistique de Madagascar (INSTAT) en tant que Conseiller technique et à la Banque mondiale à Madagascar en tant que consultant. Entre 2011-2017, il a travaillé en tant que Directeur des statistiques des ménages à l'Institut national de la statistique de Madagascar, premier responsable de plusieurs enquêtes, dont l'Enquête nationale sur l'emploi et le secteur informel ENEMPSI-2012, l'Enquête Afrobaromètre – 2013, l'Enquête sur la transition des jeunes vers la vie active ETVA-2013-2015. En matière d'analyses, ses travaux portent principalement sur le marché du travail, le secteur informel, la pauvreté et le bien-être des ménages ainsi que sur la gouvernance. Il est l'auteur de nombreux articles sur Madagascar, dont : « Surviving or Thriving: Efficiency Level of Production Units and its Determinants in Madagascar: a Heterogeneous Sector », *R4D Working Paper Series* , World Trade Institute, 2016/7 ; « Labor Market, Economic Situation and Development Policy in Madagascar », *R4D Working Paper Series*, World Trade Institute, 2015/3; « Utility-Consistent Poverty in Madagascar, 2001-2010: Snapshots in the Presence of Multiple Economy-wide Shocks », *WIDER Working Paper Series*, 2014/122; « Efficacité technique des unités de production informelles : une approche de régressions quantiles. Le cas de l'agglomération d'Antananarivo », *Documents de travail* no. 150, 2010, Groupe d'économie du développement de l'Université Montesquieu Bordeaux IV ; « Déterminants de la volonté de s'enregistrer des entreprises informelles à Madagascar : implications sur les stratégies de l'administration », *Stateco* no. 104, 2009.

Gérard Tukumbi Ramazani est docteur en sociologie et professeur associé à la Faculté des sciences sociales, politiques et administratives au Département de sociologie à l'Université de Lubumbashi. Il est actuellement Directeur de cabinet du Directeur général de l'Institut supérieur d'études sociales (ISES) de Lubumbashi. Son centre d'intérêt scientifique porte sur l'action publique et le développement durable. Il mène ses recherches postdoctorales sur la lutte contre la vulnérabilité en milieux urbains et ruraux dans la province du Haut Katanga en RDC.

Aimé Herinjatovo Ramiarison est enseignant chercheur au Département d'économie de l'Université d'Antananarivo, Madagascar. Il dirige également l'*Observatoire pour le développement national des res-*

sources humaines du niveau de l'enseignement supérieur (ODRES) de l'Université. Il a obtenu sa Maîtrise *ès* Sciences Économiques en 1988 à l'Université de Madagascar. Après quelques années d'expérience dans le secteur privé, il a continué des études post-universitaires au *Graduate School of Commerce* de *Meiji University*, Tokyo, Japan, en 1996. Il a obtenu les diplômes de M.A. et de Ph.D en Commerce en 1998 et 2002. L'Économie de développement est son principal domaine de recherche. À l'ODRES, il a dirigé divers projets de recherche sur l'industrie du vêtement, la mondialisation, l'industrialisation et l'emploi ; il a collaboré avec divers partenaires internationaux tels que l'*Institute of Developing Economies* (IDE-JETRO) Japon, l'Union européenne et l'Organisation internationale du Travail. Le Dr Ramiarison a été Professeur Visiteur à Meiji University, School of Commerce, et *Visiting Research Fellow* à l'IDE-JETRO, au Japon. Il a également occupé le poste de conseiller spécial, en charge des relations économiques avec le Japon, auprès du ministre de l'Économie, du Commerce et de l'industrie de Madagascar en 2008. En 2004, il a créé l'*Observatoire malgache de l'Emploi et de la Formation professionnelle continue et entrepreneuriale* (OMEF), un organisme public affilié au ministère chargé de l'emploi, dont il a été le Directeur jusqu'en 2010. Parmi ses publications récentes : "Export-Oriented Garment Industry in Madagascar: Implication of FDI to the Local Economy", in Fukunishi, T. (ed.) *Delivering Sustainable Growth in Africa: African Farmers and Firms in a Changing World,* London, Palgrave, Macmillan, *2013*; "Madagascar: Unyielding Growth among Political Turmoil", in Fukunishi, T and Yamagata, T. (eds) *The Garment Industry in Low Income Countries: An Entry point of Industrialization,* London Palgrave, Macmillan, 2014 and "Impact of Doha Round on Population's Welfare and Their Perception of Globalization: The Case of Madagascar", in Hiroshi S.K. and Yanai A. (eds), *Toward an Inclusive and a Little Bit Ethical Trading System: Listening to the Voices of Producers and Consumers*, IDE Policy Proposal Research series, Chiba, Japan, IDE-JETRO, 2014.

Herinjatoelina Ramiarison a étudié au sein de l'Institut national des sciences comptables et d'administration d'entreprises à Madagascar (INSCAE) où il a obtenu, en 2013, un Master de recherche en sciences de gestion en co-diplomation avec l'Institut d'administration d'entreprises de l'Université de Poitiers en France (IAE Poitiers). Il est également titulaire d'un Master en commerce international de l'INSCAE. Après ses études, il a travaillé comme consultant en développement et en études économiques au sein du FTHM Consulting, un cabinet de conseil leader à Madagascar et en Afrique, de 2013 à 2018. Depuis 2018, il œuvre en tant que Consultant indépendant. Dans ce cadre, il a été le Coordonnateur des équipes d'enquête pour deux études lancées par le Bureau International du Travail (BIT) à Madagascar à savoir (i) le Diagnostic approfondi sur le respect des principes et droits fondamentaux du travail et de la santé sécurité au travail dans les PME et (ii) le Diagnostic sur le fonctionnement des filières commerciales informelles et la promotion de l'emploi décent. Il a aussi coordonné une équipe de consultants pour l'élaboration d'un livre blanc de la société civile malgache sur les thématiques de la gouvernance, de la protection sociale, de l'économie et de l'environnement.

Olivier Kahola Tabu est chercheur au Laboratoire de recherches sociales, économiques et politiques (LARSEP), il est également enseignant à l'Université de Lubumbashi, attaché au département de sociologie de la faculté des sciences sociales, politiques et administratives. Il mène depuis 2000 des ethnographies sur les dynamiques familiales urbaines à Lubumbashi. Il a travaillé pendant plusieurs années avec les entreprises minières et les ONG dans le cadre de recherches contractuelles. Il a exploré diverses thématiques, notamment : la situation des enfants de la rue, les enfants travailleurs et la situation socio-économique des ménages dans les zones minières.

Chapitre 1

Conditions du « voir » et « faire voir » les acteurs de l'économie informelle

•

Frédéric Lapeyre

« Il y a des moments dans la vie où la question de savoir si on peut penser autrement qu'on ne pense et percevoir autrement qu'on ne voit est indispensable pour continuer à regarder ou à réfléchir »

In *Usage des plaisirs*, Michel Foucault

1. Introduction

L'économie informelle a pendant longtemps été une boîte noire, faute de données disponibles et compte tenu de la diversité et de la complexité des institutions et des pratiques à l'œuvre en son sein. C'est pourtant la réalité du monde du travail de la grande majorité des travailleurs et des unités économiques dans les pays à bas et moyen revenu et un phénomène non négligeable dans les pays à haut revenu comme le rappellent les préoccupations grandissantes de l'Union européenne au sujet des impacts négatifs du travail non déclaré sur le modèle social européen.

Les données existantes montrent que l'économie informelle représente de nos jours une part très importante de la structure de l'emploi à l'échelle mondiale. Les estimations récentes du BIT montrent que la part de l'emploi informel total (incluant l'agriculture) dans l'emploi total mondial atteindrait 61 %, avec des taux encore plus élevés en Asie du sud (87,8 %) et en Afrique subsaharienne (85,8 %) (BIT, 2018).

Si certaines activités au sein de l'économie informelle permettent d'assurer un revenu et un niveau de vie acceptables, la plupart des travailleurs informels connaissent des conditions de vie et de travail marquées par des niveaux de vulnérabilité très élevés et des obstacles structurels à l'amélioration de leur bien-être. Un nombre de plus en plus important d'études empiriques récentes révèle que les travailleurs de l'économie informelle sont généralement exposés à un plus grand risque de pauvreté et à des conditions de travail plus précaires et plus dangereuses que les travailleurs de l'économie formelle (BIT, 2009 et 2014).

Toutefois, la première étape dans la conception d'interventions efficaces pour faciliter la transition vers l'économie formelle consiste à prendre conscience du caractère hétérogène de l'économie informelle, des nombreuses catégories de travailleurs et unités économiques en jeu, des divers éléments moteurs de la croissance de l'économie informelle et des raisons de l'informalisation de l'économie formelle. L'économie informelle regroupe, en effet, des travailleurs ayant des caractéristiques spécifiques à bien des égards : revenu (niveau, régularité, caractère saisonnier) ; situation dans la profession (employés, employeurs, travailleurs indépendants, travailleurs occasionnels, travailleurs domestiques, etc.) ; secteur d'activité (commerce, agriculture, industrie, etc.) ; type et taille d'entreprises, lieu d'activité (urbain ou rural) ; protection sociale (contribution à la sécurité sociale) ; et protection de l'emploi (type et durée du contrat, congé annuel) (BIT, 2013).

Les préoccupations nouvelles des décideurs politiques concernant les voies de transition vers l'économie formelle sont le fruit de la reconnaissance progressive du fait que l'économie informelle est marquée par de graves déficits de travail décent, qui minent les conditions d'un développement juste et durable. C'est dans ce contexte que l'Europe et l'Amérique Latine, et notamment le Brésil, l'Argentine et l'Uruguay, ont développé depuis les années 1990 des cadres de politiques qui visent à faciliter la transition des unités économiques et de l'emploi vers l'économie formelle et à s'attaquer à l'emploi non déclaré.[1] Toutefois la formulation de stratégies de formalisation en Afrique est un processus nouveau qui prend de l'ampleur comme le montrent les efforts de la Côte d'Ivoire, de l'Afrique du Sud ou encore du Zimbabwe.

La reconnaissance croissante des implications négatives d'une économie informelle omniprésente dans la structure économique des pays en développement s'appuie sur des analyses multidimension-

1 Voir à ce sujet : European Commission (2007) ; *Eurofound (2008)* ; Eurofound (2013) ; Deelen, L. (2015) ; Bertranou, F. et L. Casanova (2013).

nelles qui montrent combien les acteurs de l'économie informelle doivent faire face à une très faible productivité, à l'absence d'accès au crédit, aux restrictions d'accès aux marchés, à l'absence d'État de droit, à l'absence de protection sociale, à de faibles niveaux de formation, à des conditions de travail mauvaises, voire dangereuses et au manque de représentation et de participation dans les organes consultatifs (BIT, 2014).

Cette prise de conscience à l'échelle nationale et internationale des implications de l'économie informelle sur la poursuite des objectifs de développement durable et de promotion du travail décent a abouti à l'adoption de deux instruments internationaux importants pour l'orientation des politiques de développement. Tout d'abord, en juin 2015, une recommandation de l'Organisation internationale du Travail (R.204) sur la transition de l'économie informelle vers l'économie formelle,[2] puis, en septembre 2015, les Objectifs de développement durable, par l'Assemblée des Nations Unies, qui incluent l'objectif 8.3 sur la formalisation et son indicateur sur la part de l'emploi informel dans l'emploi total.[3]

L'objectif des études réunies dans cet ouvrage est d'enrichir, voire de renouveler les données du débat entre décideurs politiques sur la question de la transition de l'économie informelle vers l'économie formelle et l'emploi décent en Afrique. Cette publication, qui vient compléter un livre précédent (Lapeyre et Lemaitre, 2014), s'inscrit dans le cadre d'un vaste programme lancé par le Bureau international du Travail (BIT) à la suite de l'adoption de la recommandation no. 204 afin d'appuyer ses États membres dans leur démarche de transition vers l'économie formelle. C'est dans ce cadre que le BIT a notamment lancé une série d'études sectorielles en Afrique subsaharienne à partir d'enquêtes qualitatives auprès des acteurs de l'économie informelle.

Il s'agit ici de poser les bases d'un autre regard sur les pratiques populaires au sein de l'économie informelle à partir de l'étude des pratiques économiques et sociales (individuelles et collectives) des acteurs de l'économie informelle. Ces études ouvrent donc la boîte noire des pratiques des opérateurs d'unités économiques informelles, encore peu connues d'un point de vue socio-économique, pour y mettre en exergue les logiques qui leur sont propres, leurs modes de fonctionnement, ainsi que les mécanismes spécifiques de création d'emplois,

---

2 https://www.ilo.org/wcmsp5/groups/public/---ed_norm/---relconf/documents/meetingdocument/wcms_377776.pdf

3 Consulter https://www.un.org/sustainabledevelopment/fr/economic-growth/

de coordination, d'allocation du surplus, ou de distribution du revenu. Pour faire face aux défis imposés par les processus multiformes d'insécurisation, les acteurs de l'économie informelle peuvent s'appuyer sur un tissu dense de liens économiques et sociaux ainsi que de formes associatives. Les recherches présentées ici apportent des éléments permettant de comprendre les différents mécanismes de coordination des acteurs de l'économie informelle qui déterminent leurs relations avec une diversité d'acteurs externes, notamment les acteurs publics.

Un nombre croissant de pays produit des informations sur la situation de l'emploi informel. Nous allons combiner à cette analyse « d'en haut » des caractéristiques de l'économie informelle (chapitre 2) une « analyse « d'en bas » basée sur un ensemble d'enquêtes qualitatives qui visent à donner une voix aux acteurs de l'économie informelle afin qu'ils parlent de leur vécu, des raisons de l'informalité de leur activité et des obstacles, mais aussi des incitations à leur engagement dans une démarche de formalisation (chapitres 3 à 8).

2. Mesurer l'économie informelle : Enjeux statistiques

En 1972, à l'occasion de la publication d'un rapport de mission multidisciplinaire sur l'emploi au Kenya (BIT, 1972), le BIT lançait le concept de « secteur informel » dans le débat sur les politiques de développement. Ce rapport a joué un rôle déterminant dans le changement de regard sur la situation de l'emploi et sur les défis en matière de développement dans les pays concernés. Depuis lors, le BIT est au centre des efforts engagés visant à analyser et à comprendre les problèmes théoriques et socio-économiques associés au phénomène de l'économie informelle.

Le discours académique et politique autour de l'économie informelle est vaste et repose sur une gamme de différentes conceptualisations de l'informalité et de ses manifestations (BIT, 2013). Les conclusions de la Conférence internationale du Travail (CIT) de 2002 constituent, dans ce cadre, un jalon dans le débat sur la caractérisation de l'emploi informel. Face à l'ampleur, aux dimensions et au caractère hétérogène du phénomène, la CIT a permis le passage conceptuel du secteur informel vers l'économie informelle dont le champ, en termes de politiques, est nettement plus large (BIT, 2002a). En effet, « emploi dans le secteur informel » et « emploi informel » sont des concepts qui se réfèrent à des aspects différents de l'« informalisation » de l'emploi et à des objectifs différents en matière d'élaboration de politiques. Ces deux concepts ne sont donc pas interchangeables, mais sont tous deux utiles à des fins de description et d'analyse et se complètent mutuellement. Les utilisateurs de statistiques et autres ont souvent tendance à confondre les deux concepts parce qu'ils ignorent que ces concepts font référence à des unités d'observation différentes : d'un côté les entreprises et de l'autre, les emplois (BIT, 2013). Il faut les définir et les mesurer de manière cohérente afin que chacun soit bien identifiable car la différence entre l'emploi informel et l'emploi dans le secteur informel est une conséquence de l'existence d'un emploi informel en dehors du secteur informel (dans le secteur formel ou dans les ménages sous forme de travail non déclaré ou sous-déclaré).

La Conférence internationale du Travail (en 2002) et la Conférence internationale des statisticiens du Travail (CIST) (en 1993 et 2003) sont convenues d'un certain nombre de concepts qui fournissent un cadre conceptuel cohérent. Dans ce cadre :

- L'**économie informelle** est l'ensemble « de toutes les activités économiques de travailleurs et d'unités économiques qui ne sont pas couvertes – en vertu de la législation ou de la pratique – par des dispositions formelles. Ces activités n'entrent pas dans le champ d'application de la loi, ce qui signifie que les travailleurs et les unités y opèrent en marge de la loi ; soit qu'ils ne sont pas couverts dans la pratique, ce qui signifie que la loi ne leur est pas appliquée alors même qu'ils opèrent dans le cadre de la loi ; soit que la loi n'est pas respectée parce qu'elle est inadaptée, contraignante ou impose des charges excessives ».[4]
- Le **secteur informel** est constitué d'unités de production informelles (nommées **entreprises du secteur informel**). Le secteur informel comprend les unités de production agricoles informelles mais ne comprend pas les ménages employant des travailleurs domestiques[5].
- Les **entreprises du secteur informel (*entreprises informelles*)** sont des entreprises privées, non constituées en société, qui ne sont pas enregistrées selon des formes spécifiques de la législa-

---

4 BIT, *Conclusions concernant le travail décent et l'économie informelle*, Conférence internationale du Travail, 90e session, Genève, 2002.

5 CIST 17e session, 2003.

tion nationale, comme les actes industriels ou commerciaux, les lois fiscales ou de sécurité sociale, les actes règlementaires des groupes professionnels ou les lois similaires ou les lois ou les réglementations établies par les organes législatifs nationaux[6] et/ou dont les employés ne sont pas enregistrés.[7]

- L'**emploi informel** peut se produire dans le secteur formel comme dans le secteur informel ou dans les ménages (par exemple dans le cas du travail domestique). On considère que les salariés exercent un emploi informel lorsque leur relation d'emploi n'est pas soumise à la législation du travail, à l'impôt sur le revenu, à la protection sociale ou au droit à certains avantages liés à l'emploi (par exemple, le préavis en cas de licenciement, l'indemnité de licenciement, les congés payés annuels ou les congés de maladie payés, etc.).[8] Les travailleurs à leur propre compte, les employeurs occupés dans leur propre entreprise et les membres des coopératives de producteurs sont considérés comme exerçant un emploi informel si l'unité de production est informelle. On considère que tous les travailleurs familiaux (non rémunérés) collaborant à l'entreprise familiale exercent un emploi informel.[9]

Conformément à la notion initiale et afin de définir le secteur informel, la résolution de la 15e CIST est partie de la perception d'un secteur informel en tant que concept analytique/politique plutôt que concept statistique comme l'indique le paragraphe 5(1) de la résolution de la 15e CIST :

« Le secteur informel peut être décrit, d'une façon générale, comme un ensemble d'unités produisant des biens ou des services en vue principalement de créer des emplois et des revenus pour les personnes concernées. Ces unités ayant un faible niveau d'organisation, opèrent à petite échelle et de manière spécifique, avec peu ou pas de division entre le travail et le capital en tant que facteurs de production. Les relations d'emploi – lorsqu'elles existent – sont surtout fondées sur l'emploi occasionnel, les liens de parenté ou les relations personnelles et sociales plutôt que sur des accords contractuels comportant des garanties en bonne et due forme. »

---

6 *Travail décent et économie informelle*, rapport VI, CIT 90e session, 2002.

7 CIST 15e session, 1993. La définition opérationnelle adoptée par la CIST en 1993 comprend le critère de la dimension aux fins de la mesure qui ici est exclu.

8 CIST, 17e session, 2003.

9 *Travail décent et économie informelle*, rapport VI, CIT, 90e session, 2002.

Le secteur informel est défini en fonction des unités de production (les entreprises), dans lesquelles se situe l'activité (c'est l'approche axée sur l'entreprise), et non pas en fonction des caractéristiques des personnes impliquées ni de leur emploi (c'est l'approche axée sur la main-d'œuvre). Par conséquent, on considère que les personnes travaillent dans le secteur informel si elles opèrent dans des entreprises dont les caractéristiques correspondent à la définition de ce secteur.

Le terme d'« entreprise » doit être compris au sens large comme étant « toute unité de production de biens et de services destinés à la vente ou au troc ». Ce terme couvre non seulement les unités de production qui emploient des travailleurs ou achètent des services à d'autres unités, mais aussi les unités possédées et exploitées par des personnes seules travaillant pour leur propre compte en tant que travailleurs indépendants, soit seules, soit avec l'aide de membres de la famille non rémunérés. Les activités de production peuvent être exercées au domicile du propriétaire de l'entreprise ou en dehors de celui-ci, et peuvent être exercées dans des lieux identifiables ou non, ou sans lieu fixe. Les vendeurs ambulants indépendants, les chauffeurs de taxi, les travailleurs à domicile, etc. sont donc considérés comme des entreprises. Étant donné que l'acception traditionnelle du terme « entreprise » se limite généralement aux unités dans des locaux fixes et visibles, en dehors des logements, il est préférable de le remplacer par le terme d'« unité économique ».

Le paragraphe 11 de la résolution de la 15e CIST définit la « population occupée dans le secteur informel » comme étant constituée de toutes les personnes qui, pendant une période de référence donnée, étaient pourvues d'un emploi dans au moins une entreprise du secteur informel, indépendamment de leur situation dans la profession, et du fait que cet emploi constitue leur activité principale ou secondaire.

Toutefois, une définition du secteur informel fondée sur l'entreprise ne peut pas rendre compte de tous les aspects de l'économie informelle et des phénomènes d'« informalisation » de l'emploi que l'on peut observer dans de nombreux pays. C'est pourquoi, la Conférence internationale du Travail, lors de sa 90e session (2002), a utilisé le terme d'« économie informelle » pour faire référence à « toutes les activités économiques de travailleurs et d'unités économiques qui ne sont pas couvertes – en vertu de la législation ou de la pratique – par des dispositions formelles » (BIT, 2002a). La CIT a mis l'accent sur les deux composantes de l'emploi dans l'économie informelle : a) l'emploi dans le secteur informel défini par la résolution de la 15e CIST, et b), l'emploi informel en dehors du secteur informel (BIT, 2002b).

Le cadre conceptuel des directives de la 17e CIST (2003), établit un lien cohérent entre le concept de l'emploi dans le secteur informel fondé sur l'entreprise et le concept plus large de l'emploi informel fondé sur l'emploi. Les « unités de production » sont classées en trois groupes : les entreprises du secteur formel, les entreprises du secteur informel et les ménages. Les « entreprises du secteur formel » sont constituées de sociétés (y compris les quasi-sociétés), d'institutions à but non lucratif, d'entreprises non constituées en sociétés dirigées par des organismes d'état et d'entreprises privées non constituées en sociétés produisant des biens et des services destinés à la vente ou au troc qui ne font pas partie du secteur informel. La définition des « entreprises du secteur informel » a déjà été donnée aux paragraphes ci-dessus.

Les « ménages » en tant qu'unités de production comprennent ici les ménages produisant des biens exclusivement destinés à leur consommation personnelle (par exemple l'agriculture de subsistance, la construction de son propre logement, la fabrication de vêtements, de meubles, la collecte de l'eau et de combustible, etc.) ainsi que les ménages employant des travailleurs domestiques rémunérés (aides ménagères, gardes d'enfants, blanchisseurs, personnel de surveillance, jardiniers, chauffeurs, etc.). Les ménages produisant des services domestiques ou personnels non rémunérés (par exemple les travaux ménagers, les soins donnés aux membres de la famille) pour leur consommation personnelle en sont exclus, étant donné que ces activités se situent au-delà du domaine de la production du système de comptabilité nationale (même si elles sont incluses dans le domaine « général » de la production de ce dernier) et que le fait d'effectuer ces activités n'est pas considéré comme constituant un « emploi ».

Dès lors, le paragraphe 3 des directives de la 17e CIST définit « l'emploi informel » comme étant le nombre total d'emplois informels, qu'ils soient exercés dans des entreprises du secteur formel, des entreprises du secteur informel ou dans les ménages, au cours d'une période de référence donnée. Il comprend :

a. Les personnes travaillant pour leur propre compte et les employeurs travaillant dans leur propre entreprise du secteur informel (les entreprises individuelles non constituées en société dont au moins une partie de la production est destinée au marché et qui ne sont pas enregistrées ou dont le nombre de salariés est réduit (par exemple inférieur à 5)) ;

b. Tous les travailleurs familiaux collaborant à l'entreprise familiale ;

c. Les salariés dont l'emploi est informel, c'est-à-dire les salariés qui ne sont pas protégés par le droit du travail ou qui n'ont pas de sécurité sociale en tant que salariés, ou qui n'ont pas droit à d'autres prestations liées à l'emploi comme le congé payé annuel ou le congé de maladie rémunéré ;

d. Les membres des coopératives informelles de producteurs (qui ne sont pas constituées en entités légales) ;

e. Les travailleurs à leur propre compte produisant des biens exclusivement destinés à leur consommation personnelle (s'ils sont considérés comme occupés).

Le chapitre 2 présenté par Florence Bonnet détaillera l'approche adoptée par le BIT afin de produire des données comparables sur les niveaux et sur les caractéristiques de l'emploi informel pour plus de 100 pays représentant près de 90 % de la force de travail mondiale. Elle présentera aussi les dernières estimations de la situation de l'emploi informel en Afrique.

3. Transition de l'économie informelle vers l'économie formelle : Objectifs et approche de la recommandation no. 204 de l'OIT

Si l'OIT s'est intéressée très tôt à la question du secteur informel puis de l'économie informelle, elle n'avait jamais proposé d'instrument international ciblant spécifiquement cette dernière. La Convention no. 189 sur le travail domestique, adoptée en 2011, mettait l'accent sur l'ampleur de l'emploi informel dans ce secteur d'activité et sur ses implications en termes de déficit de travail décent. La Recommandation no. 202 sur les socles de protection sociale, adoptée en 2012, mettait quant à elle l'accent sur la nécessité d'étendre la couverture de protection sociale aux travailleurs de l'économie informelle qui en étaient privés.

Dans ce contexte, l'adoption de la Recommandation no. 204 sur la transition de l'économie informelle vers l'économie formelle est d'importance stratégique pour le monde du travail. Il s'agit de la première norme internationale qui traite de l'économie informelle dans sa totalité et sa diversité et qui pose explicitement que la transition vers l'économie formelle est la seule voie possible pour faire du travail décent une réalité pour tous et pour promouvoir un développement inclusif. La recommandation, instrument non contraignant de portée universelle, prend acte de la grande diversité des situations d'informalité, et tient notamment compte de la spécificité des contextes nationaux et des priorités des divers pays, eu égard à la transition vers l'économie formelle, tout en proposant des principes directeurs et des orientations politiques concrètes pour satisfaire ces priorités.

Fidèle à son fonctionnement tripartite mettant en action le dialogue social entre gouvernements et organisations de travailleurs et d'employeurs, l'OIT a été pendant deux ans (2014-2015) un vaste espace de concertation et de négociation sur la question de la transition vers l'économie formelle. Si des visions concurrentes, voire conflictuelles, pouvaient exister sur la nature et les modalités de la transition, il y avait par contre un consensus global autour de l'idée que la formalisation était une condition nécessaire de la lutte contre les déficits de travail décent.[10] Le préambule de la Recommandation reconnaît que, « de par son ampleur, l'économie informelle, sous toutes ses formes, constitue une entrave de taille aux droits des travailleurs, y compris les principes et droits fondamentaux au travail, à la protection sociale, à des conditions de travail décentes, au développement inclusif et à la primauté du droit, et qu'elle a un impact négatif sur l'essor des entreprises durables, les recettes publiques, le champ d'action de l'État, notamment pour ce qui est des politiques économiques, sociales et environnementales, ainsi que sur la solidité des institutions et la concurrence loyale sur les marchés nationaux et internationaux ».

L'esprit de la Recommandation est de reconnaître que la formalisation est un moyen vers un développement durable et juste et non une fin en soi puisque « c'est dans l'économie informelle que les déficits de travail décent, – déni des droits au travail, insuffisance des possibilités d'emploi de qualité, protection sociale inadéquate et absence de dialogue social – sont les plus prononcés » (*Préambule).* Cette position résulte aussi du constat que « la plupart des individus n'entrent pas dans l'économie informelle par choix mais du fait du manque d'oppor-

---

10 *Text of the recommendation concerning the transition from the informal to the formal economy*, Genève, BIT. Disponible sur la page web suivante : https://www.ilo.org/wcmsp5/groups/public/---ed_norm/---relconf/documents/meetingdocument/wcms_377776.pdf

tunités dans l'économie formelle et faute d'avoir d'autres moyens de subsistance » *(Préambule)*. On reconnaît toutefois qu'il existe des dynamiques positives au sein de l'économie informelle en termes de sécurisation des conditions de vie et de travail. Il n'est donc pas question ici de harceler ceux qui opèrent dans l'économie informelle et de les priver de leurs moyens d'existence économique et sociale mais d'appuyer, à travers une formalisation concertée, ces pratiques populaires de sécurisation afin de renforcer leur contribution au développement réel des gens « d'en bas ». On retrouve cette vision forte à différents endroits de la Recommandation tels que : i) « Reconnaissant la nécessité pour les Membres de prendre d'urgence des mesures appropriées permettant la transition des travailleurs et des unités économiques de l'économie informelle vers l'économie formelle, tout en garantissant la préservation et l'amélioration de leurs moyens de subsistance durant la transition ; » *(Préambule)* ou encore (j) « La préservation et le développement, lors de la transition vers l'économie formelle, du potentiel entrepreneurial, de la créativité, du dynamisme, des compétences et des capacités d'innovation des travailleurs et des unités économiques de l'économie informelle ; » *(Principes directeurs)*.

La recommandation no. 204 est construite autour de la conviction que seule une stratégie intégrée peut aboutir à la formalisation. Cette stratégie doit cibler non seulement les travailleurs et les unités économiques opérant dans l'économie informelle, mais aussi le modèle de croissance, afin que la répartition des fruits de cette dernière soit plus justement redistribuée à travers le développement de l'emploi décent. Dès lors, cet instrument fournit des orientations pour la formulation de stratégies intégrées en vue de la réalisation d'un triple objectif :

a. Faciliter la transition des travailleurs et des unités économiques de l'économie informelle vers l'économie formelle tout en respectant les droits fondamentaux des travailleurs et en offrant des possibilités de sécurité de revenu, de subsistance et d'entrepreneuriat ;

b. Promouvoir la création d'emplois décents, leur préservation et leur pérennité dans l'économie formelle, ainsi que la cohérence entre les politiques macroéconomiques, d'emploi, de protection sociale et les autres politiques sociales ;

c. Prévenir l'informalisation des emplois de l'économie formelle.

Cette recommandation, adoptée la même année que le Programme de développement durable à l'horizon 2030, constitue un outil pour la mise en œuvre de ce programme, et notamment pour la réalisation de l'Objectif de développement durable no. 8 « Promouvoir une croissance économique soutenue, partagée et durable, le plein emploi productif et un travail décent pour tous », et, tout particulièrement, de la cible no. 3 « Promouvoir des politiques axées sur le développement qui favorisent des activités productives, la création d'emplois décents, l'entrepreneuriat, la créativité et l'innovation, et stimulent la croissance des micro-entreprises et des petites et moyennes entreprises et facilitent leur intégration dans le secteur formel, y compris par l'accès aux services financiers ».

En termes d'intervention, sa spécificité, outre les éléments présentés ci-dessus, tient premièrement à la volonté de ne pas séparer la formalisation des unités économiques, celle de l'emploi et la création d'emplois décents même si un certain séquençage est nécessaire. Il n'est pas question ici d'un système à deux niveaux où des incitations seraient offertes aux entreprises pour qu'elles se formalisent auprès des autorités administratives et fiscales sans contrepartie en termes de principes et de droits fondamentaux au travail et de couverture sociale pour leurs travailleurs (Lapeyre, 2017). L'approche intégrée proposée combine des mesures incitatives, préventives et correctrices pour s'assurer que le projet de formalisation préconisé soit le moteur d'un meilleur environnement économique pour le développement de micros et petites entreprises formelles, mais aussi de l'amélioration des conditions de vie et de travail des travailleurs et de leur famille. L'accent est mis sur le fait que toutes les incitations devraient avoir pour objectif de faciliter la transition, effective et en temps voulu, de l'économie informelle vers l'économie formelle. La deuxième spécificité tient à la reconnaissance de l'importance de donner une voix aux acteurs de l'économie informelle à travers d'une part, les organisations représentatives de travailleurs et d'employeurs qui, ces dernières années, ont consenti des efforts accrus afin d'affilier et de défendre les intérêts des travailleurs et des unités productives de l'économie informelle et d'autre part, le soutien à l'organisation et au renforcement des capacités de la multitude d'associations et de groupements de travailleurs et de producteurs du secteur informel.

4. Les conditions du « voir » et « faire voir » l'économie informelle

Cet ouvrage qui s'appuie sur un ensemble d'enquêtes de terrain effectuées auprès des acteurs de l'économie informelle dans différents secteurs d'activités économiques pose la question du « voir » et du « faire voir » l'économie informelle et les centaines de millions de femmes et d'hommes qui la peuplent, la font évoluer en permanence et sont confrontés aux processus multiformes qui insécurisent leurs conditions de vie et de travail. Que dit-on à une époque, que voit-on à une époque ? Cette question n'est pas nouvelle et a largement était traitée par Michel Foucault (1963, 1966, 1975). Chaque époque est caractérisée par une formation historique spécifique et se définit avant tout par ce qu'elle voit et fait voir et par ce qu'elle dit. Il est dès lors intéressant d'analyser brièvement l'évolution du débat sur l'économie informelle depuis les années 1950 afin de montrer combien l'inversion du regard au profit des acteurs « du bas » et la visibilité nouvelle qu'elle entraîne peut apporter des pistes prometteuses en termes de projet global coopératif de formalisation.

La pensée du développement depuis le modèle dualiste de Lewis (1954) est marquée par une certaine manière de voir l'économie informelle et ses acteurs qui a changé en fonction des formations historiques. Ce qui est marquant lorsque l'on observe l'évolution de la pensée dominante, ce n'est pas la cécité ou l'aveuglement vis-à-vis de cette réalité visible de l'économie informelle, marquée notamment par la façon dont elle s'inscrit dans l'espace urbain des pays en développement et le co-produit dans le cadre d'une urbanisation rapide, mais sa manière bien particulière et fortement normative de voir cette réalité et de la mettre en lumière.

Dans les théories de la modernisation, le secteur traditionnel comme ce qui allait être appelé plus tard « le secteur informel » était destiné à disparaître au cours du processus de modernisation et ne méritait pas que l'on cherche à mieux connaître les pratiques et les logiques de ses acteurs. Le projet de modernisation de l'après-guerre a ainsi constitué une vaste offensive de négation de la pluralité des « devenirs » des populations, en proposant un seul chemin linéaire vers le développement. Petits paysans et autres « pauvres » étaient perçus comme des non-acteurs du développement, comme des individus passifs, ignorants, empêtrés dans leurs croyances et leurs traditions et en attente d'une dynamique extérieure qui les mette sur la voie du développement. Ils deviennent une population cible pour les élites modernisatrices et la coopération au développement. Ils seront, à ce titre, soumis à des vagues incessantes d'initiatives de changement visant à les « moderniser » et à les « développer » afin d'assurer leur convergence vers des critères universaux de modernité définis à partir de l'expérience historique occidentale de développement. La formalisation n'est donc pas, en tant que telle, un domaine de politique de développement car les transformations structurelles liées à la modernisation économique doivent aboutir à la disparition de l'économie traditionnelle ou informelle et transférer les acteurs de cette dernière vers le secteur moderne, en rendant dès lors inutile toute politique volontariste de formalisation.

Or ces soixante dernières années nous montrent que les processus de modernisation puis de néo-modernisation « fuient » de partout, comme le révèle l'analyse des processus de développement réel, marqués par la diversité des dynamiques de changement social résultant des pratiques des acteurs populaires (Lapeyre, 2014). Contrairement aux mythes de la convergence ou de la fin de l'histoire associés aux théories de la modernisation, les pratiques populaires au sein de l'économie informelle sont le signe le plus visible d'espaces d'autonomie que les populations arrivent à préserver ou à réinventer en termes de gestion des ressources, d'organisation du travail, de modes de production et de style de vie (Hillenkamp et al, 2013, Meagher, 2010 ; Scott, 1985 et 1990). Les pratiques individuelles ou collectives journalières qui traduisent les demandes de développement des acteurs populaires au sein de l'économie informelle, pour n'avoir pas de discours ni de canaux de transmission audibles, n'en ont pas moins d'existence et de sens en termes de gouvernance et de sécurisation des conditions de vie (en termes d'accès aux besoins essentiels mais aussi en termes de gestion environnementale) sur un territoire donné (Berkes et al., 2003 ; Gunderson et al., 2002 ; Cannon, 2008). Ces pratiques ne se manifestent pas ouvertement pour ce qu'elles sont et ne se montrent pas au grand jour de la pensée, dans la clarté d'un écrit savant qui se proposerait de les définir. Elles apparaissent toujours « plus ou moins "en creux", immergées dans une pratique qui ne se soucie, à aucun moment, alors même qu'elle l'utilise, d'expliciter sa nature ni de justifier sa démarche » (Detienne et Vernant, 1974 : 9).

À propos de la prise de conscience progressive de cet « ailleurs » au projet de modernisation dominant, il faut noter le rôle important qu'a joué l'Organisation internationale du Travail en lançant dans le débat sur le développement le concept de « secteur informel » à l'occasion de la publication, en 1972, d'un rapport d'une mission multidisciplinaire sur l'emploi au Kenya (BIT, 1972). Ce rapport faisait écho aux travaux de Keith Hart (1973) au Ghana sur le fonctionnement dual de l'économie urbaine. Dans les deux cas, les analyses de la structure économique montraient que le processus de modernisation national n'était pas associé à la disparition du secteur traditionnel, mais à la cohabitation entre un secteur formel en expansion et un secteur informel tout aussi dynamique, mais en perpétuelle transformation, en réponse aux changements rapides de son environnement (urbanisation galopante, pauvreté urbaine, sous-emploi et ensuite démantèlement du secteur public par les programmes d'ajustement structurel). La coexistence de ces processus donne lieu à des modèles de développement hybrides qui mettent en crise les théories de la modernisation et poussent la pensée dominante à changer d'énoncé au sujet de l'économie informelle.

Dans les années 1980, un grand mouvement de balancier idéologique sera à l'œuvre avec la pensée néolibérale dominante et les programmes d'ajustement structurel. De Soto (1989), alors très représentatif de cette nouvelle manière de voir l'économie informelle et ses acteurs, va faire l'apologie du dynamisme de l'économie informelle qui est alors vue comme une « pépinière » de petits entrepreneurs qui ne demanderaient qu'à s'associer au régime d'accumulation capitaliste si l'environnement institutionnel, règlementaire et légal n'était pas aussi contraignant pour l'épanouissement de ce régime (La Porta and Shleifer, 2014). « *Les pauvres ne sont pas le problème, ils sont la solution* » comme l'écrit peu après de Soto dans son ouvrage devenu un classique, *Le Mystère du capital*, 2000. C'est en libérant cette énergie entrepreneuriale des obstacles au bon fonctionnement de l'économie de marché et en construisant des ponts entre l'informel et le formel, notamment sous la forme de la reconnaissance des droits de propriété et de l'État de droit que la formalisation prendra place et contribuera à la croissance et au développement. Une visibilité nouvelle est donnée à l'intelligence entrepreneuriale des pauvres, comme à la somme de leurs biens qui constituent une richesse colossale qu'il faut désormais contribuer à faire fructifier au service de la croissance. Les pauvres sont la solution à condition qu'ils puissent mobiliser leur capital. La Banque mondiale dans son rapport de 2013 intitulé « Emplois » consacre aussi une part importante aux enjeux de l'économie informelle qui est présentée sous l'angle de sa faible productivité et de ses conséquences en termes de perspectives de croissance. La formalisation est perçue comme un processus permettant de repousser les frontières du développement de la sphère de l'accumulation capitaliste.

Le discours dominant sur la modernisation est donc marqué par son incapacité à voir non pas l'économie informelle, mais la richesse et le dynamisme des pratiques et des institutions socio-économiques populaires locales dans la gestion des vulnérabilités et dans la sécurisation des moyens de subsistance, selon des logiques marquées par l'encastrement de la sphère économique dans la sphère sociale (Peemans 2002 ; Hettne, 1990 ; Guha et Spivak, 1988). Il y a bien au sein de l'économie informelle la coexistence d'une pluralité de modes de coordination rendant fécond le cadre analytique de Polanyi (1944) qui insiste sur l'importance de considérer la coexistence et l'interaction des principes de marché, de redistribution, de réciprocité et d'administration domestique. Le principe du marché – organisant l'économie marchande – fait référence à l'échange de biens et de services par le mécanisme de fixation des prix, qui fait rencontrer l'offre et la demande pour des biens et des services. La relation entre le vendeur et l'acheteur est établie sur une base contractuelle. La redistribution – prévalant dans l'économie non marchande – est le principe par lequel la production est collectée par une autorité centrale qui a la responsabilité de la distribuer, ce qui présuppose des règles de taxation et de transfert. Une relation *de facto* est établie entre l'autorité centrale et les acteurs soumis à la redistribution. Le principe redistributif est constitutif des États sociaux qui se sont organisés autour de celui-ci. Le principe de réciprocité décrit un mode de production et d'échange de biens et services exprimant un lien social particulier entre les groupes ou entre les individus. Il est basé sur l'idée que le don est un fait social total. Les groupes et les individus recevant des dons sont supposés offrir librement un contre-don. L'administration domestique consiste à produire pour son propre usage, pour l'usage du groupe domestique (tel que le ménage, la famille, le clan, etc.). Alors qu'il est vrai qu'un certain nombre de relations de réciprocité prennent des formes monétaires, les principes de réciprocité et d'administration domestique s'expriment aujourd'hui principalement dans l'économie non monétaire (Laville et Nyssens, 2001).

Les recherches menées ici apportent des éléments permettant de comprendre les formes particulières que prennent l'articulation entre ces modes complémentaires de coordination au sein de l'économie informelle et qui déterminent les relations des acteurs de l'économie informelle entre eux, mais aussi avec une diversité d'acteurs externes, notamment les acteurs publics. Cette posture intellectuelle nécessite de lever le voile d'ignorance trop longtemps posé sur ces pratiques des acteurs du « bas » (Peemans, 2002, Scott, 1985) et de mettre en lumière (ou assurer les conditions de visibilité) les dynamiques porteuses d'un autre développement des acteurs populaires au sein de l'économie informelle, à partir desquelles pourrait se construire un autre projet de formalisation. Il faut noter ici que cette visibilité émergente couvre aussi la façon dont les acteurs de l'économie informelle se voient eux-mêmes et vont jouer ou non le jeu coopératif dans le cadre d'un projet de formalisation.

Ces dernières années, on assiste à la multiplication d'études de terrain qui montrent la capacité d'initiative des populations face à la crise de l'économie et de l'État et la volonté de lutter par des formes diverses pour maintenir ou rétablir leur dignité de vie (Lapeyre et Lemaitre, 2014 ; Hillenkamp et al. 2013). Malgré les nouvelles formes de précarisation et d'exclusion endogènes à la mondialisation de l'économie, il ne faut pas conclure que les populations subissent passivement cet état de choses. Loin de la vision de l'acteur populaire, réactionnaire et rétif à toute dynamique de changement, une approche forte en termes de développement durable doit mettre l'accent sur les stratégies de sécurisation en perpétuelle évolution des acteurs populaires, en fonction de leur identité culturelle, de leur histoire et de leur lieu de vie (Meagher, 2010 et 2011 ; Trefon, 2004). À travers les dynamiques associatives qui traversent l'économie informelle et la transforment, les « gens d'en bas » visent à élargir collectivement les occasions d'augmenter leur revenu individuel, mais aussi à élargir les bases collectives d'une sécurisation individuelle pour faire face aux risques ou aux obligations sociales considérées comme essentielles. Cette prolifération de pratiques et d'institutions plus ou moins autonomes des acteurs de l'économie informelle a largement échappé aux cadres d'analyse dominants et donc aux processus de formulation des politiques publiques dans le champ de la protection sociale et du développement local.

Les chapitres qui composent ce livre montrent, à partir d'enquêtes de terrain, qu'il n'y a pas de lignes de fuite et donc de « déterritorialisation », hors de cet « ailleurs » que constitue l'économie informelle, qui ne soient socialement et culturellement destructrices sans possibilité de « reterritorialisation ». Les politiques publiques visant à faciliter les transitions vers l'économie formelle doivent être porteuses de solutions de rechange réelles pour la sécurisation des acteurs populaires ; cela constitue une épreuve déterminante pour la légitimité de ce projet. Face aux phénomènes d'exclusion, de fragmentation sociale et d'anomie, l'État a la responsabilité de rendre vivable, praticable, pensable le « vivre ensemble » au sein de l'économie formelle. Nous verrons à travers ces enquêtes auprès des « gens d'en bas » que la construction de la sécurité est au cœur des préoccupations des populations. Elle devrait constituer, à ce titre, un élément central de toute stratégie intégrée de formalisation et un élément constitutif d'un « nouveau pacte » démocratique entre la population et l'État. Ce « pacte » passe par la consolidation des dynamiques associatives locales et par un État inclusif, garant des libertés collectives, de la justice sociale et de la construction de territoires de « bonne vie durable ». Dans cette optique, des innovations institutionnelles sont essentielles pour soutenir la multitude de pratiques populaires qui, un peu partout en Afrique, tendent à sécuriser les conditions de vie des laissés-pour-compte des politiques de promotion de la croissance. Il faut toutefois dépasser une approche idyllique des initiatives locales pour essayer de comprendre quelles sont, parmi ces multiples pratiques de résistance, de survie, de solidarité et de sécurisation des conditions de vie, celles qui peuvent être constitutives d'un autre modèle « d'être et de faire ensemble ». L'existence bien réelle de ces pratiques ne signifie pas qu'elles opèrent un retournement des processus de précarisation et de marginalisation dont les populations d'en bas continuent à subir les contraintes. Il convient toutefois d'insister sur le fait que la subordination ou le poids de la contrainte extérieure n'épuisent pas leur capacité d'initiative. Ces acteurs revendiquent la possibilité de développer des initiatives locales, d'affirmer leur capacité à produire leurs propres règles d'action ou leur volonté de cogérer leur lieu de vie. Ils tentent d'exercer leur autonomie en grignotant des marges de manœuvre ou en négociant, et le contexte actuel leur offre de nouvelles possibilités de mener à bien leurs projets.

Face à la crise du secteur public en Afrique, suite à la succession de programmes d'ajustements structurels dans les années 1980 et 1990, les populations ne sont pas restées inactives et se sont mobilisées afin de sécuriser leur cadre de vie. On a ainsi assisté à des exemples très intéressants de « privatisation par le bas » (en opposition à la « privatisation par le haut » décidée par les élites nationales et internationales) qui sont de véritables initiatives collectives dans le domaine de l'eau, de l'électricité, du logement ou encore des soins de santé de base. Ainsi, malgré une grande vulnérabilité et de multiples sources de stress, les acteurs de l'économie informelle ont démontré leur capacité de résilience, d'adaptabilité et de transformation qui leur a permis de gérer les principales menaces qui pesaient sur leurs moyens de subsistance (Hart et al, 2010 ; Peemans, 2002 ; de Certeau, 1984 ; Ballandier, 1957/2008).

L'exemple du *dahoulage* à Bukavu, en République démocratique du Congo, est en cela très instructif (Muhinduka 2004). La dégradation du réseau de la Société nationale d'électricité (SNEL) à Bukavu s'est traduite dans les années 1990 par des délestages de plus en plus fréquents et des problèmes d'accès à l'électricité dans les quartiers populaires. C'est dans ce contexte que l'on a assisté au développement de pratiques collectives ayant pour but d'assurer l'accès des acteurs populaires à l'électricité. Le *dahoulage* constitue une forme de réponse populaire à la question de l'accès à un service essentiel pour les couches sociales les plus défavorisées. Compte tenu de la faible solvabilité des usagers potentiels des quartiers populaires, de leur incapacité à faire face à des dépenses mensualisées et du coût individuel du raccordement, l'accès de ceux-ci au service de la SNEL est hautement improbable. Dans ce contexte, des communautés locales, sur des lieux de vie donnés, s'organisent et leurs membres se cotisent pour raccorder un foyer au réseau. À partir de ce foyer, des fils électriques sont tirés pour alimenter les différents membres qui ont cotisé et qui vont payer en fonction de leur consommation. On voit donc émerger des organisations communautaires « facilitatrices » d'abonnement, mais aussi « gendarmes » de l'électricité – les conflits sont nombreux – et « organisatrices » du marchandage avec les agents de la SNEL. Lorsque la chaîne du *dahoulage* s'allonge, l'intensité de l'électricité tend alors à baisser et les transformateurs à surchauffer. On voit alors les communautés locales prendre en mains la gestion de ce service essentiel en se cotisant pour acheter un transformateur plus puissant, puis en traitant avec la SNEL pour un protocole d'accord leur permettant d'assurer leur accès à l'électricité. On assiste donc bien à d'autres formes de partenariat qui se dessinent à la base. En réinventant du lien social, celles-ci s'inscrivent dans de véritables dynamiques de développement qui se traduisent par une forme de « cogestion » avec les acteurs « d'en bas » plutôt qu'une privatisation par les acteurs « d'en haut » de services essentiels.

Ces pratiques émanant de la base, que l'on pourrait qualifier de « populaires », combinent des stratégies individuelles, des formations de réseaux et des constructions associatives plus ou moins élaborées. Elles structurent l'espace de vie des populations et leur assurent tant bien que mal revenu, emploi et accès aux services essentiels. Mais ces petits producteurs locaux sont ancrés dans le « petit marché » local. Celui-ci est un vrai marché, mais il est profondément encastré dans les réalités sociétales et est marqué par la combinaison des logiques de marché, de redistribution et de lien social (Peemans 2002). C'est donc précisément dans ces espaces sociaux de précarité qui se multiplient que les individus sont susceptibles de redonner du sens à leurs conduites et de réinventer des liens et des échanges avec autrui (Monnier et Droz, 2004 ; Tarrius, 2002 ; Scott, 1985). À travers des modalités diverses, marquées par la diversité culturelle et sociale, ils expriment de manière plus ou moins inventive leur insertion dans l'économie mondialisée et leur participation à la (re)production de leur lieu de vie. Cette mise à jour des dynamiques de développement réel et de la nature problématique de la modernisation dans les pays en développement a joué un rôle déterminant dans l'analyse des logiques et des conflits d'acteurs et de leur implication en termes d'emploi, de pauvreté et d'inégalités (Peemans 2002 ; Scott 1985 ; Monnier et Droz 2005).

L'enjeu en termes de développement de la réflexion sur les politiques de formalisation de l'économie informelle est de prendre en compte les dynamiques adaptatives et innovantes que les acteurs de l'économie informelle engendrent et transforment en permanence face aux multiples sources d'insécurité auxquelles ils sont confrontés. Si l'on veut mobiliser les acteurs de l'économie informelle dans de réels partenariats visant à améliorer leurs conditions de vie et de travail, l'objectif est de mettre en place un environnement institutionnel offrant un cadre approprié pour la négociation et la construction d'un compromis autour d'un projet global coopératif de développement ; ainsi pourra s'ébaucher une capacité d'action collective génératrice d'apprentissage collectif et de lien social. Une telle approche, forte de la participation, doit s'inscrire dans un projet plus global de démocratie substantive garantissant le droit à l'auto-expression et à l'autodétermination de la collectivité quant à son projet de développement sur son lieu de vie.

Les décideurs politiques doivent ainsi « écouter et apprendre » des acteurs populaires et être guidés non pas par des « approches normatives » qui affectent leur manière de voir les acteurs de l'économie informelle, mais par une meilleure compréhension des problèmes quotidiens auxquels ces acteurs de l'économie informelle sont confrontés, de leurs attentes et de leurs initiatives de sécurisation. Un tel changement de paradigme nécessite des cadres politiques multi-scalaires permettant de mieux répondre aux défis du développement durable en soutenant – au niveau micro, méso et macro – les institutions et les pratiques qui permettent aux communautés locales d'améliorer leurs moyens de subsistance à travers le développement et la protection de leurs droits économiques et sociaux (Christopher son et al., 2010 ; Lapeyre, 2013).

5. Résilience, sécurisation et formalisation : Importance d'une approche multi-scalaire

Le concept de résilience qui a considérablement évolué depuis l'article fondateur de Holling (1973) met en avant cette capacité d'adaptation des groupes ou des communautés face à des contraintes et des perturbations sociales externes, politiques, économiques et/ou environnementales (GIEC, 2007 ; Troper 2002 ; Carpenter et al., 2001). Dans la plupart des exemples, les « gens d'en bas » montrent leurs capacités de gestion de leur écosystème à travers des stratégies multidimensionnelles et associatives (Hillenkamp et al, 2013 ; Meaghers, 2010 ; Marschke et Berkes, 2006).

Toutes les dynamiques adaptatives ne sont toutefois pas forcément durables ni bonnes pour tous, du point de vue de la distribution des bénéfices ou en termes de sécurisation (certains groupes peuvent en être exclus voire en être les victimes), mais aussi au plan intertemporel en rejetant sur les générations futures le coût de la résilience présente. L'« état résilient » à court terme n'est pas toujours un « état souhaitable » au plan social ou environnemental. Par exemple, une communauté dans son ensemble peut être résiliente, mais il y aura toujours des gagnants et des perdants au sein de la communauté au plan des ménages parce que certains peuvent être mieux en mesure de mobiliser les ressources sociales et économiques nécessaires aux dynamiques d'adaptation. En outre, la résilience à un niveau donné n'est pas toujours « positive » lorsqu'elle est prise en considération à un autre niveau spatial ou temporel. Au niveau micro, certaines pratiques d'exploitation prédatrice des écosystèmes à des fins de commercialisation peuvent améliorer la capacité d'une communauté à générer des revenus tout en dégradant rapidement l'écosystème d'une région et les capacités de résilience d'autres communautés ; la résilience sociale peut dès lors être augmentée temporairement tout en exploitant et en dégradant le capital écologique et social.

Les changements systématiques ou climatiques de grande ampleur ont aussi un impact profondément négatif sur de nombreuses communautés et sur leur capacité à gérer les épreuves qui y sont associées (Tompkins et Adger, 2003 ; de Menocal, 2001). Ces épreuves sont susceptibles de mettre sous tension leurs pratiques de sécurisation et de pousser les capacités d'adaptation locales au-delà des limites gérables à leur niveau. Les effets cumulatifs des crises et leur fréquence accrue peuvent abaisser le seuil au-delà duquel l'écosystème populaire ne peut plus faire face et apporter des réponses satisfaisantes (Dessai et al., 2003 ; Jones, 2001). Si les modes de gouvernance populaire du milieu de vie ont joué un rôle fondamental dans l'histoire du développement réel, il y a aussi de nombreuses situations où ils ont failli sous le poids des épreuves. Malgré la valeur et la créativité adaptative des pratiques populaires, il faut prendre en compte les limites de l'adaptation autonome au niveau local. La capacité de résilience et de transformation des communautés déterminera si elles peuvent éviter ou traverser des états indésirables et réussir à converger vers des états souhaitables (Adger et Vincent, 2005).

De nombreux exemples montrent que les adaptations les plus efficaces sont multi-scalaires, ce qui conduit à une approche différente de l'intervention publique tournée vers l'économie informelle (Lapeyre, 2015b). Cette intervention viserait alors à renforcer les capacités d'adaptation des populations aux différents niveaux – local, régional et national – qui sont interconnectés (Christopherson et al, 2010 ; Walker et al, 2004). C'est ainsi, par exemple, que dans les zones urbaines et rurales, les acteurs de l'économie informelle profitent des politiques nouvellement créées qui soutiennent les initiatives de gestion communautaire (Amoukou et Wautelet, 2007). Des recherches récentes menées sur les rives du lac Kainji au Nigeria et dans le delta intérieur du Niger au Mali confirment que, lorsqu'on le considère de façon pragmatique, le concept de résilience fournit un cadre utile permettant d'identifier et de mettre en œuvre des interventions appropriées pour réduire la vulnérabilité aux chocs et aux menaces des communautés de pêcheurs. La résilience des communautés de pêcheurs n'est pas exclusivement liée à l'état des ressources halieutiques. Lorsque ces communautés sont particulièrement démunies, les interventions doivent viser en priorité leurs besoins fondamentaux (en termes de formation, de revenu, de gestion des risques, d'accès aux marchés, de technologies appropriées, de protection sociale, etc.) et leur permettre ainsi de tourner leur attention vers des pratiques de pêche durables (Redman et Kinzig, 2003).

Les politiques de protection sociale sont particulièrement importantes dans ce cadre car les dispositifs communautaires ont montré leur potentiel pour combler l'écart entre les besoins de sécurité des ménages et leur couverture effective en termes d'assurance maladie et d'accident du travail par les dispositifs nationaux existants. Or, comme le montre bien Sylvie Aympam (2014) à Kinshasa, comme dans beaucoup d'endroits en Afrique, la solidarité familiale et communautaire est elle-même en crise, et connaît des problèmes grandissants et persistants. La crise économique induit en effet des dysfonctionnements dans l'obligation de réciprocité qui est au cœur de cette solidarité familiale (Marie, 2000). La tendance à la multiplication des inscriptions sociales au-delà de la sphère familiale que l'on observe chez les commerçants semble bien faire partie des stratégies de renforcement de la sécurisation et de la protection contre les risques et les aléas de l'existence, dans un tel contexte d'insécurité consécutif à la précarité de la vie et aux dysfonctionnements de la solidarité familiale.

Ces pratiques et ces institutions populaires multiformes de sécurisation résultent de stratégies coordonnées utilisées et gérées par des associations et des communautés aux fins de leur protection contre les effets néfastes de différents types de risques auxquels elles sont confrontées. Elles sont caractérisées par des coûts de l'information et de transaction faibles, des règles non écrites, des relations interpersonnelles et des mécanismes de contrôle social forts. Elles comprennent des groupes communautaires, des groupements de producteurs de biens et de services et des associations diverses développant des activités d'assurance (maladie, accident), de crédit, d'achat et de vente et d'épargne. Toutefois, l'intervention publique est importante pour soutenir ces dynamiques pour deux raisons :

- Il peut aussi y avoir des lacunes importantes dans les filets de sécurité sociale basés sur les institutions informelles (Harriss-White, 2009 ; Casson et al, 2009). De nombreuses études empiriques ont montré que certaines sous-populations – notamment les ménages les plus pauvres ou les groupes discriminés – sont souvent exclues des réseaux informels d'assurance et de mutualisation des risques avec les autres membres de leur communauté (Msuya et al, 2007 ; Amoukou et. Wautelet, 2007 ; Morduch, 2006 ; Dercon, S, 2005). L'accès aux institutions de gestion des risques de la communauté n'est pas nécessairement égalitaire et tous les membres ne bénéficient pas nécessairement du même niveau de protection au sein de la communauté. Dans de tels cas, une intervention extérieure peut atténuer les problèmes qui se posent en raison de la petite taille des pools de risque ou de la faible diversification inhérente à des dispositifs communautaires. Quand il y a des obstacles sociaux ou économiques à l'entrée dans les formes associatives de sécurisation des risques ou des inégalités dans le niveau de protection contre les risques, la politique de protection sociale peut potentiellement être déployée pour aider la communauté à les surmonter (Standing, 2010). Les programmes publics de protection sociale peuvent soutenir les groupes d'assurance mutuelle communautaire dans leurs efforts pour renforcer et étendre la couverture offerte aux membres de la communauté à travers un système de subvention pour augmenter le nombre des membres et diversifier la base du système d'assurance afin de réduire les risques.

- Si la plupart de ces dynamiques associatives a la capacité de gérer les chocs idiosyncratiques, ces dernières sont, par contre, susceptibles de se décomposer face à des chocs covariants dont l'impact économique et social est catastrophique pour un vaste segment de la communauté. Ces chocs peuvent être occasionnés par des secousses économiques, des catastrophes naturelles, des pandémies ou des conflits et mettent en danger les dynamiques populaires mutualistes, à moins de trouver des façons de transférer le risque hors de la communauté. Les politiques publiques peuvent dès lors permettre de mettre en place des fonds de garantie pour mutualiser les risques majeurs ou renforcer la capacité de négociation des formes associatives d'assurance afin de mieux exploiter les marchés de réassurance commerciale qui permettront de les protéger de certains risques majeurs et d'assurer la durabilité de leur activité (Bhattamshira et Barrett, 2009).

6. En guise de conclusion : Pour une vision forte de la formalisation comme appui à la sécurisation des conditions de vie et de travail des « gens d'en bas »

La question est de savoir comment ces stratégies d'adaptation des moyens de subsistance locaux peuvent être renforcées par l'action gouvernementale. Développer les synergies multi-scalaires pour assurer le développement réel des « gens d'en bas » nécessite, tout d'abord, d'avoir une meilleure connaissance des forces, des faiblesses et des limites des pratiques de l'économie informelle. Le niveau local est essentiel du point de vue du cadre politique puisque c'est à ce niveau que les gens sont confrontés aux processus d'insécurisation et aux facteurs de stress et que s'établissent les initiatives associatives et les dynamiques de sécurisation. Les politiques de développement ne doivent cependant pas uniquement se concentrer sur le niveau local. Les échelles d'adaptation ne sont pas indépendantes les unes des autres ; la capacité des ménages à faire face aux vulnérabilités dépend de la capacité d'adaptation de leur communauté qui dépend elle-même, dans une certaine mesure, des cadres institutionnels au niveau régional et national et de la marge de manœuvre que ceux-ci laissent au niveau local face aux forces exogènes liées à la mondialisation (Smit et Pilifosova, 2003 ; Yohe et Tol, 2002). Au niveau local, la capacité d'adaptation peut être influencée par des facteurs tels que la capacité de gestion, l'accès aux ressources financières, technologiques et de l'information, les infrastructures, l'environnement institutionnel dans lequel les adaptations se produisent (en particulier le degré de décentralisation), l'influence politique, les réseaux de parenté et les compétences.

Toute politique de transition vers l'économie formelle doit prendre en compte le niveau local, régional et national, avec l'État-nation comme niveau institutionnel de base pour la préservation de l'espace politique et la coordination des dynamiques de développement local et régional. L'État joue, en particulier, un rôle fondamental dans l'établissement de lois et de normes pour protéger les droits économiques, politiques et sociaux individuels et collectifs. Il définit et contrôle l'application des cadres règlementaires afin de : (i) soutenir des modes de production durables pour les secteurs tels que l'agriculture, les transports, les industries et les services ; (ii) protéger les droits des travailleurs et la cohésion sociale ; (iii) garantir l'accès des populations aux produits et services de base (par exemple la nourriture, le logement, la santé, l'éducation et l'emploi productif et décent) ; (iv) créer un environnement propice aux entreprises durables ; (v) soutenir le dialogue et la concertation sociale et (vi) développer l'économie sociale et solidaire par une législation appropriée et l'allocation des ressources.

Dans une grande majorité des pays du Sud, la légitimation – ou relégitimation – de l'État dépendra de sa capacité à créer des institutions qui permettent, d'une manière coordonnée, à la plus grande majorité possible des communautés locales d'élargir la base de leurs droits économiques et sociaux. La voix des travailleurs dans l'économie informelle ne doit pas seulement être entendue, mais comprise. Cela nécessite un cadre institutionnel adapté au dialogue social, le renforcement des capacités et l'organisation des acteurs concernés. Ce sont des priorités essentielles pour canaliser efficacement leurs demandes et leur permettre de participer à l'élaboration de solutions à leurs problèmes et à l'amélioration de leurs conditions de vie et de travail.

La vision forte de la transition vers l'économie formelle, fondée sur la reconnaissance des acteurs de l'économie informelle en tant qu'acteurs du développement, appelle un « nouveau pacte » entre le peuple et l'État basé sur le renforcement : i) des capacités, ii) de l'autonomie de détermination du projet de développement national et iii) des droits sociaux, politiques et économiques. C'est ce changement de cadre de la politique de développement que la recommandation no. 204 de l'OIT défend lors de la transition vers l'économie formelle. Cela passe notamment par le soutien à l'économie sociale et solidaire et aux initiatives associatives des acteurs de l'économie informelle. Les expériences des budgets participatifs dans les zones urbaines d'Amérique latine (tels que Porto Alegre au Brésil ou Villa Salvador au Pérou) montrent que la « gouvernance participative » peut être un moyen efficace et durable pour lutter contre la vulnérabilité, réduire la pauvreté et renforcer les capacités d'adaptation des communautés locales pour atténuer les crises et améliorer leurs moyens de subsistance. Il est essentiel de soutenir le développement d'une économie sociale, mais cela exige une définition inclusive de celle-ci – qui ne se contente pas de la réduire à un secteur « sans but lucratif » –, mais comprenne toutes les initiatives associatives de production/distribution de biens et de services.

En raison des interactions inter-scalaires existantes qui peuvent soit étendre soit contraindre les capacités d'adaptation et de transformation des acteurs populaires, le défi consiste à déterminer la meilleure façon de développer une architecture de gouvernance appropriée, capable de soutenir la flexibilité et la capacité à faire face aux chocs et de s'adapter favorablement aux changements structurels. La résilience d'un système à une échelle particulière va dépendre de l'influence des dynamiques opérant à d'autres niveaux (supérieur et inférieur) ; parmi les différents outils politiques qui affectent la capacité d'adaptation aux niveaux inférieurs (locaux et régionaux), les politiques macroéconomiques, commerciales et sectorielles, ainsi que les politiques de protection sociale et de promotion de l'emploi décent, ont un rôle central à jouer.

Il apparaît dès lors que la priorité est de réfléchir à la nature des institutions et des mécanismes par lesquels les décideurs politiques nationaux peuvent encourager « le développement transformatif par le bas » et favoriser les synergies, la modularité et la connexion entre les niveaux macro, méso et micro afin d'élargir les options pour sécuriser les moyens de subsistance des populations plutôt que de les contraindre. Si ces changements doivent se produire et être protégés, la question centrale est alors celle de la coordination verticale et horizontale des stratégies d'un très grand nombre d'agents différents du changement opérant à différents niveaux spatiaux (Hudson, 2010). Il y aura toujours des voies multiples au sein de l'« espace de réponses », mais le défi politique est de développer des structures institutionnelles qui correspondent aux processus écologiques et sociaux qui fonctionnent à différentes échelles spatiales et temporelles et prennent en compte les liens entre ces échelles (Folke et al. 2002 : 21). L'État peut gérer les interactions inter-échelles pour éviter une perte de résilience ou renforcer les capacités d'adaptation des ménages et des communautés. Un aspect important de l'amélioration des capacités à gérer la résilience, consiste à identifier les indicateurs « d'alerte précoce » d'un changement indésirable dans une situation donnée ; la reconnaissance et les réponses à ces indicateurs au niveau national doivent avoir lieu avant que les processus d'insécurisation ne fassent trop de dégâts sur les communautés et leurs institutions et pratiques.

Une approche multi-scalaire est essentielle à toute analyse des moyens de subsistance afin d'améliorer notre compréhension des forces qui influent sur la sécurité des moyens de subsistance des communautés et des ménages (Lapeyre, 2013). Les politiques de transition vers l'économie informelle exigent d'expliciter l'échelle d'analyse et d'intervention mais aussi les interactions entre échelles. En particulier, les flux de signaux *bottom-up* peuvent être moins efficacement livrés ou non livrés, parce que l'information générée au niveau le plus bas par les acteurs de l'économie informelle peut être dégradée ou éliminée avant d'atteindre le sommet en raison de l'absence d'institutions-relais efficaces. Ainsi, un dialogue social élargi et l'organisation/syndicalisation des acteurs de l'économie informelle sont cruciaux. Le défi consiste à développer un système de régulation sociale qui combine les contrôles règlementaires formulés par l'État pour soutenir le développement durable et une régulation autonome développée par les acteurs de l'économie informelle pour la sécurisation des moyens de subsistance.

L'objectif est d'établir une relation réciproque qui soit une relation d'échange et donc de négociation entre l'État et les acteurs populaires. Bien sûr, cette relation est déséquilibrée et l'État en fixe le cadre, mais l'exercice de son pouvoir suppose que les règles établies soient légitimes et que les populations consentent à entrer dans le jeu de la coopération. Cette relation entre l'État et les acteurs de l'économie informelle est toujours à la fois contrainte et consentie. La règle du jeu ne sera toutefois respectée que si elle est intelligible et si elle a un sens pour ces derniers. Pour cela, le processus doit permettre de rendre explicites les questions importantes à traiter et essayer d'y trouver des solutions. Le résultat des négociations et des affrontements autour des politiques de transition vers l'économie formelle, est toujours provisoire et soumis aux dynamiques des acteurs, mais dans le cadre d'une définition très claire des rôles et des responsabilités de chacun. Cela nécessite de la part des acteurs de l'économie informelle, l'acceptation d'un espace de respect des règles dans le cadre d'une régulation conjointe, mais cela requiert aussi de la part des acteurs de l'intervention publique une remise en cause des certitudes, des savoir-faire et des modes d'action (Reynaud, 1997). La « reterritorialisation » des acteurs populaires au sein de l'économie formelle ne pourra se faire qu'à cette condition.

7. À propos des chapitres suivants

Les analyses présentées ci-après ont pour point commun ce changement de regard par rapport à ces acteurs de l'économie informelle. Ces derniers ont des stratégies de nature particulière, de l'ordre de l'indocilité rusée et transgressive, auxquelles sont confrontées les politiques publiques et qui sont difficiles à saisir au plan méthodologique (Monnier L. et Y. Droz, 2004) ; Tarius, A., 2002 ; Scott, J., 1985). De cette réalité de coproduction des espaces et de coexistence de régulations concurrentes, voire conflictuelles, dans les villes africaines, les statistiques ne connaissent presque rien. Dans l'économie informelle, il n'y a pas de système observable et lisible tant apprécié par les scientifiques et les décideurs politiques. Nous sommes face à des réalités fugaces, mouvantes, déconcertantes et ambiguës qui ne se prêtent ni à la mesure précise, ni au calcul exact, ni au raisonnement rigoureux.

Cette grande diversité des pratiques et des institutions de l'économie informelle n'autorise pas de cadre universel d'intervention pour la transition vers l'économie formelle. Elle suggère, au contraire, la possibilité d'un éventail très diversifié et riche de réponses possibles qui ont pour point commun leur caractère multidimensionnel et participatif. Au-delà de leur caractère spécifique, les connaissances issues de cet « autre regard » doivent induire des modifications dans la formulation des politiques et dans les pratiques des acteurs œuvrant pour le développement de l'emploi décent au sein de l'économie informelle afin qu'elles soient mieux adaptées au caractère systémique et complexe de la réalité qu'il s'agit de transformer. À ce titre, ces études apportent une connaissance pratique et utilisable directement par les intéressés. Elles doivent permettre de renouveler la perception et la compréhension profonde du contexte d'action, des contraintes qu'il impose, et des conflits de régulation qui en découlent, mais aussi des opportunités qu'il recèle et des enjeux concrets qui déterminent les rapports entre les acteurs en présence (Friedberg, 1997).

Dans le chapitre 2, sur la base des données nationales existantes et d'estimations nouvelles, Florence Bonnet dresse un vaste portrait de la situation de l'emploi informel dans le monde et en Afrique plus spécifiquement. Les estimations reposent sur un ensemble commun de critères opérationnels utilisés pour déterminer l'emploi informel et l'emploi dans le secteur informel dans le cadre d'un emploi principal. Les statistiques qui en résultent sont comparables entre pays et régions mais peuvent différer des estimations nationales en raison du choix des critères et de leur combinaison. Les données présentées montrent l'ampleur du phénomène à l'échelle mondiale mais aussi la diversité des caractéristiques de l'emploi informel suivant les pays et les régions.

Les deux chapitres suivants sont consacrés au fonctionnement de l'économie informelle à Ouagadougou. Simon Barussaud, dans le chapitre 3, analyse les résultats d'une enquête dont l'objectif principal était de diagnostiquer le secteur commercial informel de la ville de Ouagadougou et d'identifier, du point de vue des acteurs, les principaux facteurs explicatifs de l'informalisation du tissu entrepreneurial local. Cette étude réalisée au cours de l'été 2016 est basée sur une collecte de données multi-niveaux et pluridimensionnelles. Celle-ci combine une enquête auprès de 163 petits commerçants, des entretiens qualitatifs avec les structures publiques ou privées qui encadrent et appuient le milieu commerçant et plusieurs focus groups avec des membres d'organisations patronales et syndicales. Grâce à une approche fine et comparative, l'enquête a permis de mettre en évidence, dans sa démarche méthodologique, la pluralité de statuts des commerçants qui opèrent dans l'économie informelle et occupent une place spécifique dans les principales filières de commercialisation (grossistes, semi-grossistes et détaillants). Cette étude-diagnostic révèle de manière globale, la forte précarisation/informalisation du secteur commercial de la ville de Ouagadougou observée depuis plusieurs années (période 2011-2016). Ce phénomène s'est accentué récemment sous l'effet combiné du climat d'instabilité socio-politique, de la contraction de l'activité économique, de l'aggravation du niveau de corruption et de mal-gouvernance et du déficit de régulation et d'encadrement du milieu commerçant. L'ensemble de ces facteurs a favorisé le non-respect des critères de formalité par le milieu commerçant et a fragilisé la relation existante entre l'État et l'administration publique d'un côté, et les petites unités commerciales, de l'autre. Ce climat de défiance génère un ensemble de difficultés financières (problème de trésorerie, accès limité au crédit), commerciales (saturation des marchés, dumping et concurrence déloyale) et logistiques (accès à un local approprié, continuité des chaînes d'approvisionnement) qui pèsent fortement sur l'activité des unités commerciales en général et des petits détaillants en particulier. Pour surmonter ce faisceau de difficultés et promouvoir une politique pro-formalisation ambitieuse, l'auteur de cette étude plaide pour la mise en place d'un cadre stratégique intégré qui implique les différents niveaux d'acteurs (État, partenaires sociaux, organismes d'appui, commerçants), participe de la restauration du lien et du partenariat public-privé et débouche sur des mesures spécifiques répondant aux besoins diversifiés du milieu commerçant (grossistes, semi-grossistes et détaillants). La prise en compte de l'hétérogénéité du commerce informel et des caractéristiques diverses des unités qui le compose, est une condition *sine qua non* pour améliorer l'attractivité sur le terrain des critères de formalité et mettre en place un ensemble de mesures incitatives efficaces et durables pour la formalisation des acteurs.

Au chapitre 4, à partir du cas de l'incendie du grand marché *Rood Woko* de Ouagadougou, Sylvie Ayimpam examine un aspect peu abordé dans les études sur les pratiques commerciales informelles, à savoir celui des risques qu'elles engendrent tant pour les commerçants informels eux-mêmes que pour leur environnement immédiat de vie et de travail. Elle montre ici de manière empirique comment les commerçants ont profité de l'incertitude du contexte politique récent pour s'emparer des marges d'autonomie permises par l'incapacité à réguler le marché et l'informalité de leurs activités. Après avoir montré que l'agrégation des pratiques informelles peut difficilement prévenir les risques que leur propre dynamique peut engendrer, nous conclurons que la prévention du risque d'incendie et l'organisation de la sécurité collective des activités commerciales d'un grand marché, relèvent nécessairement de l'efficacité d'une régulation de contrôle qui pourrait s'imposer à l'informalisation générale des pratiques commerciales.

Le chapitre 5 est consacré à la question de l'économie informelle à Madagascar. Dans leur chapitre, Faly Hery Rakotomanana et Jean José Rakotoasimbola analysent les causes profondes de l'informalité à travers le point de vue de travailleurs indépendants dans le secteur informel à Madagascar, le motif de leur implantation dans le secteur informel, les avantages ou les inconvénients à travailler dans l'informalité, selon eux. Leur étude, basée sur les données issues de l'Enquête 1-2 sur l'emploi et le secteur informel réalisée à Madagascar en 2012, utilise la méthode originale d'analyse des données textuelles ou *text mining*. Pour ce faire, ils analysent les réponses aux questions ouvertes posées aux travailleurs indépendants du secteur informel concernant leur opinion sur les avantages et les inconvénients d'opérer dans ce secteur. L'opinion des travailleurs indépendants varie fortement. Certains chefs d'unités de production de la branche primaire et secondaire stagnent dans une logique de survie. Ils vivent en milieu rural et ont un niveau d'éducation relativement faible. Ils se plaignent surtout des contraintes liées à l'offre en termes d'accès aux infrastructures et aux moyens de production. À l'opposé, certains autres chefs d'unités de production déploient une logique d'opérateur indépendant libéral et aspirent au bonheur individuel. Ce sont surtout des jeunes, des dirigeants d'unités de production commerciale ou de service, travaillant en milieu urbain et ayant un niveau d'éducation élevé. Ils évoquent les contraintes liées à la demande : l'instabilité et l'insuffisance de la clientèle. Ils s'installent volontairement dans le secteur informel et affichent délibérément leur volonté de réduire au strict minimum leur relation avec l'État.

Au chapitre 6, Herinjatovo Aimé Ramiarison et Herinjatoelina Ramiarison se concentrent sur le secteur du commerce vivrier marchand dans le district d'Antananarivo. À l'issue d'une étude exploratoire de dénombrement des commerçants de produits vivriers dans les principaux marchés d'Antananarivo, trois filières ont été choisies : il s'agit des filières de la brède, du riz et du poulet. Leur échantillon, obtenu après un tirage aléatoire stratifié selon le genre, la filière et le statut, comprend 319 commerçants répartis sur 12 marchés d'Antananarivo. Le choix de la filière et de la région est motivé par le fait que : (1) le commerce est le segment le plus important de l'économie informelle hors agriculture à Madagascar ; (2) le commerce occupe une position charnière en mettant en relation les producteurs et les consommateurs qui lui attribuent un rôle de levier important pour un développement inclusif au profit de tous les acteurs de la chaîne de valeur, notamment les groupes vulnérables ; (3) le vivrier marchand est un formidable relais entre le monde urbain et le monde rural ; (4) le district d'Antananarivo est le plus grand marché des produits vivriers marchands du pays. L'originalité de cette étude réside également dans le fait qu'elle appréhende le secteur du vivrier marchand par rapport à l'ensemble de la chaîne de valeur. Bien qu'un focus soit fait sur les commerçants, l'inclusion des autres catégories de travailleurs est essentielle. Il s'agit des producteurs et des transporteurs. L'objectif de l'étude est alors d'identifier les facteurs d'informalité et d'évaluer les conditions de travail des acteurs afin de mettre en relief les possibilités d'une transition vers le formel. Les tâches consistent essentiellement à (1) apprécier les réalités quotidiennes vécues par les acteurs du secteur, (2) évaluer le respect des critères de formalisation au niveau de trois filières sélectionnées, les causes et les facteurs de pérennisation de l'informalité ainsi que les contraintes empêchant la transition vers l'économie formelle et (3) identifier et analyser les opportunités qui pourraient favoriser la formalisation.

Dans le chapitre 7, Simon Barussaud présente les résultats d'une étude-diagnostic sur le mode de fonctionnement et les conditions d'emplois au sein des filières vivrières marchandes en Côte d'Ivoire. Commanditée par l'Organisation Internationale du Travail, cette étude visait à soutenir le gouvernement ivoirien dans sa volonté de mettre en place une politique ambitieuse de formalisation de son économie et d'extension du socle de protection sociale aux travailleurs de l'économie informelle. Elle part du constat qu'après plusieurs années de croissance économique soutenue, le marché du travail ivoirien demeure toujours polarisé avec une prédominance accrue de l'économie informelle qui occupe dorénavant, près de 93,6 % de la population active. À cet égard, les filières vivrières marchandes sont caractérisées par des facteurs de vulnérabilité multiples, interreliés et cumulatifs. La réalisation d'une enquête quantitative au sein de 12 marchés et auprès de 382 commerçantes de produits vivriers permet d'identifier les contraintes subies et vécues par les acteurs de ces filières. Parmi ces différents facteurs, ce chapitre met en évidence le rôle joué par la localisation de l'activité commerciale (le type de marché) sur les autres critères de vulnérabilité. Dans cette perspective, l'auteur observe une forte détérioration de l'aménagement et de la gestion des marchés à Abidjan qui est la résultante d'un déficit de supervision et d'intervention des pouvoirs publics (État, collectivités territoriales) et des conflits de compétences avec les promoteurs privés. Cet environnement conflictuel et défaillant génère un ensemble de répercussions négatives sur l'activité des commerçants de produits vivriers, leur niveau de vie et leur état de santé. Il apparaît dès lors crucial que l'État et les collectivités territoriales adoptent une charte de gouvernance commune à l'ensemble de ces marchés afin d'améliorer leur niveau d'aménagement, leur mode de gestion et la délivrance des services publics élémentaires (gestion des déchets, évacuation des eaux usées, brigades de sécurité, etc.) pour réduire le niveau de vulnérabilité des commerçants qui opèrent à l'intérieur.

Enfin, au chapitre 8, Sylvie Ayimpam présente les résultats d'une étude portant sur le monde du petit commerce et de la vente au détail dans la ville de Lubumbashi en République démocratique du Congo. Deuxième ville la plus peuplée du pays après Kinshasa, et au cœur d'une province riche en cuivre dominée par le secteur minier, Lubumbashi n'a pas échappé au processus général d'« informalisation » qui a progressivement gagné depuis le début des années 1990 toutes les villes du pays face à la profonde crise économique. On y observe depuis lors, un développement important des activités économiques informelles, principalement dans le secteur du micro- et du petit commerce, qui deviennent la principale activité économique de la population active. À Lubumbashi comme ailleurs, le monde du petit et du micro-commerce est cependant très peu étudié. Ses réalités et ses mécanismes internes de fonctionnement sont dès lors peu connus. Une bonne connaissance du monde du petit commerce semble d'autant plus importante qu'il apparaît comme étant à la base de la dynamisation du tissu entrepreneurial local, de la création d'emploi, en particulier pour les populations dépourvues de perspectives d'emploi formel, et de l'insertion par le haut ou par le bas de l'économie congolaise dans les réseaux d'échanges mondialisés. Les objectifs de cette étude étaient donc de mieux comprendre : i) les dynamiques internes au sein du secteur de la vente au détail dans la ville de Lubumbashi et comment il s'articule avec d'autres secteurs d'activités (petite production urbaine ou péri-urbaine ; ii) les problèmes auxquels sont confrontés les commerçants de la vente au détail en termes d'insécurité ; iii) leurs conditions de travail (horaire, pénibilité, revenu, harcèlement, travail des enfants, etc.) ; iv) leur rapport à l'administration et à la formalité (enregistrement, imposition, organisation, crédit bancaire, etc.) et v) les actions ou les mesures qui pourraient les conduire à formaliser progressivement leur activité.

Bibliographie

Adger, W.N. and Vincent, K. (2005), « Uncertainty in adaptive capacity », *C. R. Geoscience*, no. 337.

Amoukou, I. and Wautelet, J.M. (2007), *Croisement des Savoirs Villageois et Universitaires : Enjeux pour le développement*, Louvain-la-Neuve : Presse universitaire de Louvain.

Ayimpam, S. (2014), « La créance et la dette. Stratégie de sécurisation des commerçants dans un Grand marché » in F. Lapeyre et A. Lemaitre, (eds), *Politiques publiques et pratiques de l'économie informelle en Afrique Subsaharienne*, Louvain-la-Neuve : Academia.

Ballandier, G. (1957, 2008), *L'Afrique ambiguë*, Paris : Pocket.

Berkes, F., Colding, J. and Folke, C. (2003), *Navigating Social Ecological Systems*, Cambridge UK: Cambridge University Press.

Banque mondiale (2013), *Jobs – World Development Report*, Washington DC : World Bank.

Bertranou, F. and L. Casanova (2013), *Informalidad laboral en Argentina*, Buenos Aires : OIT.

Bhattamishra, R. and Barrett, C. (2010), « Community-based risk management arrangements: A review», *World Development*, no. 38 (7).

Bureau international du Travail (1972), *Emploi, revenus et égalité : Stratégie pour accroître l'emploi productif au Kenya*, Geneva : ILO.

(1991), *The dilemma of the informal sector*, Geneva: ILO.

(2002a), *Conclusions concernant le travail décent et l'économie informelle*, Conférence internationale du Travail, 90e session, Geneva : ILO.

(2002b), *Travail décent et économie informelle*, Rapport VI, Conférence internationale du Travail, 90e session, Geneva : ILO.

(2009), *The informal economy in Africa: Promoting transition to formality – Challenges and strategies*, Geneva: ILO.

(2013), *Measuring informality: A statistical manual*, Geneva: ILO.

(2013), *Women and men in the informal economy: A statistical picture*, Geneva: ILO.

(2014), *Transition from the informal to the formal economy (White Report)*, Geneva: ILO.

(2015), *Text of the recommendation concerning the transition from the informal to the formal economy*, Geneva: ILO.

(2018), *Women and men in the informal economy*, Geneva: ILO.

Braudel, F. (1967), *Civilisation matérielle, économie et capitalisme (XVe-XVIIIe siècle)*, tome 1, Paris : Armand Colin.

Braudel, F. (1985), *La dynamique du capitalisme*, Paris : Arthaud.

Cannon, T. (2008) Reducing people's vulnerability to natural hazards: Communities and resilience, *Research Paper* no. 2008/34, UNU-WIDER.

Carpenter, S., Walker, B., Anderies, J.M. and Abel, N. (2001), « From metaphor to measurement: Resilience of what to what? », *Ecosystems*, no. 4.

Casson, M., Della Giusta, M. and Kambhampati, U. (2010), «Formal and informal institutions and development», *World Development*, no. 38(2).

Chapple, K. and Lester, T.W. (2010), « The resilient regional labour market: The US case», *Cambridge Journal of Regions, Economy and Society* no. 3(1).

Christopherson, S., Michie, J. and Tyler, P. (2010), « Regional resilience: Theoretical and empirical perspectives», *Cambridge Journal of Regions, Economy and Society*, no. 3(1).

De Certeau, M. (1980/1990 – nouvelle Édition), *L'Invention du quotidien*, 1. : *Arts de faire* et 2. : *Habiter, cuisiner*, éd. établie et présentée par Luce Giard, Paris : Gallimard.

Deelen, L. (ed.), (2015), *Politicas para la formalizacion de las micro y pequeñas empresas en America latina*, Santiago: FORLAC.

De Menocal, P.B. (2001), « Cultural responses to climate change during the late Holocene », *Science,* no. 292.

De Villers, G., B. Jewsiewicki. et L. Monnier (dir.) (2002), *Manières de vivre – Économie de la « débrouille » dans les villes du Congo/Zaïre*, Paris : L'Harmattan.

Deleuze, G. (1990), *Pourparlers*, Paris : Minuit.

Dercon, S. (eds) (2005), *Insurance Against Poverty*, Oxford: Oxford University Press.

De Soto, H. (1989), *The Other Path : The Invisible Revolution in the Third World*, New York: Harper and Row.

De Soto, H. (2000), *The Mystery of Capital: Why Capitalism Triumphs in the West and Fails Everywhere Else*, New York : Basic Books.

Dessai, S.A., Hulme, W.N., Kohler, J., Turnpenny, J. and Warren, R. (2003), «Defining and Experiencing Dangerous Climate Change», *Working Paper* (28), Tyndall Centre for Climate Change Research, University of East Anglia, Norwich.

Detienne, M. and Vernant, J.-P. (1974), *Les Ruses de l'intelligence, la Mètis des Grecs*, Paris : Flammarion.

European Commission (2007), *Stepping up the fight against undeclared work*, Brussels: European Commission.

Eurofound (2013), *Tackling undeclared work in 27 European Union Member States and Norway: approaches and measures since 2008*, Dublin: Eurofound.

Folke, C. et al (2002), *Resilience and Sustainable Development : Building Adaptive Capacity in a World of Transformations*, Stockholm: Environmental Advisory Council to the Swedish Government.

Foucault, M. (1963), *Naissance de la clinique. Une archéologie du regard médical*, Paris, Presses universitaires de France, coll. Galien.

Foulcault, M. (1966), *Les Mots et les choses. Une archéologie des sciences humaines*, Paris, Gallimard, coll. Bibliothèque des sciences humaines.

Foulcault, M. (1975), *Surveiller et punir. Naissance de la prison*, Paris, Gallimard, coll. Bibliothèque des histoires.

Foulcault, M. (2004), *Sécurité, territoire, population : cours au Collège de France, 1977-1978*. Éd. établie par Michel Senellart, François Ewald et Alessandro Fontana. Paris : Gallimard et Seuil.

GIEC (Groupe d'experts intergouvernemental sur l'évolution du climat) (2007), *Changements climatiques*, Genève : OMM.

Guha, R. and Spivak, G.C. (1988), *Selected Subaltern Studies*, Oxford: Oxford University Press.

Gunderson, L. and Holling, C.S. (2002), *Panarchy*, London : Island Press.

Harriss-White, B. (2010), « Work and wellbeing in informal economies: The regulative roles of institutions of identity and the state», *World Development*, no. 38(2).

Harriss-White, B. (eds) (2002), *Globalization and Insecurity : Political Economic and Physical Challenges*, London: Palgrave Macmillan.

Hart, K. (1973), «Informal Income Opportunities and Urban Employment in Ghana», *Journal of Modern African Studies,* no. 11(1).

Hart, K., Laville, J.-L. and Cattani, A.D. (eds) (2010), *The Human Economy. A Citizen's Guide*, Cambridge, UK : Polity Press.

Hettne, B. (1990), *Development Theory and the Three Worlds*, Harlow, UK: Longman.

Hillenkamp, I., Lapeyre, F. and Lemaitre, A. (eds) (2013), *Securing Livelihoods : Informal Economy Practices and Institutions*, Oxford: Oxford University Press.

Holling, C.S. (1973), «Resilience and stability of ecological systems», *Annual Review of Ecological Systems*, no. 4(1).

Kouvelakis, E., 1997, « Y-a-t-il un espace public populaire », *Futur Antérieur* no. 39-40

Lapeyre, F. (2005), « Logique de l'accumulation versus logique de développement : les enjeux des nouveaux partenariats publics-privés et la participation des acteurs non étatiques », *Annuaire Suisse de politiques de développement*, no. 24 (2).

(2006), « Mondialisation, néo-modernisation et "devenirs" : un autre regard sur les pratiques populaires », ouvrage coordonné par G. Froger, *La mondialisation contre le développement durable ?* Paris : PIE Peter Lang, coll. Ecopolis.

(2006), « Objectifs du millénaire pour le développement : outil de développement ou cheval de Troie des politiques néolibérales », *Alternative Sud*, no. 13 (1).

(2009), « Courage fuyons : Coopération au développement, Biens Publics Mondiaux et demandes de développement », in Ouvrage collectif CETIM, *Coopération internationale : une autre politique européenne est possible*, Genève : éditions CETIM.

(2013), « Securing livelihoods in Africa: Towards multi-scalar policy frameworks», *European Journal of Development Studies*, no. 25(5).

(2014), « Les politiques publiques face à l'indocilité du local » in F. Lapeyre et A. Lemaitre, (dir.), 2014, *Politiques publiques et pratiques de l'économie informelle en Afrique Subsaharienne,* Louvain-la-Neuve : Academia.

(2017) « L'Organisation Internationale du Travail face au travail dans l'économie informelle », *Revue de Droit Comparé du Travail et de la Sécurité Sociale,* no. 3.

Lapeyre, F. et A. Lemaitre (2014), (dir.), 2014, *Politiques publiques et pratiques de l'économie informelle en Afrique Subsaharienne*, Louvain-la-Neuve : Academia.

La Porta R. et Andrei Shleifer (2014), « Informality and Development », Journal of Economic Perspectives, no. 28 (3).

Laville, J.-L. et M. Nyssens (2001), « The social enterprise. Towards a theoretical socio-economic approach» in C. Borzaga and J. Defourny (eds), *The emergence of social enterprise*, London and New York: Routledge.

Lewis, W. A. (1954), «Economic Development with Unlimited Supplies of Labor», *Manchester School of Economic and Social Studies,* no. 22 (2).

Marie, A. (2000), « Individualization strategies among city dwellers in contemporary Africa: Balancing shortcomings of community solidarity and the individualism of the struggle for survival», *International Review of Social History*, no. 45.

Marschke, M.J. and Berkes, F. (2006), « Exploring strategies that build livelihood resilience: A case from Cambodia», *Ecology and Society*, no. 11(1).

Meagher, K. (2010), *Identity Economics: Social Networks and the Informal Economy in Nigeria,* Woodbridge, VA: James Currey.

Meagher, K. (2011), « Informal economies and urban governance in Nigeria: Popular empowerment or political exclusion? », *African Studies Review*, no. 54(2).

Monnier, L., Droz, Y. (dir.), 2004, *Côté jardin, côté cour. Anthropologie de la maison africaine*, Nouveaux Cahiers de l'IUED, n° 15.

Morduch, J. (2006), « Microinsurance, the next revolution? » in : A.V. Banerjee, R. Benabou and D. Mookherjee (eds) *Understanding Poverty*, Oxford: Oxford University Press, pp. 337-357.

Msuya, J.M., Jutting, J.P. and Asfaw, A. (2007), « Impact of community health funds on the access to health care: Empirical evidences from rural Tanzania», *International Journal of Public Administration*, no. 30(8–9).

Muhinduka, D., 2004, « Les organisations communautaires et l'entreprise publique d'électricité SNEL : la fourniture de l'électricité à Bukavu de

1990 à 2004 », mémoire de DEA, Louvain, Université catholique de Louvain.

Peemans, J. Ph. (2002), *Le développement des peuples face à la modernisation du monde,* Paris : L'Harmattan.

Polanyi, K. (1944/1983), *La grande transformation*, Paris : Gallimard.

Redman, C.L. and Kinzig, A.P. (2003), « Resilience of past landscapes: Resilience theory, society, and the longue durée", *Conservation Ecology*, no. 7(1).

Reynaud, J.D. (1997), *Les règles du jeu*, Paris : Armand Colin.

Scott, J.C. (1985), *Weapons of the Weak,* New Haven, CT : Yale University Press.

Scott, J.C. (1990), *Domination and the Arts of Resistance*, New Haven, CT : Yale University Press.

Smit, B. and Pilifosova, O. (2003), « From adaptation to adaptive capacity and vulnerability reduction » in : J.B. Smith, R.J.T. Klein and S. Huq (eds) *Climate Change, Adaptive Capacity and Development*, London: Imperial College Press.

Standing, G. (2011) «How cash transfers promote work and economic security», in J.K. Sundaram and A. Chowdhury (eds), *Poor Poverty: The Impoverishment of Analysis, Measurement and Policies*, London and New York: Bloomsbury Academic.

Tarrius, A. (2002), *La mondialisation par le bas*, Paris : Balland.

Tompkins, E.L. and Adger, W.N. (2003), «Building Resilience to Climate Change Through Adaptive Management of Natural Resources», *Working Paper* 27, Tyndall Centre for Climate Change Research, Norwich: University of East Anglia.

Trefon, T. (eds) (2004), *Ordre et désordre à Kinshasa. Réponses populaires à la faillite de l'État*, Paris : L'Harmattan.

Trosper, R.L. (2002), «Northwest coast indigenous institutions that supported resilience and sustainability», *Ecological Economics*, no. 23(41).

UNRISD, *Combattre la pauvreté et l'inégalité : Changement structurel, politique sociale et conditions politiques,* Genève, 2010.

Walker, B., Holling, C.S., Carpenter, S.R. and Kinzig, A. (2004), «Resilience, adaptability and transformability in social–ecological systems», *Ecology and Society*, no. 9(2).

Yohe, G., Strzepek, K., Pau, T. and Yohe, C. (2003), « Assessing vulnerability in the context of changing socioeconomic conditions: A study of Egypt» in: J.B. Smith, R.J.T. Klein and S. Huq (eds) *Climate Change, Adaptive Capacity and Development*. London : Imperial College Press.

Chapitre 2

Aperçu statistique de l'économie informelle en Afrique

•

Florence Bonnet

1. Introduction

L'informalité existe dans tous les pays quel que soit leur niveau de développement économique mais elle domine le marché du travail de la majorité des pays africains et de manière générale, de la plupart des pays en développement. L'informalité se traduit par de multiples réalités. Il s'agit de vendeurs de rue, de travailleurs à domicile dont certains participent aux chaînes d'approvisionnement globales et d'autres, plus nombreux en Afrique, aux marchés locaux. Il s'agit également de travailleurs non déclarés au sein de petites, moyennes ou même de grandes entreprises formelles ou encore de travailleurs domestiques ou de personnes tirant quelque revenu d'une agriculture essentiellement de subsistance. Au-delà de cette diversité, les travailleurs de l'économie informelle partagent l'absence de protection (sociale et de l'emploi) et de reconnaissance légale, ou en pratique, de leur emploi ou de l'unité économique qui est la leur. Pour la plupart, ils partagent le fait d'avoir un emploi informel faute d'autres options.

Deux initiatives mondiales récentes ont attiré l'attention sur le rôle central de la transition de l'économie informelle vers l'économie formelle dans la réalisation du travail décent et de la protection sociale pour tous, ainsi que du développement équitable au sens large. Ces deux initiatives sont « Le Programme de développement durable à l'horizon 2030 » et la Recommandation 204 adoptée en 2015 concernant la transition de l'économie informelle vers l'économie formelle.

Ces deux initiatives appellent à la collecte, à l'analyse et à la diffusion de données statistiques et d'indicateurs concernant l'économie informelle, indispensables à la formulation et au suivi de politiques et de programmes susceptibles d'aider la transition vers l'économie formelle et d'améliorer la vie des travailleurs informels, des travailleurs pauvres.

Ce chapitre vise précisément à fournir un aperçu statistique de l'informalité dans le monde et surtout en Afrique. Cet aperçu de l'informalité en Afrique se base en grande partie sur la troisième édition de « *Women and Men in the informal economy : A statistical picture* » (BIT, 2018a). La première section de ce chapitre présente la situation de l'Afrique par rapport à l'informalité dans le monde. Les sections suivantes portent uniquement sur la situation de l'informalité sur le continent africain. La section 2 porte sur la composition de l'économie informelle. La section 3 présente les groupes de travailleurs les plus exposés. La section 4 aborde la question des conditions de travail dans l'économie informelle. Enfin la dernière section présente certains des facteurs de l'informalité, à commencer par les caractéristiques des individus et des entreprises qui peuvent rendre difficile l'accès à l'emploi formel et au secteur formel.

2. Étendue de l'économie informelle dans le monde et la situation de l'Afrique en particulier

Deux milliards de travailleurs dans le monde et 367 millions en Afrique ont un emploi informel, soit 61,2 % de l'emploi mondial et 85,8 % de l'emploi en Afrique (ILO, 2018). Le niveau de développement socio-économique est inversement proportionnel à la part de l'emploi informel dans l'emploi total. En d'autres termes, les pays émergents et en développement présentent des proportions plus élevées d'emplois informels que les pays développés. Ils représentent 82 % de l'emploi mondial, mais concentrent 93 % de l'ensemble des travailleurs ayant un emploi informel. La part de l'emploi informel dans le total des emplois est de 18,3 % dans les pays développés, concerne 67,4 % des travailleurs dans les pays émergents et près de 9 travailleurs sur 10 (89,8 %) dans les pays en développement[11]. Ces

11 Ce chapitre se base en grande partie sur les données utilisées pour la publication *Women and men in the informal economy: a statistical picture (Third Edition)*, BIT (2018a).

différences en fonction des niveaux de développement économique expliquent en partie les différences régionales (figure 2. 1).

Figure 2.1 Part de l'emploi informel dans l'emploi total (y compris agriculture) (pourcentages, 2016)[12]

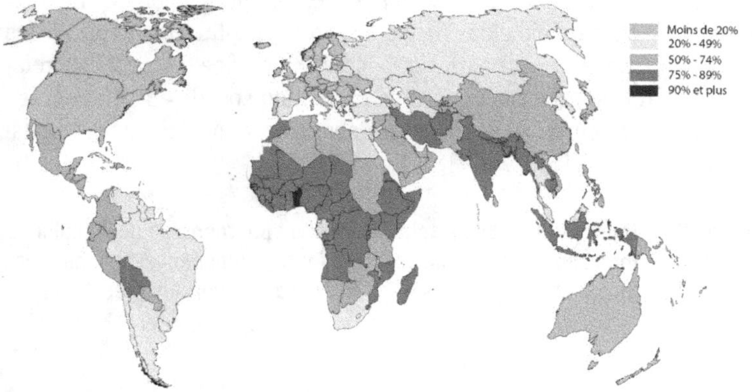

Source : Calculs du BIT basés sur des micro données d'enquêtes nationales réalisées auprès des ménages (enquêtes sur la force de travail ou enquête similaire auprès des ménages).

L'Afrique présente les taux d'emploi informel les plus élevés. La majorité (85,8 %) des travailleurs comptent sur l'économie informelle pour vivre (figure 2.2) et 71,9 % lorsqu'on exclut l'agriculture. L'emploi informel atteint 89,2 % du total des emplois parmi les travailleurs d'Afrique subsaharienne et plus de 90 % en Afrique centrale, de l'Est et de l'Ouest. L'Afrique est le seul continent dans lequel la majorité des pays (58 %) présentent des taux d'emplois informels supérieurs à 90 %. La part de l'emploi informel dans le total des emplois varie de

12 Note : Le calcul de la part de l'emploi informel (et de l'emploi dans le secteur informel) repose sur un ensemble commun d'indicateurs appliqué à l'ensemble des pays. Les travailleurs à leur compte et les employeurs occupent un emploi informel si leur unité de production est dans le secteur informel, c'est-à-dire une unité de production du secteur privé non constituée en société, non enregistrée auprès des autorités nationales compétentes ou sans système de comptabilité formel. Un salarié est considéré comme étant en emploi informel si son employeur ne cotise pas, en son nom, à la sécurité sociale, ou en cas de réponse manquante, s'il ne bénéficie pas de congés annuels et de congés maladie payés. Tous les membres contribuant à l'activité familiale sont considérés en emploi informel par définition (17e CIST, 2003).

34 % en Afrique du Sud à des taux avoisinant 95 % au Bénin, au Burkina Faso ou dans la République démocratique du Congo.

Deux régions présentent des taux sensiblement inférieurs : l'Afrique du Nord (67,3 %) et l'Afrique australe (40 %). Ces deux régions et en particulier l'Afrique australe combinent un niveau de développement socio-économique relativement plus élevé, des proportions également plus élevées d'emplois salariés par rapport au total des emplois, des ratios de l'emploi par rapport à la population en âge de travailler relativement faibles, et des dépenses de protection sociale en pourcentage du PIB, supérieures à la moyenne observée dans les autres sous-régions d'Afrique (BIT, 2017).

FIGURE 2.2 Composantes de l'emploi informel en pourcentage de l'emploi total : secteur informel, secteur formel et ménages : estimations globales et régionales et pays d'Afrique (pourcentages, 2016)

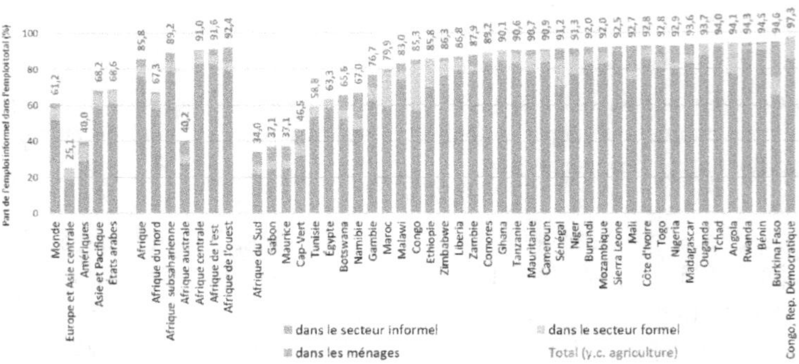

Source : Calculs de l'auteur sur la base des données d'enquêtes nationales sur les forces de travail ou d'enquêtes nationales similaires auprès des ménages.

À titre de comparaison, la région de l'Asie et du Pacifique est la seconde région la plus touchée par l'informalité : 68,2 % des travailleurs sont en emploi informel. L'informalité concerne 21,7 % des travailleurs des pays développés d'Asie et 71,4 % des pays émergents et en développement. Alors que moins de 20 % des travailleurs au Japon, en Australie et en Nouvelle-Zélande occupent un emploi informel, c'est le cas pour 90 % et plus des travailleurs en Inde, au Bangladesh, au Népal, au Cambodge ou dans la République démocratique populaire du Laos. L'Amérique latine et du nord viennent en troisième position avec 40 % des travailleurs en emploi informel : 18,1 % en Amérique du Nord et 53,1 % en Amérique latine et aux Caraïbes. Ce sous-continent présente néanmoins une variation importante allant de 24,5 % en Uruguay, entre 30 et 40 % au Costa Rica et au Chili, près de 80 % au Guatemala, au Honduras ou au Nicaragua à plus de 80 % en Bolivie. Enfin, un quart des travailleurs d'Europe et d'Asie Centrale sont en emploi informel (15,6 % dans les pays développés et 36,8 % dans les pays émergents de la région). Moins de 5 % de l'emploi est informel en Islande ou au Luxembourg mais plus de 50 % en Albanie, au Kyrgyzstan et au Tadjikistan.

3. La composition de l'économie informelle

Sur les 367 millions de travailleurs en emploi informel en Afrique, la majorité (325 millions) soit 88 %, travaille dans des unités économiques du secteur informel. Cela concerne tous les employeurs informels et les travailleurs à leur propre compte, la grande majorité des travailleurs familiaux, et 60 % des employés en emploi informel. En considérant la part des travailleurs à leur propre compte et la part des employeurs du secteur informel, pour estimer la proportion d'unités économiques informelles, on estime que 9 unités économiques sur 10 en Afrique font partie du secteur informel. Ce secteur emploie 77 % des travailleurs en Afrique. En Afrique, les unités économiques de moins de dix travailleurs concentrent plus de 90 % de l'emploi informel total (figure 2.3, panel B). Cela signifie que l'informalité et la formalisation sont en grande partie des questions associées à la reconnaissance de ces petites unités économiques et à la reconnaissance et la protection de leurs propriétaires et de leurs employés. Plus de la moitié (51,3 %) des travailleurs dans les unités du secteur informel sont des travailleurs à leur propre compte sans employés.

Figure 2.3 Informalité et taille de l'entreprise dans le monde et en Afrique (pourcentages, 2016)

Panel A. Distribution de l'emploi informel selon la taille de l'entreprise dans le monde

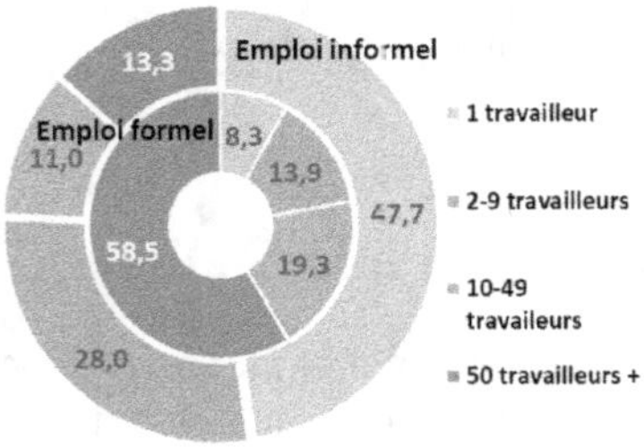

Panel B. Distribution de l'emploi informel et formel selon la taille de l'entreprise, Afrique

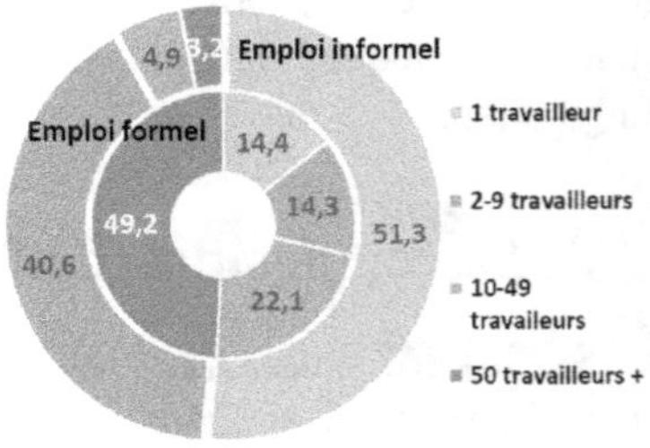

Panel C. Part de l'emploi informel (dans le secteur informel ou dans le secteur formel) selon la taille de l'unité économique

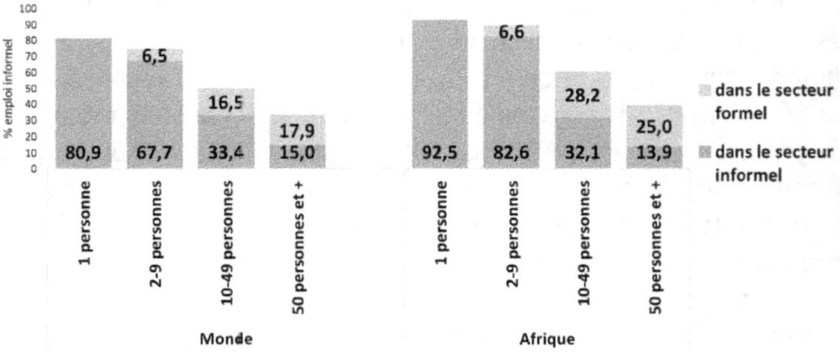

Source : Calculs de l'auteur sur la base des données d'enquêtes nationales sur les forces de travail ou d'enquêtes nationales similaires auprès des ménages.

L'analyse de la part et de la composition de l'emploi informel en fonction de la taille des unités économiques (figure 2.3, panel C) met en évidence trois faits importants. Premièrement et comme on pouvait s'y attendre, les employeurs des plus grandes unités sont moins susceptibles d'opérer sur une base informelle. La diminution de la part de l'emploi dans les unités du secteur informel avec l'augmentation de la taille des unités économiques est particulièrement évidente. Alors que plus de 90 % des unités individuelles se trouvent dans le secteur informel, cette proportion est d'environ un tiers dans les entreprises de 10 à 49 travailleurs, et de 13,9 % dans les unités de 50 travailleurs et plus. Les grandes entreprises ont les niveaux de productivité les plus élevés et sont mieux à même de couvrir le coût de la formalisation (y compris le coût de la protection sociale). Elles sont plus exposées à l'inspection du travail, mais aussi potentiellement plus susceptibles de disposer de mécanismes de dialogue social efficaces, ce qui peut favoriser le respect des lois du travail, de la sécurité sociale ou d'autres obligations fiscales. Ceci conduit au deuxième résultat qui concerne la diminution de la part de l'emploi informel total avec l'augmentation de la taille des entreprises. L'emploi informel total – c'est-à-dire dans le secteur informel ou dans le secteur formel – diminue de plus de 90 % chez les travailleurs indépendants à près de 40 % dans les entreprises de 50 personnes et plus. Cette diminution est significative, mais plus limitée que ce que l'on peut observer au plan du secteur informel et de la propension des unités économiques à être ou à devenir formelles avec l'augmentation du nombre d'employés.

Le troisième résultat est qu'il existe une part importante d'emplois informels dans les entreprises du secteur formel, y compris dans les entreprises de plus de 50 travailleurs. En Afrique, plus de 25 % des salariés des entreprises formelles de 50 personnes et plus sont en emploi informel. Malgré la capacité de ces plus grandes entreprises à couvrir le coût de la formalisation, du moins pour certaines d'entre elles, l'emploi informel dans des entreprises formelles peut résulter de l'absence de reconnaissance de la relation de travail ou de la présence de types de contrats ne donnant pas accès à la sécurité sociale et à d'autres avantages liés à l'emploi. En outre, ce constat ne prend pas en compte le nombre significatif de travailleurs indépendants (faussement indépendants ou en situation de « travail indépendant dépendant ») sous-traités par ces entreprises.

4. Qui sont les travailleurs les plus exposés au risque d'informalité ?

Comme il est mentionné dans la Recommandation no. 204 (CIT, 2015) concernant la transition de l'économie informelle vers l'économie formelle, ce qui caractérise en premier lieu l'économie informelle est la diversité des situations – entre les pays mais aussi et surtout, au sein des pays, entre les groupes de travailleurs et les types d'entreprises. Cette diversité porte sur les formes d'informalité, les causes sous-jacentes mais aussi sur les conditions de travail et sur l'ampleur du déficit de travail décent. De l'analyse de cette diversité ressort le besoin de politiques adaptées. Il ressort également une continuité de situations entre informalité totale et formalité totale avec des travailleurs plus proches de la formalité que d'autres. Aider à la transition de l'économie informelle vers l'économie formelle renvoie précisément à dépasser la vision dichotomique d'une analyse simple du taux d'informalité. La transition effective vers la formalité s'avère possible pour certains groupes. Pour d'autres, il s'agit dans un premier temps d'améliorer les conditions de travail et de développer des conditions plus favorables à une formalisation future, grâce à l'amélioration de la productivité, du niveau, de la stabilité et de la prédictibilité du revenu. L'objectif du panorama pour l'Afrique proposé ici est de mettre en évidence ces différents groupes de travailleurs selon leur niveau d'exposition à l'informalité et leurs besoins prioritaires en termes de mesures : réduction du déficit de travail décent, formalisation des emplois et/ou des entreprises.

4.1. Le statut dans l'emploi

Les formes d'informalité et le niveau d'exposition à l'emploi informel varient considérablement entre les travailleurs indépendants et les employés, personne n'étant toutefois à l'abri du risque d'informalité. Outre les travailleurs familiaux considérés par définition comme ayant un emploi informel (BIT, 2003), les travailleurs à leur propre compte sont les plus exposés au risque d'informalité. Comme le montre la figure 2.4 panel A, l'emploi informel est aujourd'hui la réalité de 94,4 % des travailleurs indépendants sans employés en Afrique, et de 77,9 % des employeurs. Très concrètement, cela représente 190 millions de travailleurs indépendants et autant d'unités économiques non légalement reconnus, enregistrés et par conséquent, autant qui ne sont pas en conformité avec les obligations fiscales, sociales et en matière d'emploi[13]. Cela signifie également pour chacun de ces travailleurs

---

13 Les employeurs et les travailleurs à leur propre compte sont considérés comme étant en emploi informel lorsque leurs unités économiques appartiennent au secteur informel. Les unités de production du secteur informel présentent les caractéristiques particulières des entreprises individuelles. Les actifs immobilisés ou autres utilisés n'appartiennent pas aux unités de production en tant que telles, mais à leurs propriétaires. Ces unités en tant que telles ne peuvent réaliser d'opérations ou conclure de contrats avec d'autres unités ni souscrire en propre des engagements. Le secteur informel est considéré comme un sous-ensemble du secteur institutionnel des ménages en tant qu'entreprises individuelles. Le secteur informel comprend les entreprises individuelles produisant des biens ou des services pour le marché mais qui ne constituent pas une personne morale

indépendants qu'il est extrêmement difficile de s'engager dans des contrats commerciaux, d'accéder aux ressources financières, aux marchés, à la propriété ou encore d'exercer chaque jour son activité dans un environnement stable, sûr et propice au développement de l'activité.

FIGURE 2.4 Informalité et statut dans l'emploi

Panel A. Part de l'emploi informel par statut dans l'emploi (pourcentages, 2016)

Panel B. Distribution de l'emploi informel et formel selon le statut dans l'emploi (pourcentages, 2016)

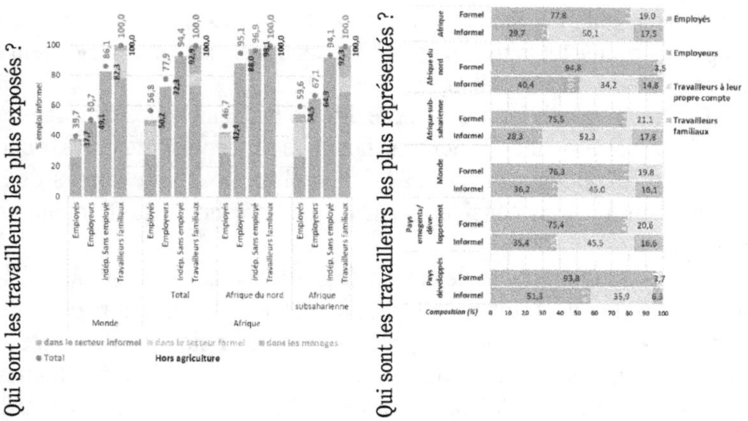

Source : Calculs de l'auteur sur la base des données d'enquêtes nationales sur les forces de travail ou d'enquêtes nationales ménages similaires.

L'économie informelle est également la réalité de 56,8 % des travailleurs salariés dont la relation de travail n'est pas soumise, en vertu de la loi ou en pratique, à la législation nationale du travail, à l'impôt sur le revenu, à la protection sociale ou au droit à certains avantages liés à l'emploi (par exemple, préavis en cas de licenciement, indemnité de licenciement, congés payés annuels ou congés de maladie payés,

distincte du ménage ou des membres du ménage auxquels elles appartiennent, qui ne tiennent pas un ensemble complet de comptes (y compris des bilans de l'actif et du passif) permettant de distinguer clairement les activités de production des entreprises des autres activités de leurs propriétaires et qui ne sont pas enregistrées selon des formes spécifiques de la législation nationale (CIST, 1993).

etc.)[14]. Pour les employés, la transition vers la formalité est avant tout une question de formalisation des emplois, soit la reconnaissance de leur relation de travail, l'extension – tant juridique que pratique – de la sécurité sociale acquise par le biais de leur relation de travail et d'autres avantages liés à l'emploi. Néanmoins, la majorité des employés en emploi informel en Afrique (60 %) travaillent dans des unités du secteur informel. Pour eux la formalisation appelle également, soit dans un premier temps, soit simultanément, la formalisation de l'unité économique qui les embauche ; une condition importante pour permettre la formalisation de leur emploi. Un tiers des employés en emploi informel travaille dans des entreprises totalement formelles. Cette proportion atteint plus de 50 % au Cameroun, au Sénégal ou en République unie de Tanzanie. Enfin, 7 % des travailleurs salariés en emploi informel (et plus de 14 % des femmes) sont des travailleurs domestiques dans les ménages.

Enfin, l'emploi informel est la réalité de l'ensemble des travailleurs familiaux contribuant à l'activité familiale et représente en Afrique plus d'un travailleur sur cinq (21,5 % de l'emploi total) et près de 3 femmes sur 10, tous considérés par définition comme étant en emploi informel.

Il apparaît clairement de ces différents niveaux d'exposition à l'informalité selon le statut dans l'emploi, que la structure du marché du travail – en particulier les proportions dans l'emploi total de statuts plus susceptibles d'être informels – a une incidence sur l'ampleur, mais aussi sur la nature de l'emploi informel au niveau national. À cet égard, les travailleurs indépendants sans employés et les travailleurs familiaux, plus difficiles à atteindre par les politiques fiscales et sociales traditionnelles ainsi que par les politiques du travail, requièrent des mesures novatrices, les incitant et leur permettant de devenir et de rester formels.

À l'échelle mondiale, les travailleurs indépendants représentent 45 % du total des emplois informels et les travailleurs familiaux, 16,1 % (figure 2. 4, panel B). Ces deux statuts considérés comme des emplois plus particulièrement vulnérables représentent plus de 75 % du total des emplois informels dans les pays en développement et plus des deux tiers en Afrique. Cette proportion diminue avec l'augmenta-

---

14 Directives concernant une définition statistique de l'emploi informel, approuvées par la dix-septième Conférence internationale des statisticiens du travail (novembre-décembre 2003). https://www.ilo.org/wcmsp5/groups/public/---dgreports/---stat/documents/normativeinstrument/wcms_087624.pdf

tion du niveau de développement socio-économique au profit des travailleurs salariés.

Les salariés représentent 36,2 % de l'emploi informel mondial, moins de 30 % en Afrique et la majorité des personnes occupant des emplois informels dans les pays développés (51,3 %), mais aussi dans quelques pays d'Afrique tels que l'Afrique du Sud ou le Cap-Vert[15]. Certaines catégories d'employés sont plus exposées que d'autres à l'emploi informel. C'est le cas des travailleurs domestiques mentionnés ci-dessus, mais aussi des travailleurs employés dans des formes d'emploi non standard ou atypique. Les formes d'emploi atypiques comprennent quatre types de relations d'emploi qui s'écartent de la « relation d'emploi typique », entendue comme un travail à temps plein à durée indéterminée et faisant partie d'une relation de subordination entre un employé et un employeur (BIT, 2016a). Les quatre types de relations d'emploi atypiques sont les suivants : a) emploi salarié temporaire ; b) emploi salarié à temps partiel défini ici comme moins de 35 heures de travail hebdomadaire ; c) travail intérimaire et autres formes d'emploi faisant intervenir plusieurs parties ; et d) relations de travail déguisées et « travail indépendant dépendant ». Que ce soit en Afrique ou dans le monde, la part de l'emploi salarié informel est plus de quatre fois plus élevée parmi les travailleurs salariés occupant un emploi temporaire à temps partiel que parmi les salariés occupant un emploi permanent à temps plein. Tous les employés occupant un emploi atypique n'exercent pas un emploi informel, mais ils sont plus susceptibles d'exercer un emploi informel que les employés occupant des emplois à durée indéterminée à temps plein (BIT, 2018b). La figure 2.5 ne considère que deux des quatre formes principales d'emplois atypiques : l'emploi temporaire et l'emploi à temps partiel. Alors qu'en Afrique, 17,5 % des employés permanents à temps complet sont informels, la proportion de travailleurs salariés employés de manière informelle augmente parmi les employés occupant un emploi à temps partiel et atteint 20,8 %. Cette proportion augmente plus encore parmi ceux occupant un emploi temporaire (71,5 %) et est la plus élevée au sein des employés exerçant un emploi temporaire à temps partiel (80,5 %). Les travailleurs temporaires et à temps partiel sont parfois explicitement exclus de la couverture légale par la sécurité sociale. Ils font néanmoins plus souvent l'objet d'exclusions indirectes résultant de critères d'éligibilité fondés sur des seuils en termes de nombre

15 Dans ces deux pays les travailleurs salariés représentent plus de 70 % de l'emploi informel total.

minimal d'heures de travail hebdomadaires ou mensuelles ou de niveaux de rémunération minimum. Encore plus nombreuses sont les exclusions résultant de l'absence de mise en œuvre effective de la couverture légale pour des raisons multiples telles que l'absence de contrat de travail, les contraintes financières pesant sur les entreprises côté employeur ainsi que les modalités lourdes ou inappropriées de mise en conformité et la méconnaissance ou encore un choix délibéré de ne pas se conformer (BIT, 2015a).

Figure 2.5 Informalité et formes atypiques d'emploi en Afrique : part de l'emploi informel selon les formes d'emploi (pourcentages, 2016)

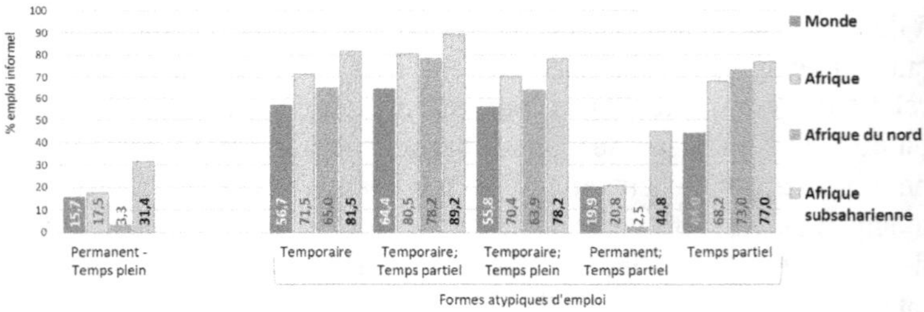

Source : Calculs de l'auteur sur la base des données d'enquêtes nationales sur les forces de travail ou d'enquêtes nationales similaires auprès des ménages.

4.2. *La dimension de genre de l'informalité*

Contrairement à la situation observée au niveau mondial, les femmes africaines sont plus exposées que les hommes à l'informalité : 89,7 % des femmes sont en emploi informel contre 82,7 % des hommes. La dimension de genre montre toutefois des situations très contrastées entre l'Afrique subsaharienne et l'Afrique du Nord (figure 2.6).

En Afrique du Nord, le taux d'informalité est plus faible chez les femmes : plus faible que parmi les hommes et que dans la plupart des autres pays d'Afrique. Cette région se caractérise par un taux de participation des femmes au marché du travail parmi les plus bas du monde et nettement inférieur à celui des hommes. La minorité de femmes employées tend à être surreprésentée dans le secteur public ou du moins dans les professions et les types d'entreprises plus susceptibles d'être formelles. À l'inverse, l'Afrique subsaharienne présente une situation particulièrement critique pour les femmes : plus de 92 % d'entre elles ont un emploi informel contre 86,4 % des hommes. Le taux de travail informel chez les femmes dépasse les 90 % de l'emploi féminin dans plus des deux tiers des pays d'Afrique subsaharienne. La proportion d'hommes exerçant un emploi informel est supérieure à 90 % dans un quart des pays de la sous-région.

FIGURE 2.6 Part de l'emploi informel selon le genre : Monde, Afrique et sous-régions (pourcentages, 2016)

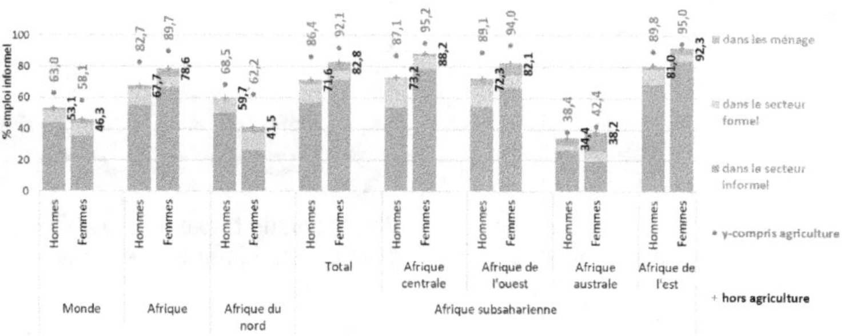

Source : Calculs de l'auteur sur la base des données d'enquêtes nationales sur les forces de travail ou d'enquêtes nationales similaires auprès des ménages.

Les femmes se situent le plus souvent dans les segments les plus vulnérables de l'économie informelle, en tant que travailleuses non rémunérées contribuant à l'entreprise familiale, en tant que travailleuses domestiques ou encore en tant que travailleuses à domicile, le plus souvent pour un travail à la tâche. En Afrique subsaharienne, un quart des femmes exerçant un emploi informel sont des travailleuses familiales non rémunérées contribuant à l'entreprise familiale. Seuls 12 % des hommes sont dans cette situation. Les travailleuses domestiques représentent plus d'un tiers de l'emploi salarié féminin au Bénin, au Libéria, au Sénégal, au Togo ou en Zambie et plus de 80 % de ces travailleuses exercent un emploi informel[16]. Ces travailleuses domestiques sont confrontées à des problèmes spécifiques liés au fait de travailler chez des particuliers. Les ménages sont en effet souvent considérés non pas comme lieu de travail mais plutôt comme sphère

16 Calculs de l'auteur de la part de l'emploi domestique dans l'emploi total et de la part de l'emploi informel chez les travailleuses domestiques, sur la base des enquêtes nationales sur les forces de travail ou enquêtes nationales similaires auprès des ménages.

privée ne relevant pas de la règlementation de l'État et interdite aux inspecteurs du travail (BIT, 2016b).

Figure 2.7 Distribution de l'emploi informel selon le statut dans l'emploi et le sexe en Afrique (pourcentages, dernière année disponible)

Proportion de salariés dans l'emploi informel (Afrique)

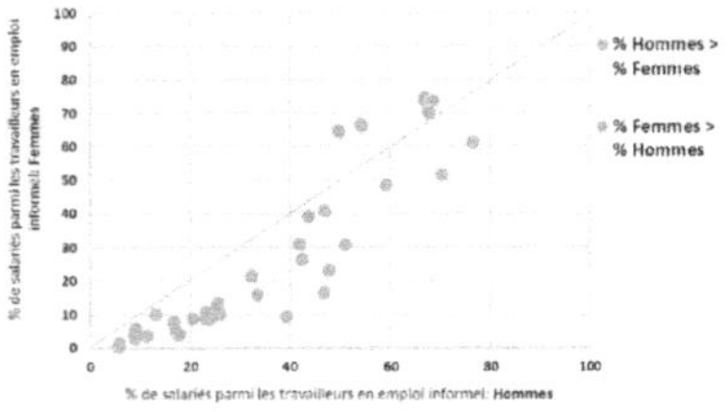

Proportion d'employeurs dans l'emploi informel (Afrique)

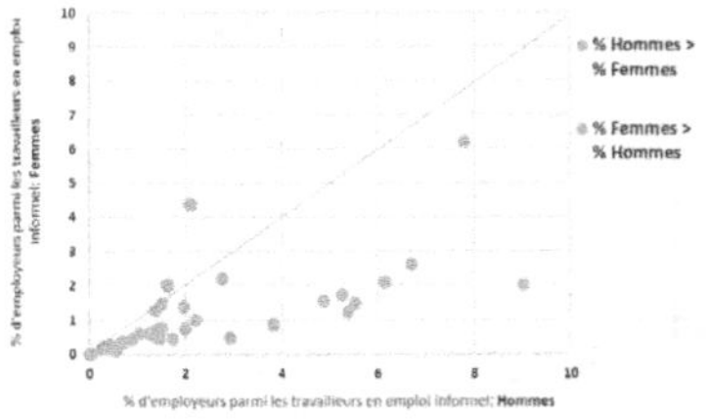

Proportion de travailleurs à leur propre compte dans l'emploi informel (Afrique)

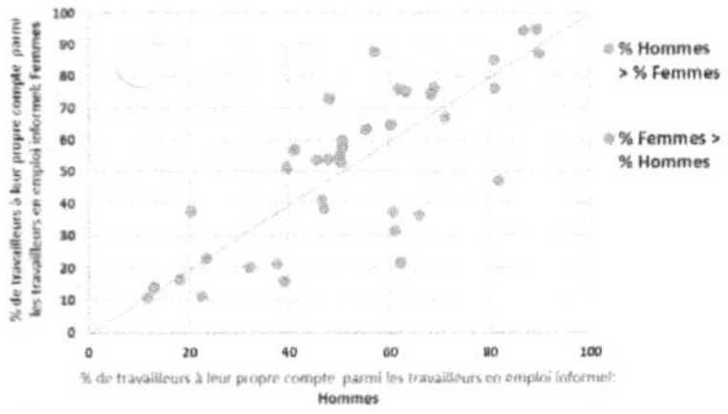

Proportion de travailleurs familiaux dans l'emploi informel (Afrique)

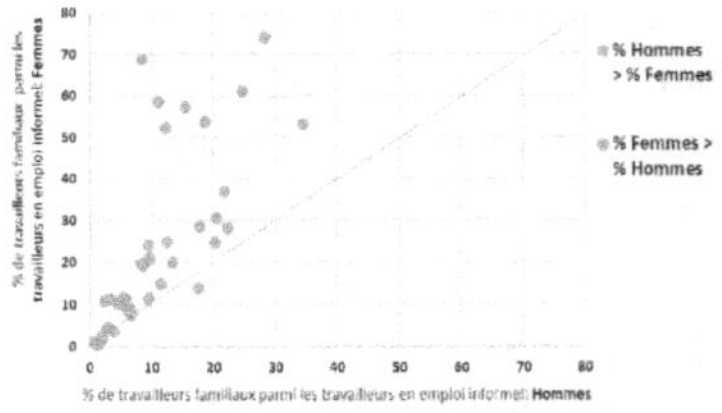

Source : Calculs de l'auteur sur la base des données d'enquêtes nationales sur les forces de travail ou d'enquêtes nationales similaires auprès des ménages.

L'analyse menée par WIEGO sur les interactions entre les types d'emplois informels, les niveaux de revenus et le risque de pauvreté, a révélé une hiérarchie des revenus et une segmentation hommes-femmes des types d'emplois informels. Les employeurs informels se trouvent au sommet de cette hiérarchie avec les revenus les plus élevés et le risque de pauvreté le plus faible, suivis par les travailleurs à leur propre compte, les salariés, les autres types d'employés (tels que les travailleurs domestiques) et les autres travailleurs à domicile, dont les travailleurs engagés dans les chaînes d'approvisionnement globales ou pour les marchés locaux, et enfin, au bas de la hiérarchie, les travailleurs familiaux non rémunérés (Chen, 2012 ; Chen et al., 2005). La figure 2.7 montre que les femmes sont surreprésentées dans la catégorie d'emploi la plus vulnérable : celle des travailleurs familiaux, tandis qu'elles sont sous-représentées dans la catégorie des employeurs. Ceci est conforme aux analyses précédentes montrant que les hommes sont plus susceptibles de figurer en haut de la hiérarchie de l'emploi informel, tandis que les femmes ont davantage de probabilités de se trouver dans les situations les plus vulnérables (Jütting et de Laiglesia, 2009; Chen, 2012).

4.3. Le profil de l'informalité au cours de la vie

Au niveau mondial, plus des trois quarts des jeunes travailleurs et des travailleurs seniors occupent un emploi informel, contre 57 % des personnes entre 25 à 64 ans. En Afrique, la majorité des travailleurs sont dans l'économie informelle mais les jeunes et les seniors y sont également sur-représentés. Comme le montre la figure 2.8 panels A et B, en Afrique 94,9 % des jeunes âgés de 15 à 24 ans et 96 % des travailleurs âgés de 65 ans et plus exercent un emploi informel. La part globale de l'emploi informel et la variation de la forme en U au cours de la vie varient en fonction du statut de l'emploi. La part de l'emploi informel décroît rapidement avec l'âge et atteint les niveaux les plus bas pour les employés et, dans une certaine mesure, pour les employeurs, mais reste quasiment inchangée et supérieure à 90 % pour les travailleurs indépendants. La tendance à la hausse pour les travailleurs les plus âgés – notamment après l'âge légal de la retraite – est commune à l'ensemble des régions d'Afrique comme dans le reste du monde (figure 2.8, panel C).

FIGURE 2.8 Part de l'emploi formel dans l'emploi total selon l'âge et le statut dans l'emploi dans le monde et en Afrique (pourcentages, 2016)

Monde | Afrique

Panel A. Monde | Panel B. Monde et sous régions d'Afrique | Panel C. Afrique : selon le statut dans l'emploi

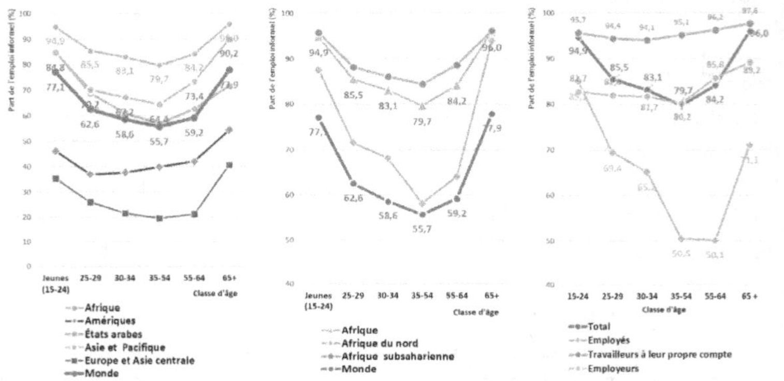

Source : Calculs du BIT sur la base des données d'enquêtes nationales sur les forces de travail ou d'enquêtes nationales similaires auprès des ménages.

4.4. La dimension géographique de l'informalité

En Afrique, l'informalité est omniprésente et même si elle est plus élevée en milieu rural (88,3 % des travailleurs ruraux exercent un emploi informel contre 76,3 % des travailleurs urbains), la différence est moins marquée que dans d'autres régions ou au niveau mondial[17] (figure 2.9, panel A). Comme le montre la figure 2.9, panel B, près de 65 % des travailleurs en emploi informel en Afrique vivent dans des zones rurales, tandis que la majorité des travailleurs en emploi formel se trouvent dans des zones urbaines (59 %). Plus de 70 % des travailleurs en emploi informel en milieu rural sont dans l'agriculture, contre moins d'un tiers en milieu urbain où l'emploi informel se concentre dans les services (51,8 %).

17 Les personnes vivant dans les zones rurales sont presque deux fois plus susceptibles d'occuper un emploi informel (80,0 %) que celles vivant dans les zones urbaines (43,7 %) (BIT, 2018a).

FIGURE 2.9 Informalité et milieu de résidence (pourcentages, 2016)

Panel A. Part de l'emploi informel selon le lieu de résidence

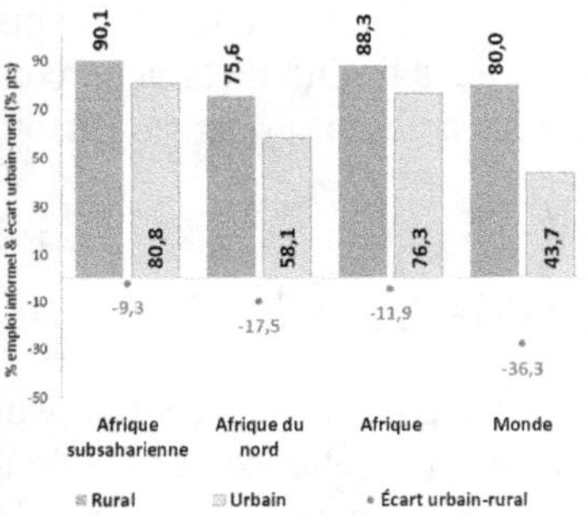

Panel B. Distribution de l'emploi informel et formel selon le lieu de résidence

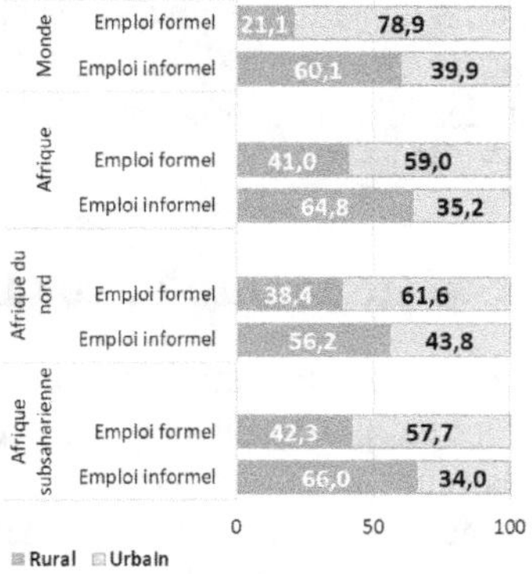

Panel C. Distribution de l'emploi informel et formel en milieu urbain ou rural selon le secteur d'activité (%, 2016)

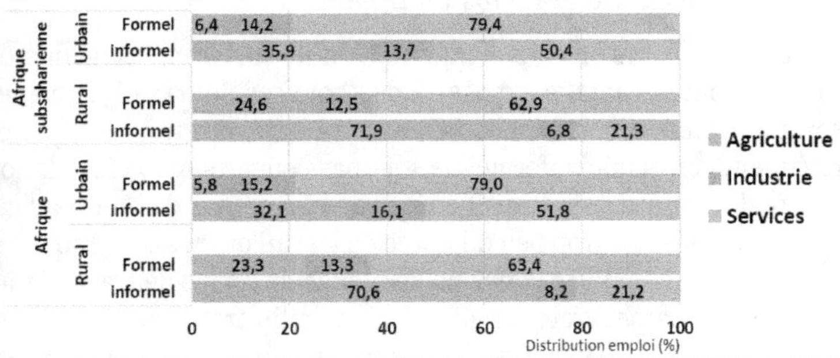

Source : Calculs de l'auteur sur la base des données d'enquêtes nationales sur les forces de travail ou d'enquêtes nationales similaires auprès des ménages.

Indépendamment du lieu de résidence, le secteur agricole présente le niveau le plus élevé d'informalité en Afrique (97,9 %) et dans le monde (93,6 %) contre 77,4 % et 57,2 % dans l'industrie respectivement pour l'Afrique et le monde et 70,2 % et 47,2 % dans les services. Néanmoins, la forte exposition des travailleurs agricoles à l'informalité n'explique que partiellement les différences de taux d'informalité entre les zones urbaines et rurales. Parmi les autres facteurs spécifiques au milieu rural, on peut citer l'environnement institutionnel et économique (accès limité aux infrastructures et aux services publics et différences dans la qualité des services et dans la gouvernance locale, par exemple), les caractéristiques personnelles et professionnelles de la population rurale (une proportion plus élevée de travailleurs avec de faibles niveaux d'éducation, un taux de pauvreté plus élevé et la surreprésentation d'emplois plus exposés au risque d'informalité) ou encore les traditions et la perception des lois et des règlementations par les acteurs ruraux (Jonasson, 2013; Weng, 2015).

5. Informalité et conditions de travail

La recommandation No. 204 reconnaît que le déficit de travail décent est plus prononcé dans l'économie informelle, ce que les données tendent à confirmer. Cette section présente quelques éléments relatifs aux conditions de travail telles que les heures de travail, la rémunération et plus largement, la pauvreté au travail et la représentation des travailleurs.

5.1. Informalité et temps de travail

Les travailleurs en emploi informel, qu'ils soient indépendants ou salariés, sont davantage exposés à des horaires de travail atypiques (soit un nombre d'heures très faible ou au contraire trop élevé). Les travailleurs en emploi informel ne sont pas couverts par la législation et la règlementation du travail ou ne bénéficient pas de leur application effective. Avoir trop peu d'heures de travail ou en avoir trop a des conséquences négatives : un sous-emploi lié au temps de travail et un risque accru de pauvreté lorsque l'on travaille trop peu d'heures et une exposition à davantage de risques en matière de santé et de sécurité au travail ainsi que des problèmes d'équilibre entre vie professionnelle et vie privée sans compensation financière en cas d'excès d'heures.

La figure 2.10 présente le pourcentage de travailleurs occupant un emploi informel travaillant moins de 20 heures par semaine par rapport à la proportion correspondante chez les travailleurs en emploi formel. Les différents panels présentent les résultats en Afrique et dans le monde pour l'ensemble des travailleurs, les femmes et les hommes, puis pour différents statuts dans l'emploi. La proportion de travailleurs occupés pour un nombre d'heures très peu élevé est systématiquement plus importante chez les travailleurs en emploi informel. À l'échelle mondiale, 10,1 % des travailleurs en emploi informel travaillent moins de 20 heures par semaine, contre 4,2 % des travailleurs en emploi formel. L'Afrique présente la différence la plus marquée, avec une proportion plus de cinq fois supérieure chez les travailleurs en emploi informel. En effet, 18 % des travailleurs en emploi informel travaillent moins de 20 heures par semaine (contre rémunération ou par un dispositif d'intéressement au profit), contre 3,2 % des travailleurs en emploi formel. La situation des femmes est la plus critique. Près de 23 %, des femmes en emploi informel en Afrique travaillent moins de 20 heures par semaine contre 3,2 % des femmes occupant un emploi formel et 14,3 % de leurs homologues masculins occupant, comme elles, un emploi informel. Ces statistiques sur l'emploi rémunéré ne reflètent pas la double charge de travail des femmes. Ces proportions ignorent en effet le travail non rémunéré réalisé au sein du ménage. Globalement, les femmes consacrent deux à dix fois plus de temps que les hommes au travail non rémunéré pour les soins apportés aux personnes (Ferrant, Pesando et Nowacka, 2014). En Égypte, par exemple, 37 % des femmes travaillent pour leur famille sans être rémunérées, contre 5 % des hommes (Sholkamy, 2017). Le travail domestique et les responsabilités familiales entraînent « une pauvreté de temps » considérable chez les femmes, ce qui rend difficile l'accès à un emploi rémunéré sur une base régulière à temps plein.

Figure 2.10 Proportions de travailleurs en emploi informel qui travaillent moins de 20 heures par semaine dans le monde et en Afrique (pourcentages, 2016)

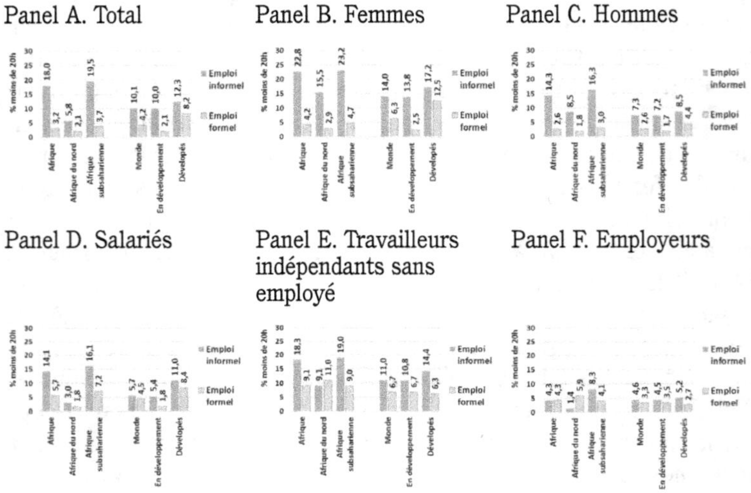

Source : Calculs de l'auteur sur la base des données d'enquêtes nationales sur les forces de travail ou d'enquêtes nationales similaires auprès des ménages.

Les travailleurs indépendants sans employés sont également particulièrement touchés par le faible nombre d'heures consacrées à dégager un profit (figure 2.10, panel E). En effet, 18,3 % travaillent moins de 20 heures par semaine contre 9,1 % chez les travailleurs à leur propre compte dont l'activité est formelle. Parmi les salariés, la proportion de travailleurs concernés est plus faible, mais la différence entre salariés en emploi informel et formel demeure et l'on observe une proportion trois fois plus élevée de temps de travail très court chez les salariés informels (figure 2.10, panel D). Seuls les employeurs se distinguent des autres catégories d'emploi avec une proportion faible de 4,3 % d'employeurs travaillant moins de 20 heures par semaine, qu'ils soient dans le secteur formel ou informel (figure 2.10, panel F).

FIGURE 2.11 Proportion de travailleurs en emploi formel et informel en sous-emploi lié au temps de travail dans une sélection de pays africains, (pourcentages, dernière année disponible)

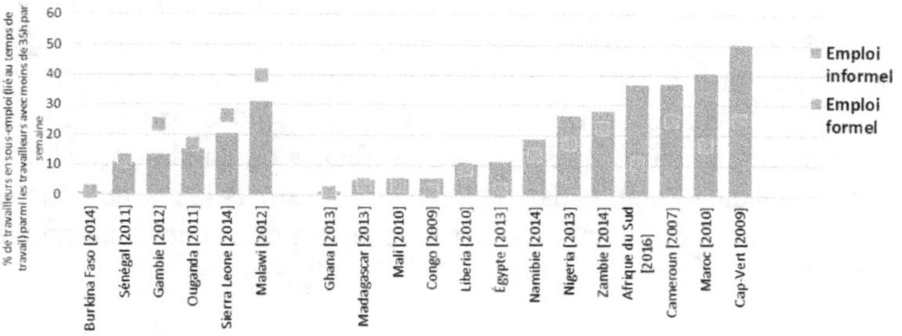

Source : Calculs de l'auteur sur la base des données d'enquêtes nationales sur les forces de travail ou d'enquêtes nationales similaires auprès des ménages.

La comparaison de l'incidence du sous-emploi lié à la durée du travail entre les travailleurs en emploi informel ou formel suggère pour la majorité des travailleurs concernés, l'absence d'autres options disponibles plutôt qu'un choix délibéré des travailleurs en emploi informel. Le sous-emploi lié au temps de travail est considéré comme l'une des variables du « déficit de l'offre de travail » dans le cadre visant à appréhender par les statistiques le concept plus large de « sous-utilisation de la main d'œuvre » (BIT, 2015b)[18].

La proportion de travailleurs en sous-emploi lié au temps de travail est plus élevée parmi les travailleurs ayant un emploi informel dans treize des dix-neuf pays d'Afrique pour lesquels des données sont disponibles. La proportion de travailleurs en sous-emploi est supérieure à 25 % dans sept des dix-neuf pays considérés (figure 2.11). De ces situations de sous-emploi résulte un risque accru de pauvreté au travail[19].

---

18 Les lecteurs intéressés peuvent se référer à BIT : « Beyond Unemployment: Measurement of other Forms of Labour Underutilization », document de séance no. 13 (en anglais seulement), 18ᵉ Conférence internationale des statisticiens du travail, groupe de travail sur la sous-utilisation de la main d'⊠uvre, Genève, 24 novembre ⊠ 5 décembre 2008 ;

http://www.ilo.org/wcmsp5/groups/public/---dgreports/---stat/documents/meetingdocument/wcms_100652.pdf

19 Pour plus d'informations, une analyse quantitative de la relation entre le faible nombre d'heures de travail et la pauvreté est disponible dans le chapitre 2 de la publication du BIT « World Employment and Social Outlook 2016 » (BIT, 2016c).

Dans le même temps, au niveau mondial et en Asie en particulier, les travailleurs en emploi informel ont également tendance à travailler plus de 48 heures par semaine, soit plus que ceux en emploi formel. En Afrique, la situation est contrastée. L'Afrique du Nord présente des résultats similaires à la tendance mondiale avec une proportion significativement plus élevée de travailleurs en emploi informel effectuant un nombre d'heures de travail excessif (41,5 % des travailleurs en emploi informel contre 24.8 % des travailleurs en emploi formel travaillent plus de 48 heures par semaine). Ce n'est pas le cas en Afrique subsaharienne, sauf pour les salariés employés de manière informelle (figure 2.12).

FIGURE 2.12 Proportions de travailleurs en emploi informel et formel qui travaillent plus de 48 heures par semaine dans le monde et en Afrique (pourcentages, 2016)

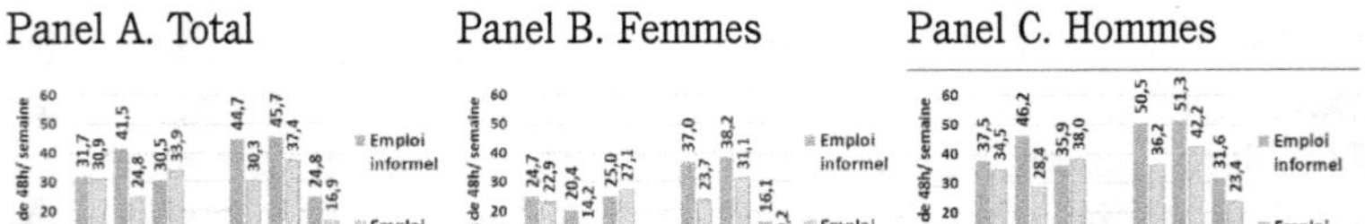

Source : Calculs de l'auteur sur la base des données d'enquêtes nationales sur les forces de travail ou d'enquêtes nationales similaires auprès des ménages.

Plus de 40 % des travailleurs salariés et des employeurs en emploi informel travaillent plus de 48 heures par semaine. Dans le cas des salariés, cette proportion est plus élevée que celle que l'on observe chez les travailleurs en emploi formel. La situation est inversée chez les employeurs. Les travailleurs en emploi formel ont tendance à travailler davantage d'heures que les employeurs œuvrant dans le secteur informel. La difficulté à écouler la production, les difficultés rencontrées pour acquérir les matières premières, pour aménager ou même sécuriser et stabiliser leur lieu de production peuvent expliquer en partie le moindre volume d'heures réalisé par les travailleurs indépendants du secteur informel (employeurs et travailleurs à leur propre compte). Ces contraintes limitent leur capacité à produire et à écouler davantage leur production et maintiennent leur activité à un niveau sous-efficient. Parmi les raisons sous-jacentes figurent également l'importance du temps passé au travail non rémunéré.

5.2. Informalité et sécurité du revenu

La sécurité du revenu dépend du niveau de revenus, mais aussi de sa stabilité et de sa prévisibilité. L'analyse comparée du niveau des salaires des salariés en emploi informel par rapport aux salariés du secteur formel met en évidence des niveaux moyens de salaire mensuel nettement inférieurs chez les employés exerçant un emploi informel (figure 2.13). L'analyse selon le genre met par ailleurs en évidence la double pénalité à laquelle les femmes salariées en emploi informel sont confrontées : un niveau de salaire inférieur du fait de l'informalité et un salaire inférieur pour les femmes par rapport aux hommes (que ce soit en emploi formel ou informel). Le moins grand nombre d'heures de travail n'explique qu'en partie ces différences.

FIGURE 2.13 Salaire mensuel des employés en emploi informel comparé à celui des employés en emploi formel selon le sexe (salaire moyen en monnaie nationale, dernière année disponible)

Panel A. Congo, République démocratique, 2012 — Panel B. Égypte 2016 — Panel C. Éthiopie (2013)

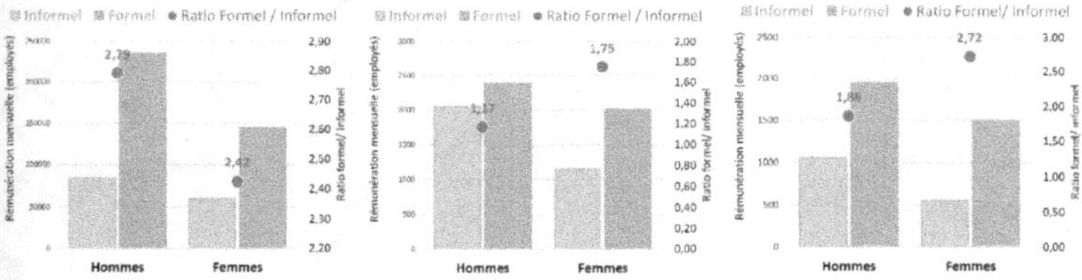

Panel D. Namibie (2016) Panel E. Ouganda 2012 Panel F. Zambie (2017)

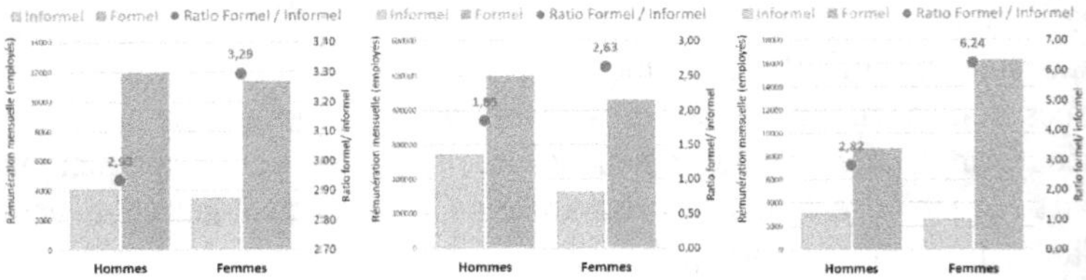

Source : Calculs de l'auteur à partir des enquêtes nationales sur les forces de travail ou enquêtes similaires auprès des ménages.

Au-delà de la comparaison du salaire moyen, il convient de mentionner que certains salariés en emploi informel gagnent un salaire suffisant pour couvrir le coût des cotisations de sécurité sociale, et certains gagnent davantage que les salariés en emploi formel. Par ailleurs, les données disponibles dans certains pays permettent d'analyser la situation des travailleurs indépendants (figure 2.14), qui représentent la majorité des travailleurs en Afrique et plus encore lorsqu'il s'agit des travailleurs en emploi informel.

En République Démocratique du Congo comme à l'île Maurice, la comparaison des revenus mensuels moyens entre indépendants du secteur formel et informel conduit à un résultat similaire : on constate des revenus moyens inférieurs chez les indépendants opérant de manière informelle. En Zambie, la minorité de femmes entrepreneurs du secteur formel semble dégager des profits inférieurs à ceux des hommes. Cela est peut-être dû à leur non représentativité, en raison du faible nombre de femmes dans l'échantillon.

Figure 2.14 Revenus du travail mensuel moyen chez les travailleurs indépendants : comparaison entre les travailleurs indépendants dans le secteur informel et formel (profit mensuel en monnaie nationale, dernière année disponible)

Panel A. Congo, République démocratique, 2012 | Panel B. Ile Maurice, 2016 | Panel C. Zambie (2017)

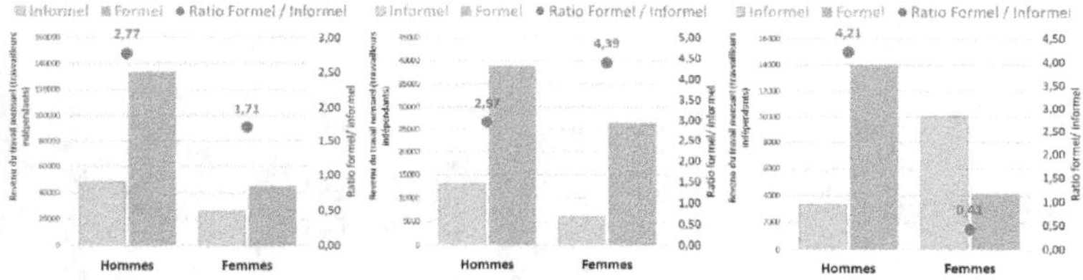

Source : Calculs de l'auteur à partir des enquêtes nationales sur les forces de travail ou enquêtes similaires auprès des ménages.

Enfin, l'analyse du taux de pauvreté au travail pour différents groupes de travailleurs permet également de prendre en compte l'ensemble des travailleurs, mais également l'influence de la taille et de la composition des ménages. La forte incidence de la pauvreté au travail chez les travailleurs informels traduit – largement mais pas exclusivement – l'importance des activités agricoles peu productives dans l'emploi informel. La figure 2.15 (panels A à C) montre une diminution significative du taux de pauvreté lorsque l'on exclut l'agriculture. Cette baisse du taux de pauvreté est de 8 % chez les travailleurs en emploi formel et de 16 % chez les travailleurs en emploi informel par rapport au niveau de pauvreté calculé pour l'ensemble des emplois, y compris l'agriculture (panel C). Si l'on prend en considération l'emploi hors agriculture, cela conduit presque systématiquement à une réduction du niveau de pauvreté au travail, en particulier chez les travailleurs informels. Cela souligne les liens étroits qui existent entre les activités agricoles, l'informalité et la pauvreté. La diminution du taux de pauvreté dans l'emploi informel résultant de l'exclusion de l'agriculture est très impressionnante dans certains pays d'Afrique. En Angola, au Burkina Faso, au Cameroun, au Rwanda, en République unie de Tanzanie ou en Zambie, cette baisse est supérieure à 20 %. Au Cameroun, au Rwanda et en Zambie en particulier, cette baisse observée chez les travailleurs en emploi informel ne s'accompagne pas d'une diminution comparable du taux de pauvreté chez les travailleurs en emploi formel. Les activités agricoles sont encore, dans une large mesure, informelles et fondées sur la subsistance et rares sont les unités de production formelles dans ce secteur.

FIGURE 2.15 Taux de pauvreté au travail et emploi informel en Afrique (pourcentages, dernières années disponibles)

Panel A. Taux de pauvreté entre travailleurs en emploi informel et formel (total)

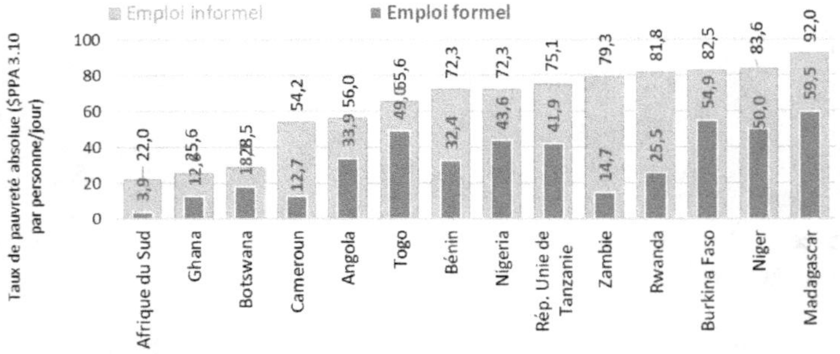

Panel B. Taux de pauvreté hors agriculture (%)

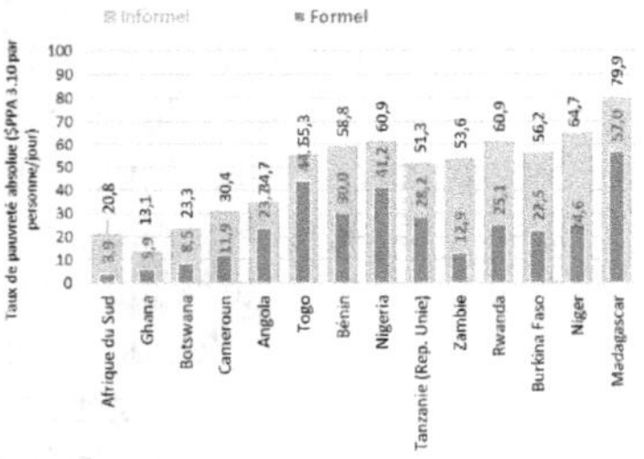

Panel C. Difference de taux de pauvreté en raison de l'exclusion de l'agriculture (points de pourcentage)

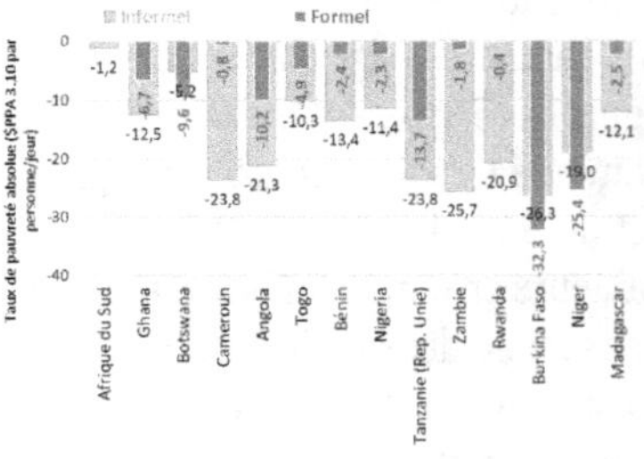

Panel B. Taux de pauvreté parmi les salariés (%)

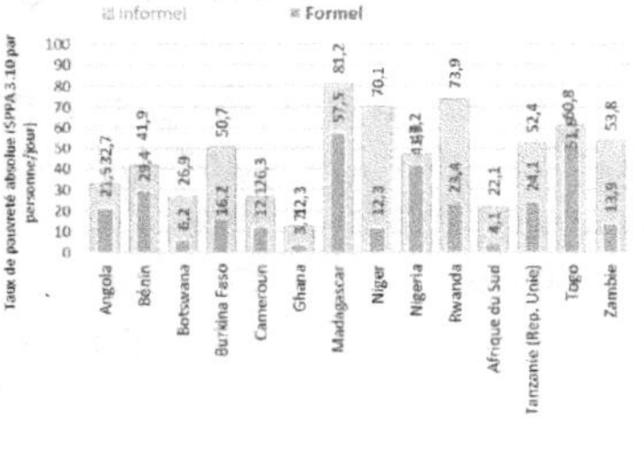

Panel C. Taux de pauvreté parmi les employeurs (%)

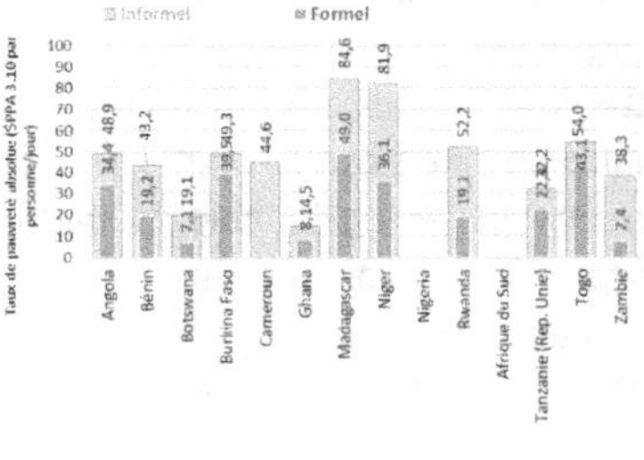

Panel D. Taux de pauvreté parmi les travailleurs à leur propre compte (%)

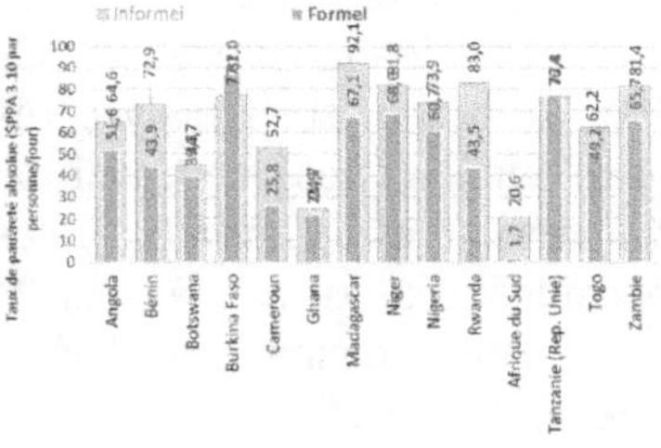

Panel E. Taux de pauvreté parmi les travailleurs familiaux (%)

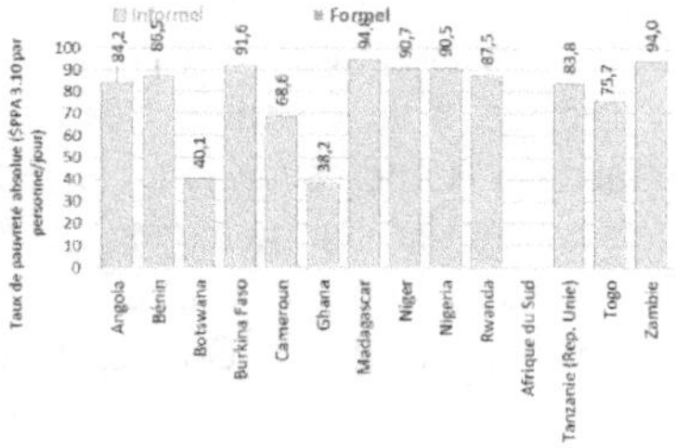

Source : Calculs de l'auteur à partir des enquêtes nationales sur les forces de travail ou enquêtes similaires auprès des ménages.

Tant dans l'économie formelle que dans l'économie informelle, le statut de l'emploi est un facteur important de différenciation des travailleurs par rapport au risque de pauvreté. La figure 2.15 (panels D à G) présente les taux de pauvreté par statut dans l'emploi des 14 pays d'Afrique pour lesquels des données comparables sont disponibles. Bien que les travailleurs informels soient systématiquement plus touchés par la pauvreté que les travailleurs en emploi formel, il existe de grandes disparités entre les statuts dans l'emploi. En moyenne, pour les 14 pays considérés ici, le risque de pauvreté chez les travailleurs en emploi informel s'échelonne de 40 % chez les employeurs à 47 % chez les salariés ; il est de 65 % chez les travailleurs à leur propre compte et il est le plus élevé, 73 %, chez les travailleurs familiaux. Ces résultats tendent à confirmer la hiérarchie des revenus établie par WIEGO et mentionnée dans la section 3. Envisageons à présent le taux de pauvreté chez les travailleurs en emploi formel. Il va de 20 % chez les employeurs, à 23 % chez les employés en emploi formel et est de plus de 50 % chez les travailleurs à leur propre compte dont l'activité est enregistrée et légalement reconnue. Ces taux sont systématiquement plus faibles mais mettent néanmoins en évidence le fait que la pauvreté prévaut également chez les travailleurs en emploi formel. Tout comme le fait que certains travailleurs en emploi informel ne sont pas pauvres et pourraient probablement couvrir les coûts liés à la formalisation. Ce qui est remarquable par ailleurs, c'est que le risque de pauvreté des travailleurs à leur propre compte dans le secteur formel est en moyenne similaire à celui des employés en emploi informel.

5.4. Informalité et représentation des travailleurs

La figure 2.16 présente, pour quelques pays africains, le taux de syndicalisation chez les travailleurs salariés selon la nature formelle ou informelle de l'emploi. Ces résultats se basent sur l'analyse des données d'enquêtes nationales (enquête sur les forces de travail ou enquête auprès des ménages, représentative au niveau national). Les effectifs concernés peuvent être limités et les résultats sont à considérer avec précaution. Néanmoins, une tendance commune se dégage pour l'ensemble des pays considérés : le taux de syndicalisation est en moyenne 10 fois moins élevé chez les salariés en emploi informel par rapport à celui des salariés en emploi formel. Le taux relativement élevé observé chez les salariés en emploi formel concerne une minorité de travailleurs salariés qui représente moins de 10 % de l'emploi total dans 12 des 20 pays retenus et faisant en majorité partie du secteur public.

Figure 2.16 Taux de syndicalisation des employés en emploi informel comparé à celui des employés en emploi formel en Afrique (pourcentages, dernière année disponible)

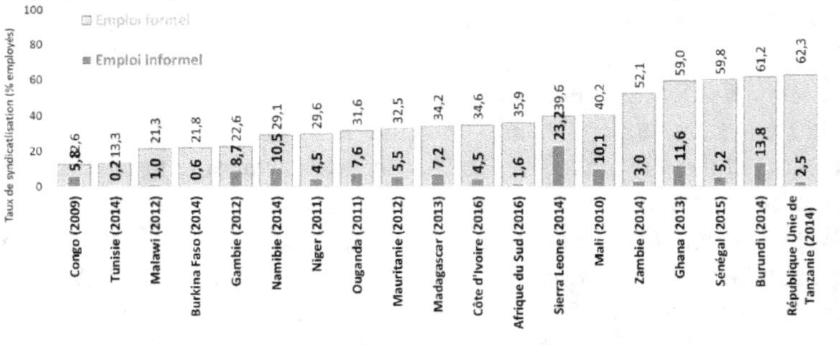

Source : Calculs de l'auteur à partir des enquêtes nationales sur les forces de travail ou enquêtes similaires auprès des ménages.

À titre d'exemple, au Sénégal, la proportion d'employés affiliés à un syndicat ou à une association de travailleurs est de 15,1 %[20]. Cette proportion est 10 fois plus élevée chez les employés en emploi formel (59,8 %) ; seuls 5,2 % des salariés en emploi informel y sont affiliés. Lorsque l'on considère uniquement les salariés du secteur informel, le

20 Résultat basé sur l'Enquête nationale sur l'emploi au Sénégal (ENES, 2015).

taux de syndicalisation n'est que de 2,1 % au Sénégal (1,3 % chez les femmes salariées et 2,7 % chez les hommes).

Dans les enquêtes sur la force de travail, la question de l'affiliation à un syndicat est trop souvent posée uniquement aux salariés et ne prend pas en compte l'affiliation des travailleurs indépendants aux organisations d'employeurs ou à d'autres formes d'organisations, telles que les organisations professionnelles. Parmi les travailleurs indépendants du secteur informel au Sénégal, à la question « Êtes-vous membre d'une organisation/association de producteurs ? » 6,9 % des travailleurs à leur propre compte et 14,8 % des employeurs répondent par l'affirmative. Ces proportions sont plus élevées dans le secteur formel (13,4 % des travailleurs à leur propre compte et 41,5 % des employeurs du secteur formel sont membres d'organisations ou d'associations de producteurs). Elles sont également légèrement plus élevées chez les hommes entrepreneurs que chez les femmes, quel que soit le secteur, formel ou informel.

6. Les facteurs d'informalité

La croissance et le niveau du PIB sont des moteurs importants de la formalisation. Néanmoins, des pays présentant un niveau de développement économique similaire (mesuré par le PIB par habitant), peuvent présenter un niveau d'emploi informel très différent. C'est le cas du Cap-Vert et de la République du Congo, par exemple. Malgré un niveau de PIB similaire, le taux d'emploi informel est deux fois plus élevé au Congo qu'au Cap-Vert (figure 2.17). D'autres facteurs expliquent cette dispersion en termes d'informalité pour des niveaux de PIB similaires. Au niveau macroéconomique, on peut citer notamment la capacité des pays à créer suffisamment d'emplois formels pour intégrer toutes les personnes qui veulent travailler (qu'il s'agisse de nouveaux entrants ou de personnes déjà piégées dans l'économie informelle), une transformation structurelle menant à une réduction ou à la transformation des statuts et des formes d'emplois les plus exposés à l'informalité, la croissance des unités économiques et l'augmentation de leur productivité, qui est une condition essentielle pour la transition vers l'économie formelle.

FIGURE 2.17 Proportion d'emploi informel et PIB par habitant (pourcentages, 2016)

Panel A. Monde — Panel B. Afrique

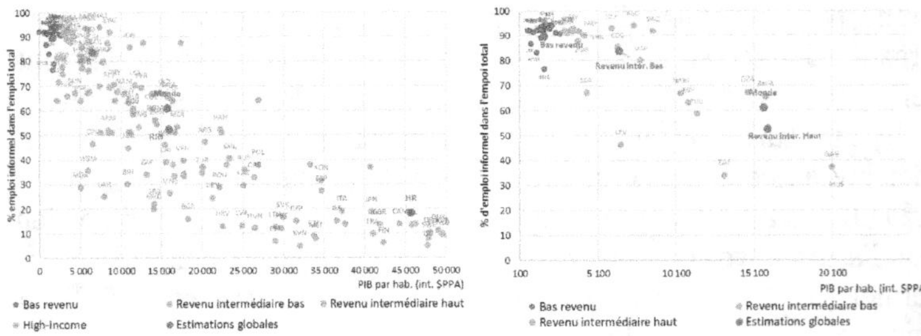

Source : Données harmonisées du BIT pour l'emploi informel et de la Banque Mondiale (World Development Indicators 2017) pour le PIB par habitant.

De nombreux autres facteurs expliquent également cette dispersion. Certains sont associés à l'environnement économique et institutionnel, tel qu'un cadre règlementaire inadéquat, des mécanismes de mise en application des lois et des règlements trop faibles, un manque de transparence et de responsabilité des institutions publiques, un manque de confiance des acteurs ou encore des prestations de sécurité sociale inadéquates, voire inexistantes.

Certains ont attribué la taille de l'économie informelle à la règlementation et à la fiscalité, mais d'autres ont fait valoir que c'est précisément une faible application de la loi qui est à l'origine du développement de l'emploi informel (Kanbur, 2009). La figure 2.18 montre une forte corrélation négative entre la part de l'emploi informel et différentes mesures relatives à l'efficacité du gouvernement, à la qualité de la règlementation, à l'État de droit et au contrôle de la corruption. Ces résultats suggèrent que, dans la mesure où les règlementations et les dispositions administratives sont effectivement appliquées, sans être influencées de manière abusive par des agents publics ou des intérêts privés, le nombre de personnes occupant un emploi formel est plus élevé.

FIGURE 2.18 Informalité et indicateurs synthétiques du cadre légal et règlementaire ou de la gouvernance

Panel A. Indice de la qualité de la règlementation et informalité

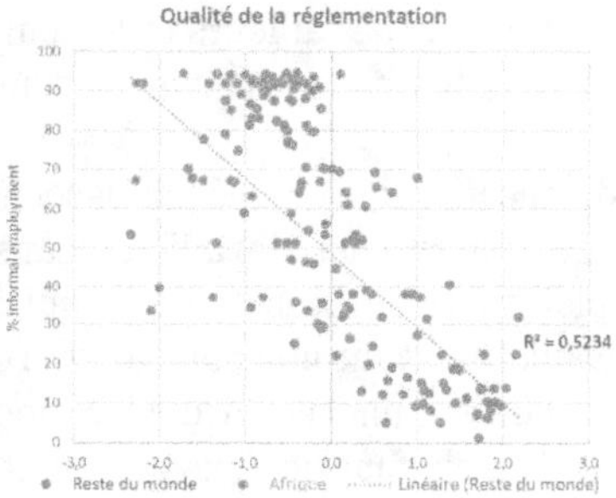

Panel B. Indice de l'État de droit et informalité

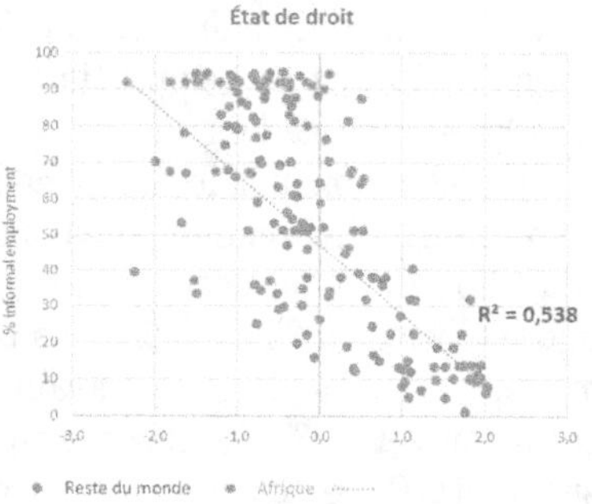

Panel C. Contrôle de la corruption

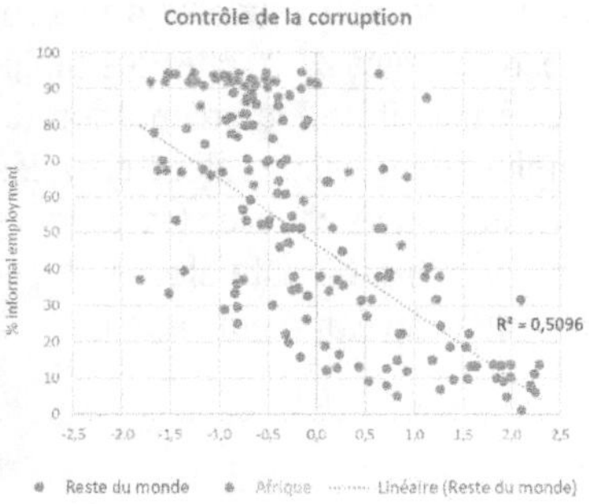

Panel D. Indice d'efficacité du gouvernement et informalité

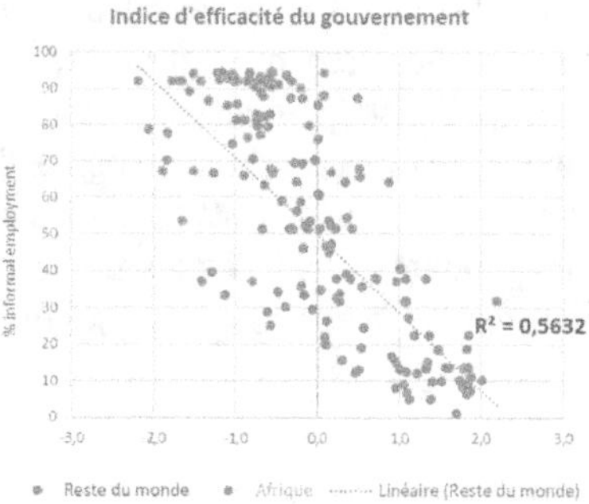

Source : Données harmonisées du BIT pour l'emploi informel et the Worldwide Governance Indicators (WGI) project (http://info.worldbank.org/governance/wgi/#home)

Enfin, certaines caractéristiques personnelles peuvent rendre difficile l'accès des travailleurs à un emploi formel. Avoir un faible niveau d'éducation, être victime de discrimination en raison du sexe, de l'âge, de la religion ou de l'ethnie, avoir une faible productivité ou être pauvre augmente la probabilité d'être dans l'économie informelle (certaines de ces caractéristiques étant en même temps un facteur d'informalité et exacerbé par l'informalité). Une illustration est fournie ci-dessous concernant l'éducation.

Si l'éducation ne garantit pas l'accès à un emploi formel et plus productif, elle n'en constitue pas moins un facteur important. Les estimations mondiales et régionales mettent clairement en évidence le lien entre l'augmentation du niveau d'éducation des travailleurs et la diminution de la part de l'emploi informel dans toutes les régions et pour tous les statuts de l'emploi.

À l'échelle mondiale, un niveau d'éducation plus élevé est associé à un niveau d'informalité plus faible. La majorité des travailleurs sans éducation (93,8 %) occupent un emploi informel. La part de l'emploi informel passe à 84,6 % chez les travailleurs ayant une éducation primaire, à 51,7 % chez les travailleurs dotés d'un niveau d'éducation secondaire et à 23,8 % chez ceux qui ont un diplôme de l'enseignement supérieur. Cette tendance est largement influencée par les pays en développement et les pays émergents, où se concentre la plus grande partie des travailleurs en emploi informel. En Afrique, la proportion d'emploi informel passe de 94 % chez les travailleurs sans éducation (formelle) à 88,5 % chez les travailleurs ayant un niveau primaire, 68,1 % chez ceux qui ont un niveau secondaire et 27 % chez les diplômés de l'enseignement supérieur. L'effet positif de l'augmentation du niveau d'éducation sur l'accès à l'emploi formel est évident chez les employés et les employeurs, mais beaucoup moins chez les travailleurs indépendants, dont l'exposition à l'emploi informel reste élevée (supérieure à 80 % en Afrique), quel que soit leur niveau d'éducation.

Figure 2.19 Informalité et niveau d'éducation

Panel A. Part de l'emploi informel selon le niveau d'éducation (pourcentages, 2016)

Panel B. Distribution des travailleurs en emploi informel et formel selon le niveau d'éducation (pourcentages, 2016)

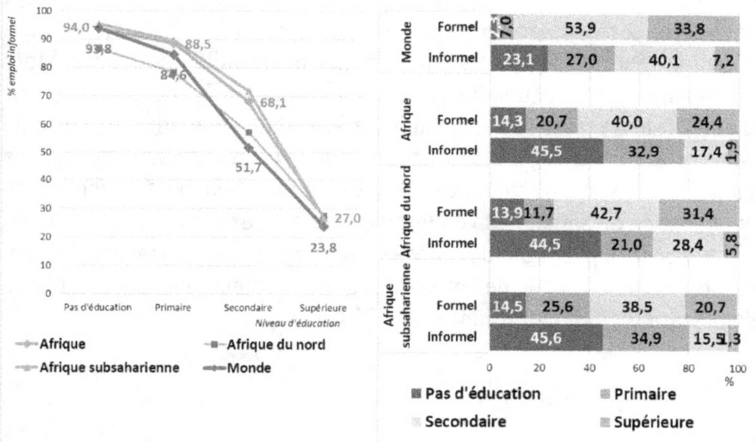

Source : Calculs de l'auteur à partir des enquêtes nationales sur les forces de travail ou enquêtes similaires auprès des ménages.

Ce qui distingue les pays selon les niveaux de développement est le profil des travailleurs en termes d'éducation, c'est-à-dire les proportions relatives de travailleurs par niveau d'éducation. La figure 2.19, panel B présente le profil des travailleurs en termes d'éducation dans l'emploi informel comparé à celui des travailleurs du secteur formel. Ce graphique met clairement en évidence le fait que l'économie informelle absorbe une grande partie des travailleurs sans éducation ou avec un niveau d'éducation relativement faible. Au niveau mondial, la moitié des travailleurs exerçant un emploi informel a au mieux un niveau d'éducation primaire ; cette proportion atteint plus de 80 % dans les pays en développement et plus de 75 % en Afrique. Moins de 2 % des travailleurs en emploi informel en Afrique ont un diplôme de l'enseignement supérieur (contre près d'un quart des travailleurs en emploi formel).

L'analyse comparative des niveaux d'éducation des travailleurs (entrepreneurs et employés) en emploi formel et informel et entre secteur formel et informel peut être considérée comme une contribution à l'analyse des écarts de productivité entre les unités économiques et les acteurs de l'économie formelle et informelle. Outre ces facteurs liés à l'offre, d'autres facteurs liés plus largement à l'environnement politique et règlementaire viennent également expliquer cette différence de productivité qui est un aspect critique de la capacité à se formaliser et à couvrir les coûts de cette formalisation (être ou devenir formel et rester formel). Il s'agit notamment d'environnements qui tendent à exclure ou à pénaliser les travailleurs indépendants informels et leurs activités génératrices de revenus. Nombre de travailleurs indépendants du secteur informel travaillent dans un espace public ou chez des particuliers sans statut professionnel sûr et stable, sans infrastructure de base ni services de transport. Ceux qui travaillent dans un espace public sont souvent victimes de harcèlement, de pots-de-vin et de confiscation de biens. Les vendeurs de rue déclarent par exemple qu'ils n'investissent pas dans des stocks plus importants, dans des équipements plus onéreux ou des présentoirs plus sophistiqués par crainte de confiscation ou de vol (Chen et al., 2016).

7. En conclusion

Deux milliards de travailleurs dans le monde, dont 367 millions en Afrique, ont un emploi informel. En d'autres mots, la majorité de l'emploi mondial (61,2 %) et la grande majorité de l'emploi en Afrique (85,8 %) dépendent de l'économie informelle. Si l'on exclut l'agriculture, ces proportions sont respectivement de 50,5 % et de 77,1 %. L'Afrique est le seul continent dont la majorité des pays (58 %) présentent une proportion moyenne d'emploi informel supérieure à 90 %. Les nouvelles estimations publiées par l'OIT en 2018 montrent par ailleurs que :

- Les entreprises du secteur informel concentrent 88 % de l'emploi informel en Afrique et les unités de moins de 10 personnes recouvrent 90 % de l'emploi informel.
- L'emploi informel est aujourd'hui la réalité de 94,4 % des travailleurs indépendants sans employés en Afrique et de 77,9 % des employeurs. Très concrètement, cela représente 190 millions de travailleurs indépendants dont l'activité n'est ni légalement reconnue ni enregistrée. L'économie informelle est également la réalité des 56,8 % de travailleurs salariés dont la relation de travail n'est pas soumise, légalement ou en pratique, à la législation nationale du travail, à l'impôt sur le revenu, à la

protection sociale ou au droit à certains avantages liés à l'emploi. La majorité d'entre eux, 60 %, exerce un emploi informel dans le secteur informel, ce qui appelle à la fois des mesures de formalisation des unités économiques qui les embauchent et la formalisation de leur emploi.

- Contrairement à la situation observée au niveau mondial, les femmes africaines sont plus exposées que les hommes à l'informalité : 89,7 % des femmes ont un emploi informel contre 82,7 % des hommes.
- Près de 95 % des jeunes âgés de 15 à 24 ans ont un emploi informel et 96 % des travailleurs âgés de 65 ans et plus. Les travailleurs salariés et, dans une moindre mesure, les employeurs sont les seules catégories de travailleurs chez lesquels on observe une réduction significative de la part de l'emploi informel au cours du cycle de vie, tout au moins avant l'âge légal de la retraite. Au-delà de cet âge, les personnes qui continuent à travailler n'ont pour la plupart pas d'autres choix, faute de pension de retraite acquise pendant l'âge actif.
- Le taux d'emploiinformel est plus élevé en milieu rural : 88,3 % des travailleurs ruraux sont en emploi informel contre 76,3 % des travailleurs urbains. Près de 65 % des travailleurs en emploi informel en Afrique vivent dans des zones rurales, tandis que la majorité des travailleurs en emploi formel se trouvent dans des zones urbaines (59 %). Plus de 70 % des travailleurs en emploi informel en milieu rural sont dans l'agriculture, contre moins d'un tiers en milieu urbain où l'emploi informel se concentre dans les services (51,8 %).
- Le déficit de travail décent est plus prononcé dans l'économie informelle : en Afrique, près d'un travailleur informel sur 5 travaille moins de 20 heures par semaine contre un salaire ou un profit avec un risque élevé de pauvreté au travail associé au sous-emploi. Le taux de pauvreté est de 1,5 à 5 fois plus élevé chez les travailleurs en emploi informel. Dans le même temps, plus de 40 % des salariés en emploi informel travaillent plus de 48 heures par semaine contre 28,3 % des salariés bénéficiant de conditions d'emploi formelles. Enfin, on observe des taux de syndicalisation 10 fois moins élevés chez les salariés en emploi informel que chez les salariés formels.

Pour conclure, les nouvelles analyses présentées ici confirment que les facteurs d'informalité sont multiples. Il s'agit de la difficulté des économies à créer des emplois formels malgré un taux de croissance plus élevé que celui observé en moyenne dans les pays développés[21]. Il s'agit également de facteurs associés aux limites de l'environnement institutionnel (peu de moyens, manque de transparence et de confiance, déficit de coordination des interventions sur ces multiples causes de l'informalité). Enfin, il s'agit des caractéristiques des individus et des unités économiques qui rendent plus difficile l'accès à un emploi formel : faible niveau d'éducation, discrimination ou faible productivité qui caractérisent nombre de travailleurs et d'unités économiques de l'économie informelle. La majorité des travailleurs africains sans instruction (94 %) occupent un emploi informel, contre 27 % des travailleurs ayant une formation supérieure. Les trois quarts des personnes en emploi informel en Afrique ont au mieux un niveau d'éducation primaire.

Ces données, disponibles depuis peu, doivent amener les décideurs politiques à redéfinir leur cadre politique afin de faciliter la transition de l'économie informelle vers l'économie formelle. Elles sont aussi, à travers le dispositif de suivi des Objectifs de développement durable, un moyen important d'assurer un engagement politique fort pour la réalisation de l'objectif de formalisation comme vecteur de développement inclusif.

Bibliographie

Bureau international du Travail (2015a), *World Employment and Social Outlook. The changing nature of jobs*, Geneva: ILO.

--------- (2015b), *Key Indicators of the Labour Market (KILM), KILM 12. Le sous-emploi lié au temps de travail*, Geneva: ILO.

--------- (2016a), *Non-standard employment around the world: Understanding challenges, shaping prospects*, Geneva: ILO.

--------- (2016b), *Formalizing domestic work*, Geneva: ILO

--------- (2016c), *World Employment and Social Outlook: Transforming jobs to end poverty*, Geneva: ILO.

21 Parmi les dix pays présentant les taux de croissance les plus élevés au cours de ces dernières années, cinq sont en Afrique.

---------- *(2017), Rapport Mondial sur la protection sociale 2017-19. Protection sociale universelle pour atteindre les objectifs de développement durable, Bureau international du travail,* Genève : *BIT,*

---------- (2018a), *Women and men in the informal economy: a statistical picture (third edition)*, Geneva: ILO

---------- (2018b), *Informality and non-standard forms of employment,* background paper prepared for the G20 Employment Working Group meeting, Buenos Aires, 20-22 February 2018.

Chen, M. (2012), *The Informal Economy: Definitions, Theories and Policies*, Cambridge, MA: WIEGO.

---------- et al. (2005), *Progress of the World's Women 2005: Women, Work and Poverty*, New York: UN Women..

---------- et al. (2016), *Technology at the base of the pyramid: Insights from Ahmedabad (India), Durban (South Africa) and Lima (Peru)*, Cambridge, MA: WIEGO.

Conférence internationale des Statisticiens du Travail (CIST). 1993. Résolution concernant les statistiques de l'emploi dans le secteur informel adoptée par la quinzième Conférence internationale des statisticiens du travail, (janvier 1993), Genève : CIST.

---------- (1998), *Résolution concernant la mesure du sous-emploi et des situations d'emploi inadéquat,* adoptée par la seizième Conférence internationale des statisticiens du travail, (octobre 1998)), Genève : CIST.

---------- (2003), *Directives concernant une définition statistique de l'emploi informel,* approuvées par la 17e Conférence internationale des statisticiens du travail (novembre-décembre 2003), Genève : CIST.Conférence internationale du Travail

---------- (2015), *Recommendation No. 204 concerning the Transition from the Informal to the Formal Economy*, Geneva: ILO.

Ferrant, G., L. Pesando and K. Nowacka (2014), *Unpaid Care Work: The missing link in the analysis of gender gaps in labour outcomes*, Paris: OECD Development Centre,

Jonasson, E. (2012), «Government Effectiveness and Regional Variation in Informal Employment», *The Journal of Development Studies*, no. 48(4).

Jütting, J. and J. de Laiglesia (2009), *Is Informal Normal?: Towards More and Better Jobs in Developing Countries*, Paris: OECD Development Centre.

Kanbur, R. 2009. "Conceptualizing Informality: Regulation and Enforcement", *Indian Journal of Labour Economics*, no. 52(1).

Sholkamy, H. (2017), *Finding the notion of equality: women, work and social protection in Egypt, in Social protection: towards gender equality*, New York: United Nations Development Programme.

Weng, X. (2015), *The rural informal economy. Understanding drivers and livelihood impacts in agriculture, timber and mining*, London: IIED.

Annexe

Définitions opérationnelles de l'emploi dans le secteur informel et de l'emploi informel utilisées pour générer les estimations harmonisées par pays, les estimations régionales et globales.

Les normes internationales distinguent entre *l'emploi dans le secteur informel* et *l'emploi informel*. L'emploi dans le secteur informel est un concept fondé sur l'entreprise. Il est défini à partir des caractéristiques du lieu de travail du travailleur concerné tandis que la notion d'emploi informel est fondée sur l'emploi, et est déterminée par la relation de travail et le type de protection dont bénéficie le travailleur en lien avec son emploi.

Emploi dans le secteur informel

Conformément aux normes internationales adoptées par la 15e Conférence internationale des statisticiens du travail, le secteur informel est un sous-ensemble d'entreprises sans personnalité morale, qui n'ont pas d'existence juridique distincte de celle de leurs associés[22]. Elles ont été créées par un ou plusieurs membres d'un ou plusieurs ménages. Elles ont généralement un faible niveau d'organisation et développent leur activité à une petite échelle, avec peu ou pas de division entre le travail et le capital en tant que facteurs de production.

Afin de faciliter les comparaisons, le BIT a adopté une définition opérationnelle de l'emploi dans le secteur informel en se basant sur les critères suivants :

22 CIST 1993 : *Résolution concernant les statistiques de l'emploi dans le secteur informel*, quinzième Conférence internationale des statisticiens du travail (CIST), Genève, 1993.

1	**Secteur institutionnel** (État/entreprises publiques/ONG ; secteur privé ; ménages). Ce critère permet de distinguer les personnes qui travaillent dans des établissements publics, des entreprises privées, des organisations non gouvernementales ou internationales, et autres institutions reconnues comme faisant partie du secteur formel. Cette notion sert également à identifier les personnes travaillant dans les ménages qui produisent des biens exclusivement pour leur consommation personnelle.	Entreprises publiques, ONG et OING => secteur formel Ménages => ménages Unités économiques privées => critère suivant
2	**Destination de la production** : le but de ce critère est d'exclure du secteur informel les personnes qui travaillent dans une exploitation agricole ou une entreprise privée (non constituée en société) dont la production est exclusivement destinée à la consommation personnelle[23].	Vend partiellement sa production sur le marché => critère suivant Uniquement pour la consommation personnelle => ménages
3	**Immatriculation de l'unité économique conformément à la législation nationale** (« en cours d'immatriculation » est considéré comme non immatriculé). Cette déclaration doit être faite au niveau national et notamment auprès des organismes de la sécurité sociale et des autorités fiscales. Ce critère identifie les entreprises agissant comme des sociétés (les quasi-sociétés), mais qui se trouvent en dehors du champ d'application du secteur informel. Les modalités d'immatriculation applicables au concept du secteur informel devraient être examinées dans le contexte national.	Immatriculation auprès des institutions correspondantes => secteur formel Pas d'immatriculation/immatriculation manquante/ne sait pas => critère suivant

23 Cela est vrai si l'emploi est défini conformément à la résolution de la 13e CIST. Le concept d'emploi (informel) dans la 17e CIST va au-delà de l'emploi tel que défini dans la résolution plus récente concernant les statistiques du travail, de l'emploi et de la sous-utilisation de la main-d'œuvre adoptée à la 19e CIST. Différentes activités sont maintenant exclues de l'emploi mais prises en compte dans le concept de « travail ». Cela concerne en particulier la production de biens pour usage propre, qui représente une part non négligeable des activités informelles. Quelques ajustements à la définition de l'emploi informel sont nécessaires et seront discutés lors de la prochaine CIST dans 5 ans. Nous sommes actuellement dans une période de transition.

4	**Comptabilité** : l'unité économique tient des livres comptables conformément aux dispositions légales ou des comptes officiels (bilans comptables). Les informations sur les pratiques comptables d'une exploitation agricole ou d'une entreprise privée non immatriculée permettent de savoir si l'unité économique a une existence juridique distincte de celle de ses propriétaires.	Comptabilité officielle => secteur formel Pas de comptabilité officielle/ comptabilité manquante/ne sait pas => critère suivant (méthode alternative)
	Critères alternatifs **à utiliser seulement en absence des critères 3 et 4** (pas de question/pas de réponse/ne sait pas)	
5	**Pour les salariés : cotisations sociales patronales** (et salariales) ou déclaration des revenus du travail (par exemple, l'employeur cotise-t-il à la sécurité sociale ? Les revenus du travail sont-ils déclarés afin de payer des impôts sur le revenu ?).	S'il y a cotisations sociales (de préférence pour les pensions) => secteur formel Non, autre réponse, pas de réponse, ne sait pas => critère suivant
6	**Taille de l'entreprise** : différencier les unités de cinq travailleurs au maximum de celles qui en ont plus de cinq et qui travaillent de façon continue.	Si l'unité compte plus de cinq travailleurs et est située dans des locaux fixes et visibles => secteur formel
7	**Lieu de travail** : Distinguer les unités économiques itinérantes, situées au domicile de l'employeur, dans la rue, sur un chantier de construction, une parcelle agricole, etc. des unités économiques opérant dans des locaux fixes et visibles, tels que des bureaux ou des usines.	S'il y a moins de six travailleurs ou si les locaux ne sont pas fixes=> secteur informel

Séquence des critères de la définition opérationnelle du secteur informel (emploi principal) :

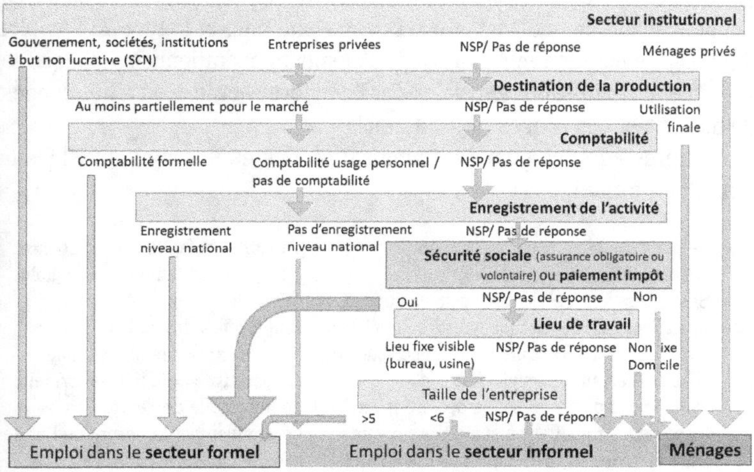

Emploi informel

Contrairement à la notion de secteur informel qui adopte les unités de production comme unités d'observation, dans le concept d'emploi informel les unités d'observation sont les emplois[24][25]. Dans le cas des travailleurs indépendants et des employeurs, le caractère informel de l'emploi est déterminé par le caractère informel de l'unité économique. Par conséquent, les travailleurs indépendants (sans salariés) qui dirigent une entreprise informelle sont considérés comme occupant un emploi informel. De même, les employeurs (ayant recours à de la main-d'œuvre salariée) qui dirigent une entreprise informelle sont considérés comme occupant un emploi informel. Tous les travailleurs familiaux collaborant à l'entreprise familiale appartiennent à la catégorie de l'emploi informel, qu'ils travaillent dans des entreprises du secteur formel ou informel.

Dans le cas des salariés, la nature de l'emploi dépend de la relation de travail. Selon les normes internationales, pour qu'un emploi salarié soit considéré comme informel, la relation de travail ne doit pas être soumise,

---

24 CIST, 2003 : *Directives concernant une définition statistique de l'emploi informel*, Conférence internationale des statisticiens du travail, Genève, 2003.

25 Hussmanns, Ralf: *Measuring the informal economy: From employment in the informal sector to informal employment*, document de travail n° 53, Département de l'intégration des politiques du BIT, Bureau de statistique, Genève, décembre 2004.

par la loi ou la pratique, à la législation nationale du travail, l'impôt sur le revenu, la protection sociale ou le droit à certains avantages liés à l'emploi (préavis en cas de licenciement, indemnité de licenciement, congés payés annuels, arrêts de maladie, etc.). Dans la pratique, la nature de l'emploi d'un salarié est déterminée à partir d'éléments opérationnels, tels que le versement de cotisations sociales par l'employeur et le droit à des congés de maladie et des congés payés annuels.

Critères adoptés pour l'harmonisation des estimations du BIT sur l'emploi informel :

1	Le point de départ est la situation professionnelle d'une personne. Si une personne est déclarée comme étant un travailleur familial, aucune question supplémentaire n'est nécessaire ; elle est considérée comme exerçant un emploi informel. Dans le cas d'une personne déclarant être employeur, travailleur à son propre compte sans employé ou membre d'une coopérative de producteurs, nul besoin de poursuivre les questions. La nature formelle ou informelle de l'emploi sera déterminée en fonction des caractéristiques de l'unité économique à laquelle appartient cette personne. Les employeurs, les travailleurs à leur propre compte sans employé et les membres de coopératives de producteurs dont les entreprises appartiennent au secteur formel sont considérés comme ayant un emploi formel. De même, les employeurs, les travailleurs à leur propre compte et les membres de coopératives de producteurs dont les entreprises appartiennent au secteur informel sont considérés comme ayant un emploi informel. S'il s'agit d'une entreprise familiale ou d'une entreprise privée produisant des biens exclusivement aux fins de la consommation personnelle, l'emploi du chef d'entreprise est également considéré comme informel. Toutefois, le traitement statistique des catégories « salariés » et « non renseigné » est différent et dépend du critère du versement des cotisations sociales par l'employeur ou du droit aux congés payés annuels et congés de maladie.	Travailleurs familiaux collaborant à l'entreprise familiale => emploi informel Employeurs, travailleurs indépendants, membres d'une coopérative => la nature formelle ou informelle de l'emploi est déterminée par la nature de l'unité économique Salariés => critère suivant

2	Pour les *salariés* : La plupart des pays font le choix du **versement de cotisations sociales à un régime (de retraite) par l'employeur** (en complément des cotisations salariales) et c'est aussi le choix retenu ici. Le problème est de savoir si l'employeur cotise au nom du salarié. Il ne s'agit pas de savoir si le salarié bénéficie actuellement de prestations sociales dont il aurait acquis des droits par un emploi précédent.	Cotisations sociales => emploi formel Pas de cotisations sociales => emploi informel Non, pas de réponse => critère suivant
3	**Droit et accès effectif à des congés payés annuels** ou compensation le cas échéant : les congés payés annuels désignent les périodes de vacances, le congé dans les foyers, une absence pour fête ou pour décès, et autres congés occasionnels. Dans certains cas, le salarié peut obtenir une contrepartie pour certains types de congés non pris. Cette contrepartie est également comprise.	Lorsque les données sur la sécurité sociale ne sont pas disponibles ou ne concernent pas les salariés (le régime national non contributif étant la norme) : Droit à des congés payés annuels ET des congés maladie indemnisés => emploi formel Sinon, emploi informel
4	**Droit et accès effectif à des congés maladie indemnisés** (en cas de besoin). Le congé de maladie désigne le droit d'être payé par l'employeur pendant les jours où le salarié s'absente du travail en raison d'une maladie ou d'un accident. Son usage doit être clairement délimité, en particulier pour le différencier du congé de maternité ou de paternité qui pourrait s'appliquer et dont le versement dépend légalement d'autres sources que l'employeur.	

Critères de la définition opérationnelle de l'emploi informel (emploi principal) :

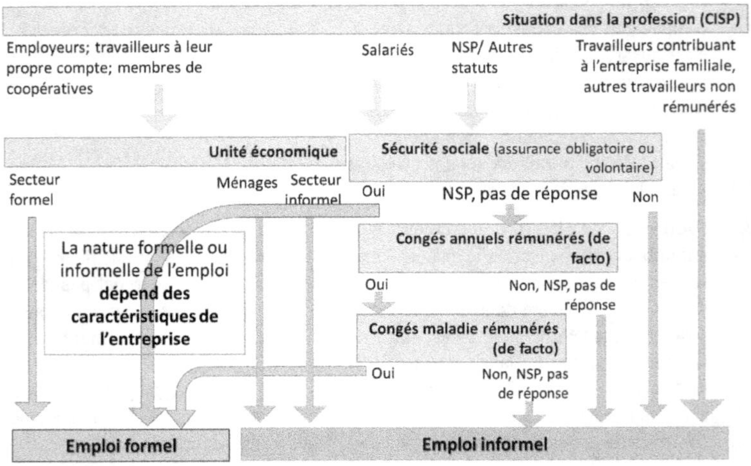

Ces critères ont été appliqués à près de 120 pays représentant plus de 90 % de l'emploi mondial. Les estimations reposent sur cet ensemble commun de critères opérationnels utilisés pour déterminer l'emploi informel et l'emploi dans le secteur informel dans le cadre de l'emploi principal des travailleurs âgés de 15 ans et plus. Les statistiques qui en résultent sont comparables entre pays et régions mais peuvent différer des estimations nationales en raison d'un choix et d'une combinaison de critères différents. L'objectif des estimations harmonisées du BIT n'est pas de fournir de meilleures estimations de l'emploi informel mais avant tout de permettre les comparaisons entre pays et le calcul d'estimations régionales et globales.

Chapitre 3

Crise de gouvernance et processus d'informalisation de l'économie au Burkina Faso : l'affaiblissement de l'État vu et vécu par les commerçants informels de Ouagadougou

•

Simon Barussaud

1. Introduction

En dépit de plus d'une décennie de performances économiques probantes (croissance soutenue, augmentation des IDE et du volume des échanges), d'une amélioration significative de l'environnement des affaires (classement *Doing Business*) et de la mise en place de politiques de développement du secteur privé, le tissu économique du Burkina Faso se caractérise toujours par sa forte atomicité, sa grande vulnérabilité et son taux élevé d'informalité. La capitale Ouagadougou, où l'économie informelle, et en particulier le commerce informel, concentrent une grande partie des activités entrepreneuriales, des richesses produites et/ou échangées et des emplois occupés et/ou créés, illustre particulièrement cette réalité. Ces dernières années, la prolifération de ces activités commerciales informelles, observables à chaque coin de rue et échappant (entièrement ou en partie) au contrôle de l'administration et de la règlementation publiques, semble avoir atteint une dimension encore plus grande. Ce constat amène, d'une part, à se questionner sur les causes et les conséquences de cette informalisation[26] du secteur commercial et, d'autre part, à analyser le degré de responsabilité de l'État et ce que cela traduit de l'effectivité et de la qualité de sa gouvernance. En effet, à première vue, ce phénomène semble défavorable à l'ensemble des parties prenantes puisqu'il participe de la délégitimation de l'État et de sa règlementation commerciale, et qu'il nuit à l'efficacité et à la portée de ses politiques publiques. De plus, force est de constater qu'il limite également le développement harmonieux et inclusif du tissu entrepreneurial local en restreignant les opportunités qui s'offrent à lui.

Bien que les causes de cette informalisation des économies subsahariennes soient multiples et d'origines diverses (Jutting, 2009)[27], les politiques de développement déployées au cours des vingt dernières années reflètent une vision réductrice de la problématique basée prioritairement sur les théories libérales et néo-classiques. Selon ces dernières, l'État, en raison de sa taille excessive, de son degré élevé d'interventionnisme et de son cadre règlementaire contraignant, bride le développement des agents économiques et les pousse à contourner la règlementation en vigueur en opérant hors du cadre formel. Pour libérer cet esprit entrepreneurial et optimiser la coordination des agents économiques, ces politiques ont eu pour ambition première de réduire la taille de l'État, d'œuvrer à son désengagement de la sphère économique et de procéder à une forte dérégulation et libéralisation de nombreux secteurs d'activité. Cette imposition d'ordre néo-libéral s'est d'abord effectuée sur un mode coercitif au cours des années 1990 (à travers la mise en place des PAS), puis devant les conséquences économiques négatives et la montée des revendications sociales, sur un mode plus *soft* et incitatif au cours des années 2000 (à travers les différents programmes *Doing Business Better* de la Banque mondiale).

Cette tendance lourde ayant démontré son inefficacité à promouvoir la création d'emplois décents et à formaliser les différents segments entrepreneuriaux ouest-africains (du commerce en particulier), des voix discordantes proposent une approche plus positive et flexible de

26 Ce terme d'informalisation, qui sera décrit plus en détail dans la partie conceptuelle, vise à caractériser deux phénomènes intereliés qui sont, d'une part, l'affaiblissement de l'État et de sa règlementation publique et, d'autre part, le non-respect de cette dernière par les agents économiques.

27 Dans son rapport sur les origines de l'économie informelle, celui-ci a identifié quatre causes majeures : la précarité du tissu socio-économique et la vulnérabilité des acteurs, la croissance démographique et l'insuffisance d'emplois formels, la faiblesse de l'État et le niveau de règlementation inadapté, la mondialisation des échanges commerciaux.

l'économie informelle qui, en raison de sa forte résilience et de son dynamisme, demeure le cœur de l'activité entrepreneuriale locale (Meagher 2013). Selon Neuwirth et Sassen, ce processus d'informalisation est avant tout la conséquence du désengagement économique de l'État, de la dérégulation excessive du cadre administratif et juridique et des programmes de libéralisation de nombreux secteurs d'activité couplés à la mondialisation des flux commerciaux (Neuwirth, 2012 ; Sassen, 2016). Cet affaiblissement de l'État dans les pays subsahariens (*disempowerment from below*) (Meagher, 2014) s'avère particulièrement dommageable, car ceux-ci sont déjà structurellement fragiles et insuffisamment implantés et légitimés (Bierschenk et de Sardan 2014 ; Njifen, 2014). En outre, ce processus mal négocié de dérégulation à marche forcée diminue les capacités de supervision de l'activité économique, favorise les pratiques opportunistes et corruptrices ainsi que la concurrence déloyale entre acteurs commerciaux (locaux comme mondialisés). Par conséquent, l'informalité ne concentre pas uniquement les activités de subsistances des plus démunis, mais sert également de refuge aux plus riches, *gros informels,* (identifié par Benjamin et Mbaye, 2012) qui se servent de cette zone grise, à la législation flexible et négociable, comme lieu d'accumulation et d'enrichissement personnel (Boudreau, Lesemann et al., 2016).

Au regard de ces apports théoriques, il apparaît que le processus d'informalisation des États et des sociétés en ASS est un objet d'étude très riche et opérant (Eyebiyi, 2016) qui peut à la fois s'appréhender de manière globale et systémique comme le propose Sassen (Sassen, 2016), mais également de manière beaucoup plus ciblée géographiquement et sectoriellement (Eyebiyi, dans son étude sur le commerce informel de l'essence au Bénin). Cette dernière approche constitue le fil conducteur de la présente étude qui vise à analyser le processus d'affaiblissement de l'État et de l'administration publique burkinabè sous le prisme de l'informalisation croissante de son tissu commercial urbain (ville de Ouagadougou). Pour décrire ce processus d'affaiblissement étatique et analyser ses conséquences sur le fonctionnement du secteur commercial de Ouagadougou, nous nous sommes concentrés sur la période allant des années 2011 à 2016, juste après la mise en place de nombreuses réformes de l'environnement des affaires et de processus intenses de libéralisation/privatisation de nombreux secteurs de son économie (période 2004-2010). Il s'agit en outre du début d'une période socio-politique très mouvementée, caractérisée par une montée des antagonismes sociaux aboutissant à plusieurs changements de régime (2014 et 2015). Cette succession de crises, symbolisée par un délitement de la gouvernance publique, a engendré une série de conséquences négatives pour le secteur commercial de la ville de Ouagadougou et a contraint les acteurs de ce secteur à se repenser et à se réorganiser individuellement et collectivement. Dans cette étude, nous souhaitons en particulier mettre en évidence la manière dont les différents acteurs du milieu commerçant (pris individuellement ou en tant que groupements/associations) ont perçu puis réagi à cette perte d'autorité et de légitimité de l'action publique, à la fois dans une logique de contestation de l'ordre établi (montée de l'incivisme fiscal et règlementaire, mobilisation et action de plaidoyer), mais également dans une volonté d'auto-organisation et une tentative d'autorégulation de l'activité commerciale.

Pour appuyer cette démonstration, l'étude se base sur un corpus de données collectées au cours de l'été 2016, lors d'une enquête diagnostic approfondie sur le secteur commercial informel, effectuée pour le compte du BIT en collaboration avec le ministère de la Jeunesse, de la Formation professionnelle et de l'Emploi (MJFPE) du Burkina Faso. Afin d'être au plus proche des réalités des unités commerciales et rendre compte de leur vision de la formalisation et de leur rapport à la sphère publique (État, administration et règlementation), cette collecte de données repose sur une enquête réalisée auprès de 163 commerçants, sur l'organisation d'entretiens semi-directifs avec différents niveaux d'acteurs et sur la conduite de focus group avec des organisations/groupements de commerçants. Elle a également grandement bénéficié de la mise en place d'un atelier tripartite de quatre jours, organisé par le BIT et réunissant l'ensemble des parties prenantes (administration publique, organisations patronales et syndicales), qui a permis d'enrichir nos analyses grâce à un regard croisé et pluriel sur les causes et les conséquences de ce processus d'informalisation.

Pour atteindre ces objectifs, ce travail est structuré comme suit :

La **première partie** servira à clarifier le cadrage conceptuel et méthodologique utilisé, grâce à une brève revue de la littérature, une délimitation du périmètre de l'étude et une présentation des éléments préparatoires au travail empirique. Dans la partie théorique, nous reviendrons sur l'évolution du concept daté, figé et réducteur d'*informalité* et sur son basculement progressif vers celui plus opérant, actuel et dynamique d'*informalisation*. Dans la partie méthodologique, nous décrirons brièvement les principes directeurs de cette étude empirique, de même que les choix méthodologiques opérés avant et pendant le déroulement de l'enquête.

La **seconde partie,** de nature contextuelle, consistera en une description du processus conjoint d'affaiblissement de l'État au Burkina Faso et d'informalisation de son tissu commercial urbain au cours de la période 2011-2016. Cette description se fera premièrement, ***par le haut***, à travers le cadrage historique de l'évolution de la situation politique nationale, la multiplication des crises de gouvernance et le retrait progressif de l'État. Puis, ***par le bas***, en analysant les effets induits sur la *désorganisation* des principales filières commerciales *via* le témoignage des acteurs commerciaux qui ont perçu et subi ce processus d'informalisation.

La **troisième partie** sera axée sur les réponses individuelles et/ou collectives mises en place par les commerçants pour faire face à cette détérioration de la gouvernance publique et à la désorganisation de leurs filières commerciales. Au niveau individuel, l'accent sera mis sur une remise en cause du processus de formalisation tel qu'il est proposé par les acteurs du haut et la recherche de modèle alternatif de fonctionnement et de développement. Au plan collectif, la parole sera donnée aux groupements commerçants, acteurs intermédiaires qui mettent en pratique différentes stratégies pour réorganiser leur secteur d'activité et défendre les intérêts tangibles de leurs membres.

La **dernière partie** comprendra une synthèse des résultats obtenus, ainsi qu'une série de suggestions visant une cohabitation et une collaboration plus harmonieuse entre l'État et l'administration publique d'un côté, et les commerçants et leurs structures représentatives de l'autre.

2. Cadre théorique et méthodologique

2.1. Du concept d'informalité à celui d'informalisation

Le concept d'informalité en ASS est un terme qui a connu, depuis sa première utilisation au début des années 1970 (BIT, 1972 ; Hart, 1972), de nombreuses évolutions sémantiques qui reflètent à la fois les enjeux socio-économiques qu'il représente dans l'étude des économies subsahariennes, le tâtonnement, voire les échecs successifs des politiques d'aide au développement ainsi que les débats théoriques que ce concept cristallise parmi les différents paradigmes explicatifs (néo-classiques, néo-structuralistes, *global studies*, etc.).

Appréhendé premièrement comme un phénomène marginal et temporaire (Lewis, 1954 ; BIT, 1972), le secteur informel est considéré comme une déviance sociale qui caractérise tout ce qui échappe à la norme. Décrit de manière négative, il est défini par opposition au secteur formel, structuré et institutionnalisé, moteur du développement économique des pays africains en voie de modernisation. *A contrario*, le secteur informel, vestige traditionnel de la période précoloniale, concentre l'ensemble des activités de subsistance des populations marginalisées qui fonctionnent avant tout selon des logiques familiales et sociales (Charmes, 1987). Cette approche dualiste et occidentalo-centrée des économies subsahariennes postule ainsi l'existence au sein d'une même économie de deux secteurs distincts ayant très peu de contacts et de liens entre eux. Dans une vision évolutionniste et normative du développement, ce secteur informel devra « *être éduqué* » afin qu'il se conforme aux règlementations en vigueur et qu'il s'intègre progressivement au secteur formel. Cette perspective s'articule principalement du point de vue de l'État de type wébérien, qui cherche à contrôler et réguler l'ensemble de l'activité économique selon des normes et des référentiels exogènes.

Plus tard, au sortir des années 1990 et des Programmes d'ajustements structurels imposés aux États subsahariens, l'ensemble des OI (Organisations Internationales) ont été obligées de reconnaître la persistance voire la prolifération de ces activités non structurées qui constituent, non pas la périphérie, mais le centre et le moteur de leurs économies (Maldonado, 2001; Lautier, 2004). Ce constat saisissant a débouché au plan théorique sur la volonté d'identifier les causes du phénomène (la prépondérance de l'économie informelle), mais également sur la nécessité de reconsidérer l'informalité dans une perspective plus large, dynamique et interconnectée.

D'une vision stato-centrée attribuant à l'État, à sa bureaucratie et à sa règlementation, la responsabilité de l'informalité des pays en développement (De Soto, 1989 ; Djankov et La Porta, 2002), on est passé à une approche plus globale et individualisée de **l'économie informelle,** avec la volonté d'appréhender les logiques spécifiques des acteurs économiques qui possèdent plusieurs stratégies pour faire face à un environnement en constante évolution (logique d'« exit and exclusion » selon Perry et Maloney, 2007). Dans cette même optique, la distinction arbitraire entre formel/informel est remise en cause par le concept de continuum de formalité (Guha-Khasnobis, Kanbur et al., 2006 ; Chen, 2008) ainsi que par la reconnaissance de la forte interconnexion des acteurs formels et informels au sein des différentes chaînes de valeurs. Cette interconnexion est rendue possible par un ensemble d'arrangements et de bricolages (Cleaver, 2002) reposant sur une pluralité d'acteurs opérant à l'intersection entre l'économie formelle et informelle. Par ailleurs, un effort est entrepris pour étudier plus en profondeur les modes de fonctionnement et d'organisation de l'économie informelle qui possède des institutions et des méthodes de régulations endogènes souvent plus opérantes et plus efficaces que celles des institutions dites formelles (Lund, 2006 ; Meagher, 2007). L'importance du rôle joué par les institutions informelles s'avère d'autant plus manifeste dans le cas d'États subsahariens faibles, insuffisamment institutionnalisés (Bierschenk et de Sardan, 2014) ou en situation de crise plus ou moins durables (Bolt, 2012 ; Pesqueux, 2014).

Plus récemment, la prise en compte d'un processus d'informalisation généralisé des économies (au sud mais également au nord) engendré par la mondialisation des échanges commerciaux et la mise en concurrence exacerbée des territoires et des acteurs (dumping fiscal, salarial, social, etc.), a révélé la nécessité d'analyser de manière spécifique les causes sous-jacentes de ce phénomène (Sassen, 2016). La bonne compréhension de cette *dynamique d'informalité* implique de changer sa perspective au plan méthodologique en étudiant le processus d'affaiblissement de l'État à partir de la réalité des acteurs et des organisations informelles. En effet, selon (Boudreau, Lesemann et al., 2016), cette nouvelle conception de l'informalité se retrouve « *induite par le retrait voire la disparition de la régulation étatique, ou à tout le moins étroitement associée à un processus d'affaiblissement généralisé qui détermine une autre stratégie d'allocation des ressources, d'accumulation et de source d'autorité développée parfois par l'État ou par des intérêts privés organisés (multinationales, réseaux financiers, cartels licites ou illicites)* ».

Dans le contexte des sociétés africaines où l'informalité est une norme économique, sociale et culturelle, Eyebiyi prétend que « *l'informalité est un concept opératoire très productif qui permet de penser l'articulation entre le social et l'économique sous un rapport différent de celui de l'économie classique. L'intégration du social dans l'économique se matérialise par l'informel. Par conséquent, celui-ci n'est pas à opposer à la logique étatique mais plutôt comme un complément qui permet de délivrer aux populations des biens et services publics que ce dernier se révèle incapable (structurellement ou conjoncturellement) de fournir* ».

Dans cette partie conceptuelle, nous avons perçu la nécessité de reconsidérer notre vision de l'informalité en lui restituant la place structurante qu'elle occupe au sein des sociétés africaines en pleine transformation. Il semble en particulier primordial de reconnaître le rôle et la responsabilité des orientations politiques et des réformes néo-libérales mises en place en Afrique subsaharienne dans l'accentuation du processus d'informalisation des échanges commerciaux mondialisés comme sous-régionaux. Contrairement au postulat néo-classique de départ, la tendance actuelle démontre que la privatisation et la dérégulation des économies subsahariennes n'ont pas engendré la formalisation des agents économiques, mais elles ont plutôt favorisé la généralisation des pratiques informelles sous le regard impuissant, voire complice des décideurs politiques. Cette prise en compte de l'informalité comme lieu miroir des évolutions structurelles en cours, implique notamment de passer d'une approche méthodologique d'analyse de *l'informel du point de vue de l'État*, à la pertinence d'étudier l'État *du point de vue de l'informel*. Pour ce faire, la prochaine section est consacrée à la méthodologie adoptée au cours de l'étude notamment via la conduite de l'enquête de terrain réalisée au cours des mois de juin à septembre 2016.

2.2. Choix méthodologiques opérés et réalisation de l'enquête de terrain

Toute étude qui s'intéresse à l'économie informelle en général et au commerce informel en particulier est confrontée à un ensemble de défis, de choix méthodologiques à envisager avec soin pour obtenir des données fiables, diversifiées et contextualisées. À notre niveau, nous avons souhaité relayer la voix des acteurs du commerce informel et avons par conséquent privilégié l'utilisation de méthodes de recherche mixtes et multi-niveaux. Celles-ci combinent la réalisation d'une enquête auprès de 163 commerçants informels, des entretiens qualitatifs avec une palette diversifiée de personnes issues de structures et de *focus group* au sein des différents segments du milieu commerçant afin de refléter une vision plurielle du processus d'informalisation. Pour obtenir cette diversité d'informations, il a été nécessaire d'effectuer un travail préparatoire important de repérage des acteurs clés, de définition précise du périmètre de l'étude ainsi que de caractérisation de la population étudiée.

Durant cette phase de repérage, nous avons collaboré activement avec un ensemble de structures intermédiaires – que nous appellerons

« groupements de commerçants »[28] – qui côtoient quotidiennement le milieu commerçant et qui, pour certaines d'entre-elles, représentent leurs intérêts auprès des pouvoirs publics. Ces échanges préliminaires nous ont permis de délimiter la population étudiée, composée des promoteurs informels opérant dans le commerce de gros, demi-gros et de détail dans la ville de Ouagadougou. Ce choix est spécifique à plusieurs égards, à savoir : (i) le recours à une approche multidimensionnelle de l'informalité basée sur six critères couramment retenus par la littérature (Benjamin and Mbaye, 2012),[29] (ii) la focalisation sur les propriétaires d'unités commerciales informelles (pas d'inclusion de travailleurs informels), (iii) la différenciation des catégories de commerçants occupant des positions particulières dans les filières de commercialisation (grossistes, semi-grossistes, détaillants) et (iv) la limitation de l'étude au milieu urbain par lequel transite la grande majorité des flux commerciaux nationaux et internationaux. Cette délimitation est induite par les contingences temporelles et budgétaires du mandat de recherche de même que par la volonté du BIT de centrer cette étude du processus d'informalisation sur la situation des commerçants informels, toutes catégories et branches d'activités confondues.

Après avoir défini la population étudiée, nous avons procédé à son échantillonnage pour lequel nous avons également souhaité collaborer avec les groupements de commerçants. Il n'existe en effet pas localement de base de sondage actualisée qui répertorie avec fiabilité les commerçants informels. Pour contourner cette difficulté, nous avons élaboré notre propre base de sondage de 600 commerçants à partir du registre des membres des six groupements commerciaux principaux d'envergure nationale[30], qui possèdent une vision précise des caractéristiques de leurs adhérents. Cette base de sondage, présentant des caractéristiques relativement fidèles à celles de l'ensemble de leurs membres pour un certain nombre de variables clés (sexe du promoteur,

---

28 Le terme générique ***groupements de commerçants*** fait référence à un ensemble d'associations, de coopératives, de syndicats et d'organisations de commerçants qui défendent leurs intérêts et qui sont reconnus ou non par les pouvoirs publics.

29 L'enregistrement administratif des activités, le paiement des impôts, les cotisations sociales, la tenue d'une comptabilité écrite, la possession d'un local et l'ouverture d'un compte commercial.

30 Ces structures sont par ordre alphabétique l'AMICO, la FNASI, la FSCB, l'ONACOMB, L'OSCB et le RAEI.

statut, filières commerciales, localisation géographique), a été utilisée pour procéder à l'échantillonnage de la population étudiée[31].

La réalisation de l'enquête s'est déroulée sur une durée de trois semaines et a mobilisé une équipe de quatre enquêteurs nationaux expérimentés et polyvalents soutenue par des représentants de différents groupements commerçants. La collecte des données s'est faite à l'aide d'un questionnaire structuré en cinq grandes parties centrées sur (i) les profils socio-démographiques des commerçants, (ii) les caractéristiques de leur activité commerciale, (iii) le niveau de concurrence de la filière et les mécanismes de fixation des prix, (iv) le respect des critères de formalité et leur vision de la formalisation, (v) leur degré d'appréciation des politiques publiques et leurs principales priorités d'action.

Malgré le bon déroulement de l'enquête, l'équipe sur le terrain a été confrontée à quelques difficultés durant le processus de collecte des données : (i) la forte mobilité des acteurs, (ii) la difficulté à questionner certains groupes sociaux comme les femmes, (iii) le décalage observé dans certains cas entre l'information préliminaire communiquée par les organisations de commerçants et les caractéristiques de ces derniers, (iv) le faible niveau d'instruction des promoteurs, (v) la faible culture comptable des promoteurs et leur difficulté à évaluer leur niveau réel d'activité.

Pour faire face à l'indisponibilité de certains acteurs, un tirage de cinquante individus supplémentaires a été effectué en cours d'enquête. Dans la mesure du possible, nous avons essayé de respecter la représentativité des différents profils de commerçants. Finalement, l'échantillon interrogé présente les caractéristiques décrites dans le *tableau 3.1* ci-dessous.

Tableau 3.1 Caractéristiques générales de l'échantillon de personnes interrogées

Localisation / Sexe	Détaillant	Demi-grossiste	Grossiste	Total
Centre-Ville	45	15	21	81
F	3	1	2	4
M	42	14	19	71
Périphérie	51	12	19	76
F	14	2	1	14
M	37	10	18	62
Total	96	27	40	163

31 Chaque structure nous a fourni une liste de 100 membres correspondant à la diversité de leurs profils et dans la mesure du possible, à leurs poids relatifs.

En complément à cette enquête, une phase qualitative a été réalisée auprès des diverses structures et niveaux d'acteurs œuvrant dans le domaine de la formalisation du commerce pour obtenir des éclairages approfondis sur diverses problématiques identifiées par la recherche documentaire et les premiers résultats de l'enquête. Pour ce faire, cette phase qualitative comporte deux composantes principales : Les entretiens avec les structures d'encadrement et d'appui auprès d'une quinzaine d'organismes avec pour objectif de compléter l'information documentaire à disposition et de trianguler les données collectées sur le terrain. Des *focus group* et des entretiens réalisés avec des sous-groupes de commerçants, présentant des caractéristiques et des situations intéressantes à approfondir, ont complété et enrichi les résultats de l'enquête (en particulier les groupements féminins visant à corriger leur faible représentation dans l'échantillon).

Le cumul de ces différentes phases de collecte de données et d'outils utilisés permet de dépasser la vision monolithique du secteur commercial informel et de prendre en considération la diversité de situations, de perceptions et de stratégies des acteurs qui constituent le cœur de cette recherche.

3. Crise de gouvernance de l'État burkinabè et processus d'informalisation du tissu commercial

L'objectif de cette partie est de décrire le processus d'affaiblissement de l'État et de l'administration publique burkinabè, de caractériser les manifestations concrètes engendrées au plan de la gouvernance et de la délivrance d'un ensemble de prestations, et de montrer leurs conséquences sur le fonctionnement du secteur commercial. Pour ce faire, nous présenterons tout d'abord les différentes séquences politiques qu'a connues le pays au cours des cinq dernières années, en mettant l'accent sur l'affaiblissement progressif de l'autorité et de la légitimité étatique et sur la montée des contestations sociales avec l'irruption spontanée de phénomènes de violence. Au-delà des changements politiques et des luttes de pouvoir survenus durant cette période (fin du régime de Compaoré, gouvernement de transition, élections du Président Kaboré), nous mettrons l'accent sur la fragilisation continue de l'État induite par cette instabilité socio-politique.

3.1. *Cadre historique (2011-2016)*

Le Burkina Faso, réputé autrefois pour sa stabilité, son respect des règles de bonne gouvernance et sa cohésion sociale, a été marqué au cours des cinq dernières années par un profond délitement de la situation du pays, par un affaiblissement progressif de l'autorité étatique et par une montée des antagonismes sociaux et des tensions sécuritaires. Ce processus s'est effectué à travers deux phases historico-politiques que nous allons résumer brièvement :

3.1.1. La fin du régime vieillissant de Blaise Compaoré (janvier 2011-octobre 2014)

Réélu triomphalement à la fin de l'année 2010 pour un dernier mandat de cinq ans avec près de 80 % des voix, le président Blaise Compaoré débute l'année 2011 au faîte de sa renommée et de son influence internationale dans une région ouest-africaine marquée par une multitude de crises politiques et sécuritaires. Bon élève des institutions de Bretton Woods, il est régulièrement cité pour la qualité de sa gouvernance, l'amélioration significative du climat des investissements et son rôle efficace de médiateur (officiel et officieux) dans la grande majorité des crises régionales[32]. Cette notoriété internationale croissante entre en contradiction avec son autorité et sa légitimité nationale qui est de plus en plus contestée par la société civile burkinabè.[33] En effet, après plus de vingt années de règne, son régime *semi-autoritaire* (Hilgers et Loada, 2013) est victime d'une réelle usure du temps dans un pays fragilisé par la montée des inégalités économiques, la détérioration des conditions de vie des ménages les plus modestes et un climat d'impunité juridique et politique dont profite une petite caste issue du parti dominant.

Cette multiplication des griefs sociaux s'est matérialisée au printemps 2011 par une succession de mouvements insurrectionnels qui ont traversé l'ensemble de la société sur tout le territoire national pendant près de deux mois. Au cours de cette *grogne interactive* (Chouli

---

32 Médiations au Togo (aout 2006), en Côte d'Ivoire à partir de l'année 2007 (accord politique de Ouagadougou) puis en Guinée, au Mali, etc.

33 Les élections présidentielles de novembre 2010 ont été caractérisées par un faible taux d'inscription sur les listes électorales doublé d'un faible taux de participation. En résultat, seul 10 % des citoyens en âge d'aller voter ont exprimé leur soutien politique à Blaise Compaoré.

et Sylla, 2014), de nombreux corps de métiers[34] sont sortis spontanément dans la rue pour exprimer leur mécontentement et pour s'en prendre violemment aux symboles du pouvoir et de l'autorité publique (incendies de bâtiments publics, de postes de gendarmerie et de biens des dignitaires du régime). Ce climat insurrectionnel a connu son apogée lorsque les militaires se sont mutinés en avril 2011 contre l'autorité publique, provocant un climat de chaos et d'anarchie dans les principales villes du pays durant plusieurs jours (pillage de commerces et de bâtiments publics, affrontements meurtriers entre les différents corps armés). Reprenant la main militairement, l'armée loyaliste a réussi à maintenir le régime en place au prix d'une répression des mutins, d'une purge de 566 militaires radiés et d'une réorganisation de façade de son commandement. Sur le plan social, la situation a été temporairement stabilisée grâce au déblocage de fonds d'urgence pour indemniser les commerçants victimes de pillage et en cédant à quelques revendications corporatistes.

Cependant, à partir de cette date, l'autorité étatique n'a jamais été réellement restaurée et les revendications spontanées ont connu une augmentation graduelle au cours des années 2012-2014. Ce climat conflictuel a été renforcé par la volonté du camp présidentiel de se maintenir au pouvoir en procédant à une modification constitutionnelle. Cette période a en outre été marquée par une forte augmentation des délits économiques non sanctionnés,[35] par l'attribution douteuse de marchés publics d'importance stratégique et par une collusion de plus en plus manifeste entre les sphères politiques et économiques. Cette captation des principales sources de richesses nationales (mines d'or, foncier urbain, grands projets d'infrastructures, monopole sur l'importation de certains produits) par l'entourage présidentiel, avec le concours des multinationales, a contribué à précariser le tissu entrepreneurial local et à attiser les frustrations. Solidaires dans leur hostilité vis-à-vis du régime Compaoré, la société civile et la jeunesse burkinabè se sont mobilisées massivement lors des journées du 28 et

34 Dans l'ordre, ce furent les magistrats et fonctionnaires de la justice, gendarmerie, travailleurs de l'éducation nationale et étudiants, professionnels de santé, commerçants informels.

35 Parmi un ensemble de scandales politico-financiers touchant de près les cadres du CDP, « l'affaire Guiro » défraya la chronique et a contribué à jeter l'opprobre sur le régime en place. Cet ex-directeur des douanes a été interpellé en 2012 après que plus de 2 milliards de F CFA de fonds publics ont été trouvés en espèces à son domicile. Après avoir fait l'objet d'une interpellation temporaire, ce dernier fut relâché, l'affaire, entérinée et il se présenta même aux élections municipales quelques mois plus tard.

du 30 octobre 2014, ont incendié les principaux lieux symboliques du pouvoir et ont obtenu la démission puis l'exil du Président déchu. Ce soulèvement populaire n'étant pas le fruit d'un mouvement coordonné, il a été décidé de mettre en place un régime de transition dont la gouvernance a été attribuée premièrement aux militaires, puis aux civils sous le contrôle des premiers.

3.1.2. Le régime de transition et les lendemains difficiles de l'après Compaoré (novembre 2014 à décembre 2016)

Déclenché par *les acteurs du bas* (jeunes, société civile, groupements féminins), sans vision stratégique bien établie et partagée, le soulèvement populaire a vite été récupéré par les *acteurs du haut* issus des milieux de dignitaires de l'armée et de poids lourds de l'administration publique auxquels a été confiée la gestion de la transition politique (Chouli, 2015). Cette situation paradoxale dans laquelle une société aspire au changement, mais dans la continuité, s'illustre notamment par le fait que les deux leaders politiques de la transition (le Président Michel Kafando et son Premier ministre le lieutenant-colonel Isaac Zida) ont collaboré activement avec le régime Compaoré.[36] Accompagnés d'un Conseil National de la Transition (CNT), ils ont été chargés de restaurer l'ordre constitutionnel en menant le pays à des élections présidentielles à la fin de l'année 2015. Ce régime transitoire a été marqué par de profondes tensions politico-militaires (cf. tentative de coup d'État en septembre 2015), une montée du climat d'insécurité et un fonctionnement partiel et par intermittence de l'administration publique (notamment sur le plan local).[37] À l'issue de ce processus, le gouvernement de transition a atteint ses objectifs et des élections présidentielles ont été organisées en novembre 2015. À la suite de ce processus, Roch Marc Christian Kaboré a été élu nouveau président du Burkina Faso et a officiellement pris ses fonctions le 29 décembre 2015. Après avoir nommé son équipe gouvernementale, ses principales missions ont été de restaurer l'autorité de l'État, de remettre l'administration publique en ordre de marche, d'améliorer l'état très préoccu-

36 Le premier occupant des hautes fonctions diplomatiques notamment sous le régime Compaoré et le second étant le deuxième homme du Régime de Sécurité Présidentiel (RSP) sous les ordres du général Diendéré, ex-bras droit du Président.

37 Les maires et élus locaux, pour la plupart issus de l'ex-parti présidentiel furent démis de leur fonction dès les premiers jours de la transition et les collectivités furent gérées par intérim jusqu'en avril 2016, date où furent organisées des élections municipales.

pant des finances publiques et de lutter contre les poches d'insécurité (ICS, 2016). Pour rétablir pleinement l'ordre constitutionnel, des élections communales ont eu lieu en avril 2016, ce qui a permis de rétablir les autorités locales et de restaurer progressivement l'autorité régalienne sur l'ensemble du territoire.

Après avoir exposé les principaux événements socio-politiques qu'a connu le Burkina Faso au cours de la période 2011-2016, événements qui ont à leur tour participé de la fragilisation généralisée de la gouvernance publique, il convient de décrire plus précisément les différentes répercussions négatives que cet affaiblissement de l'État a généré au sein du secteur commercial et de relayer le témoignage des commerçants sur ce processus d'affaiblissement.

3.2. Défaillances de l'État et désorganisation de l'activité commerciale

Comme mentionné par (Boudreau, Lesemann et al., 2016) dans la partie conceptuelle de cet article, toutes défaillances de l'État et affaiblissement de la législation publique sont propices à l'informalisation de l'économie. En effet, les opérateurs économiques et en particulier le secteur commercial ont besoin d'un État stable, de services publics performants et d'une législation adaptée et effective pour pouvoir se développer et saisir pleinement les opportunités de marché qui s'offrent à eux. Par conséquent, cet affaiblissement de la puissance publique a des conséquences directes sur l'environnement commercial qui se désorganise et participe, par effet de ricochet, de sa fragilisation collective (en tant que secteur d'activité) et individuelle (en tant qu'entreprise). Dans cette partie, nous décrirons dans le contexte burkinabè quatre vecteurs de désorganisation de l'activité commerciale provoqués par l'affaiblissement de l'État.

3.2.1. Corruption, patrimonialisation de l'activité économique et climat de fraude et de concurrence déloyale

Les dernières années du régime Compaoré ont été marquées par une forte augmentation du niveau de corruption vécue et ressentie durement par l'ensemble de la société burkinabè (*Tableau 3.2* p. 117) et en particulier par les opérateurs économiques qui ont été de plus en plus nombreux à s'estimer lésés et exclus de ce mode de gouvernance clientéliste. Cette forme d'« accumulation par dépossession » de pans entiers de l'économie nationale (Chouli, 2015) s'est opérée via la privatisation frauduleuse d'entreprises publiques en faveur des caciques de l'ancien régime,[38] par les détournements de fonds publics de plus en plus fréquents et impunis (cf. Affaire Guiro) et par le processus d'accaparement et de spoliation du foncier urbain comme rural. Comme exprimé par le Pr Idrissa Ouedraogo (Ouedraogo, Défi Économique, 4e trimestre 2014) « *Ces hommes et ces femmes, politiquement bien connectés, ayant occupé tout l'espace économique du Burkina Faso étaient des champions de la démesure. Aucune affaire fructueuse, aucun projet susceptible de générer des profits intéressants n'échappait à leur avidité. Ils étaient donc omniprésents dans le paysage économique du pays via des prête-noms et des sociétés fictives.* »

De manière paradoxale, ces pratiques de corruption ont perduré pendant le régime de la transition, malgré les mots d'ordre de transparence, de probité et de justice sociale véhiculés par les leaders politiques de l'époque. En effet, un audit de gestion de l'ASCE (Autorité supérieure du contrôle de l'État) effectué en début 2016 a révélé l'étendue de la gestion financière opaque caractérisée par l'octroi abusif de marchés publics, l'absence de justification de dépenses publiques considérables (+ de 6 milliards de F CFA) et l'accaparement foncier par certains dignitaires de la transition.[39] L'ensemble de ces scandales politico-financiers a contribué à vider les caisses de l'État, à jeter le discrédit sur l'ensemble de l'appareil étatique dans sa gestion des fonds publics et à susciter une montée de l'incivisme commercial, fiscal et social. Ces pratiques de corruption sont généralisées, mais particulièrement prégnantes dans le domaine de la passation des marchés publics, des procédures douanières d'import/export et chez les acteurs de la règlementation commerciale qui sont en tête des classements de corruption établis par le Ren-Lac (*Tableau 3.3*).

---

38 Cet accaparement s'est notamment traduit dans le domaine immobilier par la privatisation pour 1 F CFA symbolique de la société publique SOCOGIB à Alizeth Gando (belle-mère de François Compaoré, frère de l'ex-président) et l'attribution à cette dernière de nombreux marchés frauduleux de construction de logements sociaux (sous couvert de la société AZIMMO).

39 Par exemple, l'ex-Premier Ministre Issac Zida est accusé d'avoir créé, à des fins de détournement, un fonds de 1.3 milliard de F CFA, de même que l'attribution pour lui et sa famille d'un lot de parcelles dans le quartier chic de Ouaga 2000.

Tableau 3.2 Fluctuation annuelle du niveau de corruption

Année de sondage	Perception de l'évolution de la corruption		
	Régresse	*Stagne*	*Progresse*
2010	24	21	55
2011	32	23	45
2012	32.9	25	42.1
2013	23	26	51
2014	19.2	23.8	57
2015	59.5	25.2	16.3

Source : Données issues des rapports de l'ONG Transparency International

Tableau 3.3 Administration par niveau décroissant de corruption

Service de l'administration publique	Rang
Marchés publics	1er
Douane	*2e*
Police municipale	*3e*
DGTTM	*4e*
Impôts	*5e*
Justice	*6e*
Administration générale	*7e*
Enseignement secondaire	*8e*
Trésor public	*9e*
Gendarmerie	*10e*

Source : Données issues du Rapport Ren-Lac 2015 publié à Ouagadougou[40]

Ces trois domaines pâtissent de la mauvaise gouvernance des organismes de régulation et de contrôle (autorité de régulation des marchés

40 Le Réseau National de Lutte Anti-Corruption (REN-LAC) regroupe une vingtaine d'associations de la société civile ayant pour activité et ambition commune de diminuer l'incidence de la corruption au Burkina Faso. Dans le cadre de ces activités de sensibilisation et de dénonciation, il publie chaque année un rapport qui vise à faire un état des lieux du niveau de la corruption basé sur des données empiriques collectées auprès des différentes strates de la société.

publics, services douaniers, organisme de lutte contre la fraude) et/ou de l'insuffisance de moyens humains et/ou matériels qui obèrent leur bon fonctionnement.

Ces défaillances d'encadrement et de contrôle de l'activité commerciale impactent négativement le fonctionnement des différentes filières de commercialisation de même qu'elles nuisent à la rentabilité des unités commerciales.

Dans le milieu des commerçants, le principal motif de grief concerne le mode de gestion des marchés publics, organisme public jugé le plus fortement corrompu *(tableau 3.3).*

La Passation des marchés publics

On observe de nombreuses pratiques corruptrices lors des procédures d'appel d'offres et de gestion de commandes publiques, ce qui demeure un domaine de frustration prioritaire du tissu entrepreneurial. Ce fonctionnement défaillant et opaque des procédures de passation de marchés publics, tend à privilégier une minorité d'opérateurs économiques proches des décideurs et politiquement bien introduits, au détriment d'une majorité d'entrepreneurs qui s'estiment lésés par l'absence d'équité et de transparence du système. Faute d'organismes de contrôle efficaces et transparents, de nombreux marchés sont attribués de façon irrégulière, sans respect des procédures en vigueur. « *Dans le dernier rapport du REN-LAC, les marchés publics ont surclassé tous les autres secteurs de l'économie nationale dans le hit-parade des perceptions de la corruption au Burkina Faso. Cela témoigne d'une certaine ampleur des pratiques de violations des principes et des règles qui gouvernent la commande publique au Burkina Faso. Après la chute de Blaise COMPAORE, les investigations menées dans certains départements ministériels par l'ASCE et l'Inspection générale des finances ont révélé des dysfonctionnements importants et des pratiques flagrantes de violation des procédures et de la règlementation en la matière. Elles ont aussi dévoilé la mainmise de la famille ou des proches du Président COMPAORE sur ces marchés publics* » (Ren-Lac, 2016). Des études effectuées en 2013-2014 auprès du tissu commercial local, (Akouwerabou et Parfait, 2013 ; Denis et Bako, 2015) ont permis de quantifier l'ampleur du phénomène (69,5 % versent des pots-de-vin lors des marchés publics) et de démontrer son incidence sur la rentabilité de ces unités commerciales (surcoût difficile à supporter, exclusion des petits commerçants, etc.).

Au sein de notre échantillon, le fonctionnement défaillant du mode de gestion des marchés est perçu très négativement (66,7 % pensent que leur gestion s'est dégradée au cours des trois dernières années) et de nombreuses critiques dénoncent l'absence de transparence des procédures d'appel d'offres et le détournement de la commande publique par certains commerçants à des fins d'enrichissement personnel, sous la complaisance/connivence des décideurs politiques. Les témoignages ci-dessous illustrent cette complicité entre les commanditaires et les attributaires de ces marchés dans le secteur des fournitures de bureau.

ZIDOWEMBA Issa, libraire, détaillant : « *il faut noter qu'avec l'ancien système, il y avait les "gourous du système" qui avaient de l'argent illicite qu'il fallait blanchir. C'est ainsi qu'ils ont créé des librairies fictives avec des documents en bonne et due forme et ils postulaient, à perte, aux marchés publics. Ils pratiquaient des prix si dérisoires que vous vous demandiez où ils s'approvisionnaient* ».

KOUDA Yves, libraire, détaillant : « *Il y a aussi les fonctionnaires-libraires. Lorsque le service veut des fournitures de bureau, au lieu de lancer la procédure pour que les professionnels comme nous puissions concourir, ils partent eux même chez le semi-grossiste, s'approvisionnent et établissent des factures au nom d'une entreprise fictive. Ils contribuent ainsi à tuer petit à petit notre métier* ».

Cette frustration est renforcée par le fait que le marché burkinabè est restreint et la demande privée, faible. Les commandes publiques jouent dans ce cadre un rôle structurant pour la grande majorité des secteurs d'activité. Par conséquent, leur gestion frauduleuse produit un impact financier direct sur les unités commerciales, de même que cela instaure un climat de méfiance/défiance vis-à-vis de l'État et de sa volonté affichée de promouvoir des règles du jeu transparentes et identiques pour tout le monde.

Les processus d'import/export et le fonctionnement des services douaniers

Faiblement industrialisé et fortement dépendant de l'importation de produits manufacturés provenant de l'extérieur, le tissu économique burkinabè est confronté quotidiennement aux problématiques d'approvisionnement pour lequel il doit composer plus ou moins efficacement avec les services douaniers. Ces derniers, chargés de contrôler la légalité des marchandises importées et de prélever les taxes en vigueur, sont perçus très négativement par les commerçants (50 % constatent une détérioration du fonctionnement des douanes) qui pointent du doigt leur niveau élevé de corruption, leur mode arbitraire de taxation et leur inefficacité dans le traitement des procédures d'import/export.

Ces griefs se sont récemment accentués du fait d'une perte relative de contrôle des postes de douanes périphériques par l'autorité centrale (création d'une rente douanière profitant à une minorité) qui a favorisé la montée des inégalités de traitement entre gros et petits commerçants et l'alourdissement des procédures et des délais de traitement. Outre ces éléments, l'instabilité politique a diminué la capacité de l'État à garantir la souveraineté territoriale et l'imperméabilité de ses frontières terrestres, ce qui a constitué un terreau favorable pour le développement de réseaux de fraude et de contrebande qui se sont multipliés durant cette période à travers plusieurs affaires retentissantes.[41] L'amplification de cette fraude, ni contrôlée ni sanctionnée,[42] a contribué à désorganiser les filières locales de commercialisation, à instituer un climat de concurrence déloyale entre marchandises taxées et non taxées et à déverser sur le marché des marchandises contrefaites et/ou impropres à la consommation.

MOUSSA Nana, semi-grossiste, produits alimentaires : « *Pour échapper aux tracasseries douanières, les petits commerçants sont obligés de confier leurs marchandises à de gros commerçants qui généralement disposent d'entrées au niveau des services douaniers pour passer librement. C'est cette manière d'opérer qui a ouvert la voie à la contrebande et à l'entrée massive de produits frauduleux sur notre territoire* ».

En effet, notre étude a permis de mettre en évidence que 68,1 % des commerçants interrogés s'estiment victimes de concurrence déloyale. Celle-ci est générée en bonne partie par des grossistes étrangers qui importent des marchandises non taxées, de faible qualité et pratiquent un dumping agressif dans certaines branches d'activité. Par exemple, la filière librairie-papeterie est aux mains des commerçants

41 Par exemple, une saisie record de 1300 tonnes de boissons périmées a été effectuée au mois de février 2015 au sein de la société OBOUF. Cette dernière importe frauduleusement des boissons et des produits alimentaires depuis le TOGO avant de les reconditionner dans plusieurs ateliers/usines à Ouagadougou et de les écouler sur le marché local. D'autres scandales d'importations frauduleuses de produits alimentaires ont été dénoncés.

42 Il existe un Département du Contrôle et de Répression de la Fraude et une Brigade nationale de Lutte contre la Fraude, qui sont dotés de moyens dérisoires d'action pour surveiller l'ensemble du territoire (50 agents, 1 seul véhicule, base légale insuffisante). De plus, leurs responsables nous ont indiqué que leurs activités sont fortement contrôlées par les décideurs politiques qui sous l'ancien régime ont étouffé plusieurs affaires majeures.

libanais qui profitent de la complaisance et/ou de la connivence des pouvoirs publics pour importer frauduleusement des fournitures de bureau (cahiers, stylos, livres, etc.) qu'ils revendent localement à vil prix, aux particuliers ou même à l'État à travers les marchés publics.

CONSIGUI Dominique, détaillant libraire : « *Nous subissons durement la concurrence déloyale de la part des grossistes étrangers qui sont en connivence avec les autorités douanières pour faire passer nuitamment des containers d'articles contrefaits, ce qui désorganise notre filière et n'est pas sans conséquence sur nos activités. Nos parts de marchés ne cessent de diminuer de même que nos recettes* ».

CONGO Lassané, semi-grossiste en fournitures de bureau : « *Je ne suis pas satisfait de ma collaboration avec mes fournisseurs (grossistes libanais) car ces derniers commandent des centaines de containers qu'ils dédouanent à des tarifs dérisoires. En effet, pour la même quantité d'articles importés ces derniers vont payer 200'000 F CFA de taxes alors que nous payons 500'000 F CFA. À cause de cela, ils peuvent pratiquer des prix très agressifs et vendre au détail des marchandises au même tarif qu'ils nous les vendent en gros* ».

Ces cas de fraude ne se limitent pas à la filière de la librairie/papeterie et concernent l'ensemble des filières de produits manufacturés importés (TIC, autos/motos, etc.), voire même les produits alimentaires provenant de certains pays de la sous-région (béninois, togolais et ghanéens) qui débarquent localement leurs marchandises non taxées (fruits, légumes, céréales), puis disparaissent sans sanctions des autorités municipales. Cette problématique de l'iniquité de traitement des services douaniers sur une base clientéliste, trouve son prolongement au niveau local où la règlementation commerciale concernant le rôle de chaque acteur dans le circuit de commercialisation des produits est peu respectée.

Le manque de respect de la règlementation commerciale

Dans le passé, le secteur commercial burkinabè était bien structuré à travers la présence d'organismes de contrôle reconnus et par une législation commerciale relativement respectée qui permettait la supervision des filières de commercialisation et la délimitation effective du périmètre d'action des différents statuts de commerçants. Ainsi, les grossistes s'occupaient d'importer la marchandise en grande quantité depuis l'extérieur (par containers), procédaient à son reconditionnement et la délivraient par petits lots aux semi-grossistes et/ou aux détaillants qui la revendaient au consommateur final. Cette organisation plus ou moins formalisée et encadrée permettait que chaque catégorie de commerçants puisse trouver sa place dans les circuits de commercialisation, qu'une marge raisonnable soit attribuée à chacun et qu'une coopération/concurrence saine s'installe entre eux.

Malheureusement, le processus de libéralisation des secteurs commerciaux, le démantèlement partiel des organismes de contrôle et l'affairisme des élites administratives ont remis en cause ce mode d'organisation qui s'inscrit dorénavant dans une logique plus opportuniste et de court terme. Par conséquent, les droits et les devoirs dévolus à chaque catégorie de commerçants ne sont plus respectés et les grossistes profitent de leur pouvoir pour imposer leur prix et faire de la vente au détail en court-circuitant les semi-grossistes et les détaillants.

Face à cette concurrence déloyale, les détaillants sont obligés de commercialiser leurs marchandises avec une marge bénéficiaire très faible, voire à perte, sous peine de rester avec un stock de produits invendus. Au cours des dernières années, ce phénomène s'est généralisé à l'ensemble des filières commerciales, qu'elles soient internationales ou même nationales. Ainsi, ces logiques opportunistes s'insinuent même au sein des filières de produits locaux censés faire l'objet d'une attention particulière de la part des pouvoirs publics en raison de leur importance stratégique pour le développement économique. Notre enquête a par exemple permis de mettre en évidence que le secteur de la confection d'étoffes et de pagnes traditionnels burkinabè (*Faso Dan Fani*), prolongement naturel de la filière cotonnière locale, souffre d'un abus de position dominante des grossistes en fils bruts qui se livrent à des pratiques spéculatives et de rétention de produits au détriment des unités de tissage et des ateliers de confection.[43]

Les propos recueillis auprès des vendeurs de produits vestimentaires illustrent cette incapacité ou cette absence de volonté de l'État de faire appliquer des dispositifs règlementaires au sein de cette filière qui transforme localement une partie croissante de la production nationale de coton brut.

OUEDRAOGO Hamidou, semi-grossiste : « *Au Burkina, il y a une seule société semi-publique (FILSAH)*[44] *qui produit du fil brut et qui vend*

43 De manière traditionnelle, des groupements féminins assurent le tissage du coton au moyen de métiers à tisser manuels puis revendent leurs cotonnades à des ateliers de confection qui fabriquent des vêtements et/ou des articles textiles.

44 La Filature du Sahel (FILSAH) est une société burkinabè créée en 2009 sur capitaux publics/privés dont l'objectif est de faire une primo-transformation du coton brut pour alimenter les ateliers de confection de textile Faso Dan Fani.

sa production exclusivement aux grossistes auprès desquels nous nous ravitaillons afin de servir les tisseuses à la base. Les grossistes nous truandent, car ils surfacturent leur marchandise qu'ils vendent 100.000 FCFA au lieu des 80.000 FCFA convenus conjointement avec la FILSAH. Nous avons prévenu la FILSAH de cette pratique frauduleuse qui leur a demandé de revenir au prix normal. Faute de contrôle suivi, les premiers n'ont pas respecté le deal et ont recommencé la surfacturation. Tout le monde est au courant (les pouvoirs publics) mais personne ne bouge ».

CONGO Salimata, tisseuse : « *En plus du prix, le problème de la disponibilité du produit est criant. La FILSAH ravitaille régulièrement les grossistes mais ces derniers ne sont pas efficaces dans la délivrance de la marchandise aux autres acteurs de la filière, ce qui nuit à notre production. Les commerçants de Ouagadougou ne pensent qu'à faire des profits, ils n'ont cure des difficultés que nous rencontrons dans la valorisation du coton national* ».

Ces différents exemples révèlent les incidences négatives de la mauvaise gouvernance publique sur la supervision et l'encadrement de l'activité commerçante. Faute de volonté et de capacité suffisante pour établir et surtout faire appliquer des règles du jeu commercial identiques pour tous les acteurs, les pratiques opportunistes de concurrence déloyale et de fraude se généralisent au sein des différentes filières de commercialisation. Cette zone grise profite aux acteurs économiques les plus puissants (grossistes nationaux ou étrangers) qui se servent de leur assise financière, de leurs réseaux clientélistes et de leur maîtrise des failles du système pour s'arroger des parts de marché croissantes au détriment des plus petits acteurs dont la situation s'est fortement fragilisée au cours des dernières années. Cet affaiblissement des pouvoirs publics profite également aux agents publics peu scrupuleux qui rentabilisent leur position d'intermédiaire et se jouent des frontières diffuses entre le formel/l'informel, le réprimé/le toléré pour s'enrichir via le détournement des règles du jeu (marchés publics, exemptions douanières, etc.). Le tissu commercial local est dans une situation paradoxale où les plus petits acteurs de l'informel réclament une intervention accrue et ciblée des pouvoirs publics pour se prémunir des pratiques délictueuses des gros opérateurs qui évoluent hors du cadre règlementaire. Ces pratiques délictueuses constituent le cœur des activités de plaidoyer initiées par les groupements de commerçants qui seront traitées plus en détail dans la partie 4.2.

3.2.2. Montée du climat d'insécurité et absence d'autorité locale

La seconde manifestation directe de cet affaiblissement de l'autorité étatique, réside dans son incapacité à conserver le monopole de l'usage de la force et de garantir la sécurité des biens et des personnes sur l'ensemble du territoire. La montée du climat insurrectionnel de 2011 à 2014 a démontré que l'État était devenu peu à peu incapable de contenir les phénomènes de violences spontanées et les actes d'insubordination. L'armée burkinabè, en particulier, est confrontée à des injustices sociales et des luttes internes de pouvoir et apparaît de plus en plus divisée et de moins en moins républicaine. Les mutineries de 2011 ont démontré leur potentiel de nuisance sur la sécurité nationale et ont engendré des dégradations matérielles importantes pour les opérateurs économiques.[45] La chute du Président Compaoré et le vide d'autorité n'ont fait qu'accroître les tensions sécuritaires causées par la division des corps armés (*cf.* tentative de coup d'État de septembre 2015) et la montée des périls sous-régionaux (infiltrations djihadistes et attentat terroriste de février 2016).[46] Peu à peu, les citoyens burkinabè, victimes de cette insécurité multiforme (braquages, coupures de route, destructions de biens et incendies criminels), ont perdu confiance dans la capacité de l'État à maintenir l'ordre sur toute l'étendue du territoire. En réaction, de nombreuses milices populaires « *Koglweogo* »[47] ont essaimé hors du contrôle de l'État, pour remplir le rôle de police de proximité et prévenir les actes délictueux. Malgré le bien-fondé de leurs objectifs, de nombreuses critiques pointent leurs méthodes d'intervention violentes, leur justice expéditive et le risque qu'ils soient instrumentalisés par des mouvements bellicistes ou recherchant un enrichissement personnel.

Plus que toute autre frange de la société, le secteur commercial demeure durement frappé par ce climat d'insécurité qui se traduit par

---

45 Le coût des saccages et pillages occasionnés par les mutineries militaires de 2011 est évalué à 25 milliards de F CFA pour le milieu commerçant et un fonds d'urgence de seulement 3.5 milliards de F CFA a dû être débloqué pour indemniser les commerçants ayant subi des dommages matériels conséquents.

46 Pour la première fois de son histoire, le pays a subi une attaque de grande envergure faisant près de 30 victimes. Les répercussions médiatiques négatives de cette attaque ont été d'autant plus importantes, que celle-ci s'est déroulée sur la principale artère commerciale de la ville et qu'elle a touché une clientèle aisée et internationale.

47 Littéralement « gardien de la brousse », ces milices sont composées de jeunes, de paysans et d'ex-bandits repentis qui se donnent pour fonction de pallier l'absence de la force publique pour lutter contre la délinquance et la criminalité.

un isolement/enclavement accru de l'économie nationale. En effet, les menaces sécuritaires ont engendré le report, voire l'annulation de projets d'investissements privés (mines, agro-business) et/ou publics (APD) et la majoration du coût du transport transfrontalier en raison des nombreuses attaques dont sont victimes les sociétés de transport. Faute d'une gendarmerie et d'une police suffisamment fiables, équipées et compétentes, les commerçants sont obligés de recourir, à leur frais, à des sociétés privées de sécurité, ce qui participe du renchérissement du prix de revient des marchandises importées. Cette insécurité touche par ailleurs les centres urbains et les infrastructures marchandes (marchés, locaux commerciaux, etc.), régulièrement victimes de vols, de saccages de locaux et/ou d'incendies criminels du fait d'une surveillance publique défaillante. De plus, le démantèlement en 2014 des autorités communales, chargées d'assurer la gestion des marchés et des zones commerciales, favorise l'insécurité de ces lieux commerciaux très fréquentés (occupation anarchique de l'espace, promiscuité, insalubrité).

OMAR Nikièma, Responsable de la FSCB pour le marché central : « *Exerçant au grand marché Rood Wooko, je constate qu'il règne une anarchie totale dans l'étalage des marchandises, chacun voulant occuper plus que le périmètre qui lui est réservé. Il est parfois difficile de se frayer un passage et à plus forte raison de se faire livrer ses marchandises. J'ai assisté plusieurs fois à des départs d'incendies qui fort heureusement ont pu être maitrisés par les pompiers, mais je vous assure que le danger nous guette à nouveau. Il va falloir que la RAGEM délimite clairement les espaces à ne pas occuper sinon on court à la catastrophe* ».

Cette dégradation des lieux nuit à l'attractivité et à la sécurité de ces espaces qui sont également l'objet de phénomènes spéculatifs participant du renchérissement des locaux commerciaux constatés par 70 % des commerçants interrogés. Dans ce domaine, même s'il existe une autorité publique chargée d'assurer la gestion des marchés viabilisés de la ville (RAGEM),[48] celle-ci s'avère incapable d'enrayer ces différents phénomènes qui constituent la deuxième préoccupation des commerçants interrogés (derrière les préoccupations financières). Les témoignages ci-dessous illustrent les conditions d'accès inégaux aux

---

48 La Régie Autonome de Gestion des Équipements Marchands (RAGEM) est la structure qui est chargée, pour le compte des pouvoirs publics, de superviser l'organisation des 11 marchés viabilisés de la ville à travers

l'attribution des boutiques et hangars commerciaux, la collecte des taxes et redevances des locataires, le contrôle de la sécurité et de la salubrité des lieux, etc.

locaux commerciaux, défavorables aux plus petits acteurs qui se retrouvent progressivement exclus de ces zones marchandes.

COMPAORE Boureima, détaillant en librairie : « *Le coût des loyers à l'intérieur du marché central sont exorbitants et non accessibles aux petits commerçants comme nous. Ceci est le produit de phénomènes spéculatifs et d'accaparement avec la complaisance des pouvoirs publics et de la RAGEM. Faute de connexion avec ces derniers, nous sommes obligés de nous débrouiller dans les alentours sous des étals, devant le mépris des autorités communales* ».

BOUGMA Saidou, détaillant en vente d'articles ménagers : « *Les difficultés financières et la cherté des locaux sont à l'origine de la sous-location de ma boutique que je possédais au Grand Marché. Dorénavant, j'opère comme ambulant* ».

3.2.3. Ralentissement de la conjoncture économique et sous-financement des activités commerciales

Cette période socio-politique mouvementée a également eu un impact négatif sur la conjoncture économique qui s'est clairement dégradée depuis 2014, provoquant un fléchissement de la croissance, en moyenne de 5 % sur la période 2014-2016.[49] Ce ralentissement s'explique par l'effet dissuasif de la mauvaise gouvernance sur les investissements directs étrangers (baisse de 34 % en 2015 liée au gel de certains projets miniers), par la réduction des investissements publics et de l'Aide publique au développement. L'ensemble de ces facteurs a eu une incidence majeure sur le tissu social : baisse du taux d'activités à 35,4 % en 2014 contre 43,6 % en 2009,[50] et persistance d'un niveau élevé de pauvreté à 40,1 % de la population nationale (INSD, 2015). L'effet conjugué de la baisse des commandes publiques, de l'augmentation des créances de l'État,[51] de la diminution des flux

49 Ce ralentissement économique par rapport à la période antérieure (6,2 % sur la période 2005-2013) est d'autant plus préoccupant que le taux de croissance démographique reste très élevé (3,1 %) et qu'il ponctionne une grande partie de la croissance annuelle.

50 Données extraites du rapport pays 2016 des perspectives économiques en Afrique-Subsaharienne (BAD)

51 Confronté à des dépenses sécuritaires en forte hausse et à une diminution de ses recettes fiscales et douanières, l'État burkinabè a vu sa dette intérieure augmenter significativement et son délai moyen de traitement des factures impayées passer à plus de 80 jours.

commerciaux transfrontaliers ainsi que de la baisse du pouvoir d'achat des populations, ont précarisé l'activité du tissu entrepreneurial local.

Les unités commerciales confrontées au déclin de leur volume de vente et de leur niveau de trésorerie ont dû réduire leur périmètre d'action, ajourner le paiement de certaines charges courantes (fiscalité, assurances sociales, salaires, remboursements de crédits) voire mettre en suspens leurs activités. En outre, un nombre important d'entreprises formelles, faute de rentabilité et à court de trésorerie, ont basculé vers le semi-formel voire l'informel pour continuer à fonctionner. Par conséquent, ces dernières années ont été marquées par un processus d'informalisation du tissu entrepreneurial vécu et décrit par l'ensemble des acteurs rencontrés.

COMPAORE Ablacé, détaillant, téléphonie : « *Sous l'effet de la crise, le pouvoir d'achat des populations s'est rétréci et les gens ne changent plus aussi souvent de téléphone, les services ne commandent plus de matériel informatique. De plus, le nombre de revendeurs ne cesse d'augmenter et nous voyons que les rues commerciales sont d'ores et déjà engorgées. Nous avons du mal à écouler nos stocks et à nous acquitter des charges régulières telles que le loyer, l'électricité et le paiement des taxes et impôts. Ne parlons pas du salaire des jeunes vendeurs que j'emploie qui sont les victimes collatérales de cette détérioration* ».

Cette crise a également des répercussions financières puisqu'elle accentue la problématique de l'accès au crédit dont est victime le milieu commerçant, en particulier les petits opérateurs. Face à la montée des incertitudes et du niveau de risque, les établissements financiers privés ont durci leurs conditions d'accès au financement et ont rehaussé leurs exigences par rapport aux garanties financières et immobilières demandées aux commerçants. Cela a renforcé l'exclusion financière du segment inférieur des commerçants qui pâtissaient déjà d'un faible accompagnement financier de leurs activités (18,3 % de notre échantillon a bénéficié d'un crédit au cours des deux dernières années).

TAPSOBA Boukary, grossiste en quincaillerie : « *Les difficultés d'accès au crédit pour préfinancer mes commandes à l'extérieur, consécutives à la crise de 2014, ont fragilisé les relations avec mes fournisseurs et je suis au bord de la faillite faute d'approvisionnements réguliers. Les établissements financiers ne font plus confiance aux commerçants et les structures publiques fonctionnent par connaissance et par affinité* ».

Par ailleurs, la saturation de certaines branches d'activités et la baisse du taux de recouvrement a également incité les établissements financiers à mettre de côté certaines filières commerciales jugées peu rentables et peu compétitives (textile, librairie-papeterie, véhicules d'occasion et pièces détachées, etc.).

De plus, les organismes publics de financement,[52] qui ciblaient traditionnellement le segment commercial inférieur, ont également vu leur fonctionnement fortement perturbé par la conjoncture économique et politique défavorable. Produit de la mauvaise gouvernance publique et des pratiques clientélistes, ces organismes ont vu leur légitimité et leur efficacité remises en cause par une série de problèmes liés aux critères de sélection des projets financés, à la difficulté de traitement et de suivi des dossiers et à leur faible capacité de recouvrement. En effet, ces dispositifs publics sont davantage perçus par les commerçants comme étant des courroies de distribution de subventions publiques utilisées à des fins de propagande politique et/ou d'apaisement social, que comme des organismes efficaces et pérennes de financement des activités commerciales.

OMAR Nikièma, Responsable de la FSCB pour le marché central : « *Le fait d'avoir indemnisé les commerçants victimes de la mutinerie de 2011, à partir des Fonds nationaux (FASI et FAPE), a fait croire aux Burkinabè que leur objectif était de fournir des subventions aux commerçants et non d'octroyer des crédits* ».

Par conséquent, ces fonds possèdent un niveau de performance bien inférieur aux normes financières en vigueur et font l'objet d'un taux élevé de non recouvrement des crédits octroyés (voir *tableau 3.4*).

52 Le Burkina Faso compte 4 fonds publics de financement (FASI, FAIJ, FAFPA, FAPE) qui ont pour fonction d'appuyer le développement des micros et petites entreprises locales par le biais d'une offre de crédit à taux subventionné.

Tableau 3. 4 Indicateurs du volume d'activités des différents fonds nationaux de financement sur la période 2010-2015

		2010	2011	2012	2013	2014	2015
FASI	Nombre de projets financés	1244	1034	1499	1719	2257	2055
	Montants financés (MCFA)	532.50	429.84	642.56	764.66	948.42	886.55
	Montants recouvrés (MCFA)	361.88	397.80	361.74	494.12	629.17	681.61
	Taux de recouvrement	68 %	93 %	56 %	65 %	66 %	77 %
FAIJ	Nbre de projets financés	641	640	346	687	921	484
	Montants financés (MCFA)	635.40	638.03	333.62	623.63	811.37	481.87
	Montants recouvrés (MCFA)	88.69	162.17	87.64	105.05	126.10	129.12
	Taux de recouvrement	14 %	25 %	26 %	17 %	16 %	27 %
FAPE	Nombre de projets financés	141	51	66	166	260	284
	Montants financés (MCFA)	278.50	90.00	117.00	463.57	686.69	755.60

Source : Base de données et rapports d'activités des différents fonds nationaux (FASI, FAIJ, FAPE)

De manière concrète, cette précarisation économique et financière a non seulement produit des effets systémiques sur le fonctionnement des filières commerciales, mais aussi elle a généré des effets individuels sur le niveau d'activité des commerçants.

Au **niveau systémique**, le ralentissement de l'activité eut pour effet de réduire la taille des marchés, d'exacerber le niveau de concurrence entre acteurs et de renforcer les inégalités préexistantes entre gros et petits opérateurs. Cette concurrence accrue explique en partie les logiques opportunistes des gros opérateurs qui, faute de règlementation publique effective, profitent des failles du marché pour imposer leur pouvoir commercial aux plus petits. Elle participe directement de la désorganisation des filières commerçantes et de leur informalisation.

Au **niveau individuel**, les commerçants voient leur marge de manœuvre se restreindre, leur niveau de trésorerie et leur capacité de financement baisser, ce qui grève leur rentabilité et entrave leur fonctionnement optimal. Dès lors, pour maintenir leur activité, ces derniers sont obligés de comprimer leurs charges au maximum en commençant par moins respecter les obligations fiscales et sociales qui ne leur paraissent pas importantes. Ce mouvement d'informalisation est d'autant plus marqué que ces commerçants ont une vision très négative de l'État et de la qualité des services publics qui leur sont fournis.

KABORE Séni, détaillant en vente de matériels informatiques et bureautique : « *Le coût de la formalité n'est pas toujours facile à supporter, surtout en période creuse comme la période actuelle (premier semestre 2016) parce qu'on doit supporter des charges fiscales comme l'impôt minimal forfaitaire que l'on doit payer quel que soit le niveau de rentabilité. Depuis 2 ans, je ne suis plus à jour de mes cotisations fiscales* ».

3.3. Diffusion de la mauvaise gouvernance au sein du secteur commercial

Outre les défaillances précédemment mentionnées (sécuritaires, économiques et de gouvernance), le lien de confiance/de proximité entre l'État et le milieu commerçant, s'est fragilisé du fait de la remise en cause de différentes plates-formes/institutions d'échanges et de concertation instaurées au cours de la période 2004-2010. Celles-ci permettaient d'établir un dialogue entre les acteurs publics et privés, d'identifier et de relayer leurs préoccupations respectives et de définir des objectifs et des engagements communs. Malheureusement, le climat d'instabilité politique et les changements de régimes ont eu des répercussions négatives sur ces institutions qui ont connu des fortunes diverses.

Les rencontres gouvernement-secteur privé (RGSP)[53] annuelles, mises en place en 2001, ont généré une dynamique positive lors des premières éditions. Elles ont permis d'instaurer une série de réformes

---

53 Les RGSP ont lieu chaque année et visent à réunir pendant deux jours l'ensemble des départements ministériels et une palette d'organisations représentatives du secteur privé, afin de discuter de leurs principales préoccupations transversales.

bénéfiques pour le milieu commerçant. Durant cette période faste, ont été créés la Maison de l'entreprise, le Centre de formalité des entreprises et un ensemble d'autres guichets uniques (CEFAC, GUF) facilitant la connaissance et le respect des règles du jeu commercial. Malheureusement, les RGSP ont été récupérées politiquement à partir de 2011, ce qui a fortement nuit à leur efficacité et à leur légitimité auprès du milieu commerçant. En effet, la sélection des structures représentatives s'est davantage effectuée selon des critères d'affinités politiques que selon leur capacité à mobiliser le milieu commerçant et à relayer ses principales préoccupations (Traoré, 2012 ; CTP septembre 2013). Cette éviction progressive des structures intermédiaires, suscitant des critiques concernant les orientations néo-libérales et les dérives clientélistes du régime Compaoré, a cassé la dynamique initiale et a nui à l'effectivité des engagements pris de part et d'autre.

Responsable Fédération syndicale des commerçants Burkinabè, filière produits agricoles) : « *Au départ une idée positive et constructive, les RGSP furent peu à peu récupérées par le clan Compaoré pour servir de plate-forme de communication, légitimant l'ouverture néo-libérale du régime. À cause de cela, les organisations de commerçants souhaitant parler des difficultés réelles découlant des réformes mises en place, ont été évincées de ces rencontres qui perdirent leur attrait pour beaucoup de commerçants. En particulier, les problèmes de concurrence déloyale et d'accès au crédit sont maintes fois abordés sans que les engagements pris ne soient tenus, ce qui décourage le secteur commercial qui ne croit plus en la sincérité de l'État* ».

Reflet de cette politisation, les RGSP n'ont pas eu lieu les années marquées par une forte contestation sociale (2011, 2014, etc.) et les dernières éditions n'ont pas réussi à résorber ce climat de méfiance et de scepticisme provenant du milieu commerçant.

Le Forum national du secteur informel (FNSI) organisé en 2008 et 2010, a été une plate-forme alternative de discussion entre l'État et le secteur privé, réservé aux acteurs de l'économie informelle ou aux structures d'appui à ce milieu. Malgré les retombées positives des premières éditions (prise en compte des contraintes spécifiques de ce segment, vulgarisation des politiques publiques, etc.), ce forum n'a pas été renouvelé ni remplacé par d'autres plates-formes d'échanges permettant de maintenir un dialogue régulier.

Responsable réseau des associations de l'économie informelle, filière textile : « *Je déplore la disparition du FNSI car il permettait de*

Elles sont précédées de onze rencontres sectorielles qui permettent d'identifier des préoccupations plus spécifiques.

dialoguer en un même lieu avec l'ensemble des services de l'administration des problèmes que nous rencontrons sur le terrain. Maintenant, nous sommes obligés de parler avec chaque service de manière bilatérale et il s'avère beaucoup plus difficile d'obtenir des engagements fermes de leur part. Bien souvent, ils (les décideurs politiques) mettent en place des réformes sans que nous ne soyons consultés ni informés et nous découvrons les conséquences fâcheuses en même temps que nos membres ».

Cette politisation a également nui à la gouvernance du secteur privé, notamment via le phagocytage de sa principale organisation, la Chambre du commerce et de l'industrie (CCI-BF) par le clan présidentiel en 2011.[54] Cette immixtion croissante des décideurs politiques et cet affairisme des caciques du régime de Compaoré, ont participé de la déconnexion de cette organisation des réalités vécues par les groupements de commerçants sur le terrain et de la lente désorganisation de la vie commerciale. Le pouvoir de l'époque a également utilisé ces organisations intermédiaires pour assoir sa base électorale en distribuant des subventions aux commerçants appartenant aux associations sympathisantes. *A contrario*, les syndicats de commerçants perçus comme favorables à l'opposition ont été exclus de ces programmes d'appui à l'activité commerciale, voire perturbés dans la conduite de leurs activités auprès des petits commerçants. L'instrumentalisation de cette division entre associations et syndicats de commerçants a continué de produire des effets négatifs sur la qualité de l'encadrement global du milieu commerçant, même après la chute du régime Compaoré.

Responsable de l'Union des petits commerçants du Kadiogo, filière agricole : « *Avant, sous Blaise (régime Compaoré), les politiciens créaient des fonds d'appui (p.ex. PSCE) censés promouvoir le développement du secteur commercial et l'emploi des jeunes. En fait, ils utilisaient les associations de commerçants, partisanes, pour ventiler ces fonds afin d'élargir leur base électorale. La transition a repris ce système avec le Programme socio-économique d'urgence de la transition (PSUT) sans qu'aucune transparence ne soit faite dans les modalités d'attribution des subventions. Ces procédés clientélistes génèrent de la concurrence et de la jalousie entre certaines associations professionnelles qui se battent pour avoir leur part du gâteau au détriment de l'organisation globale du secteur* ».

---

54 Mme Alizeta Gando, belle-mère de François Compaoré, a été élue présidente de la CCI-BF en décembre 2011 et est restée à ce poste jusqu'en octobre 2014, date à laquelle elle a dû s'exiler suite à la chute du régime Compaoré.

En effet, le climat de méfiance persiste entre ces deux catégories de structures qui fournissent aux commerçants des prestations distinctes mais complémentaires.[55] De plus, la CCI-BF est toujours confrontée à des problèmes de leadership puisque cette organisation a fonctionné plus de deux ans sans son comité de direction, suite au départ précipité d'Alizeta Gando, ex-présidente de la CCI-BF (exilée politique en France). En l'absence de ces mécanismes formels d'échanges et de discussion entre l'administration publique et le milieu commerçant, il semble difficile d'identifier les principales préoccupations des commerçants liées à la précarisation de leurs activités de même que de rétablir un environnement entrepreneurial plus propice à la réorganisation des filières de commercialisation. Ne se sentant pas suffisamment écoutés, compris et inclus dans la définition des politiques publiques, les commerçants choisissent d'opérer hors du champ étatique et tendent à privilégier des stratégies/solutions endogènes pour résoudre les problèmes rencontrés. La prochaine partie vise à décrire les différentes stratégies d'action suivies par les commerçants pour faire face à cet affaiblissement de l'État.

4. Stratégies individuelles et collectives face à l'affaiblissement de l'État

Comme l'ont conceptualisé (Hirschman 1970, Hirschman 1978, Lindell 2010), les acteurs individuels et/ou les organisations ont plusieurs possibilités pour faire face à un État déclinant dont la légitimité et les règlementations sont contestées et peu respectées. La première est une stratégie d'*exit* individuel qui vise à s'extraire de la sphère de l'administration publique et de sa règlementation afin de chercher des solutions autonomes aux préoccupations principales. La seconde est une stratégie collective de revendications (*Voice*) ciblant les faiblesses de l'environnement actuel afin de développer des solutions et proposer des réformes visant à corriger les failles du marché et améliorer le cadre institutionnel existant. L'objectif de cette partie est de reprendre ce modèle analytique en l'appliquant à la problématique de l'informali-

55 Les associations sont des structures décentralisées qui appuient localement les commerçants en leur fournissant des formations, des financements et des appuis logistiques tandis que les syndicats attirent l'attention des pouvoirs publics par rapport à des problématiques du milieu commerçant (cadre légal, fiscal, commercial, etc.)

sation du secteur commercial, en montrant à quel point les commerçants sont tiraillés entre ces deux logiques opposées (Lindell, 2010).

4.1. Stratégie individuelle d'exit

Face à un État faible, instable et peu efficace, les commerçants interrogés préfèrent à titre individuel se mettre à distance du périmètre de l'action publique afin de ne pas causer de tort à leurs activités commerciales quotidiennes. Reprenant les concepts de (Perry et Maloney, 2007), l'informalisation de l'économie résulte d'un effet conjugué de logiques d'*exit* et d'exclusion basées sur un calcul économique du commerçant qui trouve plus avantageux d'opérer hors de la règlementation publique que de s'y conformer. Contestant la légitimité et le bien-fondé de la règlementation formelle, les commerçants ne cachent pas leur informalité et pour certains d'entre eux, la revendiquent comme élément d'émancipation, voire de contestation de l'autorité en place. Cette dynamique concerne à la fois les petits détaillants qui, du fait de la précarisation de leurs activités, expliquée précédemment, sont peu à peu exclus du domaine de la règlementation publique, ce qui correspond à la vision classique que l'on a de l'économie informelle. Néanmoins, ce segment majoritaire est complété par un segment supérieur de semi-grossistes et de grossistes qui font le choix délibéré de l'informalité. Cette stratégie d'*exit* favorisée par l'affaiblissement de l'État s'avère beaucoup plus avantageuse pour faire fructifier leurs affaires en dehors de tout cadre légal, fiscal et social (62,5 % des grossistes indiquent que leur activité est informelle). Ce *gros informel* est numériquement minoritaire mais il possède un pouvoir économique, financier et symbolique très important qui influence fortement la relation entre l'État et le milieu commerçant.

Tableau 3. 5 Quel est votre statut ?

Statut	**Informel**	**Semi-formel**	**Formel**
Détaillant	91,3 % (84)	2,2 % (2)	4,3 % (4)
Demi-grossiste	67,7 % (21)	12,9 % (4)	19,4 % (6)
Grossiste	62,5 % (25)	12,5 % (5)	20,0 % (8)

Source : Données issues de l'enquête auprès des commerçants (Ouagadougou), 2016

FIGURE 3.1 Qu'est ce qui définit un commerçant formel ?

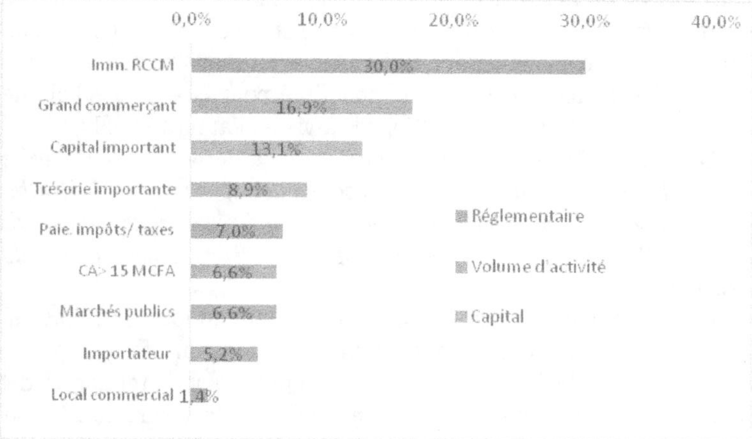

Source : Données issues de l'enquête auprès des commerçants (Ouagadougou), 2016

Par conséquent, ces deux segments commerciaux aux niveaux d'activités opposés, ont pour dénominateur commun de ne pas se reconnaître dans les critères de formalité énoncés par les pouvoirs publics (enregistrement des activités, taxes et impôts, cotisations sociales, tenue de comptabilité) et de posséder leur propre lecture de l'opposition formel/informel.

Avant tout, ils axent la différenciation formel/informel sur le volume de vente et les capacités financières du commerçant. Selon eux, *est formel* le commerçant qui peut acheter de grandes quantités de marchandises, qui possède un capital financier et un niveau de trésorerie importants et qui a un chiffre d'affaire supérieur à 15 MCFA. Par opposition, *est informel* le commerçant ambulant et/ou détaillant qui achète des marchandises en petite quantité en raison d'un capital limité et d'un niveau de trésorerie faible, ce qui réduit d'autant son chiffre d'affaire annuel (*Fig.3 1*).

NIKIEMA Adélaïde, grossiste, textile : « *Le commerçant formel est celui qui voyage en Europe pour y importer ses marchandises parce que disposant d'un capital très important ; l'informel est celui qui vend ses produits au détail faute de pouvoir importer lui-même et vendre en gros* ».

COMPAORE Ablacé, détaillant, téléphonie : « *est considéré commerçant formel celui qui dispose d'un local fixe et durable contrairement au commerçant informel qui se contente d'un étal* ».

En dehors de ces éléments commerciaux et/ou financiers qui attestent de la réussite personnelle du commerçant, le seul critère règlementaire reconnu positivement par ceux-ci demeure la possession d'une carte de commerçant et d'un numéro du Registre du commerce et du crédit mobilier (RCCM) qui constitue pour eux un symbole de crédibilité et un gage de protection vis-à-vis de l'autorité publique.

ILBOUDO Salifo, semi-grossiste, quincaillerie : « *Sont appelés formels, les grands commerçants qui disposent de papiers comme le RCCM, l'informel se caractérise par un volume d'activité réduit et le manque de RCCM. Ce document est important pour la reconnaissance du commerçant* ».

Cette appropriation du RCCM comme critère de formalité reconnu par le commerçant est le fruit du travail de terrain effectué par le CEFORE et la MEBF qui a permis de simplifier son obtention et d'y relier un ensemble d'avantages concrets pour le commerçant. Par conséquent, ce registre du commerce est à la fois désiré pour ce qu'il permet d'obtenir de l'extérieur (p.ex. des appuis multiformes de la MEBF) mais également par sa connotation positive au sein du milieu commerçant (gage de sérieux et de crédibilité).

A contrario, les autres critères de formalité (fiscaux, sociaux, comptables) ne sont pas perçus aussi positivement car ils ne sont pas délivrés par des institutions légitimées et proches du milieu commerçant et ne lui permettent pas non plus d'obtenir des avantages concrets dans le cadre de ses activités commerciales. Par exemple, le versement de cotisations sociales pour l'entrepreneur ou pour les employés n'est suivi que par 13 % de l'échantillon car ils n'entrent pas dans la logique de court terme des commerçants qui préfèrent investir dans des éléments tangibles plutôt que de mettre leur argent dans des institutions jugées lointaines et peu fiables. Les propos de ces deux catégories de commerçants reflètent ces préférences.

KOUDA Yves, détaillant en libraire : « *Personnellement, je ne suis pas déclaré à la CNSS car pour nous, c'est immobiliser son argent alors qu'on en a besoin pour travailler, nous n'aimons pas aussi les assurances car c'est de l'immobilisation des fonds. De plus, je ne fais pas confiance à cette institution au vu des nombreux scandales de détournements dont elle a fait l'objet au cours des années passées* ».

SINARE Djénéba, femme, grossiste et textile : « *Le fait d'investir dans l'immobilier est une forme de prévoyance sociale pour garantir mes vieux jours. Je trouve cela plus efficace que le système de prévoyance (assurance volontaire) proposé par la CNSS.* »

Le volet fiscal n'échappe pas à cette stratégie d'*exit* où l'État, par sa fragilisation et l'inefficacité de ses services et outils de collecte, n'arrive pas à contrecarrer la montée de l'incivisme fiscal. Malgré sa place centrale dans l'économie nationale et les montants colossaux qui transitent par lui, le secteur commercial informel ne contribue qu'à hauteur de 0,5 % de l'assiette fiscale à travers le paiement d'un impôt forfaitaire, la Contribution du secteur informel.[56] Dans notre échantillon, 80 % des grossistes et des semi-grossistes ne relèvent pas du régime d'imposition adapté au volume de leur chiffre d'affaire annuel. Ils profitent ainsi des failles du système pour sous-déclarer leurs revenus annuels et s'abriter derrière leur statut de commerçant informel pour payer uniquement la CSI (moins de 100.000 F CFA) qui s'avère modique au regard de leur niveau d'activité. Cette évasion fiscale des segments supérieurs a un effet délétère sur les petits commerçants qui ont l'impression d'être plus fréquemment ponctionnés que les gros via la multiplication des taxes et autres redevances locales.

Cet affaiblissement de l'État, s'il profite à une minorité de gros opérateurs commerciaux nationaux ou internationaux qui ont dopé leur chiffre d'affaires durant cette période, s'avère préjudiciable à la majorité des commerçants qui appellent de leurs vœux la restauration d'un environnement commercial plus sain et plus organisé. La croissance des inégalités socio-économiques et la montée des phénomènes de concurrence déloyale, en particulier, sont des préoccupations récurrentes des commerçants qui nécessitent la mise en place de solutions collectives négociées à l'intérieur du milieu commerçant et en concertation avec les pouvoirs publics. Pour matérialiser leur aspiration, nombre d'entre eux ont décidé d'intégrer un groupement de commerçants pour défendre plus vigoureusement leurs intérêts vis-à-vis des pouvoirs publics. Dans la section suivante, nous analysons de manière globale cette dynamique associative propre au milieu commerçant ainsi que des initiatives concrètes mises en place par ces structures au service de leurs membres.

---

56 Données issues du *Tableau de bord des recettes budgétaires 2010-2015*, publié en 2016 par la Direction générale des impôts.

4.2. Stratégie collective d'action et de revendication

4.2.1. Dynamisme associatif

La montée du climat de contestation sociale marquant la fin du régime Compaoré de même que sa volonté de jouer un rôle de vigie lors du processus de transition politique, ont participé d'une dynamisation de la société civile burkinabè qui demeure l'une des plus actives et des plus mobilisées à l'échelle du continent (Chouli, 2015 ; Engels 2015). Cette tendance globale touche également le secteur commercial qui a vu éclore un nombre important de nouvelles associations et/ou de groupements de commerçants qui ont pour objectif central de réorganiser les différentes filières commerciales, de délivrer un ensemble de prestations à leurs membres et de peser sur la définition des politiques publiques touchant le secteur commercial. Contrairement à la période antérieure sous le régime Compaoré, cette dynamique associative n'est plus imposée par le haut à des fins de contrôle politique, mais s'effectue par le bas via la mise en place d'associations locales regroupant un ensemble d'acteurs opérant dans la même filière commerciale (ex. : Association des vendeurs de céréales du marché de Sankayaré). Par la suite, ces associations intègrent des organisations transversales (plusieurs branches d'activités) de taille plus conséquente, voire des structures faîtières opérant sur l'ensemble du territoire (Fédération ou Réseau d'associations). Cette structure multi niveaux, explique que 41,7 % des commerçants interrogés sont affiliés à plusieurs groupements.

Tableau 3.6 Membre de combien de groupements ?

Statut	1 groupement	2 groupements	3 groupements	Nombre d'années
Détaillants	58,7 %	40,2 %	1,1 %	3,966
Demi-grossistes	54,8 %	41,9 %	3,2 %	4,806
Grossistes	55,0 %	45,0 %	0,0 %	4,375
Ensemble	**57,1 %**	**41,7 %**	**1,2 %**	**4.24**

Source : Données issues de l'enquête auprès des commerçants (Ouagadougou), 2016

FIGURE 3.2 Quel est le motif de votre adhésion ?

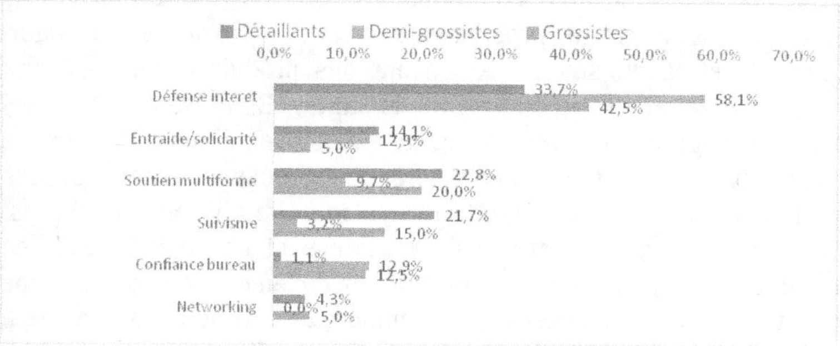

Source : Données issues de l'enquête auprès des commerçants (Ouagadougou), 2016

Cette double, voire triple appartenance, est l'une des caractéristiques particulières du Burkina Faso où il existe une grande diversité de groupements commerciaux. En effet, les syndicats, les organisations, les associations et les coopératives possèdent en théorie un périmètre d'action spécifique et complémentaire qui permet aux associations et aux coopératives d'organiser des actions d'appuis concrets aux commerçants (formations, micro-crédits, tontines, etc.) et aux syndicats et organisations, des actions de plaidoyer et de défense des intérêts des différentes filières. Toutefois, dans la pratique, les délimitations du périmètre d'action et la répartition des rôles ne sont pas aussi bien coordonnées et structurées, ce qui peut parfois altérer la représentation globale du secteur commercial (cf. politisation du milieu durant le régime Compaoré).

Pour motiver leur adhésion, les commerçants invoquent avant tout la nécessité d'appartenir à une organisation qui puisse défendre leurs intérêts à la fois au niveau global (vis-à-vis des pouvoirs publics), mais également en cas de litiges avec d'autres commerçants (*figure3.3*). Cette préoccupation traduit la volonté des commerçants d'avoir une organisation de proximité qui puisse les protéger à la fois des problèmes de gouvernance publique, mais également des rapports de force propres aux filières commerciales (position dominante sur le marché des grossistes et des importateurs étrangers). Ce motif d'adhésion est récurrent chez les semi-grossistes qui se sentent court-circuités par les grossistes et souhaiteraient que le statut et la place de chaque catégorie de commerçants soit davantage reconnus et respectés au sein des différentes filières.

Les autres motifs invoqués sont liés à la mise en place de réseaux d'entraide et à l'obtention de soutiens multiformes pour faire face à différents problèmes financiers (trésorerie), commerciaux (gestion du stock, écoulement des produits) et/ou sociaux (dépenses familiales, d'éducation, de santé). En ce sens, l'appartenance à un groupement est vue comme un moyen d'obtenir différents appuis/prestations que les commerçants ne peuvent obtenir auprès de l'administration publique du fait de son affaiblissement progressif. Par ailleurs, les notions de confiance et de capital sont des dimensions fondamentales qui orientent fortement le choix du type de groupement. En général, les commerçants décident d'adhérer à un groupement au sein duquel ils possèdent déjà un réseau de relations et dont l'action du bureau exécutif leur semble positive.

Dans la partie suivante seront décrites quelques initiatives endogènes des groupements de commerçants visant à fournir des prestations à leurs membres et à pallier les carences de l'administration publique. Pour ce faire, nous reprendrons les trois domaines symbolisant la fragilisation de l'État burkinabè soit : (i) la gouvernance et la règlementation de l'activité commerciale, (ii) l'aménagement, la gestion et la sécurisation des infrastructures marchandes, (iii) l'appui financier et la recherche de débouchés commerciaux.

FIGURE 3.3 Type de soutien reçu par les membres (nombre de cas)

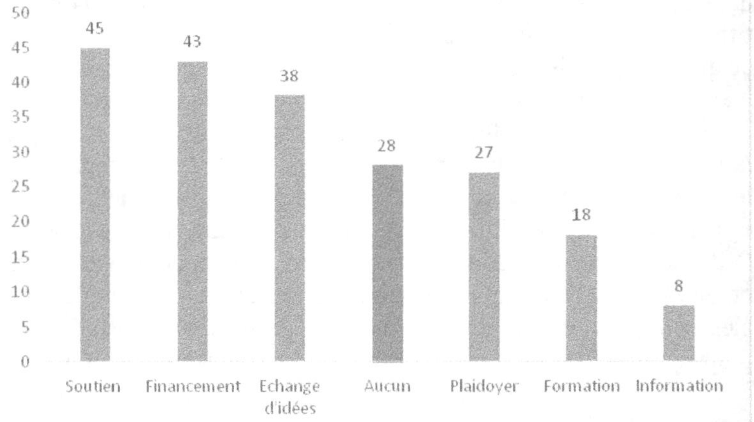

Source : Données issues de l'enquête auprès des commerçants (Ouagadougou), 2016.

4.2.2. Règlementation endogène de l'activité commerciale

Ce domaine est le cœur de l'activité des groupements de commerçants qui sont quotidiennement amenés à régler/arbitrer des litiges entre commerçants. Cette tendance s'est accrue au cours des dernières années du fait de la désorganisation des filières, de l'ouverture à la concurrence internationale et du retrait progressif de l'État. Cet objectif de structuration du milieu commerçant se traduit par différentes stratégies complémentaires d'action :

– L'approche par l'organisation des filières commerciales à travers le regroupement de multiples catégories d'acteurs appartenant à une branche d'activité, et par la volonté de définir collectivement un ensemble de règles du jeu reconnues et respectées par tous. Cela concerne la délimitation de la place de chaque catégorie de commerçants, l'amélioration des modes d'approvisionnement et d'écoulement des marchandises, le financement à l'intérieur de la filière, l'adoption d'une politique tarifaire concertée, etc. En règle générale, chaque groupement d'importance majeure possède en son sein différents comités chargés de la supervision des principales filières commerciales opérant au niveau local (p.ex. librairie/papeterie, quincaillerie, textiles, etc.). Ce mode d'intervention est favorisé au sein de certaines filières du fait du regroupement géographique des acteurs et également de leur proximité sociale (p.ex. marché du secteur 10 spécialisé dans la vente de tissus imprimés et de pagnes traditionnels). Pour être efficace, ce mode de régulation nécessite également de prendre en compte la diversité des acteurs dont la situation et les préoccupations sont spécifiques (le point de vue des grossistes n'est pas identique à celui des détaillants, etc.). Dans la pratique, les groupements rencontrés possèdent une structure de leurs membres (70 % de détaillants avec les 30 % restant, partagés entre grossistes et semi-grossistes) qui permet d'intervenir à différents niveaux de la chaîne de valeur. Ces logiques de solidarité et de codification implicites des modes de collaboration sont notamment perceptibles dans le domaine de la confection de cotonnades *Faso Dan Fani*, à travers l'exemple de l'Association des couturiers de boubou traditionnel (ACBT). Cette association qui regroupe différents acteurs de la filière (les vendeurs de fils au détail, les tisseuses et les couturiers) met en place les logiques d'entraide ci-dessous :

OUEDRAOGO Issa, vendeur de fils à tisser : « *Toutes les femmes de l'association prennent les fils à crédit avec nous et lorsqu'elles tissent les pagnes, nous leur achetons le produit fini (pagnes tissés) en retirant le crédit* *des fils. Cela notamment lorsque pour des raisons de famille ou de maladie, elles ont tout dépensé même leur fonds de roulement. Par souci d'entraide, nous leur donnons les fils à crédit pour qu'elles puissent travailler, et comme nous sommes les acheteurs du produit fini, on soustrait le crédit et on leur donne leur bénéfice. C'est comme ça que notre filière est organisée* ».

Cette stratégie d'intervention par filière est mise en pratique par l'ensemble des groupements de commerçants qui y voient un moyen efficace de recruter de nouveaux membres de même que de résoudre des problèmes spécifiques et concrets qui participent de leur crédibilité et de leur légitimation.

– La sensibilisation des pouvoirs publics et les actions de plaidoyer qui visent l'amélioration du cadre règlementaire national afin que celui-ci favorise une meilleure organisation du secteur commercial et réponde davantage aux problèmes concrets des commerçants. Compte tenu des nombreux cas de concurrence déloyale constatés sur le terrain, l'objectif prioritaire des responsables des groupements est de réglementer davantage la profession de commerçant afin d'assurer un meilleur équilibre entre chaque catégorie d'acteur.[57] Cette disposition règlementaire définissant le rôle des grossistes, semi-grossistes, détaillants, s'inspire fortement de la pratique quotidienne des groupements de commerçants qui structurent déjà la gestion des filières commerciales selon ce schéma. Cette reconnaissance officielle d'un mode informel d'organisation s'avère importante pour les groupements commerçants car elle pourrait leur donner un atout supplémentaire pour contrôler et dénoncer les cas de concurrence déloyale, qu'ils soient l'œuvre de grossistes nationaux ou étrangers.

NIKIEMA Léon, libraire et président de la section libraire de l'ONACOMB : « *Nous nous sommes affiliés à l'ONACOMB dans l'objectif de mener la lutte contre la concurrence déloyale opérée par les Libanais au sein d'une organisation de commerçants crédible. Ce qui a abouti à plusieurs rencontres tripartites (gouvernement-syndicat-Libanais) qui ont donné naissance au projet de loi sur le statut du commerçant.* »

Sa mise en application, légitimée par la base, permettrait également de s'attaquer à la problématique de l'importation frauduleuse de

---

57 Un décret réglementant la profession de commerçant (Article 10 de la loi 13-2013) a été adopté en 2013 pour attribuer à chaque statut des prérogatives spécifiques. Pour l'heure, il n'a pas encore été mis en application, malgré le lobbying des groupements de commerçants et les nombreuses rencontres interministérielles organisées à ce sujet. Il vise à délivrer des cartes spécifiques pour chaque catégorie de commerçants.

marchandises qui s'est accrue ces derniers temps, puisqu'elle instaurerait un contrôle renforcé des licences d'importation et des circuits de distribution (possibilité renforcée de remonter la filière lors de la saisie de marchandises frauduleuses). Outre leur action de plaidoyer, les groupements de commerçants se sont engagés à accompagner sur le terrain la mise en application de cette disposition règlementaire à travers des actions de sensibilisation de leurs membres et la délivrance de nouvelles cartes de commerçant en compagnie des agents du ministère du Commerce.

4.2.3. Autogestion des infrastructures marchandes

Face à l'insuffisance d'infrastructures marchandes et la mauvaise gestion des infrastructures existantes, le milieu commerçant a également mis en place une structure : la Fédération des commerçants des marchés et des yaars de la région du Centre (FCMYRC) qui s'occupe de la gestion des marchés non viabilisés. Cela représente un périmètre d'action considérable puisque la ville de Ouagadougou compte plus de 120 marchés non aménagés qui abritent plus de 80.000 commerçants.[58] Cette organisation vise à compléter et à pallier les limites de la RAGEM qui s'occupe uniquement de onze marchés aménagés totalisant seulement 14.000 places (carte 3.1).

58 Chiffres obtenus auprès du responsable de la FCMYRC et corroborés par notre enquête de terrain auprès des responsables des différents marchés.

Carte 3.1 Représentation spatiale des principales infrastructures marchandes de la ville de Ouagadougou

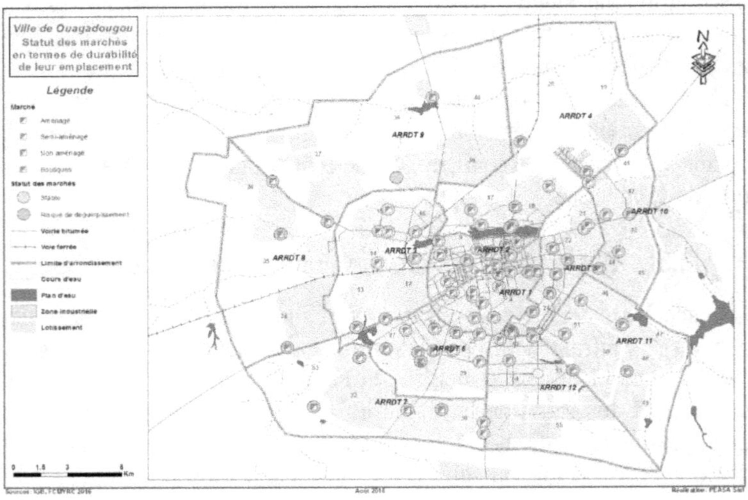

Source : Elaborée par l'auteur à partir des informations transmises par la RAGEM et la FCMYRC (2016)

Cette gestion inclut l'attribution des places de marché, la supervision des activités qui y sont menées, l'entretien et la sécurisation des lieux. Pour financer l'ensemble de ces prestations, la FCMYRC collecte une redevance mensuelle de 3.000 à 5.000 CFA auprès des locataires qui sert à entretenir les marchés existants de même qu'à participer à la viabilisation de nouvelles aires marchandes. Vu les problèmes croissants de sécurité depuis 2014, la FCMYRC a, d'un commun accord avec les commerçants locataires, procédé à un renforcement du dispositif de sécurité via la mise en place de milices citoyennes chargées de prévenir les actes délictueux. En plus des marchés qui sont sous sa responsabilité, la FCMYRC sert de médiateur lorsque des conflits surviennent entre les commerçants et la RAGEM (organisme municipal) qui demeure confrontée à de nombreux problèmes de gouvernance (spéculation locative, densité excessive, insalubrité, insécurité). Cette structure issue du milieu commerçant est un exemple de la capacité des acteurs à prendre en charge de façon mutualisée certaines prestations essentielles au fonctionnement de leur activité commerciale.

4.2.4. Solutions alternatives de financement

Face à la problématique persistante d'accès au crédit, les commerçants interrogés sont obligés de développer des stratégies alternatives pour combler leur besoin important en financement. Ne disposant pas à titre individuel, des garanties financières et immobilières pour solliciter un crédit, les commerçants mettent en pratique d'autres schémas de financement basés sur le capital social et la réputation. Plusieurs initiatives salutaires ont été mises en place au cours des dernières années :

La création de fonds mutualisés qui reprennent le mode de fonctionnement des tontines en sécurisant les fonds auprès d'organismes financiers décentralisés. Utilisés comme mécanisme assurantiel ou de micro-financement, ils sont avant tout prisés des groupements féminins de commerçantes.

OUEDRAOGO/GUIGMA Claudine, vendeuse de fruits, membre de l'Association féminine *Nongtaaba* : « *Les principes de fonctionnement de l'Association sont fondés sur l'entraide et pour ce faire, elle dispose d'un compte à la MUFEDE-B (Mutualité Femmes et Développement du Burkina) et d'un compte bancaire à la BOA. Les 2 comptes sont alimentés par les cotisations des membres qui sont de 500 F CFA/mois. L'Association contribue, de ce fait, aux événements sociaux (baptême, mariage, décès, funérailles) des membres par le prélèvement d'un montant donné. Parfois, ils permettent également d'appuyer le développement commercial de l'un ou l'autre de nos membres.*

L'obtention de lignes de financement auprès d'établissements financiers privés et/ou publics via le cautionnement solidaire des membres des groupements commerçants. Ce mode de financement permet une décentralisation des opérations de suivi et de recouvrement des fonds attribués au groupement de commerçants qui ont l'avantage de mieux connaître la solvabilité et la rentabilité de leurs membres. La proximité sociale et géographique des membres permet également de réduire les coûts de transaction et d'administration de ces fonds. Le groupement est ensuite chargé de rembourser le crédit global à l'établissement financier partenaire. Plusieurs groupements de commerçants (RAEI, CNTB) ont déjà établi en 2015 des partenariats avec des banques locales (BOA, Coris Bank) et obtenu des fonds avec de bons taux de recouvrement. L'exemple ci-dessous illustre l'utilisation qui est faite de ces fonds ainsi que leur mode de gestion :

TAPSOBA Moumouni, couturier et vendeur de textile : « *Par le biais du RAEI, mon association d'affiliation, j'ai contracté un prêt de*

500.000 F CFA pour aménager un atelier d'exposition de mes créations et aussi acheter 2 machines à coudre. Auparavant, je n'avais pas obtenu de prêt d'aucune institution financière. Ce financement a été octroyé en une fois avec seulement la carte grise de ma moto comme garantie. J'ai commencé à rembourser, il y a six à sept mois, par traite mensuelle de 29.400 F CFA. Je juge ce système de financement informel très efficace car il m'a permis de résoudre un problème concret et pourrait être généralisé à d'autres associations du secteur informel. »

La création d'un fonds de garantie endogène basé sur l'épargne des commerçants qui est proposé par le Syndicat national des commerçants burkinabè (SYNATCOMB) via la mise en place d'une coopérative dénommée Société Coopérative de Solidarité Commerciale (SOCSOCOM). À travers cette société, il compte lever auprès des souscripteurs un total de 100 milliards F CFA qui seront destinés au financement et au développement des activités commerciales de ses membres. Basé sur le réseau national des commerçants de la SYNATCOMB, le SOCSOCOM a suscité un réel engouement au sein du milieu commerçant, conscient des problématiques de garantie et d'accès au financement.

L'exposition de ces trois initiatives, parmi d'autres, illustre la volonté actuelle du milieu de résoudre lui-même ses principales préoccupations peu ou pas prises en compte par les pouvoirs publics. Ces initiatives traduisent la prise de conscience globale du milieu commerçant de la nécessité de mieux s'organiser pour défendre ses intérêts et mutualiser les ressources disponibles.

5. Conclusion

Cette étude du processus d'informalisation du secteur commercial de la ville de Ouagadougou constaté au cours des cinq dernières années, a permis de révéler à quel point il est lié à l'affaiblissement global et multiforme de l'État burkinabè. Cette période d'instabilité, si elle a pu profiter à une minorité d'acteurs (privés ou publics) financièrement puissants et politiquement bien introduits, a été défavorable à la majorité des petits commerçants qui ont été les victimes collatérales de ces crises multiples. En effet, ce délitement de la gouvernance publique s'est matérialisé par une accentuation des principales contraintes de fonctionnement des unités commerciales (financières, administratives, sécuritaires, etc.) et par une désorganisation du fonctionnement des filières de commercialisation. Cette précarisation financière et commerciale des conditions d'activités a davantage pesé sur les acteurs les plus faibles qui ne disposent pas de ressources suffisantes pour faire face à cet environnement dégradé. Ne pouvant s'appuyer sur les pouvoirs publics pour les protéger et/ou améliorer leur situation, ils doivent en outre affronter une concurrence extérieure qui n'est plus encadrée et peut tirer allègrement profit des failles du système pour s'enrichir. Ce double phénomène provoque un sentiment de colère et d'injustice parmi les petits commerçants qui ont l'impression de se faire écraser, d'être compressés par des acteurs plus puissants dans l'indifférence, voire la connivence des pouvoirs publics qui sont incapables d'établir des règles du jeu plus justes et transparentes. Cette défiance vis-à-vis de l'autorité publique et de sa règlementation (qu'elle soit nationale ou locale) suscite des réactions ambiguës chez les commerçants selon qu'ils se positionnent en tant qu'acteurs individuels ou en tant que membres d'une entité collective.

Au niveau individuel, le commerçant cherchera avant tout à assurer sa survie, à augmenter sa rentabilité en utilisant à son avantage les nombreuses failles du système provoquées par le retrait progressif de l'État. Dans cette logique opportuniste et de court terme, il aura tendance à respecter uniquement les critères de formalité qui lui rapportent des avantages immédiats et à s'exempter des autres critères jugés peu attractifs. S'attendant à peu de choses de l'État, il ne voit pas la nécessité ni la pertinence de se conformer au cadre règlementaire, d'autant moins si celui-ci s'avère biaisé et à géométrie variable. La montée de l'incivisme fiscal, social et règlementaire est la conséquence directe de cette logique d'*exit* qui concerne l'ensemble du tissu commercial, toutes catégories confondues.

Cette logique individuelle opportuniste est contrebalancée par la difficulté éprouvée par le commerçant de trouver seul des solutions à ses principales difficultés de fonctionnement. Dès lors, ce dernier est tenté de rejoindre une entité collective qui puisse défendre ses intérêts et lui fournir différentes ressources dont il ne dispose pas faute d'institutions publiques performantes (information, financement, arbitrage, sécurité). Dès lors, son choix se porte sur les organisations formelles et/ou informelles qui sont les plus proches et lui inspirent le plus confiance. Ces structures intermédiaires ont dès lors vu leur rôle se renforcer au cours de ces dernières années et elles deviennent des acteurs incontournables des enjeux de formalisation et d'amélioration de la relation entre l'État et le milieu commerçant. Cependant, comme toute organisation émergente, elles possèdent également des facteurs de fragilité liés à la modicité des moyens matériels et humains dont elles disposent, au risque d'instrumentalisation politique dont elles pourraient faire l'objet (Meagher, 2010) ainsi que de la forte mobilité de leurs membres qui n'hésitent pas à basculer d'une organisation à une autre. La fidélisation de leurs membres et leur mobilisation autour d'objectifs communs bien définis est une condition *sine qua non* de leur réussite et de leur positionnement vis-à-vis des autres acteurs de l'environnement entrepreneurial (État, programmes et dispositifs d'appui, etc.).

Partant de ce constat, l'État aura tout intérêt à intégrer davantage ces acteurs dans l'élaboration et surtout dans la mise en application de ses politiques de formalisation destinées au secteur commercial. Cette collaboration lui permettrait de restaurer son capital confiance dans ce milieu, de favoriser la mise en application et le respect des nouvelles dispositions qu'il aura prise et d'améliorer, via une délégation partielle, la délivrance de certaines prestations. Ce recalibrage *Bottom-up* des politiques de soutien peut notamment s'appuyer sur les initiatives déjà mises en place par le milieu commerçant telles que l'autogestion des infrastructures marchandes, la mise en place de mécanismes de cautionnement solidaire et de fonds de garantie, l'encadrement de certaines filières commerciales, la répression de la fraude et de la concurrence déloyale. L'ensemble de ces éléments peut participer du retour de l'autorité et de la législation publique qui est réclamée, avec vigueur, par la grande majorité des commerçants interrogés.

Bibliographie

Akouwerabou, D. and B. Parfait (2013), *Peut-on lutter contre la corruption des marchés publics au Burkina Faso ?* Dakar : ICBE Policy Brief, no. 29.

Benjamin, N. and A. A. Mbaye (2012). *Les entreprises informelles de l'Afrique de l'Ouest francophone : Taille, productivité et institutions*, Paris : Pearson.

Bierschenk, T. and J. P. O. de Sardan (2014), *States at Work : Dynamics of African Bureaucracies*, Leiden: Brill.

Bureau international du Travail, (1972), *Employment, incomes and equality. A strategy for increasing productive employment in Kenya*, Genève: ILO.

Bolt, M. (2012). « Waged entrepreneurs, policed informality: work, the regulation of

space and the economy of the zimbabwean–south african border», *Africa,* no. 82(1).

Boudreau, J.-A., et al. (2016), « Présentation : L'État en processus d'informalisation. » *Lien social et Politiques,* no. 76.

Charmes, J. (1987). « Débat actuel sur le secteur informel. » *Revue tiers-monde*, no. 112.

Chen, M. (2008). « Informality and Social Protection: Theories and Realities », *IDS Bulletin* no. 39(2).

Chouli, L. (2015), « L'insurrection populaire et la Transition au Burkina Faso » *Review of African Political Economy*, no. 42(143).

Chouli, L. and N. S. Sylla (2014), « Social Movements and the Quest for Alternatives in Burkina Faso », in N. S. Sylla (ed.), *Liberalism and its Discontents: Social Movements in West Africa*, Createspace Independent Publishing Platform.

Cleaver, F. (2002), « Institutional bricolage: how livelihoods shape institutions », *European Journal of Development Research*, no. 14(2).

CTP (septembre 2013), État de mise en œuvre des recommandations de la Rencontre/Gouvernement Secteur Privé 2012. Ouagadougou, MICA/DGPE.

De Soto, H. (1989), *The other path : The invisible revolution in the third world,* New York: Harpercollins.

Denis, A. B. and P. Bako (2015), « Corruption Effects on Private Enterprises Productivity in Developing Countries: Firm Level Evidence from Burkina Faso », *British Journal of Economics, Management & Trade,* no. 6(2).

Djankov, S. and R. La Porta (2002), « The regulation of entry », *The quarterly journal of economics,* no. CXVII(1).

Engels, B. (2015), « Different means of protest, same causes: popular struggles in Burkina Faso», *Review of African Political Economy*, no. 42(143).

Eyebiyi, E. (2016), « Étudier l'État à partir de l'informalité. Répression et résistances autour du commerce informel de carburant », *Lien social et Politiques*, no. 76.

Guha-Khasnobis, B., et al. (2006), *Beyond formality and informality. Linking the formal and informal economy: concepts and policies*, Oxford: Oxford University Press.

Hart, K. (1972), *Employment, Income, and Inequality: A Strategy for Increasing Productivity and Employment in Kenya*, Genève, ILO.

Hilgers, M. and A. Loada (2013), « Tensions et protestations dans un régime semi auto-autoritaire : croissance des révoltes populaires et maintien du pouvoir au Burkina Faso », *Politique Africaine,* no. 131.

Hirschman, A. O. (1970), *Exit, voice, and loyalty : Responses to decline in firms, organizations, and states*, Cambridge MA: Harvard university press.

(1978). «Exit, Voice, and the State», *World Politics,* no. 31(1).

ICS (2016), *Burkina Faso : transition acte 2*, Briefing no. 116, Dakar, International Crisis Group.

INSD (2015), *Enquête multi sectorielle continue (EMC) 2014 : Profil de pauvreté et d'inégalités*, Ouagadougou : INSD.

Jutting, J. L., JR (2009), *Is Informal Normal ? Towards more and better jobs in developing countries*, Paris: OECD.

Lautier, B. (2004), *L'économie informelle dans le tiers-monde*, Paris : Éditions La Découverte.

Lewis (1954), «Economic development with unlimited supplies of labour », *The Manchester School*, no. 22 .

Lindell, I. (2010), « Between Exit and Voice: Informality and the Spaces of Popular Agency», *African Studies Quarterly*, no. 11(2/3).

Lund, C. (2006), « Twilight institutions: public authority and local politics in Africa», *Development and change,* no. 37(4).

Maldonado, C. (2001), *L'économie informelle en Afrique francophone : structure, dynamiques et politiques*, Genève : BIT.

Meagher, K. (2007), « Introduction : Special Issue on Informal Institutions and Development in Africa», *Africa Spectrum,* no. 42(3).

Meagher, K. (2010), *Identity Economics : Social Networks & the Informal Economy in Nigeria*, Rochester NY: James Currey.

Meagher, K. (2013), *Between Resilience and Vulnerability: Understanding Africa's Informal Economy in the Positive*, REPOA's 19th Research Workshop. Ledger Plaza Bahari Beach Hotel, Dar es Salaam, Tanzania.

Meagher, K. (2014), « Disempowerment from Below: Informal Enterprise Networks and the Limits of Political Voice in Nigeria," *Oxford Development Studies*, no. 42(3).

Neuwirth, R. (2012), *Stealth of nations : The global rise of the informal economy*, New York: Anchor.

Njifen, I. (2014), « L'informalité : un nouveau paradigme de développement et d'intégration "par le bas" en Afrique », *African Development Review*, no. 26(S1).

Perry, G. and W. F. MALONEY (2007), *Informality : Exit and Exclusion*, Washington D.C: World Bank..

Pesqueux, Y. (2014), *De l'économie informelle*, Paris : L'Harmattan.

REN-LAC (2016), *État de la corruption au Burkina Faso : Rapport 2015*, Ouagadougou : Ren-Lac.

Sassen, S. (2016), *Expulsions. Brutalité et complexité dans l'économie globale*, Paris : Gallimard.

Traore, F. (2012), *Bilan des onze éditions de la rencontre annuelle Gouvernement/ Secteur Privé*, Ouagadougou : ministère de l'Industrie, du Commerce et de l'Artisanat.

Chapitre 4

Risques et insécurité au Grand marché *Rood Woko* de Ouagadougou (Burkina Faso)

•

Sylvie Ayimpam

1. Introduction

À partir de l'exemple du grand marché Rood Woko de la ville de Ouagadougou, nous examinerons ici un aspect peu développé des études sur les pratiques commerciales informelles, à savoir celui des risques qu'elles engendrent tant pour les commerçants informels eux-mêmes que pour leur environnement immédiat de vie et de travail. Pour développer cette problématique du risque dans l'informalité des pratiques commerciales, nous nous sommes intéressée à un type de risque majeur qui défraye régulièrement la chronique des capitales africaines[59] : le risque d'incendie des grands marchés.

Quand on examine les cas d'incendies qui ont ravagé les grands marchés des capitales africaines, occasionnant la ruine de centaines de marchands et des pertes financières se comptant en milliards de FCFA, il apparaît que les causes sont toujours les mêmes. Par exemple, une étincelle due à un court-circuit provoqué par l'un des innombrables branchements électriques sauvages ou encore les braises mal éteintes

59 À titre indicatif et de manière non exhaustive, on mentionnera les incendies du marché *Rood Woko* à Ouagadougou (2003), du marché de Douala (2009), des marchés d'Adawlato à Lomé et du marché de Kara (2013), du marché de Bujumbura (2013), du marché *Dantokpa* à Cotonou (2015), du marché du Mont-Bouët à Libreville (2016), du grand marché de Bamako (2017), du marché d'Abobo à Abidjan (2017), du marché central de Kumasi (2017).

d'un petit réchaud à charbon de bois, provoquent l'incendie qui se propage rapidement de boutique en boutique, alimenté par le bois des étals illégaux, par le plastique et les cartons d'emballages empilés sur les toits des échoppes, et par les marchandises entassées elles-mêmes. À chaque incendie, on apprend que ces marchés hébergent quotidiennement une population marchande deux ou trois fois plus nombreuse que celle prévue en vertu des places légalement attribuées. Par conséquent, les allées d'accès encombrées par des stands et des étalages informels empêchent les pompiers d'accéder rapidement aux allées de secours et d'atteindre à temps les bouches d'incendie enfouies sous les kiosques et les amas de marchandises.[60] Cette similitude troublante dans l'exposition au risque d'incendie dans les grands marchés des capitales africaines est une question importante qui ne peut manquer d'interpeler le chercheur. En effet, il apparaît clairement que les incendies de marchés sont les conséquences directes des pratiques informelles sur les conditions de sécurité qui transforment l'incendie en désastre.

Cette contribution s'appuie sur une enquête de terrain portant sur le petit commerce dans la ville de Ouagadougou en 2016.[61] Les matériaux présentés ici concernent plus spécifiquement la partie de l'étude s'étant intéressée aux pratiques commerciales informelles en relation avec la question du risque et de la sécurité au Grand marché *Rood Woko*. Dans ce texte, nous nous appuyons essentiellement sur des observations effectuées *in situ* au Grand marché, sur des entretiens avec les commerçants du marché sur leur lieu de travail, avec le responsable de la Régie autonome de gestion des équipements marchands (RAGEM) de Ouagadougou et avec les agents de la Régie travaillant au marché. Nous montrerons ici de manière empirique comment les commerçants ont profité de l'incertitude du contexte politique récent pour s'emparer des marges d'autonomie permises par l'incapacité des services de contrôle du marché à réguler l'informalité de leurs activi-

---

60 Anna Sylvestre-Treiner, « Pourquoi les marchés d'Afrique brûlent-ils ? », *Jeune Afrique*, 29 septembre 2017. Voir aussi l'article plus ancien d'Emeline Wuilbercq, « Quand les marchés des capitales africaines partent en fumée », *Jeune Afrique*, 29 octobre 2014.

61 Cette étude a été commanditée par l'Organisation internationale du Travail (OIT) avec un appui financier du projet APERP-WBI. Elle a été menée de juin à septembre 2016 par l'équipe du bureau d'études PEASA avec l'appui d'un pôle de consultants internationaux dont j'ai fait partie. Je remercie Ismaïl Compaoré qui a été mon assistant de recherche sur le terrain, et Camille Compaoré avec lequel j'ai mené l'enquête à la RAGEM.

tés. Enfin, après avoir montré que les pratiques informelles sont incapables de prévenir les risques que leur propre dynamique peut engendrer, nous conclurons que la prévention du risque et l'organisation de la sécurité collective des activités commerciales au Grand marché, relèvent nécessairement d'une entente et d'une action collective dont l'agrégation des pratiques informelles est incapable.

2. La réhabilitation du marché central *Rood Woko*

Le marché central *Rood Woko* de Ouagadougou a été détruit par un incendie le 27 mai 2003. Ce marché qui occupe une parcelle de quatre hectares dans le secteur 1 du centre-ville, avait été entièrement reconstruit en 1989. Avant l'incendie de 2003, le marché disposait de 2666 places de vente (boutiques et étals officiellement attribués) et d'environ 2.600 autres, squattées de manière informelle. En effet, des commerçants qualifiés d'« anarchiques » par les autorités s'étaient « appropriés » les parties communes et les allées de circulation interdites à la vente. Au total, environ 10.000 personnes vivaient sur place.[62] Les escaliers et les allées de circulation, les rues d'accès au marché étaient toutes occupées par des marchands et des marchandises (Dupuis *et al*, 2010 : 227).

L'incendie s'est déclaré en raison de la surpopulation et de la précarité des installations électriques : « Des conclusions indiquent que le feu s'est accidentellement déclenché lorsqu'un marchand a voulu mettre en route un groupe électrogène. À l'époque, ils étaient nombreux à en posséder, l'électricité étant coupée dans le marché. Une opération de nettoyage des branchements pirates était en cours pour remettre le bâtiment aux normes de sécurité.

Mais depuis décembre 2001, en effet, le marché *Rood Woko* n'était plus assuré : estimant que les conditions de sécurité n'étaient pas réunies, la compagnie d'assurance avec laquelle la mairie était liée avait résilié le contrat entre les deux parties ».[63] À l'époque où l'incendie a eu lieu, l'incapacité de la régulation de contrôle à faire respecter

---

62 Ouibié Oumar Niangao, directeur de la Régie autonome de gestion des équipements marchands (RAGEM) de Ouagadougou.

63 Jean-Baptiste Marot, « Rood Woko bientôt ressuscité ? » *Jeune Afrique*, 26 juin 2006.

les règles de sécurité du marché, a favorisé la propagation des rumeurs les plus extravagantes sur l'origine criminelle de sinistre :

> « *À l'époque, beaucoup de rumeurs ont circulé sur les causes de l'incendie. La plus répandue laissait entendre que la mairie de Ouagadougou elle-même avait ordonné la destruction de Rood Woko. Elle aurait voulu remplacer par un centre commercial dernier cri cet espace devenu, selon elle, anarchique et difficile à contrôler* ».[64]

La réhabilitation du marché a coûté trois milliards de F CFA, financés par un prêt sur vingt ans (36 %) et une subvention (55 %) de l'Agence Française de Développement (AFD) et par une subvention de l'État (9 %), (Dupuis et al., 2010 : 227). Avant d'engager les travaux de réhabilitation, le bailleur de fonds, l'AFD avait mis en œuvre une démarche participative et volontariste associant les représentants des commerçants à la conception du projet de reconstruction. Le processus participatif a été le théâtre d'affrontements entre la logique « formelle » de l'AFD cherchant à faire respecter des normes internationales de sécurité et la logique « informelle » des commerçants, cherchant à faire respecter leurs normes sociales.

L'AFD avait initialement conçu le projet de construire de grandes boutiques avec de larges voies d'accès permettant le déplacement des véhicules de secours en cas de sinistre, ce qui garantirait la sécurité du marché et des commerçants qui y travaillent. Cependant, au cours du processus participatif, les représentants des commerçants ont demandé exactement l'inverse. Ils ont exigé la construction de plus petits magasins qui leur permettraient d'être « tous recasés » dans le nouveau marché. Ils ont obtenu gain de cause à la condition d'accepter que les boutiques soient seulement un lieu de vente et que le stockage de leurs marchandises se fasse à l'extérieur du marché, dans un magasin en ville. Le nombre de places de vente s'est ainsi accru de 15 % (passant de 2666 à 3145).

Les caractéristiques du projet témoignaient de la volonté de maîtriser l'occupation de l'espace marchand dans le but d'éviter que la situation qui existait avant l'incendie ne se reproduise (ibid. : 229). Le marché dispose ainsi de points d'eau et de bouches d'incendie dans chaque pavillon, et de larges allées permettent l'accès des véhicules des sapeurs-pompiers jusqu'au cœur du marché. Enfin, un espace réservé à l'étalage des marchandises a été délimité par une ligne rouge tracée au sol devant chaque boutique.

---

64 Anna Sylvestre-Treiner, « Pourquoi les marchés d'Afrique brûlent-ils ? », *Jeune Afrique*, 29 septembre 2017.

> « *Il y a des commerçants aujourd'hui qui se plaignent de l'exiguïté des boutiques qui les obligent à étaler leurs marchandises à l'extérieur le long des allées, ce qui selon nous est susceptible de provoquer des problèmes de sécurité. Pourtant, lors de la réhabilitation du marché, le plan prévoyait de grandes boutiques pour permettre aux commerçants d'avoir un espace pour stocker. Ce sont les commerçants eux-mêmes qui ont demandé qu'on réduise la taille des boutiques pour avoir un grand nombre de commerçants. Donc on a augmenté le nombre de boutiques parce que le nombre de demandeurs était élevé et la logique était que chaque commerçant ait une boutique ailleurs dans un autre marché pour stocker et venir au Grand marché pour vendre. En pratique, cette disposition n'a pas été respectée.* » (DG de la RAGEM, 2016).

Une fois le marché construit, et toujours dans une perspective « formelle » de prévention des catastrophes, la gestion de l'infrastructure a été confiée à la Régie autonome de gestion des équipements marchands (RAGEM) de Ouagadougou, une structure de régie autonome créée en 2001 et rattachée à la municipalité. La Régie est en charge de la gestion et de la sécurité du marché.[65] Elle encaisse les loyers des places, entretient les bâtiments pendant la saison des pluies, assure le nettoyage et le gardiennage du marché central.

Une règlementation stricte du marché a été mise en place pour éviter les problèmes qui ont causé l'incendie de 2003. À l'instar du règlement des autres grands marchés réhabilités,[66] celui du Grand marché interdit l'usage des boutiques comme dépôts de marchandises ainsi que toutes les formes de « transactions » (transfert illicite de boutique) non déclarées auprès de l'administration, telles que la sous-location, la vente ou l'achat de baux. Les marchands ambulants ne sont pas autorisés à vendre dans l'enceinte du marché. Enfin, seules les personnes s'acquittant de leur loyer sont normalement autorisées à exercer leur activité commerciale dans l'espace des infrastructures. La Régie, qui est en relation avec les groupements de commerçants, a élaboré un cahier des charges qui reprend les principaux éléments de la règlementation qu'elle a fait approuver et signer par les commerçants locataires de places.

---

65 La RAGEM contrôle aussi deux marchés sous affermage, le marché du bétail et le marché de la gare de l'Est qui sont gérés directement par les professionnels concernés, les associations de vendeurs de bétail d'un côté, les transporteurs de l'autre.

66 Ainsi le Grand marché de Ouahigouya qui a été réaménagé en 1994 par la coopération suisse dans le cadre du Programme de Développement des villes moyennes (PDVM).

3. La surpopulation du marché. Clientélisme et corruption

Le premier grand facteur de risque est la surpopulation continue du marché *Rood Woko*. Officiellement, c'est la Régie qui contrôle « normalement » l'attribution des boutiques à louer. Mais il s'avère que la capacité de « régulation de contrôle » (Reynaud, 1988; de Terssac, 2003) de la Régie est limitée. Légalement, les commerçants du Grand marché ne sont que locataires de leurs boutiques, en aucune manière propriétaires. Le statut de locataire est attribué au titulaire d'une place de vente qui appartient légalement à la commune à laquelle il doit verser un loyer.

Quand un commerçant fait faillite, décède ou décide de partir, le fonds de commerce devrait revenir au comité de gestion de la Régie pour réattribution. En principe, quand un commerçant décide de partir, il devrait se présenter à l'administration de la Régie pour déclarer son départ au comité de gestion qui se réunit, évalue les places disponibles et décide de la réattribution de sa place en se basant sur les demandes de location de boutique en attente. Mais le représentant de la Régie confesse qu'il est très rare que cela se passe ainsi car tous les commerçants considèrent que les places de marché sont leur propriété !

Ce rejet de la location est fort répandu.[67] Au grand marché de Ouahigouya, Jean-Pierre Jacob et Pierrick Leu avaient déjà remarqué en 2007 combien le statut de locataire était mal accepté par les commerçants :

> « *Ce qui nous gêne dans le paiement [du loyer] c'est que ça n'a pas de fin, jusqu'à la mort ; s'il y avait un prix fixe, 2 ou 3 millions [de francs CFA], tu sais que si tu finis de payer tu seras propriétaire, ça vaut mieux, on préférerait ça, on ne serait plus fatigué.* » (Jacob et Leu, 2014 : 7).

Au Grand marché de Ouagadougou, le commerçant se considérant comme « propriétaire » de « sa » boutique, se sent libre de procéder à toute transaction de vente ou de sous-location sans le déclarer à la RAGEM. La régularisation de la transaction se fait de la manière suivante : le commerçant se présente au bureau de la Régie pour demander de mettre à jour son fichier de location alors que son nom ne figure pas sur la liste des attributaires de place. Quand on le questionne pour savoir qui lui a attribué cette boutique, il explique que le précédent

---

67 Cette conception est très répandue dans les marchés africains. Voir sur ce sujet T. Paulais et L. Wilhem (2000), J.-P. Jacob et P. Leu (2014).

locataire est tombé en faillite et que ce dernier a préféré lui « céder » sa boutique. Nul ne connaît le montant de cette cession. En général, ces nouveaux acheteurs attendent six mois ou un an après avoir fait leur achat avant de venir se présenter à la RAGEM avec des documents officiels signés par le commissariat ou bien par un notaire qui certifie la cession de la boutique :

> « *Moi je suis là, ça fait 2 ans et j'ai payé avec tel commerçant qui est parti, il faut refaire le dossier à mon nom parce que vous voyez depuis ce temps-là, c'est moi qui paye le loyer, voici mes reçus, je paye chaque jour.* » (A.K., commerçant).

Que fait le représentant de la RAGEM dans ce cas ?

> « *Si c'était n'importe qui on confisquerait la boutique, mais c'est un commerçant, on lui retire pour la remettre à qui ? À un autre commerçant ? Alors, mieux vaut ne pas chercher de problème et remettre la boutique à celui qui est là. On refait le contrat ensemble, on n'a pas le choix. Sinon c'est interdit, mais ils nous mettent devant le fait accompli.* » (DG de la RAGEM, 2016).

Cette déclaration affirmant que la RAGEM n'a pas le choix d'exercer une sanction contre cette pratique illégale est importante. En aparté, notre interlocuteur nous confie qu'ils ne peuvent rien faire face à « une puissance qui ne dit pas son nom », et que s'ils se hasardaient à vouloir intervenir pour mettre un terme à ces pratiques illégales, une intervention venant « d'en haut » les en empêcherait :

> « *Il faut comprendre que dans ce pays on a traversé une période de "laisser-aller" où les gens puissants qui exerçaient le commerce ne payaient pas ce qu'ils devaient à l'État en toute impunité. Alors que faire ? Nous ne sommes pas dans la politique, c'est comme ça. La mairie fait de son mieux. Par exemple, après la révolte des commerçants consécutive aux pillages des militaires mutinés en 2011,*[68] *on a baissé les prix des loyers de 25 % parce qu'il y a eu des boutiques cassées.* » (*ibid.*).

---

68 En 2011, les pillages de boutiques et de commerçants par les militaires mutins ont provoqué une révolte des commerçants du grand marché de Ouagadougou. Ainsi, le samedi 16 avril 2011, pour protester contre les pillages des militaires, des dizaines de commerçants mécontents ont attaqué et incendié plusieurs édifices publics et le siège du parti au pouvoir, le Congrès pour la démocratie et le développement (CDP), situé dans le quartier des affaires de la capitale. ils ont ensuite brûlé des véhicules stationnés devant le ministère du Commerce et l'Assemblée nationale, avant que le feu ne gagne ces bâtiments situés dans le centre-ville. Auparavant, les manifestants s'étaient attaqués à la mairie de Ouagadougou, détruisant le poste de contrôle à l'entrée du bâtiment. Ils ont brûlé des pneus et érigé des barricades à plusieurs endroits de la capitale avant d'être dispersés par des militaires tirant en l'air.

(Source AFP, https://www.nouvelobs.com/monde/20110416.OBS1424/burkina-faso-un-couvre-feu-est-instaure-a-ouagadougou.html).

À la suite de ces graves incidents, nombre de commerçants ont pris le parti de ne plus payer leur loyer tant et si bien que la Régie s'est retrouvée avec des arriérés de paiement de 42 mois parfois ! Mais, pour ne pas provoquer un nouveau mécontentement politique et amadouer les commerçants, le pouvoir a laissé faire.

Dans ces conditions, la tâche de la Régie est compliquée. D'un côté, les bailleurs de fonds et les assurances exigent qu'elle adopte des dispositifs de prévention du risque et de sécurité et de l'autre, elle est contrainte de composer avec des « gens puissants » qui profitent du contexte politique pour spéculer sur les faillites commerciales. Il y a ainsi des spécialistes, des « courtiers », qui repèrent les commerçants défaillants et qui les mettent en relation avec de riches acheteurs potentiels. Ceux-ci proposent au commerçant en faillite 10, 15 ou 20 millions de FCFA pour qu'il vende « sa » boutique. Le « deal » est alléchant, alors le marchand défaillant va accepter l'argent et aller installer un nouveau commerce informel sur la voie publique.

Lors de l'enquête dans le marché, les commerçants se plaignaient de la cherté du loyer des boutiques pratiqué par la Régie. Or, il est apparu que la Régie louait les boutiques à un tarif « social » raisonnable : 9.000 FCFA par mois pour une boutique et 500 FCFA et 750 FCFA par mois pour les hangars. Le loyer « cher » de 50.000 FCFA ou 100.000 FCFA par mois dont se plaignaient les marchands, est en fait encaissé par le « propriétaire initial » de la boutique qui lui ne reverse à la régie que le montant du loyer légal soit 9.000 FCFA/mois.[69]

L'impuissance de la Régie à contrôler et à empêcher ces pratiques illégales de vente et de sous-location de boutiques à des prix prohibitifs se retourne contre elle. C'est elle que les sous-locataires accusent de pratiquer un loyer cher. Quand la Régie reproche à certains commerçants leurs pratiques spéculatives sur les loyers et le prix des boutiques, ils répliquent qu'on veut les empêcher de faire des affaires et de s'enrichir. Il y a aujourd'hui des commerçants qui possèdent une dizaine de boutiques au marché et qui se mettent à y « placer » les gérants qu'ils ont choisi et qui leur versent un loyer mensuel cinq à dix fois plus élevé que le loyer légal. Des hauts fonctionnaires de l'administration, des notables locaux seraient également titulaires de boutiques.

---

69 À part leur loyer, les commerçants doivent payer la Contribution du Secteur Informel (CSI), c'est la direction des impôts qui vient collecter la CSI dans les marchés. Jusqu'à présent les commerçants ne payent pas de taxes à la Mairie.

> « *C'est le monde des affaires comme on dit ! C'est une sorte de mafia qui ne dit pas son nom. On nous a demandé de réfléchir pour savoir comment on pourrait arrêter cette spéculation, mais comment faire ? Il faudrait avoir un pouvoir politique très fort pour pouvoir arrêter cela !* » (DG de la RAGEM, 2016).

L'enchaînement des événements retracés ici montre clairement le rôle important que jouent les acteurs politiques dans l'exercice de la régulation légale du marché. Là encore, cet état de fait est très répandu et l'on retrouve dans d'autres pays africains cette même situation de dépendance de la gouvernance du marché vis-à-vis du politique. Au Congo par exemple, une récente étude sur la gouvernance des marchés à Kinshasa a bien mis en exergue les relations politiques complexes qui peuvent se tisser entre les marchés, leurs administrations et d'autres acteurs socio-politiques ou économiques qui les entourent ; ces relations reposant bien souvent sur des équilibres et des accords fragiles :

> « (...), *the political relations between the markets and the surrounding actors (municipalities, province, and so on) are a complex political eco-system, relying on fragile equilibriums and deals between various actors: the underlying thread in these relations is that various actors try to control the managing committee of the market, in order to control the revenues coming out the market.* » (Malukisa Nkuku et Titeca, 2018).

Discréditée aux yeux des citoyens, devenue illégitime auprès des commerçants, la classe politique d'alors s'est progressivement enfoncée dans le clientélisme et la corruption afin de se maintenir au pouvoir coûte que coûte. Dans le cas précis qui nous occupe, les « interventions venant d'en haut », de la « puissance qui ne dit pas son nom » contraignent la Régie à « laisser-aller », à renoncer à faire respecter les règles légales d'attribution des places au Grand marché.

La défaillance de la régulation de contrôle du marché s'explique par la volonté de laisser-faire du pouvoir politique d'alors. Cette défaillance explique la généralisation des pratiques informelles et sa conséquence directe est la surpopulation du marché *Rood Woko*. Conçues initialement pour héberger 3.145 commerçants titulaires officiels de boutiques, les « invitations » de parents et les « permissions » de toutes sortes font grimper à environ 12.000 le nombre de commerçants formels et informels travaillant au marché. Si l'on ajoute à ce chiffre les chalands et les clients, le marché abrite environ 20.000 personnes qui utilisent quotidiennement les infrastructures et les équipements sous-dimensionnés qui se dégradent rapidement. La conséquence du mode d'attribution négocié des places et de la généralisation des transactions illégales est que la Régie est dans l'impossibilité de gérer les places de vente comme le prévoit la loi. Son incapacité à maîtriser administrativement l'occupation effective des places de vente est la cause principale de la surpopulation du marché.

Dans l'espace social du grand marché *Rood Woko* de Ouagadougou, l'anomie de la régulation légale de contrôle est bien la cause de la généralisation des pratiques informelles. Nous détaillons ci-dessous les principales manifestations informelles qui ont des conséquences directes sur l'insécurité et l'exposition au risque des activités marchandes.

4. Des pratiques informelles risquées

Dès que le marché est entré en activité en 2009, les commerçants attributaires légaux des places ont imposé leurs pratiques informelles, tant dans la gestion de leur commerce que dans leur rapport aux clients et dans leur pratique d'étalage. Confrontés à la contrainte intrinsèque à leur choix d'avoir de petites boutiques, ils tentent de la contourner en transformant leurs boutiques en magasin de stockage et les allées du marché en lieux d'étalage des marchandises.

4.1. L'étalage des marchandises sur les voies d'accès et de circulation

Pour des raisons de sécurité, le règlement du marché distingue les espaces autorisés à la vente (boutiques, étals fixes, places au sol délimitées) et les « parties communes » où toute activité commerciale est normalement interdite. Pourtant, ces parties communes sont quotidiennement investies par les étals en bois, la vente au sol le long des allées centrales et la vente ambulante. Ainsi, les commerçants titulaires de places « débordent » de la ligne rouge délimitant le périmètre de leur boutique en étalant leurs marchandises sur les allées de circulation et d'accès des secours et invitent, d'autre part, des membres de leur famille à occuper les « espaces communs » à l'extérieur de leurs boutiques, à l'intérieur du marché.

L'occupation de l'espace des parties communes par les vendeurs à l'étal en bois et les commerçants au sol suit la même logique d'étalage des marchandises que celle observée par Jean-Pierre Jacob et Pierrick Leu au grand marché de Ouahigouya (2014). Elle s'explique par les circuits habituels des clients qui cheminent le long des allées pour s'approvisionner pour les repas quotidiens. Tous les matins, des vendeuses de produits maraîchers possédant par ailleurs un étal fixe, placent leurs produits sur le sol de manière à former un couloir le long des allées centrales, au plus près de l'itinéraire obligé des clients.

La logique informelle de la mise en place des marchandises qui consiste à en étaler un maximum sur le passage des clients, est fondée d'une part sur l'idée qu'une grande surface d'exposition de marchandises pour la vente leur permettra de vendre plus, et d'autre part sur la conception selon laquelle le client qui arrive au marché serait attiré vers la boutique qui se distingue par l'abondance et la variété des marchandises exposées aux regards de tous.

Mais elle trouve aussi sa justification dans une « économie morale » qui considère que tout espace vide est libre, c'est-à-dire non approprié et donc disponible pour celui qui veut l'occuper et l'exploiter pour étaler les marchandises. Alors, pour accroître encore leur capacité de vente, ils font appel à deux ou trois « petits frères » à qui ils confient des marchandises à vendre en leur disant de s'installer avec un « tablier » dans les espaces libres.

> « *Lutter contre ces informels, c'est difficile car ils sont protégés par les commerçants qui vendent à l'intérieur du marché, s'ils n'étaient pas d'accord avec ces gars, les marchés informels qui prolifèrent à l'extérieur n'existeraient pas ; mais il y a une certaine mafia qui ne dit pas son nom qui se développe autour de ces affaires-là.* » (DG de la RAGEM, 2016).

Cette pratique généralisée de l'invitation à occuper de manière informelle une place de vente, obéit d'une part à une logique d'optimisation commerciale et d'autre part à un impératif de renforcement des relations de patronage familial favorable au commerçant invitant. Pratiquée par tous autant que possible, elle induit une prolifération continue d'étalages de plus en plus précaires et envahissants au fur et à mesure de l'invitation de nouveaux « parents ». Cette occupation informelle de l'espace public s'étend jusqu'à l'extérieur du marché.

Cette pratique de l'étalage des marchandises apparaît comme une « norme » informelle au sens d'une pratique routinière statistiquement dominante dans l'espace social du marché. Produit de l'action quotidienne des commerçants locaux qui interagissent et se coordonnent dans le cadre de contraintes circonstancielles communes, cette norme informelle est totalement intériorisée dans leur habitus. La Régie a même fait des concessions en leur permettant de déballer leurs marchandises au-delà du périmètre délimité par la ligne rouge le long des allées de circulation, mais en spécifiant bien de ne pas les transformer en étal permanent d'exposition par la disposition de tables qui pourraient empêcher la circulation des véhicules de secours. Rien n'y a fait et l'occupation des voies d'accès et de circulation dans le marché est l'enjeu d'un bras de fer permanent entre la Régie et les marchands.

Cette conception de l'étalage proliférant est génératrice de risques car la concurrence entre les boutiques voisines pour l'occupation des mètres carrés encore libres, finit par obstruer le passage encombré par des constructions bricolées en métal ou en bois et par bloquer l'accès rapide des secours au cœur du marché.

L'ancien marché avait brûlé à cause des installations « anarchiques » des commerçants ; aujourd'hui, les « zones rouges » qu'il fallait laisser libre pour laisser place aux secours sont de nouveau régulièrement envahies par les marchands. Le risque est grand de se retrouver dans la même situation de vulnérabilité qui avait conduit à la catastrophe de 2003. C'est la raison pour laquelle la Régie organise régulièrement des opérations de déguerpissement, de confiscation de marchandises et de distribution de contraventions.

4.2. Les raccordements sauvages

Une autre forme de « générosité » pratiquée par les commerçants avec l'arrière-pensée de se placer en position de « patron » dans une relation clientéliste, consiste à permettre le « raccordement sauvage » à la prise de courant du réseau électrique ou au groupe électrogène dont dispose une boutique. Le « premier propriétaire » de la boutique a fait les démarches pour obtenir un compteur et être raccordé au réseau. Celui qui sous-loue ou qui a racheté la boutique, va proposer à plusieurs boutiquiers voisins de venir « prendre l'électricité chez lui ». Ils savent que c'est interdit et ils cachent le raccordement sauvage sous des tas de marchandises et de cartons. En cas de contrôle et de découverte du montage, et qu'on leur demande s'ils savent ce qu'ils font, ils répondent qu'ils savent que c'est interdit.

Pour eux, malgré les bricolages dangereux, avoir un compteur électrique, est non seulement une source d'énergie mais aussi une source de prestige et d'accumulation de pouvoir clientéliste par la redistribution à des « clients » choisis. Ils connaissent le risque encouru – car chacun sait que ce sont les courts-circuits électriques qui étaient la cause principale du départ de feu lors de l'incendie du marché en 2003 – mais ils semblent privilégier l'avantage social tiré de cette pratique risquée.

5. La gestion du risque et de la sécurité par la Régie

Depuis la réhabilitation du marché, les assurances sont revenues sous la forme d'un consortium de sociétés d'assurances pour assurer le marché. Chaque année, des représentants de ce consortium d'assurances font des inspections pour vérifier les défaillances éventuelles du système de sécurité et exiger la mise en conformité sous peine d'augmentation de la police d'assurance. Ces contraintes légales imposent à la Régie de recourir à un dispositif de contrôle et de sécurité. Ce dispositif repose en premier lieu sur une politique soutenue de sensibilisation des commerçants aux règles de sécurité à respecter et en second lieu par la mise en place d'un dispositif de régulation de contrôle.

Pour ce qui concerne la sensibilisation, la Régie dispose de la radio interne du marché qui rappelle quotidiennement aux commerçants les règles de conduite à respecter en matière d'occupation de l'espace marchand. Elle organise une ou deux fois par an une grande opération de sensibilisation qu'elle appelle « opération coup de poing » au cours de laquelle les sapeurs pompiers traversent le marché de long en large, accompagnés de la police municipale, pour « faire bouger » les étalages informels et dégager les voies d'accès. À une autre occasion, ils viennent faire une simulation d'intervention incendie avec les véhicules et agissent comme s'il y avait un sinistre pour les contraindre à évacuer les voies de passage et de secours. Quand les marchands à la sauvette protestent, les agents leur expliquent que le sinistre ne prévient pas :

> « *On met 30 min pour progresser de 20 m à l'intérieur du marché, s'il y avait un problème grave, qu'est-ce qui se passerait ? Ce n'est pas une "histoire de blanc", c'est pour votre sécurité.* » *(agent de la RAGEM au Grand marché).*

En second lieu, la Régie tente d'exercer une régulation de contrôle de la sécurité contre le vol et les contraventions aux règles. Celle-ci est assurée par le gestionnaire du marché, assisté de deux adjoints et de deux ou trois policiers qui interviennent quotidiennement pour veiller à la sécurité des marchands et des chalands. Enfin, la Régie emploie une société de gardiennage qui dispose d'une quinzaine de vigiles qui procèdent à des rondes nocturnes, des fouilles, etc. Et en cas de vol, cette société est couverte par sa propre assurance.

Ainsi, en cas de vol, les assurances demandent aux commerçants de fournir les reçus d'achat de leurs marchandises, mais comme ils commercent de manière informelle, ils n'ont pas de reçu à produire. Ils s'approvisionnent en effet en marchandises chez un grossiste, exposent les marchandises chez eux souvent de manière non sécurisée, et en cas de vol, il est impossible de connaître le montant exact du préjudice. Alors la Régie se retourne contre la société de gardiennage qui renvoie le dossier à son assureur et la procédure de dédommagement s'éternise.

> « *Il y a des cas où les commerçants disent avoir perdu pour 5 millions de F CFA de marchandises, mais quand tu arrives sur les lieux, tu ne vois pas l'endroit où ils pourraient stocker pour 5 millions de marchandises. Alors qu'est-ce qu'on fait ? On se retourne contre la société de gardiennage, qui renvoie le dossier à son assureur et on attend. En ce moment, on a deux dossiers pendants pour lesquels l'assureur est en train d'enquêter. Mais comme ils sont informels comment fait-on ? Celui qui expose sa marchandise dehors, qu'est-ce qui prouve que ça a été volé ? Il n'y a pas d'infraction visible, qu'est-ce qui prouve que ça n'a pas été fait sciemment ? Tout ça interpelle.* » (DG de la RAGEM).

Le vol à l'étalage, favorisé par la surpopulation quotidienne du marché, a connu une recrudescence au point que les assurances se sont demandées si les commerçants ne s'étaient pas organisés eux-mêmes pour se voler entre eux.

Malgré toutes ces mesures de prévention, la Régie n'a pas la capacité de contraindre effectivement les commerçants à respecter les normes de sécurité. Ceux-ci le savent bien et s'installent dans un rapport de force permanent qui a contraint la Régie à « formaliser » quelques écarts à la règle. Anticipant les pratiques locales de déballage et d'étalage des marchandises, les concepteurs du marché ont fait tracer une ligne rouge autorisant le débordement temporaire du périmètre d'activités sur l'espace public de circulation « pour leur permettre de placer un banc pour s'asseoir.

> « *Mais cette mesure n'a pas suffi et la Régie a dû tracer au sol un deuxième périmètre plus large, pour permettre le déballage. Les marchands ont reçu la permission de déballer leurs marchandises pendant 2 ou 3 heures dans la matinée à partir de l'ouverture à 7h30.* « *Mais on peut constater que beaucoup d'entre eux sont encore dans le périmètre de déballage sur la voie jusqu'à 17h00 alors que le marché ferme à 17h30.* » (DG de la RAGEM, 2016).

On nous cite aussi le cas des vendeurs de pagnes qui demandent de déballer leurs ballots dans le hall d'entrée pour que les grossistes viennent s'approvisionner. Mais on peut les voir chaque jour jusqu'à 17h30 dans le hall avec leur carnet de reçus en main ; ce qui signifie qu'ils sont en train de vendre et non pas de déballer comme ils le prétendent. Quand le marché ferme à 17h30, toutes les portes d'accès sont fermées et tout le monde est obligé de sortir par la porte du commissariat pour être contrôlé, mais « eux ils sont là, avec leurs marchandises étalées ! »

La police du marché dresse des contraventions à ceux qui ne respectent pas les règles. Chaque jour, ils confisquent des marchandises que les commerçants peuvent venir retirer moyennant le paiement d'une amende. Mais l'enquête a montré que les vendeurs à la sauvette et les installations « anarchiques » de marchands informels (qui multiplient par trois le nombre de commerçants) sont « protégés » par ces mêmes commerçants titulaires de boutiques au marché. Souvent ils ont été « placés » par eux et ils travaillent pour eux : « il y a une certaine mafia qui ne dit pas son nom qui se développe autour de ces affaires-là. »

De leur côté, les commerçants se plaignent de ces opérations « coup de poing » et des contraventions incessantes :

> « *Chaque jour ils viennent confisquer nos marchandises en disant qu'on les a mises là où il ne fallait pas les mettre. Après, quand tu vas récupérer tes marchandises au bureau de l'administration du marché, ils te demandent de payer une contravention. Ils remplissent les caisses de la Régie avec ça. En réalité, la Régie s'en fout qu'il y ait de l'ordre. D'ailleurs, ils nous laissent d'abord faire du désordre comme ça quand ils voient qu'ont a fait le désordre, l'après-midi ils nous envoient la police pour confisquer le plus grand nombre de marchandises, comme ça ils remplissent les caisses de la Régie.* » (M.D., commerçante).

De son côté, la Régie confirme qu'elle met à l'amende les commerçants contrevenants, mais affirme que le pourcentage des amendes qui entre dans ses caisses est vraiment minime. On ne nous a pas donné le montant des contraventions collectées, mais on nous a donné le montant du remboursement du prêt pour la réhabilitation du grand marché (100 millions F CFA par an), celui de l'assurance du marché (autour de 65 millions F CFA/an), celui du balayage et du gardiennage (1 million et demi F CFA/an), avec l'électricité et l'eau consommées par les 12 000 personnes marchands et chalands qui fréquentent quotidiennement le marché cela fait 5.000.000 de F CFA/an. La régie considère que par rapport à ces coûts, le montant des loyers et celui des amendes de police collectés est infime.

On ne doit pas exclure non plus l'existence d'une petite corruption qui, certes empêche la totalité des amendes et des contraventions de rentrer dans la caisse de la Régie, mais va surtout à l'encontre de sa politique de sensibilisation, puisque les petits « arrangements » avec les contrevenants confortent ces derniers dans leurs pratiques.

Les commerçants titulaires des boutiques au marché se sentent davantage concernés par les mesures de sécurité que les commerçants informels. Ces derniers, qui n'ont pas de boutique fixe, n'en ont cure. Le soir, ces derniers s'entendent avec des charretiers pour emballer leur marchandise. Ils les font garder par une personne au rez-de-chaussée des immeubles et dans les halls qui entourent le grand marché. Quand le marché ouvre à 7h30, ils amènent leurs marchandises et s'installent dans l'espace qu'ils trouvent libre : « *Ces derniers ne sont préoccupés que par la rentabilisation de leur investissement, l'ordre et la sécurité ne sont pas leur affaire.* » (DG de la RAGEM, 2016).

Dans la présentation des situations empiriques d'exposition au risque des pratiques informelles que nous venons de faire, apparaît clairement la contradiction entre la logique formelle et sécuritaire des institutions (AFD, RAGEM) et la logique informelle des pratiques des commerçants.

6. Risque et vulnérabilité des commerçants au Grand marché

À l'évidence, les pratiques risquées des commerçants du Grand marché ne sont pas l'exception, mais la norme. La question mérite qu'on s'y attarde car à l'évidence ce sont les mêmes normes pratiques informelles qui sont à l'œuvre dans les autres grands marchés africains. D'un marché à l'autre, d'une capitale à l'autre, l'infrastructure des grands marchés et les règles de sécurité sont peu ou prou les mêmes, car élaborées à partir de normes et de standards internationaux.

Il nous semble important de noter qu'une approche comparative rapide montre que les normes pratiques des commerçants africains se construisent de la même manière d'un pays à l'autre et que l'informel se réalise de la même manière en réaction à ce cadre contraignant d'origine exogène, relativement homogène d'un marché à l'autre. Les mêmes causes produisant les mêmes effets, la surpopulation et l'encombrement du marché dus à la généralisation des pratiques informelles posent la question de la vulnérabilité des personnes, de leur environnement de travail et des infrastructures du marché.

En socio-anthropologie, nous savons aujourd'hui que la notion de risque[70] recouvre à la fois un danger potentiel de catastrophe et la perception que la société se fait des dommages consécutifs possibles : pertes probables en vies humaines, en biens et en activités. On considère que le risque a une signification communément admise par tous (point de vue des concepteurs du marché et de la RAGEM par exemple) qui peut être définie comme la probabilité d'occurrence de dommages et de pertes, compte tenu des interactions entre un danger potentiel de catastrophe (l'incendie par exemple) et des conditions de vulnérabilité que nous avons décrites dans ce texte (surpopulation, encombrement des voies d'accès et de circulation dans le marché, raccordements électriques illégaux, etc.).

Il s'ensuit que le danger d'incendie du marché ne devient un risque qu'en présence d'enjeux humains, économiques et environnementaux qui lui donnent un sens. Et ce n'est que quand ce danger est interprété comme un risque par la société et son système normatif, qu'il peut être affronté collectivement, mais la société burkinabè n'a pas qu'un seul système normatif. En effet, la notion de risque a des significations socio-symboliques particulières qui sont celles de nombre d'acteurs locaux et de commerçants informels.

6.1. Une conception vernaculaire du risque

On peut adopter en première analyse une approche herméneutique du problème. Les entretiens ont en effet révélé que les pratiques informelles des commerçants s'appuyaient sur des dispositifs idéologiques (système de valeurs et de croyances, cadres cognitifs ou normatifs) qui légitiment et justifient aux yeux des commerçants et des chalands les règles effectives de leur action. Nous avons essayé de comprendre comment les commerçants du Grand marché concevaient le risque et se représentaient le danger.

La plupart des commerçants ne prêtent pas attention à la dangerosité de leurs pratiques. Ils ne semblent préoccupés que par la rentabilisation de leur investissement. L'ordre et la sécurité ne sont pas leur affaire. Il n'y a guère que les commerçants ayant vécu l'incendie de 2003 qui ont compris qu'il était nécessaire de respecter certaines règles communes pour sécuriser leur activité. Plusieurs points majeurs

70 Les deux principales approches sociologiques du risque et de l'incertitude sont l'approche culturaliste de Mary Douglas et Aaron Wildavsky (1982) et l'approche sociologique d'Ulrich Beck (1986, 2001).

ressortent des entretiens. D'une part, la valorisation de la surpopulation et du désordre comme contexte favorable aux affaires et d'autre part, une conception quasi fataliste du danger et du risque.

La densité de la foule est clairement perçue comme étant un contexte très favorable à la vente et au commerce :

> « *Le marché qui marche, c'est le marché où on doit se frotter ! (...) Si les allées sont dégagées, les commerçants ont l'impression que le marché ne marche pas. De leur côté, les clients voyant les allées vides ont l'impression qu'il n'y a pas de marchandises au prix concurrentiel, ils se disent que si le marché est vide, c'est qu'il n'y a rien. Il y a une sorte de cercle vicieux qui se met en place entre les clients et les commerçants.* » (Dupuis, et al., 2010 : 231).

Quand on fait remarquer qu'une foule trop dense et qu'un manque de fluidité dans la circulation des chalands induit des risques de bousculade, voici ce qu'ils rétorquent :

> « *Vous voulez transformer le marché en supermarché ou quoi ? Ceux qui ne veulent pas être dérangés, il y a les supermarchés, les grandes surfaces, ils peuvent aller là-bas.* » (M.T., commerçante).

Ces conceptions sont confortées par les hommes politiques puissants et les riches commerçants qui contrôlent effectivement l'allocation des places. Propriété publique dépendant de la commune de Ouagadougou, le marché *Rood Woko* représente une manne financière importante. Plus les marchands sont nombreux, plus les gains sont importants pour ceux qui en profitent : les spéculateurs et ceux qui les financent.

La valorisation de la foule en désordre et de la pagaille est aussi une représentation récurrente dans les discours de justification des pratiques informelles des commerçants :

> « *C'est dans ce désordre-là que le commerce prospère ; quand vous arrivez au marché, vous trouvez des gens qui s'agglutinent autour, c'est ça qui fait le marché.* » (I.T., commerçant).

Derrière ce propos, il y a le rejet viscéral de toute règle contraignante qui serait imposée à leur activité. « En mooré, le mot "marché", *yaar,* implique l'idée d'un endroit libre de toute règle ».

L'explication de ce phénomène est peut-être à rechercher du côté de l'origine des commerçants. Tous les marchés burkinabè, y compris le marché central *Rood Woko*, ont une origine informelle. Or, l'accès à ces marchés nouvellement « formalisés » par la Régie s'est fait de telle sorte que les anciens occupants du marché informel ont été les premiers attributaires officiels des places dans le nouveau marché réhabilité. Dès lors, ceux-ci se considèrent « propriétaires », en tant que premiers occupants de leur place, un peu à l'image des autochtones dans le monde rural. Ils refusent toute idée de n'être que locataire de leur place et d'avoir des comptes à rendre.

C'est pourquoi nombre de commerçants considèrent que le marché ne devrait pas avoir de régulation de contrôle. Cette valorisation de l'insoumission aux règles éminentes et ce rejet d'un ordre et d'une régulation externe sont en contradiction totale avec les règles de sécurité.

Ce rejet de toute règle autre que celle du mimétisme concurrentiel trouve sa justification dans la faiblesse de la régulation de contrôle dans le marché. Les stratégies subversives et individualistes des commerçants correspondent aux attentes communément admises dans l'espace social du Grand marché, structuré informellement autour d'enjeux économiques et politiques non marchands. Les pratiques informelles des commerçants sont enchâssées dans une matrice politico-économique clientéliste qui exerce sur la Régie diverses sortes de contraintes invisibles et de menaces voilées.

Derrière les étals de marchandises et la jovialité du marchand interpelant le chaland, les pratiques de « sorcellerie » seraient à l'œuvre notamment pour éliminer la concurrence et participer aux règlements de compte feutrés qui agitent la mafia des spéculateurs du marché. En effet, si pour certains le marché doit demeurer un endroit désordonné et le commerce une activité libre de toute règle humaine, les mêmes pensent aussi que le commerce est gouverné par des « forces mystiques ». Cette croyance est à la base d'une posture fataliste en vertu de laquelle on trouve « normal » que de temps à autre, ces « forces mystiques » réclament leur « dû ». C'est ainsi qu'ils expliquent les désastres et autres incendies catastrophiques qui ont frappé le marché.

Ainsi, les pratiques risquées des commerçants se fondent sur et se justifient par des représentations du danger et du risque qui sont en totale contradiction avec celles qui fondent les logiques formelles de sécurisation du marché.

> « *Je disais à un voisin que ce n'est pas bien de ne pas suivre les règles de sécurité. Il m'a répondu que quoi qu'on fasse, chacun a son jour, si ça doit arriver, ça va arriver, prions Dieu pour que ça n'arrive pas.* » (M.K., commerçante).

Il apparaît que dans la conception des commerçants, si une catastrophe doit arriver, personne n'est responsable, elle arrivera ! Il y a des commerçants conscients de ce problème qui interpellent la Régie pour lui demander d'agir auprès de leurs voisins dont les comportements risquent de mettre en péril leur commerce.

> « *Mais ces commerçants disent que c'est dans ce risque-là qu'ils gagnent leur quotidien et ils demandent à leur voisin de laisser-faire.* » (*ibid.*).

Le rejet de l'ordre et des règles de sécurité s'appuie aussi sur une forme d'individualisme extrême qui semble valoriser la concurrence aux dépens de la solidarité. Par exemple, la Régie avait demandé aux commerçants de s'auto-organiser pour contribuer à assurer la sécurité du marché. Mais le projet a échoué car les commerçants avaient commencé par amener leurs cousins ou leurs petits frères pour assurer ce travail de sécurité, mais ils n'ont pas voulu ou pu s'organiser pour prendre en charge collectivement le coût de cette organisation d'autoprotection de leur sécurité. Ce manque de solidarité entre les commerçants a été corroboré par le commerçant chez qui l'incendie du marché avait démarré en 2003 à cause d'un branchement défectueux qui avait mis le feu à un amoncellement d'emballages en plastique. Lors de notre entretien, il a stigmatisé le manque de solidarité et d'entraide de ses voisins commerçants qui, s'ils étaient intervenus à ses côtés, auraient pu aider à contenir l'incendie et éviter sa propagation à l'ensemble du marché.

L'individualisme associé à une conception fataliste du destin qui ne reconnaît pas la notion de risque consécutif à une action humaine volontaire, disqualifie toutes les mesures de préventions et de sécurité qui pourraient protéger le marché d'une catastrophe.

La perception sociétale d'un risque dépend en fait de la conception culturelle localement dominante du danger[71] (Douglas et Wildavsky, 1982). Selon la culture populaire dominante chez les commerçants, la prévention du danger et la réduction de l'insécurité ne sont pas de leur ressort (« c'est dieu qui l'a voulu ! »). Cette interprétation fataliste du risque fait référence à des courants symboliques eux-mêmes soutenus par des conceptions culturelles locales. Elle peut ainsi renvoyer à une conception persécutrice du malheur en vertu de laquelle l'événement catastrophique est le produit d'un mauvais sort, ou encore que les dommages consécutifs aux vols ou aux incendies sont dus à la sorcellerie, au mauvais œil des voisins ou à la vengeance d'ancêtres vengeurs. Comme on peut le constater, les acteurs stratégiques burkinabè

---

71 Ceci explique aussi que dans une société donnée à un moment de son histoire, certains risques ne soient pas perçus ni identifiés comme tels (Hollé, 2008).

qui se confrontent dans l'arène du Grand marché n'ont pas un point de vue homogène sur la question du risque.

Dans un tel contexte socio-culturel, la réduction des risques et la prévention du danger d'incendie semblent ne pas être des questions primordiales (Reghezza et Rufat eds, 2015). Dans une telle société, les pouvoirs publics peuvent privilégier une gestion du risque à court terme qui peut s'avérer préjudiciable non seulement pour la sécurité des personnes, mais aussi pour celle des infrastructures. La position des autorités et des populations face au risque renvoie donc simultanément à des caractéristiques extrinsèques (l'exposition objective à des dangers), à des caractéristiques intrinsèques (conceptions locales du risque) et à des caractéristiques sociétales (organisation politique de la prévention du risque et de la régulation de contrôle des capacités de faire face).[72]

6.2. L'informel généralisé

La généralisation de l'informel au Grand marché pose finalement la question politique de l'anomie de la régulation de contrôle. Certes les pouvoirs publics et les autorités promeuvent des lois, des règles et des règlements de sécurité qui constituent un arsenal normatif spécifique. Si ces pouvoirs étaient éminents, ils pourraient imposer leur conception du risque et de la sécurité à tous les acteurs stratégiques du marché *Rood Woko* de Ouagadougou. Mais on a vu que la Régie éprouvait les plus grandes difficultés à contrôler l'activité commerciale, à prévenir le risque et à faire respecter les normes de sécurité.

Les entretiens montrent que la Régie n'est pas franchement soutenue par « certaines autorités » qui n'ont pas intérêt à réguler de manière transparente ce lieu de vie et de commerce qu'est le marché. Ces autorités laissent faire, car elles profitent d'une certaine manière du désordre ambiant. De fait, le dispositif sécuritaire du marché *Rood Woko* a été neutralisé de longue date par le clientélisme et la corruption politique des « puissances qui ne disent pas leur nom ». Lorsque l'on considère l'étendue sociale, la profondeur culturelle et l'homogénéité des pratiques informelles, c'est bien l'informalité qui est généralisée et impose son éminence.

Les mêmes pratiques informelles ont été la cause des incendies du marché *Rood Woko* à Ouagadougou (2003), du marché de Douala

72 Voir à ce sujet Chambers (1989), Bohle, (2007), Birkmann, (2006), Wisner (2002), Wisner et al. (2004).

(2009), des marchés d'Adawlato à Lomé et du marché de Kara (2013), du marché de Bujumbura (2013), du marché Dantokpa à Cotonou (2015), du marché du Mont-Bouët à Libreville (2016), du grand marché de Bamako (2017), du marché d'Abobo à Abidjan (2017), du marché central de Kumasi (2017). Cette liste non exhaustive d'événements récents montre que le risque d'incendie des marchés centraux des capitales africaines constitue un risque de catastrophe anthropique majeur.

Les conceptions vernaculaires du risque et de la sécurité dont nous avons fait état plus haut montrent, si c'était nécessaire, que l'informel a du mal à s'organiser au-delà de l'agrégation des normes pratiques qui régulent de manière le plus souvent mimétique les activités quotidiennes des commerçants. Le risque d'incendie des grands marchés africains apparaît dès lors comme le produit délétère de l'impuissance des pouvoirs publics à exercer leur pouvoir de régulation dans les marchés, conjugué à l'« informalisation » générale des pratiques marchandes.

Bibliographie

Beck, U. (2001), *La société du risque. Sur la voie d'une autre modernité*, Paris : Aubier

Birkmann, J. (ed.), (2006), *Measuring vulnerability to natural hazard–towards disaster resilient societies*, Tokyo: United Nations University Press.

Bohle, H. G. (2007), "Living with Vulnerability. Livelihoods and Human Security in Risky Environments", UNU-EHS, *Inter-Sections* no. 6.

Chambers, R. (1989), "Vulnerability, coping and policy", *IDS Bulletin*, no. 20 (2).

Douglas, M. and A. Wildavsky (1982), *Risk and Culture*, Berkeley: University of California Press.

Dupuis, B., P. Leu, O. Soderstrom, and A. Biehler (2010), *La mondialisation des formes urbaines à Ouagadougou*, Rapport de recherche, Troisième partie, Institut de Géographie, Neuchâtel : Université de Neuchâtel.

Holle, A. (2008), « Approche culturelle comparée des vulnérabilités sociales (Népal, Japon, Indonésie) », *Colloque Vulnérabilités sociétales, risques et environnement*, Toulouse, 14-16 mai 2008.

Jacob, J-P. et P. Leu (2014), « Imposition et contestation de valeurs sur un marché ouest-africain. Le cas du Grand marché de Ouahigouya (Burkina Faso) », in F. Lapeyre et Andreia Lemaitre (eds), *Politiques publiques et pratiques de l'économie informelle en Afrique subsaharienne*, Louvain-la-Neuve : Academia.

Leu, P. (2010), « L'appropriation privée d'un espace public. L'exemple du Grand marché de Ouahigouya (Burkina Faso) », *Étude Récit*, no. 32.

---------- (2008), *Le marché urbain : intervention de développement et modes d'appropriation par les acteurs locaux : le cas du Grand marché et du marché aux légumes à Ouahigouya (Burkina Faso)*, mémoire de master, Institut de Géographie, Neuchâtel : Université de Neuchâtel.

Malukisa N. A. et K. Titeca (2018), *Market governance in Kinshasa: the competition for informal revenue through 'connections' (branchement)*, Working Paper IOB, n° 3.

Paulais, T. et L. Wilhelm (2000), *Marchés d'Afrique*, Paris : Karthala.

Reghezza, M. et S. Rufat (eds) (2015), *Résiliences. Les sociétés face aux risques, aux catastrophes et à l'incertitude*, ouvrage collectif, Londres : ISTE Éditions.

Reynaud, J-D. (1988), « Les régulations dans les organisations : régulation de contrôle et régulation autonome » *Revue française de sociologie*, no. 29 (1).

De Terssac, G. (ed.) (2003), *La théorie de la régulation sociale de Jean-Daniel Reynaud*, Paris : La Découverte.

Wisner, B., P. Blaikie, Piers, T. Cannon, and I. Terry (2004), *At Risk. Natural hazards, people's vulnerability and disasters*, Second edition (1st edition in 1994), New York: Routledge.

Chapitre 5

Les travailleurs indépendants dans le secteur informel non agricole à Madagascar

•

Faly Hery Rakotomanana
et Jean José Rakotoasimbola

1. Introduction

La « formalisation » des activités du secteur informel constitue une des mesures citées dans les politiques de relance et de développement économique dans les pays en développement en général et à Madagascar en particulier. Cette mesure revêt une importance particulière due aux effets concomitants qu'elle peut induire sur d'autres politiques sectorielles et spécifiques telles que l'objectif de croissance inclusive (amélioration de la productivité et de l'efficacité des unités de production, l'égalité des chances dans l'accès aux marchés et aux moyens de production), les politiques fiscales (élargissement de l'assiette fiscale, transparence et justice fiscale), les politiques de l'emploi (promotion du travail décent, etc.), les politiques commerciales (intégration sur la chaîne de valeur nationale ou internationale, loi sur la concurrence), les politiques de l'éducation et de santé (abolition du travail des enfants, amélioration des conditions de travail et de la santé des femmes, etc.).

L'expérience des politiques publiques en Afrique ces dernières années montre qu'il est peu pertinent d'essayer d'éradiquer le secteur informel par des méthodes habituelles de répression, de légalisation forcée ou de basculement volontariste vers des activités du secteur formel. Il est nécessaire au contraire de développer une approche de formalisation du secteur informel reposant sur les raisons principales qui poussent les actifs à exercer et à s'accrocher à ce type d'activités. L'objectif principal de cette étude est d'appréhender les causes profondes de l'informalité à travers le point de vue des travailleurs indépendants dans le secteur informel à Madagascar afin de mieux comprendre les motifs d'implantation dans ce secteur. Il s'agit ici de dresser un inventaire des avantages et des inconvénients à travailler dans ce secteur, à partir du discours des acteurs de l'informel.

Dans le cas de Madagascar, deux faits majeurs méritent qu'on leur accorde une attention particulière. Premièrement, les activités de ce secteur, qui ont proliféré en période de crise ou de récession économique, n'ont pas fléchi pendant une période relativement longue de croissance économique. En effet, si 73 % des emplois existants à Madagascar se situaient dans le secteur informel en 2002 alors que le taux de croissance du PIB était de -13 % (en pleine période de crise socio-politique), la proportion a augmenté à plus de 89 % en 2005, période pendant laquelle le taux de croissance économique a atteint globalement 5 %, et celui des secteurs secondaires et tertiaires, plus de 6 %. Deuxièmement, dans la capitale Antananarivo, la proportion des emplois dans le secteur informel n'a pas baissé de façon significative (moins d'un point en pourcentage) entre 2002 et 2006, malgré le retour d'une croissance économique marquée.

L'étude présentée ici est basée sur les données issues de l'Enquête de type 1-2 sur l'emploi et le secteur informel réalisée à Madagascar en 2012. Pour mesurer le secteur informel, l'enquête 1-2 fonctionne selon le principe d'une enquête mixte (ménage/entreprise) modulaire. Le principe général de ce type d'enquêtes est le suivant : utiliser des informations tirées d'une enquête auprès des ménages concernant l'activité des individus (phase 1) pour sélectionner un échantillon d'unités de production, à laquelle est appliqué un questionnaire spécifique sur l'activité informelle (phase 2) (Mireille Razafindrakoto, François Roubaud et Constance Torelli, 2009). Chaque personne appartenant à la population active occupée (par exemple, toute personne qui a travaillé pendant au moins une heure pendant la semaine de référence, pour prendre la définition de l'OIT), et qui se déclare employeur ou travailleur à son compte dans une unité du secteur informel (définie selon un certain critère de taille ou de non-enregistrement) est priée de remplir le questionnaire sur son unité de production informelle. Ainsi, dans la deuxième phase de l'enquête (phase 2 : enquête sur le secteur informel), on interroge les chefs d'unités de production individuelles informelles (UPI) identifiés lors de la première phase : l'enquête cherche à mesurer les principales caractéristiques économiques et productives des unités de production (production, valeur ajoutée, investissement, financement), les principales difficultés rencontrées dans le développement de l'activité, et le type de soutien que les entrepreneurs du secteur informel attendent des pouvoirs publics. L'enquête vise à répondre à des questions précises sur le rôle du secteur dans l'économie, ainsi que sur sa contribution réelle et potentielle à l'amélioration des conditions de vie des populations.

Si l'enquête 1-2 est marquée par l'usage quasi exclusif de questions fermées, des questions ouvertes avaient été placées dans la phase 2 de l'enquête de 2012 afin de fournir des informations plus pertinentes sur les difficultés rencontrées par les UPI ou encore les perceptions quant aux avantages et aux inconvénients d'opérer dans le secteur informel. Le traitement de ce type de questions est coûteux en termes de temps et de ressources, car cela alourdit la saisie et nécessite des analyses complexes ; c'est pourquoi ces données n'avaient pas jusqu'à maintenant été utilisées. Dans ce chapitre, nous nous proposons donc d'analyser les informations contenues dans les réponses des opérateurs d'UPI à partir d'une méthode originale d'analyse des données textuelles, ou *text mining*, utilisée pour la première fois à Madagascar pour traiter ce thème.

L'analyse multidimensionnelle de données textuelles est née de la rencontre entre l'analyse linguistique et la statistique. Son objectif est la description, l'exploration et l'extraction des connaissances recelées dans les informations textuelles. Mettre en œuvre la statistique textuelle requiert, par conséquent, des méthodes d'analyse spécifiques, étant donné que les données à manipuler sont des textes. Elle a trouvé ses applications et son succès dans les analyses de discours, les analyses politiques d'opinions et les analyses de textes historiques anciens. L'un des avantages majeurs de la méthode d'analyse de données textuelles est de pallier les inconvénients du traitement classique des réponses libres ou le post-codage. En effet, cette procédure habituelle présente quelques défauts, à savoir la médiation du chiffreur, la destruction de la forme, l'appauvrissement du contenu et l'élimination des réponses rares. Autrement dit, la statistique textuelle permet de tenir compte de la forme originale des réponses des personnes interrogées sans réduire ou supprimer certains aspects de leurs opinions. De plus, l'analyse de données textuelles se présente comme une analyse des réponses regroupées, contrairement au traitement classique des réponses libres en tant que réponses individuelles. D'ailleurs, son intérêt s'étend à d'autres domaines comme l'automatisation de tâches dans les grandes entreprises. En effet, par exemple, lorsqu'un mail est envoyé à une société, la statistique textuelle permet de le transférer au bon destinateur selon son contenu. Elle est donc utilisée pour regrouper les documents de type textuels (des articles, des messages électroniques, des demandes, des réclamations, etc.) suivant leurs objets.

Notre analyse portera sur les opinions des travailleurs indépendants du secteur informel non agricole qui, comme nous le verrons, sont très variées et traduisent l'hétérogénéité du secteur informel. Une part très importante des chefs d'unités de production stagnent dans une logique de survie : ce sont ceux des unités de la branche primaire et secondaire, vivant en milieu rural et avec un niveau d'éducation relativement faible. Ils se plaignent surtout des contraintes d'offre au plan de l'accès aux infrastructures et aux moyens de production. À l'opposé, certains chefs d'unités de production déploient une logique d'opérateur indépendant libéral. Ce sont surtout les jeunes, les dirigeants d'unités de production dans le commerce ou les services, travaillant en milieu urbain et ayant un niveau d'éducation élevé. Ils évoquent les contraintes de la demande : instabilité et insuffisance de la clientèle. Ils s'installent volontairement dans le secteur informel et affichent délibérément leur volonté de réduire leur relation avec l'État au strict minimum.

Après une brève présentation des résultats de l'enquête 1-2 sur le secteur informel à Madagascar, nous définirons la méthodologie d'analyse textuelle, puis interpréterons les résultats obtenus et leurs implications en termes de typologie des chefs d'UPI.

2. Le secteur informel à Madagascar

Les données utilisées dans cette étude proviennent de la première et deuxième phase de l'Enquête Nationale sur l'Emploi et le secteur informel (ENEMPSI) réalisée en 2012 à Madagascar. Pour des raisons techniques, l'enquête ne couvre que les activités informelles non agricoles, malgré que plus de 75 % des actifs occupés soient engagés dans des activités informelles agricoles. Néanmoins, certaines activités liées à la branche primaire comme la fabrication de charbon et l'extraction minière sont incluses dans l'enquête. Cette limite est due aux spécificités des activités agricoles, à leur éparpillement et à la difficulté d'accès aux unités de production informelles en milieu rural qui nécessitent des techniques d'enquête plus complexes et plus coûteuses. Les estimations les plus récentes de l'OIT (voir chapitre 2) montrent que la part de l'emploi informel (y compris dans l'agriculture) dans l'emploi total est de près de 94 % à Madagascar.

Dans l'enquête 1-2 considérée ici, le nombre d'unités de production individuelles hors agriculture, élevage, chasse et pêche était estimé à 2.268.900 unités dans les branches marchandes au dernier trimestre 2012 à Madagascar. La quasi-totalité, soit 99,9 % de ces unités sont classées comme unités de production individuelles informelles (UPI), c'est-à-dire qu'elles ne possèdent pas de numéro statistique ou ne tiennent pas de comptabilité écrite valable. Si les unités informelles ne sont pas enregistrées, cela ne signifie pas pour autant qu'elles ne s'acquittent pas, au moins partiellement, de leurs obligations fiscales. En effet, 8 % d'entre elles paient la patente. Mais la part des impôts et taxes payés à l'État reste faible et n'atteint que 2 % de la valeur ajoutée totale du secteur.

L'enregistrement des UPI aux différents registres administratifs est un marqueur du secteur informel et détermine la relation des UPI avec l'autorité publique. Cet enregistrement implique la possession d'un numéro statistique et l'enregistrement dans d'autres registres tels que le registre du commerce, la patente, la carte professionnelle et enfin celui de l'organisme de sécurité sociale (la Caps). Pour obtenir un statut légal, toute unité de production non constituée en société est censée, lors de sa création, suivre les démarches suivantes :

- Se déclarer auprès du *Fokontany* ou municipalité dans lequel son établissement est localisé ;
- Compléter une déclaration d'existence aux contributions et payer la patente, et demander une carte statistique à l'INSTAT ;
- Obtenir sa carte professionnelle auprès du service des contributions (ou « carte rouge »), qui devra être renouvelée chaque année et lui donnera la possibilité de se fournir chez les grossistes ;
- S'inscrire au Registre du Commerce, s'il le souhaite, ce qui lui permettra de recourir au système judiciaire en cas de litige et de se faire connaître en apparaissant au *Journal Officiel*.

Ces démarches sont nécessaires pour toute activité marchande. L'affiliation à la Caisse nationale de prévoyance sociale (CNaPS) n'est obligatoire qu'aux établissements employant des salariés.

GRAPHIQUE 5.1 Proportion (en %) des UPI affiliées aux registres administratifs par branches d'activités et par type d'UPI

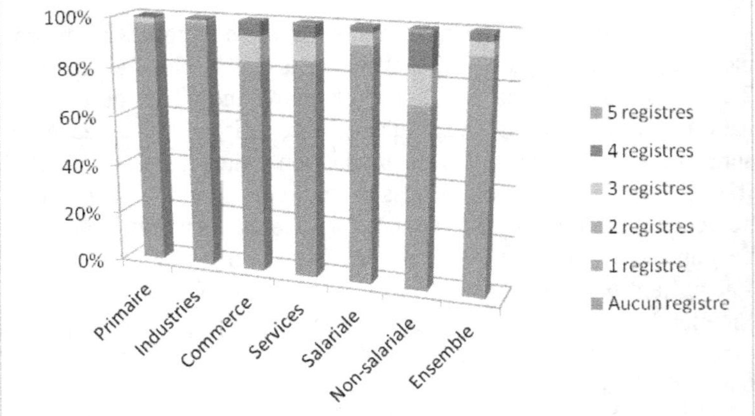

Source : INSTAT/DSM-PNUD-BIT-IRD/DIAL, ENEMPSI2012, nos propres calculs.

En 2012, la valeur ajoutée du secteur informel non agricole représentait 24 % du PIB total officiel et 36 % du PIB marchand non agricole. Les performances du secteur informel sont toutefois très hétérogènes car même si quelques unités économiques réalisent de très bons résultats, l'immense majorité des UPI sont proches du niveau de subsistance (graphique 5. 2).

GRAPHIQUE 5. 2 Distribution (en %) des UPI suivant le montant de la valeur ajoutée mensuelle (en milliers d'Ariary)[73]

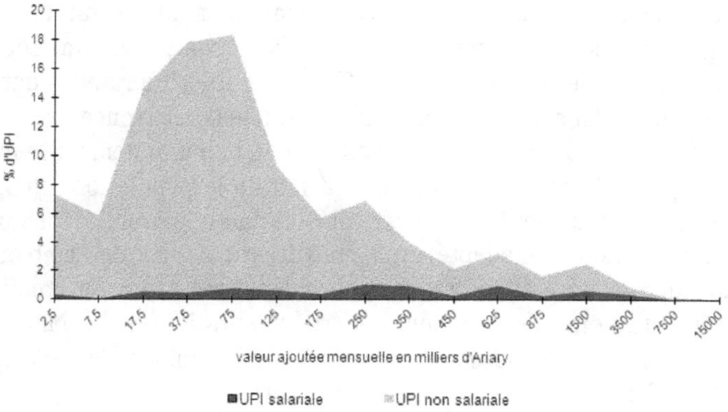

Source : INSTAT/DSM-PNUD-BIT-IRD/DIAL, ENEMPSI2012, nos propres calculs.

La multiplication des UPI au cours des dernières années traduit la montée en puissance du secteur informel comme mode d'insertion privilégié de la main-d'œuvre en période de crise. Cette croissance des UPI du secteur informel est allée de pair avec une précarisation croissante de la main d'œuvre (INSTAT, 2013). Le secteur informel est constitué de micro-unités dont la taille moyenne est de 1,4 emploi par unité. Preuve de l'atomisation des UPI, l'auto-emploi en est la forme la plus répandue : sept UPI sur dix comptent un seul employé qui n'est autre que le chef d'unité lui-même. La salarisation dans les UPI est minoritaire : le taux de salarisation est de 10 %. L'intensité de la relation salariale discrimine assez bien le secteur informel du secteur formel, où la norme salariale est la règle. Les emplois exercés dans le secteur informel se caractérisent par une quasi-inexistence de protection sociale. La moitié des emplois (52 %) du secteur informel sont occupés par des femmes. La majorité des travailleurs à leur propre compte sont des femmes (58,1 %). La majorité des aides familiales des UPI du secteur informel sont des femmes (53,1 %). Les femmes occupent donc les postes les moins rémunérés ou les plus vulnérables. Les jeunes de moins de 26 ans représentent 28 % de la main-d'œuvre

73 Note : Échelle semi-logarithmique (abscisses)

des UPI. Ces jeunes occupent souvent des postes d'apprentis salariés ou non rémunérés, ou encore d'aide familial.

Les difficultés rencontrées par le secteur informel sont avant tout liées à l'écoulement de la production, essentiellement contraint du côté de la demande (« faiblesse des débouchés »), mais aussi du côté de l'offre (« excès de concurrence ») : 57 % des unités informelles ont des problèmes de débouchés, 52 % souffrent d'une concurrence excessive, 36 % de l'un et de l'autre. La dégradation de l'environnement macroéconomique et la baisse du pouvoir d'achat de la population, plus que les dysfonctionnements localisés sur certains marchés (pénuries, cadre institutionnel inadapté, etc.), constituent les facteurs de blocage principaux du secteur informel. Le problème récurrent du crédit est une difficulté qui affecte moins les producteurs informels. Mais plus que son coût, c'est l'accès au crédit qui semble inhiber le développement des UPI.

Globalement, 41 % des UPI sont prêtes à enregistrer leur établissement auprès de l'administration et 61 % sont prêtes à payer l'impôt. Ainsi, 27 % des UPI sont favorables au principe du « guichet unique » pour simplifier les démarches d'enregistrement. Lorsque l'on prend en compte les UPI qui éprouvent des difficultés dans les démarches administratives et pourraient se laisser convaincre par une politique active de communication, il ne reste que 10 % des UPI à refuser cette modalité de légalisation : soit une part infime du secteur informel que l'on peut supposer réfractaire à toute forme de collaboration avec la puissance publique. Les deux tiers des opérateurs informels ont émis le souhait que les impôts reviennent aux collectivités territoriales (commune et fokontany). La majorité des chefs d'UPI (43 %) a déclaré que les recettes des impôts devaient être affectées aux investissements en infrastructures (routes, marché, adduction d'eau, etc.), 30 % aux dépenses sociales de base et 18 % à la santé, à l'éducation et à des programmes d'appui aux micro-entreprises. En revanche, peu de chefs d'UPI déclarent que les recettes des impôts devraient être affectées au paiement des salaires des fonctionnaires et aux coûts de fonctionnement de l'administration (respectivement 4 % et 2 %).

3. Application de la méthode d'analyse des données textuelles

L'Enquête Nationale sur l'Emploi et le secteur informel (ENEMPSI), réalisée en 2012 à Madagascar, porte sur les travailleurs du secteur informel non agricole. Cependant, nous ne considérons ici que les personnes qui sont des travailleurs indépendants, c'est-à-dire, les patrons des unités de production informelle non agricoles employant au moins un salarié et les travailleurs pour leur compte propre.

Sur les 9.767 personnes déclarant lors de l'enquête qu'elles travaillent dans le secteur informel, 6.550 disent être des travailleurs indépendants qui dirigent au moins une Unité de production. Les autres personnes sont des travailleurs dépendants dans le secteur informel non agricole : soit salariés soit aides familiales. Toutefois, certaines personnes ne révèlent pas ou ne connaissent pas, leur intérêt ou les désavantages à opérer dans l'informalité. C'est pourquoi nous obtenons deux bases de données de 4.655 et de 5.171 observations après apurement, pour analyser respectivement les avantages et les inconvénients dudit secteur.

Les données textuelles utilisées dans cette étude sont les réponses des chefs d'unités de production individuelles informelles (UPI) aux questions relatives aux avantages et aux inconvénients de l'exercice de leur activité actuelle dans le secteur informel. Ces informations sont rarement accessibles par le biais des enquêtes quantitatives habituelles. En effet, en explorant les données relatives aux avantages, on peut avoir, par exemple, des réponses dans lesquelles certains chefs des UPI expriment qu'ils n'ont pas eu le temps d'aller s'enregistrer (« *Tsy manana fotoana hanoratana ny orinasa* »). D'autres croient qu'il n'existe pas de sensibilisation pour l'enregistrement (« *Tsy misy fanentanana ny amin'izany fanoratana ara-panjakana izany* »). Quant aux inconvénients, la plupart des chefs d'UPI pensent que leur faible revenu les empêche de payer des impôts à l'État (« *Ny vola miditra kely ka tsy afaka andoavana hetra amin'ny fanjakana* »).

Ainsi, nous avons deux variables « *lftsara* » relatant les avantages et « *lfratsy* » relatant les inconvénients ci-dessus cités et contenant les données textuelles à analyser. Nous avons en outre pris en considération les différentes variables caractéristiques suivantes : le sexe, l'âge regroupé en classes, le niveau de scolarité, le milieu de résidence, le statut migratoire, la branche d'activité et la taille de l'entreprise informelle de la personne interrogée. En effet ces variables seront utilisées pour construire le tableau lexical agrégé.

3.1. Méthode d'analyse textuelle

La technique de la statistique linguistique ou l'analyse multidimensionnelle de données textuelles peut être subdivisée en deux grandes étapes. Il s'agit de la préparation du corpus et de l'analyse proprement dite de ce corpus.

3.1.1. Préparation du corpus

Après l'importation du corpus à partir d'un tableau de données, sa préparation est d'une importance capitale, car elle permet de construire une matrice particulière, appelée « *Document term matrix* », dont les lignes sont les documents ou lignes du tableau en entrée et les colonnes sont les termes ou mots du corpus.

Cette étape consiste successivement en la segmentation du texte, l'identification des termes, la lemmatisation et la désambiguïsation. D'abord, la segmentation permet de découper les textes en unités minimales de décompte qu'on ne décomposera plus. Puis, on regroupe les unités minimales identiques, à savoir l'identification. Ensuite, il faut lemmatiser le corpus, c'est-à-dire regrouper les formes graphiques correspondant aux différentes flexions d'un même lemme dans de mêmes unités. Enfin, on doit lever les ambiguïtés dans les unités textuelles minimales qui résultent des homographies et/ou qui sont d'ordre sémantique. À ces opérations s'ajoutent certaines transformations telles que la suppression des signes de ponctuation, des chiffres, des « mots outils » (ou « stopwords ») et d'autres transformations que définit l'utilisateur.

On remarque que dans ce processus, on est obligé de procéder au traitement manuel du corpus de texte (suppression des « stopwords malgaches », lemmatisation) puisque la procédure automatique informatique (package « SnowballC » de R) pour la langue malgache n'est pas encore disponible.

Tableau 5.1 Résumé des corpus de textes

	Avantages	*Inconvénients*
Nombre de documents	2 822	3 048
Nombre de termes	10 747	14 601
Nombre de termes différents	366	601
Nombre d'hapax	105	177
Nombre de mots	16 710	26 766
Nombre des mots longs	4 903	7437
Nombre de mots très longs	1 344	2 307

Longueur moyenne des mots	5,31	5,10
Longueur maximale des termes	16	18

Source : INSTAT/DSM-PNUD-BIT-IRD/DIAL, ENEMPSI2012, nos propres calculs.

Ce tableau montre que 2.822 chefs d'UPI ont répondu à la question relative aux avantages et 3.048 à celle relative aux inconvénients d'exercer leur activité dans le secteur informel. Quant aux termes employés par les personnes interrogées, après suppression des « mots-outils », le corpus des avantages comporte 366 termes distincts, dont 105 n'ont qu'une seule occurrence (hapax). Dans le corpus des inconvénients, on recense 601 mots distincts, dont 177 termes rencontrés une seule fois.

3.1.2. Analyse du corpus

Une fois le corpus préparé, on peut construire le « *document term matrix* » dont l'élément (*i*, *j*) est constitué de l'absence ou de la présence d'un certain terme dans un certain document. Ainsi, on obtient ce que l'on appelle le Tableau lexical entier (TLE). On peut également créer le Tableau lexical agrégé (TLA) à partir du TLE en ajoutant en colonnes des variables caractéristiques de chaque document (ou chaque répondant).

À partir du TLE ou du TLA, on peut procéder à l'analyse statistique élémentaire du corpus. On peut observer les occurrences de différents termes : les plus fréquents, les associations entre les termes, les termes spécifiques à chaque catégorie de document selon des variables catégorielles, etc.

De plus, les deux grands types de méthodes classiques d'analyse de données sont applicables dans l'analyse des données textuelles. Il s'agit de la méthode factorielle et de la méthode de classification. Dans la première, on étudie les correspondances ou les proximités géométriques entre les termes à travers une représentation graphique, tandis que la seconde permet de chercher des typologies de classes de termes.

3.2. Analyses factorielles de Correspondances sur les TLE séparés avantages-inconvénients

Dans un premier temps, des analyses factorielles de correspondances ont été effectuées sur le Tableau lexical entier afin de mettre en évidence les co-occurrences les plus fréquentes entre les mots qui se traduisent par la proximité géographique dans les représentations graphiques des plans factoriels (Lebart, Salem 1994). Les analyses de correspondances pour les deux corpus des avantages et des inconvénients sont effectuées séparément afin de dégager les grandes tendances de ces deux corpus. La proximité entre deux termes est d'autant plus grande que les termes apparaissent souvent dans les mêmes réponses. Cela permet de constituer des associations de mots formant des « expressions » ou des « segments ». L'analyse de correspondance sur le TLE permet de dégager les grandes tendances du corpus : les expressions les plus fréquentes, les expressions rarement apparues simultanément dans une même réponse (groupes de mots formant des expressions et qui se situent à des extrêmes opposés sur les axes factoriels) et les « expressions » originales formées par des mots isolés aux extrémités des plans factoriels.

Dans un deuxième temps, des analyses factorielles de correspondances sur le tableau lexical agrégé TLA ont été effectuées en vue d'appréhender les liens entre le corpus des réponses et les caractéristiques individuelles des personnes interrogées (Guérin-Pace, Garnier 1995). Les analyses du corpus des avantages et de celui des inconvénients ont été effectuées séparément. Pour les analyses de correspondances, les variables actives ont été choisies en fonction de l'importance de leur contribution à la formation des axes factoriels. Outre les deux variables textuelles des réponses des chefs d'UPI relatives aux avantages et inconvénients de leurs activités informelles, quatre autres variables actives issues de questions pré-codées (fermées) ont été retenues : le milieu de résidence, le motif de la création de l'UPI, la raison du choix du type de production et l'opinion des chefs d'UPI sur les avantages procurés par l'enregistrement des activités économiques. Ces variables sont considérées comme endogènes, à l'exception du milieu de résidence qui pourrait influencer les réponses des chefs d'UPI.

Plus simplement, on souhaiterait apporter une réponse à la question suivante : « *Quelles expressions littérales entrevoit-on chez différentes catégories d'UPI, qui traduisent assez fidèlement les inconvénients ou les avantages des activités exercées dans l'informel ?* » Le tableau 5.2 ci-après présente les inerties expliquées par les cinq premiers axes factoriels.

TABLEAU 5.2 Inerties expliquées par les axes factoriels de l'analyse de correspondances sur le Tableau lexical agrégé TLA

Facteurs	Inertie (%)	
	Avantages	Inconvénients
1	30,4	36,8
2	12,1	11,9
3	9,5	8,9
4	8,3	7,1
5	7,9	6,5

Source : INSTAT/DSM-PNUD-BIT-IRD/DIAL, ENEMPSI2012, nos propres calculs.

Pour étudier la proximité géométrique des mots composant le corpus des avantages et des inconvénients, nous analysons les correspondances respectives entre les 59 et les 94 termes distincts présents dans au moins 99 % des réponses des chefs d'UPI. Seul le premier axe factoriel a un pouvoir explicatif de 30,4 % pour le corpus des avantages, contre 36,8 % pour le corpus des inconvénients. Quant aux cinq premiers facteurs, ils représentent respectivement 68,2 % et 71,2 % de la variance totale. Nous ne considérons ensuite que les deux premiers axes factoriels qui représentent respectivement 42,5 % et 48,7 % de l'inertie totale pour les deux corpus.

3.3. Analyse de typologie des classes (cluster)

Dans un troisième temps, en se basant sur les facteurs issus de l'analyse des correspondances, nous mettons en œuvre la méthode de classification hiérarchique ascendante afin de construire une typologie des UPI selon les réponses de leurs chefs aux questions relatives aux avantages et aux inconvénients du secteur informel. Cette méthode de classification est basée sur une distance de khi-deux et utilise la méthode de Ward comme critère de classification. Pour trouver le nombre optimal de *clusters*, on utilise le critère de perte d'inertie qui permet de caractériser la meilleure partition. Dans ce cas, on retient la partition avec une perte minimale issue du passage d'une coupure à *k* clusters à une coupure à $k + 1$ clusters.

Dans cette étude, nous fixons le niveau minimal de coupures à trois (3) *clusters* et le niveau maximal à vingt (20) *clusters*. Les graphiques 1 et 2 ci-après montrent que la meilleure partition est la coupure à trois *clusters* tant dans l'étude des avantages que dans celle des inconvénients. La perte d'inertie minimale est respectivement de 0,8263 et de 0,9917. La composition des *clusters* des personnes interrogées aux questions relatives aux avantages et aux inconvénients du secteur informel est résumée dans le tableau ci-après.

TABLEAU 5.3 Répartition des personnes interrogées suivant les clusters

Clusters	Avantages		Inconvénients	
	Effectifs	**%**	**Effectifs**	**%**
1	966	34,97	1111	37,06
2	498	18,03	726	24,22
3	1298	46,99	1161	38,73
Total	**2762**	**100**	**2998**	**100**

Source : INSTAT/DSM-PNUD-BIT-IRD/DIAL, ENEMPSI2012, nos propres calculs.

La distribution des individus suivant les *clusters* n'est pas uniforme dans les deux analyses. Du côté des avantages, le premier *cluster* des inconvénients regroupe près de 35 % des personnes interrogées, soit 966 individus, tandis que les deux autres *clusters* sont composés respectivement de 498 et de 1.298 individus, soit respectivement 18 % et 47 %. De l'autre côté, sur les 2.998 répondants, le premier et le troisième *cluster* contiennent presque le même effectif, soit respectivement 37 % et 39 %, alors que le deuxième cluster ne comprend que 726 individus opérant dans le secteur informel, soit 24 %.

3.4. Analyses factorielles de Correspondances sur le TLE combiné avantages-inconvénients

Les analyses des correspondances sur l'ensemble des deux corpus combinés des avantages et inconvénients constitués, ont permis de mettre en évidence les comportements et les logiques de production à travers les liens entre avantages et inconvénients pour les catégories de chefs d'UPI considérées, issues de l'analyse de typologie des *clus-*

ters (corpus). Pour cela, les termes du corpus regroupé sont indexés différemment selon qu'ils appartiennent au corpus des avantages ou à celui des inconvénients. En effet, les mêmes termes de deux corpus différents ne traduisent pas souvent une même situation ou un même contexte. Et ce, d'autant plus que des termes tels que les « *tsy* » (ne pas) exprimant la négation ont été considérés comme « *stopwords* » et ont été exclus de l'analyse. Ainsi, le terme « *vola* » (argent) signifie généralement « *ahazoana vola* » (permettre de gagner de l'argent) dans le corpus des avantages et « *tsy ampy ny vola* » (revenus insuffisants) dans le corpus des « inconvénients ».

Pour finir cette section, il convient de préciser ici que malgré le fait que l'analyse des données textuelles soit avantageuse pour traiter des réponses à des questions ouvertes, elle ne permet pas de tenir compte de certains aspects des textes à « fouiller ». En effet, lorsque l'on procède à une lemmatisation, on ne considère pas certaines catégories grammaticales de mots composant le corpus de texte à analyser. Deux formes graphiques, de nature grammaticale différente, correspondant à un même lemme sont traitées comme des unités textuelles identiques dans le « *document term matrix* ».

De plus l'ordre sémantique des phrases ou des expressions utilisées par les personnes interrogées n'est pas conservé lors de l'analyse. En effet, la méthode d'analyse textuelle ne se focalise que sur la juxtaposition ou la co-occurrence des termes en tant que segments répétés. Il y a donc une déclinaison de ce que pensent véritablement les personnes interrogées.

4. Avantages et inconvénients de l'implantation dans le secteur informel

L'augmentation des revenus est la première incitation à la création d'UPI : 46 % des chefs d'UPI invoquent cette raison. La volonté d'indépendance (ne pas être sous les ordres d'autrui) explique également la création d'UPI dans le secteur informel (17,9 % des déclarations) ainsi que l'impossibilité de trouver un emploi salarié dans une petite entreprise (16,4 % des déclarations) ou par « tradition familiale » (13,4 % des déclarations). Seuls 6 % des chefs d'UPI mentionnent l'impossibilité de s'insérer comme salarié dans une grande entreprise comme motif de création d'entreprise individuelle. La création d'une UPI non agricole pour remédier à l'échec de trouver un emploi salarié, est cependant beaucoup plus fréquemment cité en milieu urbain : 32,8 % des chefs d'UPI en milieu urbain et 18,5 % des chefs d'UPI en milieu rural. Il existe ainsi une plus grande difficulté d'insertion sur le marché du travail en milieu urbain.

La motivation à créer une UPI est différente selon le statut des chefs d'UPI (« patrons » ou « travailleurs à leur compte »). Les « patrons » sont plus nombreux à avoir créé leur UPI pour ne plus être sous les ordres d'autrui : 28 % contre 17 % des « travailleurs à leur compte ». En revanche, les « travailleurs à leur compte » sont proportionnellement plus nombreux à avoir créé leur UPI dans le but d'augmenter leur revenu, 46,6 % contre 39,5 % des « patrons ».

Les motifs de création d'UPI diffèrent selon les branches d'activités. L'impossibilité de trouver un emploi salarié (que ce soit dans une petite ou une grande entreprise) est la principale raison invoquée par 54,7 % des chefs d'UPI de la branche « service aux ménages ». En revanche, l'espoir d'augmenter ses revenus est le principal motif de création d'une UPI évoqué par les chefs d'UPI des branches « sylviculture » (59 %), « industrie alimentaire » (57 %), « extraction minière » (54 %) et « commerce » (50 %). La volonté d'indépendance est la raison de création d'UPI la plus citée par les chefs d'UPI du « BTP » (26 %), des « autres services » (25 %) et de la « transformation du bois » (24 %). C'est dans la branche « confection » que la tradition familiale est le motif le plus souvent cité comme raison de création de l'UPI (35,1 %).

4.1. Avantages et inconvénients de travailler dans le secteur informel : résultats de l'analyse de données textuelles sur des questions ouvertes

En matière d'avantages procurés par le fait d'exercer leur activité actuelle dans le secteur informel, les chefs d'UPI évoquent le plus souvent les effets positifs directs de l'activité informelle sur les conditions de vie économiques du ménage. Travailler dans le secteur informel procure des revenus permettant aux ménages de consommer ou d'épargner. Le terme le plus fréquemment utilisé (dans plus de 48 % des réponses) est « *vola* » (argent)[74] et est la plupart du temps associé[75]

74 Avec 1 240 occurrences

75 Co-occurrences des termes matérialisées par la proximité géographique des termes dans le premier plan factoriel de l'analyse factorielle de correspondances du tableau lexical entier TLE. La proximité entre deux termes montre les fréquentes apparitions ou associations de ces termes dans les mêmes réponses. Les associations des termes sont appelées les « segments ».

aux termes « *mahazo* » (gagner, obtenir) et/ou « *misy* » (générer, procurer, exister) pour composer des expressions du genre « *mahazo vola* » ou « *misy vola* » (gagner de l'argent) (tableau 5.4). Les chefs d'UPI mettent ensuite fréquemment en avant l'aspect « biens et services » et la survie quotidienne du ménage. En effet, un autre terme très fréquemment cité comme avantage de l'activité informelle est « *mamelona* » (assurer les besoins vitaux), qui est associé souvent aux termes « *ankohonana* » (foyer, ménage, famille) et/ou « andavanandro » (quotidien, journalier) ou « *sakafo* » (nourriture) pour former l'expression « mamelona ara-tsakafo andavanandro ny ankohonana » (fournir les besoins quotidiens du ménage en nourriture). Enfin, l'un des avantages les plus cités par les propriétaires d'UPI, est le fait qu'ils ne versent aucun impôt à l'État. Cela se traduit par le terme « *hetra* » (impôt, taxe, patente, licence, droit) associé souvent aux termes « *mandoa* » (versement, paiement), et « *fanjakana* » (État) pour composer l'expression « *tsy mandoa hetra amin'ny fanjakana* » (ne paie pas d'impôt à l'État). Bref, la survie quotidienne prime sur la production et sur le paiement de l'impôt.

L'analyse de correspondance du TLE montre une opposition intéressante entre deux groupes d'individus très spécifiques : ceux qui accordent beaucoup d'intérêt à l'aspect immatériel, intangible du bien-être au travail et ceux qui parlent des avantages matériels physiques. Les chefs d'UPI privilégiant le bonheur ou le plaisir comme avantages tirés de l'exercice de leur activité informelle actuelle constituent un groupe très spécifique par rapport aux autres groupes. En effet, même s'il ne fait pas partie des mots les plus fréquemment évoqués, le terme « *sambatra* » (heureux, bonheur, joie, plaisir) est un mot original[76] et associé à d'autres mots très variés et relativement rares. Les expressions « *mahafinaritra fotsiny* » (j'y trouve seulement du plaisir », « *mahafinaritra ny mijery ny vokatra* » (se réjouir des résultats de son travail) englobe ainsi des sensations qui ne peuvent être mesurées ou justifiées par des critères objectifs. Ainsi, dans ce groupe, le champ informel est une source de bonheur et de réalisation individuelle.

76 Se trouvant au coin extrême du plan factoriel.

Tableau 5.4 Les mots les plus fréquents concernant les avantages

Avantages	
Termes	Fréquences
Vola (argent)	1 240
Misy (procure)	708
Mahazo (gagner)	673
Mamelona (assurer les besoins)	479
Asa (emploi)	408
Miditra (rentrée)	371
Mandoa (paie)	359
Sakafo (nourriture)	293
Hetra (impôts, taxes)	272
Kely (faible)	272

Source : INSTAT/DSM-PNUD-BIT-IRD/DIAL, ENEMPSI2012, nos propres calculs.

Les chefs d'UPI citent le plus fréquemment comme inconvénient l'insuffisance de revenus générés par leurs activités. Les termes issus du mot « *vola* » (revenu, argent) reviennent le plus souvent (tableau 5.5). Ils sont associés aux termes issus du mot « *ampy* » « *tsy fahampiana* » (insuffisance ou manque) ou du mot « *kely* » (petit, peu, faible, inférieur) ou « *miditra, mahazo* » (gagner, percevoir). Ainsi, on obtient très souvent les expressions « *tsy ampy ny vola miditra* » (les revenus sont insuffisants) ou « *kely ny vola miditra* » (les revenus sont faibles). Les chefs d'UPI évoquent souvent aussi les conditions de travail pénibles qui nuisent à leur condition physique. Il est fréquent d'entendre des réponses associant des termes issus du mot « *mandreraka* » (fatiguant, stressant) et du mot « *vatana* » (corps physique) ou « *fahasalamana* » (maladie, santé). D'où les expressions « *mandreraka vatana* », « *mamizana* » (fatiguant). Le sentiment d'inconvénient cité ici est donc lié à la discordance entre la faiblesse du niveau de revenu et la dureté des tâches accomplies.

Tableau 5.5 Les mots les plus fréquents concernant les inconvénients

Inconvénients	
Termes	**Fréquences**
Misy (procure)	837
Asa (emploi)	765

Vola (argent)	596
Fanjakana (Administration)	442
Betsaka (beaucoup)	392
Ampy (suffisant)	367
Mahazo (gagner)	343
Mandreraka (fatiguant)	330
Kely (faible)	243
Miditra (rentrée)	226

Source : INSTAT/DSM-PNUD-BIT-IRD/DIAL, ENEMPSI2012, nos propres calculs.

Au-delà des mots singuliers, les expressions formulées témoignent encore plus des opinions des personnes interrogées. À ce propos, les résultats de l'analyse des expressions vont prolonger la tendance constaté à propos des associations de mots. Les résultats permettront d'éclairer le point de vue contextuel des acteurs du secteur informel. Par la juxtaposition de mots individuels (subjectifs, intentionnels) et de la vision de leur réalité contextuelle (expressive, partagée), nous pourrons identifier des éléments permettant d'améliorer la situation de l'emploi du secteur informel.

4.1.1. Avantages selon les caractéristiques des chefs d'unité de production

Au-delà de la tendance générale des réponses représentée par les mots et les associations de mots (expressions) les plus fréquemment cités, on observe des différences significatives entre chefs d'UPI quant à la perception des avantages procurés dans les activités au sein du secteur informel. Les analyses de correspondances mettent en évidence deux oppositions principales de points de vue en ce qui concerne les avantages à travailler dans le secteur informel. Ainsi, sur l'ensemble des réponses des chefs d'UPI concernant les avantages liés à l'exercice des activités informelles, quatre aspects très distincts ont été évoqués : le bonheur, les revenus monétaires, la survie et l'allègement des charges administratives. Les intérêts varient selon les caractéristiques socio-démographiques et le type d'activité exercé par les chefs d'UPI. Le niveau d'éducation, la branche d'activité, le motif initial d'implantation dans le secteur informel et le lieu géographique de l'activité (milieu, province), sont des caractéristiques fortement corrélées avec les réponses.

Premièrement, le point de vue des chefs d'UPI concernant les avantages à travailler dans le secteur informel suivent la hiérarchie des aspirations individuelles. En effet, les analyses de correspondances différencient les avantages au sens de « *survie* » (biens et services), au plus bas de la hiérarchie des aspirations individuelles, et les avantages au sens de « *bien-être individuel* » (ambiance, liberté, indépendance, bonheur), au niveau le plus élevé de la hiérarchie. Ils confirment les niveaux de la pyramide de Maslow qui place à la base de la pyramide les aspirations élémentaires ou primaires de survie et au sommet les aspirations dites « évoluées » de liberté et de créativité.

En effet, d'un côté, certains chefs d'UPI mentionnent comme avantage le fait d'être autonome et indépendant et de trouver du bonheur dans l'exercice de leur activité. D'un autre côté, certains chefs d'UPI accordent plutôt de l'importance aux revenus générés qui permettent la survie du ménage : l'achat de nourriture, de vêtements, etc. Sur le plan factoriel, ces phénomènes sont représentés, du côté négatif, par les termes « *baiko* » (commandement, ordre, règle, directive), « *olona* » (homme), « *sambatra* » (heureux, content, satisfait) et « *malalaka* » (libre, sans contrainte) et, du côté positif par les mots « *kojakoja* » (fourniture, vêtements, PPN), « *sakafo* » (nourriture), « *sahirana* » (misère, difficulté) et « *antoka* » (assurance, garantie, sûreté).

Deuxièmement, l'autre opposition concerne les avantages liés aux aspects « *administratifs* », allègement des charges pécuniaires et de temps, moins de lourdeurs administratives (aucun temps perdu dans les paperasseries, faible paiement d'impôts, etc.) et ceux liés aux aspects « *économiques* », c'est-à-dire les gains et les revenus procurés par l'activité. Ces résultats sont matérialisés par le grand nombre d'occurrences des termes « *karakara* » (préparation, conception, montage), « *taratasy* » (dossiers, documents, papiers), « *hetra* » (impôt, taxe, ticket, patente, droit, licence) et « mandoa » (paiement, versement) du côté négatif d'un axe factoriel, et des termes « *mahazo* » (gagner, percevoir, obtenir, avoir), « *vola* » (argent, monnaie), « *mahita* » (trouver, gagner, avoir), « *isanandro* » (tous les jours, quotidien) et « zavatra, kojakoja » (quelque chose, matériels, vêtements), du côté positif (tableau 5.6). Cela traduit une dualité entre le sentiment d'allègement des formalités administratives et la satisfaction pécuniaire générée par le profit.

Tableau 5.6 Termes les plus contributifs suivant les deux premiers facteurs (Avantages)

AXE 1		AXE 2	
Termes	**Coordonnées**	**Termes**	**Coordonnées**
Mihena (baisse)	-0,2600	*Karakara* (préparation)	-0,2176
Isanandro (quotidien)	-0,2350	*Taratasy* (dossier)	-0,1670
Tsena (marché)	-0,2230	*Vita* (achevé, terminé)	-0,1426
Baiko (ordre)	-0,1900	*Tsena* (marché)	-0,1366
Sambatra (heureux)	-0,1700	*Hetra* (impôts, taxes)	-0,1101
Olona (gens)	-0,1650	*Varotra* (vente)	-0,1084
Mahita (trouve)	-0,1500	*Olona* (gens)	-0,0897
Malalaka (flexible)	-0,1480	*Mandoa* (paie)	-0,0770
Mandray (percevoir)	-0,1180	*Lany* (épuisé)	-0,0432
Antoka (assurance)	0,3160	*Antoka* (assurance)	0,2063
Ampy (suffisant)	0,2410	*Kojakoja* (entretien)	0,1400
Sahirana (en difficulté)	0,2150	*Mividy* (acheté)	0,1132
Zavatra (biens)	0,2130	*Zavatra* (biens)	0,0958
Mividy (acheté)	0,2080	*Mahita* (trouve)	0,0756
Lany (épuisé)	0,1600	*Mahazo* (gagner)	0,0570
Tsara (agréable, bon)	0,1280	*Isanandro* (quotidien)	0,0406
Kojakoja (entretien)	0,1230	*Vola* (argent)	0,0278
Sakafo (nourriture)	0,1170	*Sakafo* (nourriture)	0,0214

Source : INSTAT/DSM-PNUD-BIT-IRD/DIAL, ENEMPSI2012, nos propres calculs.

Les chefs d'unités de production d'un niveau d'éducation relativement élevé et spécifique (niveau universitaire, enseignement technique), privilégient souvent l'aspect du bien-être individuel qui agit à long terme (ambiance, indépendance, bonheur) comme avantage de l'activité informelle. En revanche, les chefs d'UPI non instruits voient plutôt comme avantage la survie du ménage, notamment le fait d'assurer l'approvisionnement en nourriture et d'autres produits de première nécessité au quotidien.

La différenciation la plus évidente s'effectue aussi selon la branche d'activité. Les chefs d'UPI opérant dans la branche des « services » évoquent le plus souvent l'aspect « bien-être », notamment l'indépendance et la liberté d'action de tous les jours comme avantages du secteur informel. Tandis que, dans les activités de la branche primaire hors agriculture (sylviculture, fabrication de charbon), les avantages de survie sont mis en avant.

Les réponses des chefs d'UPI sur les avantages du secteur informel sont très différentiées selon le lieu de résidence : milieu ou province. Les ruraux donnent de l'importance aux aspects de survie décrits par les mots « *sakafo* » (nourriture), « *andavanandro* » (tous les jours) et « *zavatra* » (biens et services). Les urbains s'attachent plutôt aux avantages liés au bien-être individuel comme le bonheur et l'indépendance. Dans la province de Fianarantsoa, les chefs d'UPI citent comme avantage principal le fait de ne pas devoir se soucier des aspects administratifs (impôts et dossiers administratifs). Par contre, dans les provinces de Mahajanga et de Toamasina, on parle souvent de l'indépendance et des gains au quotidien.

D'après les réponses des chefs d'UPI, les avantages du secteur informel sont intimement liés au motif initial d'implantation dans ce secteur. Ceux qui initialement se tournent involontairement vers le secteur informel faute d'opportunités d'emplois salariés dans le secteur formel représenté par l'expression « *tsy nahita asa* », témoignent surtout du bien-être (l'indépendance, la liberté) comme principal avantage du secteur informel. Ceux qui ont voulu délibérément travailler dans ce secteur pour être indépendant « *mba ho mahaleo tena* », l'ont choisi plutôt pour les aspects liés à l'administration : non-paiement d'impôts et allègement par rapport aux préparations des dossiers administratifs. Finalement, les chefs d'UPI qui se sont installés dans le secteur informel pour motif d'héritage familial « *fianakaviana* », ont souvent déclaré considérer le fait de bénéficier de biens et de services comme avantage de l'activité informelle.

4.1.2. Inconvénients selon les caractéristiques des chefs d'unités de production

En ce qui concerne les inconvénients de travailler dans le secteur informel, les réponses de chefs d'UPI tournent autour des quatre principaux thèmes qui différencient les chefs d'unités de production selon leurs caractéristiques individuelles et le type d'activité exercé. L'opposition la plus importante des réponses relatives aux inconvénients des activités informelles, se situe entre les problèmes liés à l'offre et ceux liés à la demande.

Le premier thème lié aux inconvénients concerne l'offre, notamment les problèmes liés au facteur capital physique au sens large : insuffisance, mauvaise qualité ou difficulté d'accès aux infrastructures, aux machines et aux outils. En effet, ce type de réponses est associé aux groupes de mots « *ratsy* » (mauvais), « *lalana* » (route), « *lavitra* » (loin), puis aux groupes de mots « *asatanana* » (artisanat, travaux manuels), « *fitaovana* » (outil, matériel), « *ampy* », « *tsy fahampiana* » (insuffisance ou manque). Ces inconvénients caractérisent les chefs d'UPI en milieu rural, travaillant dans la branche primaire et ayant un niveau d'éducation relativement faible (sans instruction ou primaire).

À l'opposé, l'autre thème concernant les inconvénients est lié à la demande, notamment au manque de clientèle, aux problèmes d'accès au marché et aux emplacements de vente : instabilité, illégalité des lieux de vente. Ces réponses comprennent les mots « *indraindray* » (parfois), « *tsena* » (marché), « *mandeha* » (se vendre bien, être rentable, fructueux, avantageux), « *vola* » (argent, revenu), « *miditra* » (percevoir, gagner) (tableau 5.7). Ces préoccupations émanent souvent des chefs d'UPI en milieu urbain, habitant dans la province d'Antsiranana. Ces chefs d'UPI dirigent des unités de production avec un niveau de production relativement élevé, et/ou travaillent dans la branche des « services » ou du « commerce ». Généralement, ces opérateurs font partie de ceux qui se sont réfugiés involontairement dans les activités informelles faute de trouver des emplois dans le secteur formel. En majeure partie, ils ont suivi l'enseignement supérieur ou des formations techniques. En résumé, l'offre du secteur primaire est paralysée par des moyens de production déficients, tandis que la demande des activités de service est saturée et n'offre pas de perspectives d'ouverture de marché.

La deuxième série de réponses des chefs d'UPI sur les inconvénients des activités informelles concerne les soucis de santé ainsi que les soucis administratifs. En effet, on observe de nombreux termes liés à la pénibilité au travail tels que « *fahasalamana* » (santé, maladie, fatigue), « *aretina* » (maladie, blessure), « *vatana* » (corps) et « *mafy* » (pénible, dur, difficile, laborieux) évoqués par les chefs d'UPI. Ces inconvénients sont surtout évoqués par les chefs d'UPI ayant déclaré se trouver dans le secteur informel pour relayer les activités familiales.

Généralement, ils travaillent dans les activités de transformation et ont un faible niveau de production.

Les termes les mieux représentés et les plus contributifs sont ceux qui se rapportent aux soucis administratifs, liés au non respect des lois en vigueur comme les sanctions et les persécutions des agents de l'État : « *sazy* » (sanction, peine), « *tahotra* » (peur, crainte) et « *soratra* » (enregistrement) et « *aradalana* » (légal, formel). Les chefs d'UPI citent également comme inconvénient le fait que ces UPI ne sont pas enregistrées et qu'elles ne bénéficient d'aucun soutien de l'État : « *fantatra* » « *tsy fantatra* » (inconnu, non enregistré). Ces opinions sont celles de chefs d'UPI de la branche « commerce » ayant atteint un chiffre d'affaires relativement élevé. Ce sont les réponses qui sont le plus souvent évoquées par les chefs d'UPI dans la province de Toliara.

TABLEAU 5.7 Termes les plus contributifs suivant les deux premiers facteurs : Inconvénients

AXE 1		**AXE 2**	
Termes	**Coordonnées**	**Termes**	**Coordonnées**
Tsena (marché)	-0,274	*Sazy* (sanction)	-0,216
Mandeha (prospère)	-0,266	*Mandroso* (prospère)	-0,173
Aradalana (légal)	-0,221	*Tahotra* (peur)	-0,127
Indraindray (quelquefois)	-0,197	*Aradalana* (légal)	-0,102
Varotra (vente)	-0,160	*Enjika* (poursuite)	-0,101
Miditra (rentrée)	-0,155	*Soratra* (enregistrement)	-0,085
Vola (argent)	-0,086	*Fantatra* (connu)	-0,083
Lalana (route)	0,328	*Fahasalamana* (santé)	0,211
Mafy (difficile)	0,244	*Mafy* (difficile)	0,159
Fitaovana (outils)	0,131	*Karama* (salaire)	0,131
Asatanana (manuel)	0,123	*Asatanana* (manuel)	0,106
Lavitra (éloigné)	0,171	*Vatana* (corporel)	0,097
Ampy (suffisant)	0,167	*Aretina* (maladie)	0,080
Ratsy (mauvais)	0,160	*Kely* (faible)	0,064

Source : INSTAT/DSM-PNUD-BIT-IRD/DIAL, ENEMPSI2012, nos propres calculs.

4.2. Analyse de typologie des clusters d'UPI

Selon les résultats de l'analyse par classification, on peut considérer trois catégories d'UPI selon les réponses des chefs d'UPI. Ce qui est intéressant, c'est que la même typologie est trouvée aussi bien concernant les avantages que les inconvénients à travailler dans le secteur informel. Ce résultat est confirmé par l'association des expressions sur les avantages et les inconvénients par les analyses de correspondance du tableau lexical entier (TLE) combinant les réponses sur les avantages et celles sur les inconvénients.

La première catégorie, représentant près de 35 % des unités répondantes, regroupe les UPI dénommées « *d'entrée dans les activités génératrices de revenu* » compte tenu de leurs caractéristiques suivantes : parmi ces chefs d'UPI, près d'un tiers (contre 28 % pour l'ensemble) opèrent dans le secteur informel faute de ne pas trouver d'emploi dans le secteur formel. La grande majorité d'entre eux (72 %) sont des migrants en milieu urbain, surtout dans la province de la capitale Antananarivo. Ils travaillent seuls et s'orientent relativement plus vers des activités de services. Ces chefs d'UPI ont une logique de maximisation du profit. Ils rapportent souvent comme avantages de leur activité informelle, les gains monétaires au quotidien, malgré le fait que ces gains soient faibles. On peut justifier cela par la fréquence des termes suivants, cités par les chefs d'UPI de ce *cluster* : « *vola* » (argent) (53 %)[77], « *mahazo* » (gagner) (51 %), « *kely* » (faible) (68 %), « *fiainana* » (vie) (63 %), « *mahita* » (gagner) (79 %) « *mandray* » (gagner) (82 %), « *miditra* » (gagner) (71 %) et « *isanandro* » (tous les jours) (68 %). Cette catégorie évoque souvent les inconvénients d'ordre économique de leur activité, comme les problèmes relatifs à l'instabilité du marché et à la faiblesse du niveau de production et des revenus. Cette situation ne leur permettrait pas d'honorer leurs obligations fiscales. Les termes spécifiques attachés à cette catégorie sont les suivants : « *karama* » (salaire, revenus) (76 %), « *miditra* » (gagner) (70 %), « *kely* » (faible) (56 %), « *vola* » (argent) (53 %), « *mandoa* » (payer) (52 %), « *hetra* » (impôts, taxes) (51 %) et « *indraindray* » (parfois) (44 %).

La deuxième catégorie représentant plus de 18 % des UPI répondantes est considérée comme « *UPI de survie* ». Dans cette catégorie, près de trois UPI sur dix (contre 20 % sur l'ensemble des UPI) sont classées dans les unités les moins performantes en termes de niveau

---

77 53 % des occurrences du terme "vola" dans le corpus du texte considéré sont citées par les individus de cette classe.

de production. La majorité travaille dans les activités de transformation (branche secondaire). En termes de capital humain, les chefs d'UPI de cette catégorie sont les plus mal lotis. Plus de 60 % d'entre eux n'ont pas dépassé le niveau de l'enseignement primaire. Une proportion relativement importante (18 %) de ces chefs d'UPI a déclaré que le motif principal de l'exercice de leur emploi actuel, est seulement l'héritage familial. La majorité d'entre eux sont en milieu rural et natifs de leur lieu d'habitation actuel (non-migrants). Ils citent comme avantage le gain de revenu permettant de couvrir les besoins « vitaux » en biens et services tels que la nourriture et d'autres produits de première nécessité (PPN).

L'un des avantages les plus fréquemment évoqués dans ce *cluster* est que l'activité de l'UPI aide son chef à réduire les difficultés du ménage. On observe que les termes les plus récurrents dans ce *cluster* sont : « *antoka* » (assurance, garantie, sûreté) (95 %), « *kojakoja* » (vêtements, PPN) (83 %) « *mividy* » (acheter) (83 %), « *zavatra* » (biens et services) (67 %), « *andavanandro* » (tous les jours) (61 %), « *manala* » (résoudre) (82 %) et « *sahirana* » (difficultés) (58 %).

En ce qui concerne les inconvénients de leur activité informelle, ils se soucient beaucoup plus de leur santé et de la pénibilité au travail due au manque de matériel adéquat. En effet, cette catégorie de chefs d'UPI cite fréquemment des désagréments relatifs aux maladies, telles que les blessures, la fatigue, qui pourraient résulter de l'exercice de leur activité. Cela peut être justifié par les termes spécifiques liés à cette catégorie comme « *aretina* » (maladie, blessure) (95 %), « *halatra* » (vol, pillage) (73 %), « *simba* » (détérioration) (71 %), « *fitaovana* » (outil, matériel) (66 %), « *ampy* » de « *tsy fahampiana* » (insuffisance ou manque) (60 %).

La troisième et dernière catégorie, représentant près de 47 % de l'ensemble des unités répondantes, est composée d'« *UPI des opérateurs libéraux* ». En effet, la proportion des chefs qui ont choisi volontairement d'opérer dans le secteur informel, est la plus élevée (23 %) dans cette catégorie. Une part relativement importante de ces UPI fait partie des unités de production les plus performantes en termes d'échelle d'activités. Elles sont composées en grande partie (62 %) de jeunes. On les retrouve beaucoup plus dans la province de Fianarantsoa. Ces chefs d'UPI se comportent comme des opérateurs qui veulent maximiser le profit et/ou minimiser les coûts. Ils fondent leur raisonnement sur leur liberté face aux procédures et charges administratives trop contraignantes. En effet, ils pensent que leur activité génère un revenu permettant d'assurer la vie de leur famille et ce, sans l'enregistrer auprès de l'État ni verser d'argent à titre d'impôts ou de taxes. Ceci se justifie par le fait que les termes suivants sont fréquemment cités par ce groupe d'individus : « *mamelona* » (assurer les besoins) (67 %), « *ankohonana* » (foyer, ménage) (82 %), « *fanjakana* » (État, Administration) (78 %), « *hetra* » (impôts, taxes) (94 %), « *mandoa* » (payer) (95 %), « *taratasy* » (dossiers, documents, papiers) (100 %) et « *karakara* » (préparation, conception, montage) (100 %).

De même, au plan des inconvénients, cette catégorie de chefs d'UPI est attachée aux aspects administratifs. En effet, ces chefs d'UPI mentionnent dans leurs réponses la crainte et l'inquiétude concernant les persécutions et des sanctions de l'État à cause de l'informalité de leur activité. Ils se soucient également des désavantages liés à leur non enregistrement, ce qui ne leur permet pas de bénéficier d'aide ou d'appui de l'État ou d'autres structures formelles. Ainsi, les termes spécifiques associés à cette catégorie sont « *sazy* » (sanction, peine) (96 %), « *fantatra* » de « *tsy fantatra* » (inconnu, non identifié) (95 %), « *soratra* » (enregistrement) (87 %), « *tahotra* » (peur, crainte) (85 %), « *fanjakana* » (État, Administration) (83 %) et « *enjika* » (persécution, poursuite) (75 %).

5. Conclusion et recommandations

Les analyses précédentes débouchent sur une typologie des unités de production informelles selon les caractéristiques individuelles, le type d'activités, les points de vue du chef d'unité sur le motif d'implantation dans le secteur informel, la logique de production et les contraintes de développement des activités. Ces résultats permettent de tracer quelques lignes directrices des politiques de développement et d'intervention dans le secteur informel.

Premièrement, le choix des interventions pour une formalisation ou un ralentissement du développement du secteur informel, doivent prendre en compte les perceptions individuelles des chefs d'UPI quant à leurs conditions d'activité. Particulièrement, les perceptions portées sur les avantages *versus* les inconvénients de l'activité dans le secteur informel doivent être analysés en détail. À travers l'analyse des opinions concernant les inconvénients de travailler dans l'informel, on a pu dresser le panorama des aspirations variées des chefs d'UPI. Ces aspirations diverses orienteront les décideurs dans la formulation et la diffusion de messages ciblés lors de campagnes de sensibilisation pour la promotion de l'enregistrement des activités informelles.

Deuxièmement, une politique d'appui au secteur informel ne peut avoir pour objectif le développement intégral et simultané de toutes les activités de ce secteur. L'hétérogénéité des activités du secteur informel exige des politiques spécifiques pour le développement efficace de chaque catégorie d'activités. La différentiation ne concerne pas uniquement le type d'activité ou le niveau de performance économique actuelle, on la rencontre aussi dans la localisation des implantations (urbain-rural, province), dans l'âge du chef d'UPI, dans les multiples motifs d'implantation (l'héritage familial, le manque d'opportunités d'emplois formels, l'aspiration à l'indépendance, autres).

Certains chefs d'unités de production stagnent dans la logique de survie : ce sont ceux des unités de la branche primaire et secondaire, vivant en milieu rural et avec un niveau d'éducation relativement faible. Ils se plaignent surtout des contraintes d'accès aux infrastructures et aux moyens de production. Par conséquent, il est primordial de faciliter l'accès aux routes, au crédit, à la formation technique, aux machines et aux outils, etc.

À l'opposé, certains chefs d'unités de production déploient une logique d'opérateur informel et aspirent à l'indépendance. Ce sont surtout des jeunes, des dirigeants d'unités de production dans le commerce ou les services, travaillant en milieu urbain et ayant un niveau d'éducation relativement élevé. Ils évoquent les contraintes liées à la demande : l'instabilité et l'insuffisance de la clientèle. Ils s'installent volontairement dans le secteur informel et affichent délibérément leur volonté de réduire au strict minimum leur relation avec l'État. D'une part, la promotion de ces unités de production doit passer par l'élargissement des marchés : facilitation de l'accès aux contrats de sous-traitance de la part du secteur formel (public et/ou privé, exportation), amélioration de la qualité et normalisation des produits, meilleure circulation des informations sur le marché (prix, quantité demandée, délai de livraison, etc.), création de groupements de producteurs. D'autre part, il convient de faciliter l'enregistrement administratif des activités économiques par la décentralisation des services d'enregistrement, la simplification des procédures et la réduction des coûts. Il est recommandé de mener des campagnes de sensibilisation pour faire connaître les avantages que procure l'affiliation aux registres administratifs, notamment en termes d'accès aux marchés.

Si la perception des inconvénients liés au secteur informel concerne surtout l'insécurité et ses conséquences en termes de revenus et de santé, les réponses exprimées soulignent aussi les avantages liés au travail dans le secteur informel. Cette étude a notamment permis de montrer combien l'auto-entrepreneur dans le secteur informel exprime des aspirations d'indépendance et une grande méfiance vis-à-vis de l'État. Ce souci de préservation d'un « ailleurs » face à une économie formelle dont les chefs d'UPI ont peu à attendre dans sa configuration actuelle, appelle à la formulation de nouvelles politiques publiques marquées par une gouvernance plus inclusive, combinant des politiques incitatives et d'« *empowerment* » des acteurs du secteur, dans le cadre d'un projet de formalisation dont ils ne seraient pas seulement la cible, mais surtout les forces motrices.

Bibliographie

Bromley, R. (1994), "Informality, de Soto Style: From Concept to Policy", in C. A. Rakowski (ed.), *Contrapunto: The Informal Sector Debate in Latin America*, Albany: State University of New York Press.

Cameron, M. A. (1989), « *The politics of the urban informal sector in Peru: Populism, class, and redistributive combines* », Latin American Studies Association meetings, Miami : LASA.

Günther I. and Launov A. (2012), « Informal employment in developing countries : Opportunity or last resort ? », *Journal of development economics* n° 97.

Hemmer H. R., Mannel C. (1989), « On the Economic Analysis of the Urban Informal Sector », *World Development*, n°17(10).

INSTAT (2012), *Le marché du travail à Madagascar en 2012 : dominé par le sous-emploi massif* », Enquête nationale sur l'Emploi et le secteur informel, Antananarivo : INSTAT.

---------- (2013), *Le secteur informel à Madagascar en 2012 : poids économique et social importants, en déconnexion avec le Secteur Formel*, Enquête Nationale sur l'Emploi et le secteur informel, Antananarivo : INSTAT.

Lapeyre F. (2013), « Securing Livelihoods in Africa: Towards Multi-scalar Policy Frameworks », *European Journal of Development Studies*, n° 25(5).

Lebart L. and Mirkin B.G. (1993), « *Correspondance analysis and classification* », in C. C. Cuadras and R. Rao (eds), *Multivariate Analysis, Future Directions*, Amsterdam: North Holland.

Lebart L. et A. Salem (1994), *Statistique textuelle*, Paris : Dunod.

Lebart L. (1998), « Classification problems in text analysis and information retrieval » in A Rizzi, M. Vichy, H.-H. Bock (eds), *Advances in Data Science and Classification*, Berlin: Springer.

Liedholm, C., and D. Mead (1987), « Small scale industries in developing countries: Empirical evidence and policy implications », *Michigan State University International Development Paper* n°9, East Lansing: Michigan State University.

Raowski C. A. (1994), « Convergence and Divergence in the Informal Sector Debate: A Focus on Latin America », *World Development*, n° 22(4).

Rauch J. E. (1991), « Modelling the informal sector formally », *Journal of Development Economics* n°35.

Razafindrakoto, M., F. Roubaud et C. Torelli (2009), « La mesure de l'emploi et du secteur informels : leçons des enquêtes 1-2-3 en Afrique », *STATECO* n° 104.

Rossini R. G. and J. J. Thomas (1990), « The Size of the Informal Sector in Peru: A Critical Comment on Hernando de Soto's El Otro Sendero », *World Development*, n° 18(1).

Tokman, V. (1991), « The informal sector in Latin America: From underground to legality » in G. Standing and V. Tokman (eds), *Towards Social Adjustment: Labor Market Issues in Structural Adjustment*, Geneva: ILO.

Chapitre 6

Les facteurs d'informalité et les opportunités de transition vers l'économie formelle à travers l'étude-diagnostic de la filière de commercialisation du vivrier marchand à Madagascar

•

Herinjatovo Aimé Ramiarison
et Herinjatoelina Ramiarison

1. Introduction

À l'instar des autres pays en développement, l'économie malgache est caractérisée par la prolifération de l'économie informelle qui est le plus grand pourvoyeur d'emplois du pays et représente près de 90 % de la population active. L'économie informelle contribue fortement à la croissance du pays (INSTAT 2013a et 2013b). En effet, 80 % du revenu total des ménages malgaches provient de l'économie informelle, ce qui lui confère un rôle central dans les stratégies de sécurisation des conditions de vie des ménages, et en particulier des plus pauvres (INSTAT 2013b). Malheureusement, en dépit de ce rôle, l'économie informelle n'a jamais été la priorité des régimes qui se sont succédé depuis l'indépendance. Au contraire, les unités de production informelle sont considérées comme un obstacle majeur au développement des entreprises formelles parce qu'elles leur font une concurrence déloyale. Elles affaiblissent aussi la capacité d'action de l'État compte tenu de la faiblesse de l'assiette fiscale, basée sur l'économie formelle.

Traditionnellement, on a préféré adopter des mesures règlementaires assorties de sanctions sous des formes diverses pour stopper la prolifération de l'économie informelle. L'histoire a montré que ces mesures étaient inefficaces et improductives dans la mesure où l'économie informelle continue de se développer. À l'origine de cet échec, il y a notamment le manque d'informations fiables sur l'économie informelle, ce qui constitue un frein pour la bonne orientation des décisions et la mise en place de stratégies adaptées aux problèmes. Dans ce contexte, il est également difficile de coordonner des interventions entre les différents acteurs concernés dans les sphères publique et privée.

C'est dans ce contexte qu'en 2015, le gouvernement a exprimé sa volonté de changer sa politique vis-à-vis de l'économie informelle en intégrant dans son Plan national de développement l'une des actions prioritaires préconisées par la recommandation 204 en vue d'assurer la transition de l'informel vers le formel (MEP 2015). Il s'agit de la « Priorisation ou réorientation des investissements intensifs en emplois décents à destination des populations pauvres », qui a été traduite en une Politique nationale de l'emploi et de la formation professionnelle (PNEFP), dans laquelle deux axes stratégiques sont consacrés à l'économie informelle (MEETFP 2015). Aucune amélioration significative n'a toutefois été constatée, car l'économie informelle continue d'occuper la grande majorité de la population active. Elle est toujours en outre synonyme de pauvreté, d'emplois précaires, de rémunération faible, de conditions de travail contraignantes, d'énormes déficits de travail décent, de faible accès à la protection sociale, de non respect des Principes et droits fondamentaux au travail (PDFT) et des normes de sécurité et de santé au travail (SST).

L'étude-diagnostic de la filière de commercialisation du vivrier marchand à Madagascar est entreprise afin de répondre partiellement à l'insuffisance d'informations sur l'économie informelle. En effet, jusqu'à présent, il n'y a que l'Enquête nationale sur l'emploi et le secteur informel – (INSTAT 2013a) – qui fournit des informations permettant de mieux comprendre le secteur informel malgache. Néanmoins, les informations et analyses fournies par cette enquête restent encore limitées et ne permettent pas d'identifier et de mettre en œuvre les actions pertinentes et efficaces pour réussir la transition vers l'économie formelle. Étant donné la grande diversité et les spécificités des segments qui composent l'économie informelle, il y a une nécessité d'analyser de manière plus approfondie chacun des segments qui la constituent afin de mettre en œuvre des programmes adéquats destinés à renforcer le potentiel des unités économiques informelles et de lever les contraintes à leur formalisation.

En ce sens, la présente étude a le mérite de mettre en évidence la nécessité de délimiter de manière plus précise le périmètre des politiques à mettre en œuvre. C'est la raison du choix d'une étude sectorielle, en l'occurrence le commerce de vivrier marchand dans le district d'Antananarivo. Le choix des filières et de la région est motivé par le fait que : (1) le commerce est le segment le plus important de l'économie informelle hors agriculture à Madagascar en termes de chiffres d'affaires (69 %), de valeur ajoutée créée (45 %), d'attractivité et donc d'emplois (33,4 %) (INSTAT, 2013b) ; (2) la position charnière du commerce qui met en relation les producteurs et les consommateurs lui confère un rôle de levier important pour un développement inclusif au profit de tous les acteurs de la chaîne de valeur, notamment les groupes vulnérables ; (3) le vivrier marchand est un formidable relais entre le monde urbain et le monde rural ; (4) le district d'Antananarivo est le plus grand marché de produits vivriers marchands du pays. En outre, l'étude cible les filières commerciales les plus porteuses par rapport aux enjeux de la formalisation. L'originalité de cette étude réside également dans le fait qu'elle appréhende le secteur du vivrier marchand sur l'ensemble de la chaîne de valeur. Bien qu'on s'intéresse en particulier aux commerçants, il est essentiel d'intégrer d'autres catégories de travailleurs, en l'occurrence des producteurs et des transporteurs.

L'objectif de l'étude est d'identifier les facteurs d'informalité et d'évaluer les conditions de travail des acteurs afin de mettre en relief les possibilités de transition vers le formel. Les tâches consistent essentiellement à (1) apprécier la réalité quotidienne vécue par les acteurs du secteur, (2) évaluer le respect des critères de formalisation au niveau de trois filières sélectionnées, les causes et les facteurs de pérennisation de l'informalité ainsi que les contraintes empêchant la transition vers l'économie formelle, et (3) identifier et analyser les opportunités qui pourraient favoriser la formalisation.

2. Méthodologie et Description de l'échantillon

La méthodologie consiste essentiellement à analyser des données collectées à travers un examen documentaire approfondi, des entretiens avec des informateurs clés, sous forme d'interview semi-structuré (ISS) et d'une enquête quantitative sur le terrain. Cette phase de collecte et d'analyse de données a été précédée par une enquête exploratoire, basée sur une revue documentaire préliminaire et un recensement sur le terrain qui a permis d'identifier les trois filières sur lesquelles porterait l'étude, de définir le périmètre de l'étude ainsi que la base de sondage à partir de laquelle sera tiré l'échantillon pour l'enquête quantitative. C'est à partir du dénombrement des commerçants de produits vivriers dans les principaux marchés d'Antananarivo[78] que le choix des trois filières a été décidé sur la base de leur représentativité parmi les commerçants. Il s'agit de « brède »[79] (25,18 %), « riz » (33,97 %) et « poulet » (11,57 %). La base de sondage est constituée de 659 commerçants de « brède », 889 commerçants de « riz » et 303 commerçants de « poulet » sur les 29 places de marchés des six arrondissements. La taille de l'échantillon de commerçants est de 319 (Tableau 6.1) répartis sur 12 marchés[80] avec une marge d'erreur de 5 % et un niveau de confiance de 95 %. L'échantillonnage est basé sur la méthode de tirage aléatoire stratifié selon le genre, la filière et le statut (grossiste, semi-grossiste, détaillant). Comme il n'existe pas de définitions légales et formelles des statuts de commerçants ni de critères de différenciation, l'étude s'est basée sur les critères propres des personnes rencontrées, qui se définissent eux-mêmes comme faisant partie de tel ou tel groupe. Les critères de caractérisation de chaque statut sont la capacité financière, la source d'approvisionnement, l'emplacement et le client type.

En outre, deux autres catégories d'acteurs ont été ajoutées pour permettre de mieux comprendre la perception des acteurs sur l'ensemble de la chaîne de valeur. Il s'agit des producteurs et des transporteurs.

---

78 Au total, 2.617 commerçants ont été dénombrés. Ils sont repartis sur les vingt-neuf marchés des six arrondissements de la Capitale.

79 Les brèdes désignent un ensemble très divers de légumes à feuilles comestibles. Ce terme est utilisé notamment à Madagascar et dans d'autres pays tropicaux.

80 Les échantillons ont été tirés dans les deux plus grands marchés de chaque arrondissement.

TABLEAU 6. 1 Répartition de l'échantillon de commerçants

	Riz	Brèdes	Poulet	Total
Grossistes	20	3	7	30
F	10	2	2	14
M	10	1	5	16
Semi-grossistes	23	25	13	61
F	12	23	5	40
M	11	2	8	21
Détaillants	78	107	42	224
F	47	84	19	148
M	31	23	23	76
TOTAL	121	135	62	318

Source : Traitement des données d'enquête.

Pour les producteurs, l'échantillonnage est basé sur un sondage aréolaire. Il s'agit d'une part de définir les itinéraires à suivre pour sélectionner les unités à enquêter, et d'autre part de définir le quota par genre (75 % femmes, 25 % hommes), par filière (1/3 chacune) et par appartenance à une coopérative (50 %). L'étude porte sur un échantillon de 36 producteurs dont la moitié est issue des 36 coopératives recensées dans la zone de production du district d'Avaradrano, et l'autre moitié, de producteurs indépendants des 6e et 5e arrondissements où se situent les zones de production. Pour les transporteurs, la même méthode d'échantillonnage a été appliquée. Les itinéraires choisis sont les environs des marchés de la capitale. La taille de l'échantillon est fixée à 36 et les quotas sont attribués selon le type du véhicule (50 % à moteur et 50 % à traction) et le statut du transporteur (50 % propriétaire et 50 % locataire du matériel de transport). L'échantillon final pour ces deux autres acteurs est présenté dans le tableau 6.2.

La population étudiée est alors constituée exclusivement des unités de production informelles au nombre de 387, réparties en commerçants, producteurs et transporteurs (Tableaux 6.1 et 6.2). Pour mieux caractériser le secteur et mieux appréhender le degré et les facteurs d'informalité, les commerçants sont classés selon la nature de leurs activités. Les autres acteurs sont également classés selon le type d'exploitation : entreprise informelle ou exploitation familiale pour les producteurs, propriétaire ou locataire pour les transporteurs. Il faut remarquer que la grande majorité des producteurs vivriers opèrent sous forme d'exploitation familiale non enregistrée légalement et dépendent presque entièrement de la main d'œuvre familiale.

TABLEAU 6.2 Répartition de l'échantillon de producteurs et de transporteurs

	Hommes	Femmes	Total
Producteurs	**9**	**25**	**34**
Entreprises informelles	0	3	3
Exploitations familiales	9	22	31
Transporteurs	**33**	**2**	**35**
Propriétaires	18	0	18
Locataires	15	2	17
TOTAL	**42**	**27**	**69**

Source : Traitement des données d'enquête.

Il était important d'enquêter auprès de ces groupes – producteurs de produits vivriers marchands et transporteurs de ces produits – pour avoir des éléments d'information sur l'organisation des trois filières de produits vivriers marchands choisis dans une perspective de chaîne de valeur.

Selon les études existantes sur le secteur informel, notamment l'ENEMPSI 2012, les femmes sont les acteurs majoritaires de l'économie informelle, notamment dans le secteur du commerce.[81] Elles sont aussi les acteurs les plus vulnérables. Dans notre échantillon, les femmes représentent 63,5 % des commerçants et 73,5 % des producteurs, mais seulement 5,7 % des transporteurs (Tableaux 6.1 et 6.2). Cette forte présence féminine dans le commerce du vivrier marchand s'explique par deux facteurs importants, à savoir (1) la faible barrière à l'entrée en termes de qualification et le faible besoin de capacité financière ; et (2) la destruction massive des emplois dans le secteur

81 Les femmes représentent 52 % des emplois de l'économie informelle, 58,1 % des travailleurs à leur propre compte, 53,1 % des aides familiales des unités de production informelles (INSTAT 2013b)

de la confection où la majorité des travailleurs sont des femmes. La présence des femmes est relativement moins forte là où ces barrières sont plus importantes, à l'image de la vente en gros ou du commerce de riz qui nécessitent une plus grande capacité financière, plus de travail de manutention et davantage de qualification. Ainsi, le commerce, et en particulier le commerce de vivrier marchand, joue un rôle de porte d'entrée dans le marché du travail pour des groupes vulnérables ayant peu de perspectives alternatives d'emploi.

Narindra, femme, 25 ans, détaillante de riz :

> « *Je travaille en tant que détaillant de riz depuis un an maintenant. J'ai commencé cette activité faute d'avoir trouvé un emploi formel malgré le fait que j'ai terminé des études supérieures. En effet, j'ai obtenu un diplôme de licence en gestion il y a deux ans et j'ai passé presque une année à chercher du travail, mais en vain. Le contexte économique à Madagascar est mauvais et le marché de l'emploi est très désavantageux pour les jeunes diplômés. Je ne possède pratiquement aucune expérience en entreprise et cela est pénalisant dans la mesure où les offres d'emplois exigent pratiquement toutes des expériences professionnelles. Pour ne plus perdre mon temps à chercher, j'ai décidé d'ouvrir une épicerie avec l'appui financier de mon mari. J'y vends du riz et d'autres produits de première nécessité. Cela me permet de gagner de l'argent et d'aider mon mari dans la prise en charge de nos dépenses quotidiennes. Cela me permet également d'avoir plus de flexibilité pour m'occuper de mon foyer, ce que je n'aurais pas pu avoir si j'étais employée dans une société* ».

La population étudiée est relativement jeune, alors que la majorité a entre 30 et 49 ans (Figure 6.1). Pour les commerçants, à cet âge, les contraintes au démarrage et à la mise en œuvre d'activités commerciales sont les moins intenses. Parmi ces contraintes, on peut citer : (1) le manque de ressources financières pour démarrer une activité, (2) les contraintes liées à la vie familiale (exemple : s'occuper d'enfants en bas âge) les empêchant de s'investir pleinement dans des activités rémunératrices, (3) le manque de réseau social, condition *sine qua non* pour obtenir des informations sur la manière d'accéder au circuit d'approvisionnement en marchandises ou de trouver une place pour vendre, (4) la faible capacité physique (pour les personnes plus âgées).

Figure 6. 1 Répartition par âge des acteurs selon leur statut

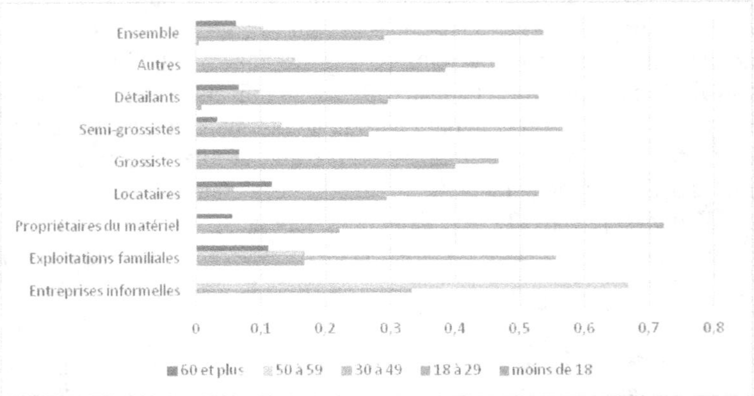

Source : Traitement des données d'enquête.

3. Les facteurs de l'informalité

Dans cette section, nous allons examiner les raisons pour lesquelles les acteurs sont dans l'informel et incapables de formaliser leurs activités. Les facteurs d'informalité peuvent être classés en trois groupes principaux, à savoir le contexte macro-économique et socio-économique du pays, le cadre législatif et règlementaire, et les facteurs liés aux acteurs et aux filières.

3.1. Le contexte macro-économique et socio-économique

Madagascar figure toujours parmi les Pays les moins avancés (PMA) de la planète. La situation s'est toutefois aggravée lorsque les efforts de développement des années 2000 qui avaient permis une croissance forte et la réduction de la pauvreté rurale ont été anéantis par la crise politique de 2009 (MEP 2017). Cette crise, qui a duré près de cinq ans, a mis à plat l'économie et était caractérisée par un taux de croissance faible (0,9 % par an entre 2009 et 2014), une baisse du revenu par tête, un taux de pauvreté très élevé à 92 %, une destruction massive des emplois de l'ordre de 336.000, soit plus du tiers des emplois formels selon le BIT (BIT 2011), et une dégradation des conditions sociales. L'instabilité politique croissante et ses conséquences néfastes font de Madagascar un État fragile.

Malgré un taux de croissance de 4,2 % en 2017, la reprise économique reste encore timide, et la Grande île figure désormais parmi les pays à risque très élevé (niveau D) selon la COFACE (2018). En effet, l'environnement des affaires n'a cessé de se détériorer, plaçant Madagascar au 167e rang mondial sur 190 pays, selon *Doing business Report 2017* (Banque mondiale 2017). La capacité de l'économie à stimuler les investissements productifs, et donc à créer des emplois formels, est alors très limitée, ouvrant ainsi librement la voie au développement de l'économie informelle, accéléré par une urbanisation galopante (5,4 % par an)[82]. Une part de plus en plus importante des jeunes primo-demandeurs d'emplois et de ceux qui ont perdu leur emploi suite à la crise politique, se déversent dans l'économie informelle et viennent grossir les rangs des acteurs du vivrier marchand de la Capitale. Une étude par le Centre d'études économiques (CEE), en collaboration avec l'INSTAT, dans le cadre du projet de recherche international « *No Poo*r » constate que 73,8 % des anciens employés de la zone franche textile n'ont pas quitté leur travail de leur plein gré, mais pour des raisons qu'ils ne contrôlaient pas (chômage technique, faillite de l'entreprise, licenciement, contrat du travail non renouvelé) en 2012, et seuls 16 % d'entre eux ont eu la chance de trouver des emplois salariés, les autres n'ayant d'autre choix que d'entrer dans l'économie informelle (CEE 2013).

Ainsi, le contexte macro-économique précaire est la principale raison pour laquelle les actifs, notamment ceux qui ont perdu leur emploi et ceux qui ont du mal à en trouver un, se rabattent sur l'économie informelle pour assurer leur survie et celle de leur famille. L'emploi dans l'économie informelle est donc loin d'être temporaire en attendant de trouver mieux dans l'économie formelle, car l'économie n'a pas la capacité d'offrir cette opportunité. Les acteurs considèrent alors leur activité comme permanente et ils s'y investissent corps et âme.

3.2. Le cadre législatif et règlementaire

Trois critères ont été retenus pour qualifier de « formelle » une unité de production, à savoir[83] :

- La constitution juridique ou l'enregistrement légal de l'unité commerciale, qui permettrait de dissocier légalement la société/

82 MEETFP 2015.

83 Ce sont les critères retenus par l'Institut National des Statistiques (INSTAT). Corollairement, une unité de production est qualifiée d'informelle si elle ne respecte pas l'un de ces trois critères.

l'unité de son propriétaire. La possession d'un Numéro d'identification fiscale (NIF) et d'un numéro statistique (STAT) est l'indicateur de ce premier critère ;

- La tenue d'une comptabilité formelle qui servirait de contrôle des activités par les pouvoirs publics ;
- Le respect des obligations fiscales, car même si la société possède une personnalité morale et que la comptabilité est bien tenue, le fait de se soustraire aux obligations fiscales la rend irresponsable vis-à-vis de l'État.

On observe tout d'abord un manque considérable de communication et de sensibilisation aux règlementations économiques et juridiques auprès de la population étudiée, notamment sur les procédures, les obligations et les avantages d'être formel. En effet, notre échantillon est composé exclusivement d'unités informelles au regard des objectifs évoqués précédemment, mais paradoxalement la grande majorité d'entre elles (Tableau 6. 3) se considère comme formelles, ou semi-formelles. Le mot « informel » a une traduction en malgache qui s'apparente à une pratique illégale, et cela ne représente que 11,2 % des réponses. Pour les personnes interrogées, être « informel » signifie mener des activités illégales, voire illicites, ce qu'elles réfutent. Lorsqu'on leur explique finalement que la qualification d'« informelle » concerne les unités ne payant pas correctement leurs impôts, car elles ne sont pas enregistrées légalement, ils arguent qu'ils paient les taxes communales, qui les autorisent à exercer leurs activités dans les marchés mis à disposition par la commune, même s'ils ne paient aucune taxe à l'administration centrale. D'ailleurs, à la question « pourquoi n'enregistrez-vous pas légalement votre activité/entreprise ? », beaucoup répondent que c'est déjà fait, car la commune urbaine d'Antananarivo (CUA) reconnaît déjà leur activité, en oubliant ou en ignorant totalement l'obligation de s'enregistrer auprès du Registre du commerce et du Registre des statistiques. Cette réponse figure parmi le top 3 des réponses les plus citées pour expliquer le non-enregistrement légal des activités.

Ce manque de communication réduit la volonté des acteurs d'initier un processus de formalisation de leurs activités, et crée en même temps un climat de méfiance à l'égard de cette procédure et des implications, au cas où le commerçant décidait de s'y conformer. La législation n'a pas fait l'objet de campagnes de sensibilisation adaptées qui soient inclusives, permanentes et faciles à comprendre. Les acteurs ne savent même pas à qui s'adresser pour demander des informations malgré l'existence du guichet unique de création d'entreprises au niveau de l'EDBM ou des différents centres fiscaux à Antananarivo. De plus, le faible niveau d'éducation des jeunes ne facilite pas la compréhension des démarches de formalisation (Figure 6.2). Par conséquent, il y a une ignorance des obligations, mais surtout des avantages liés à la formalisation. Même ceux qui connaissent ces avantages pensent que cela est réservé aux acteurs d'une taille importante : possibilité de soumettre à des appels d'offres publiques, possibilité d'accès au crédit auprès des banques ou possibilité de recours à la justice en cas de litiges.

TABLEAU 6. 3 Le degré de formalité selon le statut[84]

Statut		Le degré de formalité perçu par les enquêtés			
		Formel	Semi-formel	Informel	Total
Producteur	Exploitations familiales	68,8 %	12,5 %	18,8 %	100,0 %
Transporteur	Propriétaire	58,8 %	35,3 %	5,9 %	100,0 %
	Locataire	70,6 %	11,8 %	17,6 %	100,0 %
Commerçant	Grossiste	86,7 %	6,7 %	6,7 %	100,0 %
	Demi-grossiste	75,0 %	15,0 %	10,0 %	100,0 %
	Détaillant	70,8 %	17,4 %	11,9 %	100,0 %
Ensemble		72,8 %	16,0 %	11,2 %	100,0 %

Source : Traitement des données d'enquête.

Un autre facteur important du non-respect du cadre légal et réglementaire est le coût élevé qui en découle, notamment le coût d'enregistrement légal et le coût du maintien de la formalité, relatif aux différentes charges fiscales et sociales (obligations financières vis-à-vis de la CNaPS et du SMIE), dont se plaignent le plus les unités informelles. En effet, 89 % des unités enquêtées ne sont pas enregistrées, tandis que la presque totalité d'entre elles se soustrait au paiement des taxes et des impôts tels que le prévoit le régime fiscal en vigueur. Pourtant, cette pratique n'est pas liée à une volonté ferme d'échapper ou de contourner les dispositifs légaux sur la fiscalité, mais s'apparente plutôt à l'incapacité financière des UPI à payer. En effet, le régime fiscal applicable aux

84 C'est le degré de formalité perçu par les personnes interrogées.

acteurs de l'économie informelle est le régime d'impôt synthétique qui requiert des contribuables qu'ils payent l'équivalent de 5 % de leur chiffre d'affaires avec un minimum de perception de 16.000 MGA[85], soit un revenu annuel de 320.000 MGA. Ainsi, pour un vendeur de brèdes, avec une recette journalière moyenne de 19.700 MGA, le montant des impôts à payer représente près de la moitié de sa marge bénéficiaire. En outre, l'acquittement des obligations fiscales se fait annuellement et en un seul paiement. Cette modalité est financièrement contraignante pour ces acteurs. Elle s'apparente en outre à des procédures plus complexes et demande beaucoup de temps. Parmi ces procédures, on peut citer la tenue d'une comptabilité formelle, nécessaire pour calculer le montant des impôts à payer. L'étude a permis de montrer que plus de 80 % des unités enquêtées n'avaient de suivi comptable de leurs opérations, étant donné le faible niveau d'éducation de leur chef.[86] Ils préfèrent alors le mode de prélèvement, quotidien, pratiqué par la commune, plus adapté à leur situation.

Par ailleurs, le régime fiscal malgache se caractérise par une multiplicité d'obligations difficiles à comprendre, qui suscitent beaucoup de réticences des commerçants vis-à-vis de la formalisation.[87] Ces derniers ont du mal à saisir le mode de calcul, les critères d'assujettissement ainsi que l'utilité des taxes qu'ils sont censés payer. Il ne s'agit pas de payer une, mais plusieurs taxes, ce qui engendre une sous-déclaration ou tout simplement la non-déclaration de l'activité. La hantise des commerçants est l'État en tant que prédateur qui priverait ceux qui travaillent dur de leurs maigres ressources. Dans le même ordre d'idées, la vie publique du pays est souvent marquée par des faits divers liés à la corruption, qui démotivent encore davantage les acteurs informels à formaliser leurs activités. Les médias rapportent souvent des scandales de détournement de fonds publics par des dirigeants politiques ou par des personnes proches du pouvoir.[88] Il y a également des exemples d'incivisme fiscal de la part de grandes entreprises qui ne paient pas correc-

---

85 MGA, Ariary, monnaie malgache, valeur en Euro : 1 Ariary équivaut à 0,00025 euro.

86 La comptabilité est enseignée soit à l'université, soit au lycée. Un tiers seulement des personnes interrogées a un niveau d'études secondaires.

87 L'unité formelle doit s'acquitter de diverses charges fiscales telles que : la taxe sur la valeur ajoutée, les impôts sur le revenu, les impôts sur les revenus intermittents, etc.

88 Scandale financier récent, notamment impliquant une femme d'affaires proche du Président de la République et conseillère spéciale, un ancien ministre des Finances, et de hauts fonctionnaires des ministères (voir par exemple le quotidien *Les*

tement leurs impôts. Tout cela génère un climat de méfiance vis-à-vis de la loi qui ne semble pas s'appliquer de manière égale à tout le monde, et quant à la bonne utilisation des taxes collectées, d'où la réticence des micro-entreprises à s'acquitter de leurs obligations fiscales.

Il faut néanmoins noter la prise de conscience des acteurs de l'économie informelle par rapport à leurs obligations vis-à-vis de l'appareil public. En effet, 96 % d'entre eux expriment leur volonté de collaborer avec l'État, et 61 % se disent prêts à payer l'impôt s'ils en ont les moyens. Le taux d'assiduité élevé du paiement des tickets communaux d'accès aux marchés en est la preuve. Ils sont près de 83 % à payer la taxe journalière pour l'occupation de leur lieu de vente habituel. Ces taxes quotidiennes varient de 200 MGA à 1.000 MGA, selon l'espace occupé et le volume de l'activité et sont abordables par rapport à leur pouvoir d'achat.

ENCADRÉ 6. 1 Taxe communale et impôt synthétique

La loi de finances de 2018 prévoit deux types de régimes fiscaux auxquels sont soumises les entreprises formelles à Madagascar : le régime synthétique pour les entreprises générant moins de 100 millions MGA de chiffre d'affaires, et le régime réel pour les entreprises qui en génèrent plus. C'est le régime synthétique qui semble concerner les unités commerciales du vivrier au regard de leur volume d'activités (moins de 100 millions MGA de chiffres d'affaires). Ce régime prévoit le paiement d'un impôt équivalent à 5 % du chiffre d'affaires au cours d'un exercice fiscal. Selon l'ENEMPSI 2012, le revenu moyen mensuel d'une UPI est de 57.000 MGA soit un revenu annuel de 684.000 MGA. Ainsi, le montant de l'impôt à payer est, dans ce cas, de 34.200 MGA. Il s'agit du montant exigible aux unités informelles à titre d'impôts si elles décident de formaliser leurs activités.

Ce montant est relativement accessible si on le compare au montant de la taxe communale payée par les UPI pour accéder aux marchés communaux. Cette taxe communale varie entre 200 MGA et 1000 MGA par jour selon le marché et selon l'emplacement. Pour les unités qui paient le minimum, soit 200 MGA, l'impôt synthétique susmentionné est l'équivalent d'une taxe communale correspondant à 171 jours de travail. Pour celles qui paient le maximum (1000 MGA), c'est l'équivalent de 34 jours de travail en taxe communale. Sachant que les UPI travaillent plus de 300 jours par an, le montant minimum de la taxe communale qu'elles doivent payer est de 300 jours x 200 MGA = 60.000 MGA par an. Ce montant est plus important que l'impôt synthétique. Et pourtant, rares sont les UPI qui s'en plaignent. La raison en est que le mode de paiement quotidien correspond mieux aux besoins des UPI qui vivent dans l'urgence et au jour le jour. Il est plus facile de payer un montant plus important, mais étalé sur toute l'année plutôt qu'un montant raisonnable, mais à payer en une seule fois. Le vrai frein au paiement de l'impôt synthétique réside alors dans les modalités de règlement, non adaptées aux UPI.

Source : MFB 2017

---

nouvelles du 21/03/18 (http://www.newsmada.com/2018/03/21/affaire-ambohimahamasina-claudine-razaimamonjy-chez-le-bianco/).

3.3. Les facteurs liés aux acteurs et aux filières

Outre les facteurs relatifs aux approches dualiste et légaliste analysées précédemment, d'autres facteurs propres au commerce du vivrier et à sa population expliquent également pourquoi certains individus se lancent dans l'économie informelle et ne sont pas capables de formaliser leurs activités.

3.3.1. Les facteurs inhérents au lancement et au développement du commerce ou de l'activité :

Premièrement, il convient de signaler que le secteur du commerce vivrier est le secteur qui répond le mieux aux défaillances de l'économie formelle évoquées auparavant dans la mesure où il comporte très peu de barrières à l'entrée. En effet, l'exercice de cette activité ne requiert pas un niveau de qualification élevé étant donné que l'âge moyen d'abandon scolaire de la population étudiée est de 15,6 ans, et que plus des deux tiers ont atteint, au plus, le niveau secondaire de 1er cycle (Figure 6.2).

FIGURE 6.2 Répartition de l'échantillon selon le niveau d'éducation

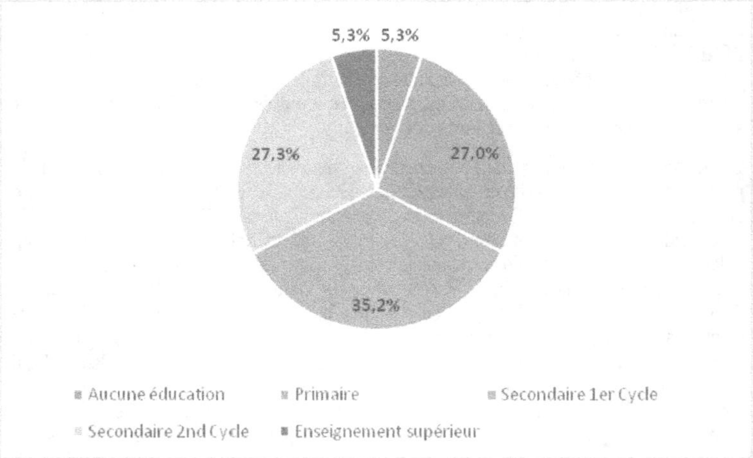

Source : Traitement des données d'enquête.

L'analyse par type de commerçants ne montre pas de variation importante, car les pourcentages sont respectivement de 54,5 %,

66,7 % et 70,5 % pour les grossistes, les semi-grossistes et les détaillants. Les transporteurs propriétaires et les commerçants des entreprises informelles de production ont un niveau scolaire relativement plus élevé. L'enquête a montré que la raison principale qui pousse à abandonner l'école est le manque d'argent de la famille qui oblige à travailler pour survivre. Ainsi, le commerce vivrier est bien placé pour répondre aux besoins de ces personnes, la filière « brèdes » étant celle des plus démunis dont l'âge moyen d'abandon scolaire est de 13,8 ans.

En outre, l'autofinancement est la pratique la plus souvent privilégiée dans ce secteur, le niveau de capital minimum requis ne constituant pas une barrière pour y démarrer une activité génératrice de revenus (Figure 6. 3). Une petite minorité obtient un crédit, mais celui-ci provient souvent d'une source informelle. Une grande partie des emprunts contractés par les personnes interrogées, soit 59 %, est informelle, c'est-à-dire contractée auprès de la famille ou d'amis. Seuls 25 % d'entre eux obtiennent un crédit auprès d'institutions de microfinance.

FIGURE 6.3 Pourcentage des travailleurs ayant obtenu un crédit auparavant.

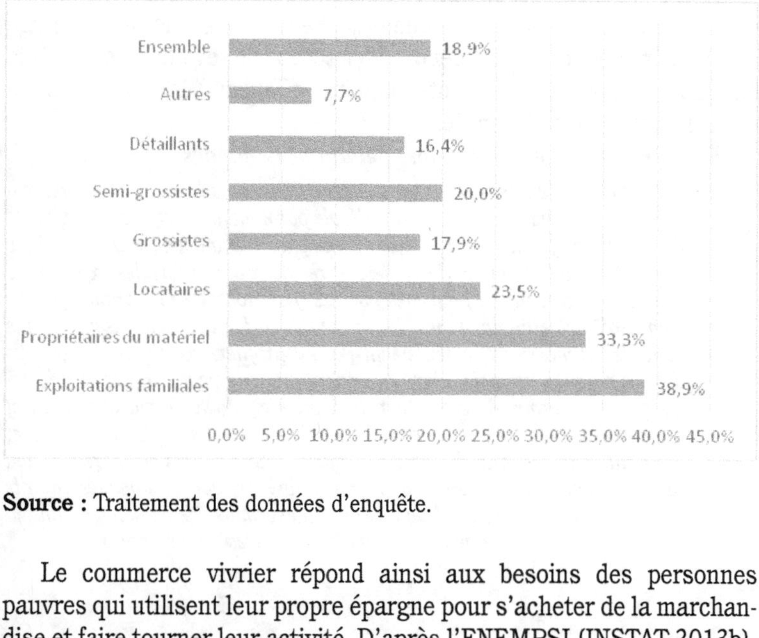

Source : Traitement des données d'enquête.

Le commerce vivrier répond ainsi aux besoins des personnes pauvres qui utilisent leur propre épargne pour s'acheter de la marchandise et faire tourner leur activité. D'après l'ENEMPSI (INSTAT 2013b), l'épargne individuelle finance le capital informel pour plus de 95 % de sa valeur.

L'économie informelle offre en outre l'avantage de permettre de mieux concilier le travail et la vie de famille. Plus de 70 % des personnes interrogées n'éprouvent aucune difficulté à combiner les deux ; 22 % seulement sollicitent l'aide d'autres personnes pour s'occuper des enfants. Le faible taux de divorce dans les unités commerciales (2 %) démontre aussi cet équilibre satisfaisant « travail-famille », ce qui ne signifie pas pour autant que les ménages soient épargnés par d'autres problèmes.

L'étude a également montré que la majorité des personnes qui se lancent dans le commerce vivrier le font dans un cadre de reproduction sociale. En effet, une proportion importante des personnes interrogées (Figure 6.4) avance l'influence ou le conditionnement familial comme motif de démarrage. C'est ce que l'on appelle la « reproduction familiale » où le secteur d'emploi de prédilection du chef de ménage semble avoir une influence sur le type d'emploi occupé par les autres membres du ménage. Il existe une propension des enfants à exercer une activité dans la même branche que leur père. Dans un contexte de rareté des sources de revenus, les familles développent une « culture professionnelle » en se spécialisant dans une branche afin de gagner un avantage concurrentiel pour mieux défendre leur source de revenus. Les enfants hériteraient alors de ces avantages pour se lancer à leur tour dans la branche choisie par la famille.

R. M. Gabin, homme, 56 ans, détaillant de brèdes :

> « *J'ai commencé très jeune à vendre des brèdes dans les marchés. J'avais à peine 14 ans quand j'ai dû quitter l'école par manque de moyens et à cause de problèmes familiaux. J'ai alors commencé par aider mes parents dans leur activité de commerce de brèdes. Après deux ans et fort des expériences acquises en travaillant pour mes parents, j'ai moi-même lancé mon propre commerce de détail de brèdes. Le soutien de la famille a été essentiel dans cette démarche, car non seulement j'ai pu profiter des différents conseils de mes parents, mais ils m'ont également prêté un peu d'argent au départ. Ce qui m'a permis de constituer mon premier stock de marchandises et d'amorcer mon commerce. J'ai remboursé ce capital sur plusieurs mois et sans intérêts. En grandissant, j'ai aussi aidé d'autres membres de ma famille à lancer leur propre commerce de brèdes, que ce soit mes enfants ou mes neveux et nièces. Nous sommes désormais 19 personnes dans la famille à exercer cette activité. L'entraide est très importante.* »

Figure 6.4 Les motifs ayant poussé les personnes interrogées à se lancer dans le commerce de vivrier marchand

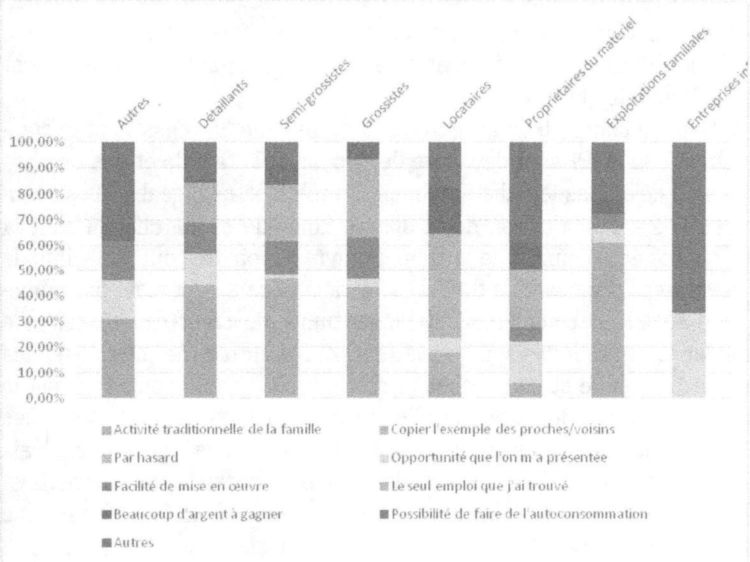

Source : Traitement des données d'enquête.

Cela ne concerne pas uniquement la famille. Ce phénomène peut s'étendre à d'autres proches tels que les amis qui donnent l'exemple ou offrent même une possibilité d'emploi. La présence antérieure d'un proche dans le secteur semble être un facteur de réussite des nouveaux arrivants dans un milieu où la concurrence est très rude. 60 % des personnes interrogées possèdent un ami proche ou un membre de sa famille qui exerce une activité dans le domaine du vivrier marchand, précisément dans la branche dans laquelle ils se spécialisent. En moyenne, les personnes qui se lancent dans le secteur connaissent une dizaine de personnes qui y sont déjà, famille et amis proches. Chez les semi-grossistes où la reproduction familiale est la plus forte, le nombre moyen de connaissances est de 12 personnes. La moyenne la plus élevée appartient à la filière « brèdes » (13 personnes), suivie des filières « poulet » (10 personnes) et riz (9 personnes). Bénéficier d'un bon réseau est en effet l'un des facteurs clés de succès dans le secteur. Par ailleurs, pour 18 % des personnes interrogées, la création d'une unité commerciale a pour objectif de pallier l'échec, de trouver un emploi salarié ou une autre occupation professionnelle informelle. La faible barrière à l'entrée constitue une motivation supplémentaire. En d'autres termes, c'est pour eux la seule activité qu'ils peuvent exercer, les autres étant plus difficiles d'accès. Il est important de noter que très peu d'acteurs bénéficient de moyens importants pour se lancer dans l'activité (Figure 6.4).

Dans le contexte de la reproduction familiale, la réussite et la compétitivité de l'UPI vont dépendre de l'appui de la famille et des proches qui sont déjà dans le milieu et jouent un rôle non négligeable. Les avantages liés à l'imbrication de la sphère familiale et marchande sont la possibilité de recourir à de la main-d'œuvre à moindre coût, la facilité de transposer l'organisation de l'activité, déjà mise à l'épreuve, par mimétisme social ou commercial et l'opportunité de créer des réseaux de solidarité multiformes qui permettent, entre autres, de mutualiser les coûts. La famille et les proches prodiguent différents appuis tels que le capital de départ, le matériel et l'équipement, les terrains, les semences et les poussins, les conseils et la formation, et la place pour vendre. Mais la forme d'aide la plus courante de la famille, consiste en « conseils et formations » (Tableau 6.4). En effet, outre l'accès à un bon réseau, une bonne connaissance du marché est un autre facteur clé de réussite.

Tableau 6. 4 Pourcentage des travailleurs ayant reçu l'appui de la famille/amis au lancement de l'activité

Financement régulier ou capital de départ	13,73
Matériels et équipements	10,36
Terrains	4,66
Semences ou poussins	4,66
Conseils et formations	27,72
Place de marché	11,92

Source : Traitement des données d'enquête.

Toutefois, en raison d'un faible chiffre d'affaires, la grande majorité des acteurs du commerce du vivrier (Tableau 6.5) ne peut développer ses activités, et cela constitue par conséquent un obstacle de taille à la formalisation, notamment pour les détaillants de la filière « brèdes ». Pour ces derniers, en effet, la porosité du marché facilite l'entrée de nouveaux arrivants qui trouvent facilement un coin de rue pour étaler leurs produits, parfois à même le sol, et intensifient ainsi la concurrence. Le marché, devenu très concurrentiel, réduit par conséquent le revenu des acteurs. Pendant les mauvais jours, les détaillants de la filière « brèdes » rentrent une recette journalière d'à peine 10.000 MGA pour couvrir les dépenses quotidiennes du ménage et s'approvisionner pour le lendemain[89]. Il faut toutefois noter l'existence de disparités de chiffres d'affaires, et donc de revenus, selon les filières et les statuts (Tableau 6.5). Par exemple, le chiffre d'affaires moyen journalier des acteurs dans la filière « riz » est presque dix fois plus élevé que celui des acteurs de la filière « brèdes ». Les grossistes et les semi-grossistes réalisent quant à eux des ventes journalières et des recettes beaucoup plus importantes que les détaillants. Néanmoins, le niveau de revenus constitué par la majorité des détaillants étudiés est très faible, proche du niveau de subsistance, ce qui oblige ainsi 40 % des personnes interrogées à chercher d'autres sources de revenus pour survivre. La plupart des sources citées relèvent encore d'activités informelles (l'agriculture et l'élevage, la couture, l'artisanat, le commerce d'autres produits, etc.). Finalement, l'informel est la seule possibilité de diversifier leurs activités.

Tableau 6.5 Chiffres d'affaires journaliers par filière et par statut (Unité MGA)

Statut	Filière	Maximum	Moyenne	Mauvais jours
Grossiste	Riz	1.560.000,00	1.006.666,67	386.666,67
	Brèdes	60.666,67	38.333,33	16.666,67
	Poulet	227.142,86	114.333,33	44.000,00
Demi-grossiste	Riz	528.047,62	271.666,67	124.285,71
	Brèdes	43.600,00	27.120,00	15.333,33
	Poulet	281.538,46	126.153,85	44.230,77
Détaillant	Riz	169.395,83	91.404,17	49.111,11
	Brèdes	30.145,63	19.873,00	10.491,92
	Poulet	237.023,81	134.125,00	75.714,29
Total	Riz	347.746,53	203.659,31	90.703,57
	Brèdes	36.479,17	23.762,68	12.278,42
	Poulet	244.716,22	134.328,57	67.541,67

Source : Traitement des données d'enquête. **Note** : 1 US$ = 3.900 MGA

89 Les stocks du jour sont difficilement vendables le jour suivant, à cause du caractère périssable du produit.

Bien que les barrières à l'entrée soient faibles et que l'accès à un bon réseau, grâce à l'appui de la famille et des proches, soit un facteur clé de réussite, un obstacle important empêche les acteurs d'accéder à la formalisation, et donc de développer leur activité : l'accès au financement. Celui-ci est central pour accroître les revenus de ces unités économiques informelles et leur permettre de s'engager sur la voie de la formalisation. Malheureusement, il est très difficile, voire impossible pour les acteurs de l'économie informelle de bénéficier de prêts auprès des établissements financiers. En effet, rares sont les banques qui acceptent de leur octroyer des prêts parce qu'elles n'ont pas d'existence légale, à cause de leur faible capacité de remboursement et de leur incapacité à fournir une garantie adéquate. Lorsque les banques octroient un prêt, le taux est exorbitant et les exigences en termes de garanties sont difficiles à respecter. Ce sont par conséquent les « producteurs » et les « transporteurs » qui ont le plus de chance d'accéder aux crédits bancaires, car ils disposent de garanties adéquates telles que le matériel roulant et les terrains (Figure 6.3)[90]. Les commerçants n'ont par contre que leurs marchandises à proposer en garantie. Leur chance d'obtenir un prêt auprès d'un établissement financier est très faible pour deux raisons principales. D'une part, les produits vivriers étant non durables, ils ne peuvent servir de garantie, et d'autre part, la faiblesse de leurs chiffres d'affaires indique une faible rentabilité de l'activité, et donc une faible capacité de remboursement. En un mot, le commerce vivrier est un secteur à haut risque pour les établissements de prêts.

Les institutions de microfinance (IMF) sont censées remédier à cette situation et constitueraient ainsi une alternative de financement adéquate au profit des micros et petites entreprises de l'économie informelle. Malheureusement, les IMF pâtissent d'une absence de confiance de la part des acteurs informels, d'un manque de culture comptable de ces derniers, ce qui limite la prise de risques des IMF, et du peu de diversification des offres de crédits[91]. Les travailleurs du commerce vivrier sont par conséquent condamnés à la précarité, étant donné que le niveau de vente est faible et proche de la subsistance. Le peu de marge bénéficiaire dégagée sert uniquement à payer les

---

90 L'accès au crédit bancaire est fonction du revenu et de l'avoir en matériel ou en actifs immobiliers.

91 Par exemple, les IMF excluent d'office ceux qui n'ont pas de ressources de départ, pas d'investissements à moyen et long terme, et les activités agricoles qui ne bénéficient pas d'une assurance.

dépenses quotidiennes sans qu'il soit possible d'utiliser ces fonds pour acquérir plus de marchandises ou investir.

Encadré 6.2 VOLAMAHASOA, l'une des rares institutions de microfinances (IMF) qui donnent du crédit aux acteurs informels

VOLAMAHASOA est une IMF qui existe depuis 1993. Lors de sa création, elle n'était présente que dans la région Atsimo Andrefana dans la partie sud-ouest du pays. Actuellement, son siège se trouve à Antananarivo. Elle est aujourd'hui présente à Fianarantsoa, Maevatanàna et Toamasina.

Le capital initial de cette IMF était de 100 millions MGA, l'APEM (l'Association Professionnelle des Entreprises) en est l'actionnaire majoritaire avec 51 % des actions.

VOLAMAHASOA est l'une des rares IMF qui financent les acteurs informels essentiellement dans les secteurs agricole et commercial. Pour cela, elle a dû adapter ses offres de crédit afin de minimiser ses risques. Parmi ces adaptations, on peut noter :

La possibilité de solliciter un crédit de très faible montant, de l'ordre de 60.000 MGA à 100.000 MGA ;

L'application de taux d'intérêt parmi les plus faibles du marché ;

La mise à disposition de formations sur l'éducation financière au profit des personnes qui empruntent de l'argent afin de leur apprendre à mieux gérer le crédit obtenu ;

L'adoption de cautions solidaires (70 % du crédit est solidaire, mais 30 % doit être individuel). Au minimum, 5 membres peuvent se porter caution. Il existe donc des cautions sans garantie.

Ce genre d'initiative est louable, mais reste encore très limitée. L'accès au financement reste un vrai problème pour les acteurs informels.

Source : Interview Semi-Structuré auprès des responsables de VOLAMAHASOA

3.3.2. L'approvisionnement, la vente et la concurrence

Si, d'un côté, la faible barrière à l'entrée constitue une opportunité de revenu pour les personnes pauvres, sans éducation et sans emploi, elle est aussi synonyme de saturation et d'atomisation du marché dans le commerce du vivrier marchand. Il est donc facile d'y entrer, mais s'y maintenir et y gagner un revenu suffisant s'avère une épreuve au quotidien pour les acteurs, ce qui nuit à leur volonté de formaliser leurs activités, étant donné les marges bénéficiaires très faibles qu'ils dégagent.

La stratégie d'approvisionnement des unités économiques informelles est basée sur la recherche de produits à moindre coût afin de s'assurer une marge suffisante, ce qui pousse près de la moitié des acteurs à changer fréquemment de fournisseur ou pour les grossistes à vendre directement au détail. Le prix est alors le motif d'insatisfaction le plus souvent évoqué dans le commerce vivrier. Étant donné que les détaillants s'approvisionnent essentiellement sur place ou sur une autre place de marché de la CUA (79,46 %), cette versatilité des commerçants réduit la capacité de négociation des fournisseurs, ce qui les oblige à réduire leur marge bénéficiaire et limite leur capacité de développement de leurs activités. La concurrence est particulièrement rude et la réduction des marges plus importante dans la filière « poulet » où la moitié des détaillants s'approvisionnent directement dans les zones de production environnantes, et dans la filière « brèdes » où les produits sont périssables. Dans la filière « riz », les fournisseurs – en particulier les grossistes, ont relativement plus de pouvoir de négociation. La majorité d'entre eux (68,42 %) s'approvisionne directement dans les zones de production et leur produit est moins périssable.

La concurrence est également rude au plan de l'écoulement des produits, et ce, pour trois raisons principales comme le montre la figure 6.5 : (1) la demande provient essentiellement de la consommation finale des ménages, même pour les grossistes et les semi-grossistes ; (2) il y a une faible intégration de l'économie informelle dans la chaîne de valeur nationale et une faible interaction avec l'économie formelle, cette dernière ne constituant pas un débouché pour la première ; (3) la concurrence déloyale imposée par les grossistes et les semi-grossistes au détriment des détaillants, qui deviennent encore plus vulnérables et voient leur marge bénéficiaire très fortement réduite[92].

Il faut noter qu'il n'existe pratiquement pas de politique d'entente commerciale sur le mode de fixation des prix entre commerçants. L'influence des coopératives ou des réseaux informels est moindre à cet égard. Le prix pratiqué est dicté par deux éléments de décision, à savoir le calcul de la marge bénéficiaire et l'alignement des prix sur le prix moyen du marché. Pratiquer un tarif élevé par rapport au prix moyen exposerait le commerçant au risque de voir sa clientèle se réduire, tandis que baisser sa marge bénéficiaire réduirait d'autant le peu de revenus qu'il dégage, déjà insuffisants pour vivre décemment.

---

92 Les détaillants ne pourront pas réduire leur prix de vente au niveau de celui des grossistes, leur prix de revient étant le prix de vente des grossistes, leurs fournisseurs.

À cette situation ultra-concurrentielle qui tire les marges bénéficiaires – notamment des petits commerçants – vers le bas, il faut ajouter une grande instabilité des prix du marché qui influe sur les prix de vente dont les fluctuations sont signalées par 76 % des personnes interrogées. Curieusement, la fluctuation de la demande joue un rôle très marginal dans ces variations de prix (sauf pour le poulet) tandis que la saisonnalité et le prix à l'approvisionnement (qui dépend du fournisseur et des grossistes) en sont les facteurs déterminants[93]. Ainsi, il est difficile pour les petits acteurs de se projeter à long terme. La formalisation devient une préoccupation secondaire pour les personnes interrogées qui sont avant tout préoccupées par l'urgence de sécuriser leur approvisionnement et le mode d'écoulement de leurs produits.

FIGURE 6.5 Type de clientèle par statut de commerçant

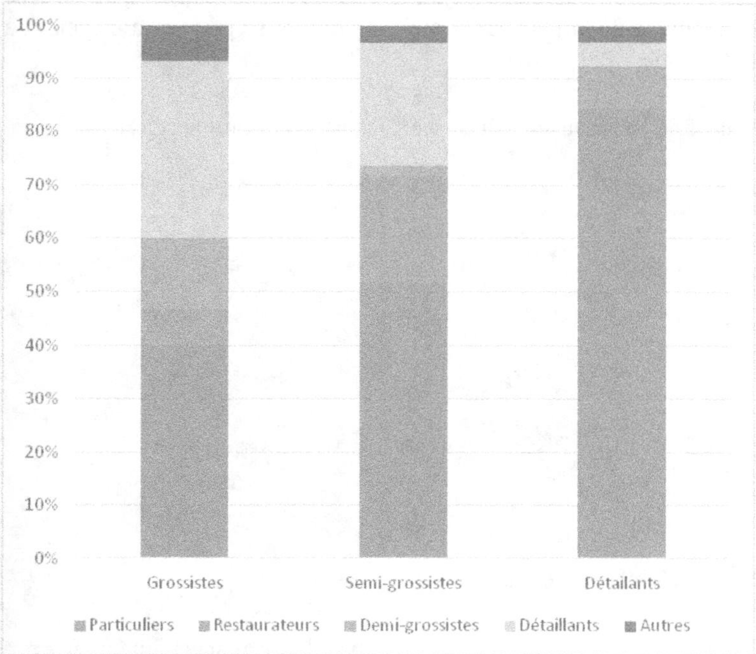

Source : Traitement de données d'enquêtes

93 Ces deux facteurs contribuent respectivement pour 83,6 %, 95 % et 85 % à la fluctuation des prix chez les grossistes, les semi-grossistes et les détaillants.

Les marges bénéficiaires sont également réduites du fait d'un mode de stockage rudimentaire. Les travailleurs assurent en effet eux-mêmes le stockage sans respecter aucune norme. Ils enregistrent par conséquent des pertes de marchandises dont l'importance varie selon la filière (Figure 6.6). C'est la filière « brèdes » qui en souffre le plus dans la mesure où près de 2/3 de ses acteurs déclarent avoir perdu des marchandises. La proportion de pertes journalières (entre 25 % et 50 % de la production) est la plus élevée dans cette filière. La filière « riz », une denrée moins périssable, n'est pas épargnée car 43,7 % des acteurs sont touchés. Afin de ne pas subir de pertes trop importantes, les acteurs du secteur doivent impérativement écouler leurs produits dans la journée, et abaissent ainsi les prix et partant, leur marge bénéficiaire[94]. Dans ces conditions, il est difficile de se projeter dans l'avenir et d'établir des stratégies de développement commercial. Ces commerçants vivent donc au jour le jour, ce qui est peu compatible avec une logique de formalisation qui exigerait de se projeter à moyen et à long terme.

FIGURE 6.6 Niveau de perte de marchandises au cours du stockage

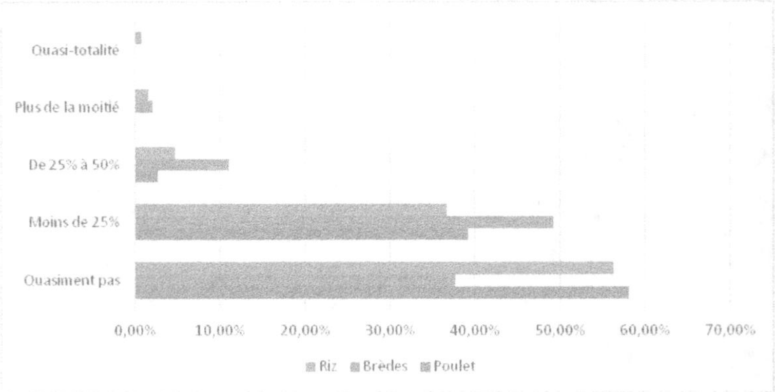

Source : Traitement des données d'enquête.

En outre, l'absence ou l'insuffisance de local spécifique pour exercer leur activité renforce leur précarité et fait obstacle à la formalisa-

94 Les commerçants de la filière « brèdes » sont les plus vulnérables. Une baisse de la clientèle pendant les mauvais jours est synonyme de perte de revenus : les fournisseurs devant toujours être payés, même si la marchandise en surplus est avariée.

tion. Dans notre échantillon, seuls 43 % des acteurs interrogés disposent d'un local. Il s'agit majoritairement de grossistes de la filière (riz), qui sont les plus organisés et disposent d'une bonne capacité financière leur permettant de louer un local en dur ou en bois. Seuls 5 % des acteurs de la filière « brèdes » et 39 % des détaillants disposent d'un local, la majorité réalisant leurs ventes à même le sol ou au mieux sur des étals de fortune. Cette situation tient également au choix de l'implantation, qui est principalement motivé par la proximité des clients et de leur lieu de résidence (29,4 % des acteurs), et de la saturation du secteur du commerce informel (22,3 % des acteurs). L'absence d'un local approprié peut relever d'une stratégie de minimisation des charges, surtout pour les plus démunis de la filière « brèdes ».

3.4. Les conditions de travail dans le secteur du commerce vivrier marchand

Il s'agit ici d'évaluer les conditions de travail des acteurs de ce secteur et d'établir un lien entre ces conditions et l'incapacité de formalisation de leur activité.

Les facteurs qui agissent négativement sur le chiffre d'affaires et les marges bénéficiaires susmentionnés obligent les acteurs de l'économie informelle à subir des conditions de travail contraignantes, les enfermant ainsi dans un cercle vicieux de pauvreté, de faible productivité et de faible revenu, qui les expose de manière permanente à la vulnérabilité.

Les commerçants sont obligés de s'approvisionner tous les jours, d'essayer de tout vendre dans la journée, et de travailler également le week-end[95]. Leur charge de travail est très lourde[96]. En effet, la grande majorité travaille 6 jours sur 7, soit 52 heures par semaine ; la proportion de ceux qui travaillent les jours fériés s'élève à 57 %. Il n'est pas rare de voir des commerçants sortir de chez eux très tôt le matin et ne rentrer que le soir[97]. L'exigence du métier leur impose une charge dont ils ne peuvent se soustraire car une réduction des heures de travail et/

---

95 Incapacité financière à constituer des stocks, minimisation des pertes dues au stockage, faible pouvoir d'achat de la clientèle.

96 Chez les transporteurs et les producteurs, les charges de travail sont respectivement de 44 heures et 34 heures par semaine.

97 Rythme de travail ardu surtout observé dans la filière « brèdes » : l'approvisionnement commence dès 2h00 du matin et la vente continue tout au long de la journée.

ou une absence signifieraient un manque à gagner important à leurs yeux.

R. Dominique, homme, 34 ans, détaillant de brèdes :

> « *Bien que mon activité n'implique pas beaucoup de travail physique continu comme labourer la terre et tirer une charrette, la charge de travail reste très intense. Je travaille pratiquement tous les jours de la semaine, même le dimanche. En effet, les brèdes sont une denrée pour les pauvres. Ces deniers ne peuvent pas faire une provision pour plusieurs jours, car ils n'ont ni la capacité financière ni de réfrigérateur pour le stockage de cette marchandise facilement périssable. Pour préparer leur repas, ils vont donc s'approvisionner au jour le jour. Je dois m'adapter à ce mode de consommation des clients en travaillant tous les jours de la semaine. De plus, je commence très tôt le matin pour avoir les produits les plus frais. Les producteurs de brèdes cueillent leurs produits vers 2-3 heures du matin et les transportent ensuite vers les marchés de gros où je m'approvisionne. J'arrive au marché à 4 heures du matin et je loue en commun, avec d'autres vendeurs, une charrette pour transporter la marchandise vers les lieux de vente. Je reste là toute la journée jusqu'à ce que j'aie écoulé ma marchandise du jour, car elle serait pratiquement invendable le lendemain. Habituellement, ma journée se termine vers 20 heures le soir. Certes, je ne fais que m'asseoir sur le sol toute la journée sans vraiment manutentionner de charges lourdes, mais le manque de jours de repos et les heures de travail très longues me fatiguent. J'envisage mal de pouvoir tenir ce rythme toute ma vie, ni même au-delà de la quarantaine.* »

Ainsi, 84 % d'entre eux n'envisagent pas de changer ce rythme de travail. En réalité, ils ne s'absentent que très rarement (moins de 10 jours dans l'année en moyenne), pour des cas graves (maladie, accident, accouchement) ou pour des évènements inévitables comme le décès d'un proche ou pour un mariage. Les commerçants, notamment les détaillants, ne peuvent pas se permettre de prendre des jours de repos ou de vacances, la priorité étant la préservation de leur activité commerciale. Les jours d'absence sont donc réduits au strict minimum (Tableau 6.6). Chez les femmes, l'accouchement est ce qui engendre la plus longue absence (Tableau 6.6) sur une année. Cette absence est toutefois très loin des huit semaines de congé de maternité pratiquées dans les entreprises formelles et préconisées par le Code du travail. En outre, cette absence n'est pas rémunérée si bien que chaque journée d'absence est synonyme de manque à gagner dans un revenu déjà médiocre. La catégorie qui a la charge de travail la plus lourde (56 heures par semaine), en l'occurrence les détaillants, a le taux d'absentéisme pour cause d'accident le plus élevé (Tableau 6.6)[98]. On pourrait ainsi établir un lien entre leur métier et le risque d'accident. Globalement, les femmes s'absentent davantage que les hommes en raison des accouchements. Elles sont en congé pendant 12 jours par an contre environ 8 jours pour les hommes. La protection sociale, notamment l'assurance maladie, l'assurance accident du travail ou encore les congés payés maternité, sont donc au cœur des préoccupations des acteurs de l'économie informelle, compte tenu du haut niveau d'insécurité dans lequel ils évoluent et des conséquences désastreuses d'une incapacité de travail sur les revenus du ménage. Ces préoccupations doivent être au centre d'une stratégie d'incitation à la formalisation.

Tableau 6.6 Nombre moyen de jours d'absence selon les causes par statut de commerçants

		Causes						
Statuts	**Rubriques**	**Maladie**	**Accident**	**Mariage**	**Accouchement**	**Maladie ou décès d'un proche**	**Évènement**	
Grossiste	% personnes concernées	20 %	3 %	37 %	10 %	60 %	50 %	**80 %**
	Nb jr moyen d'absence	21,67	2,00	2,18	16,67	2,61	2,93	**12,38**
Demi-grossiste	% personnes concernées	49 %	2 %	44 %	10 %	54 %	53 %	**85 %**
	Nb jr moyen d'absence	5,72	1,00	2,31	2,83	2,97	2,68	**8,44**

98 Chez les grossistes, par exemple, la charge de travail est de 46 heures par semaine.

Détail-lant	% per-sonnes con-cernées	53 %	2 %	47 %	24 %	60 %	59 %	**91 %**
	Nb jr moyen d'ab-sence	7,17	8,25	2,19	11,61	4,08	3,51	**13,53**

Source : Traitement des données d'enquête.

L'inexistence d'un système de protection sociale répondant aux besoins de l'économie informelle augmente davantage la vulnérabilité de ses acteurs, rendant ainsi plus difficile la formalisation de leurs activités. En effet, les normes en matière de sécurité et santé au travail (SST) sont loin d'être respectées. Si les risques liés à leur travail et à la nature de leur emplacement de vente sont réels, il n'y a aucun dispositif qui leur permette de les prévenir ni de réparer les préjudices subis. En effet, les commerçants informels travaillant sans local s'exposent à la chaleur et à la pluie. De même, les vendeurs au sol adoptent une posture de travail qui entraine des douleurs musculaires et dorsales permanentes. De plus, ils se plaignent du manque d'infrastructures d'hygiène aux normes (les toilettes par exemple) et du faible entretien des lieux ainsi que l'insalubrité qui y règne avec les risques de maladies que cela entrainera. Par ailleurs, les risques liés au bruit, à l'insalubrité et à la fatigue physique sont les plus cités par les acteurs (Figure 6.7).

FIGURE 6.7 Perception des risques en matière de santé au travail

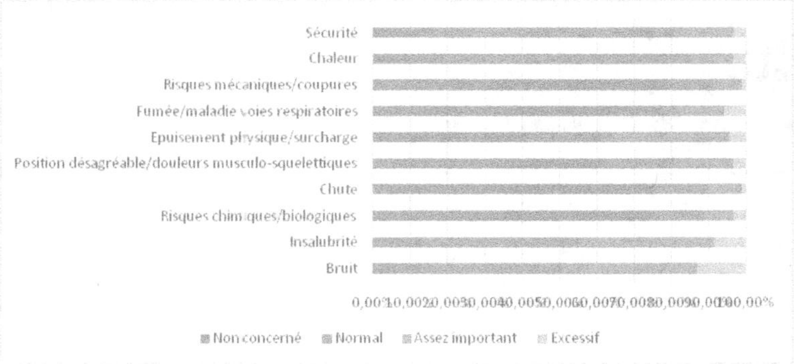

Source : Traitement des données d'enquête.

En relation directe avec la question de la charge de travail des commerçants, se pose le problème de l'approvisionnement quotidien, lié à la nature des produits et à la faible capacité d'achat des acteurs. Ces derniers doivent s'approvisionner quasiment tous les jours, ce qui implique des transports quotidiens qui peuvent s'avérer coûteux. Certains décident alors de porter eux-mêmes leurs marchandises, ce qui constitue le deuxième mode de transport le plus pratiqué dans les trois filières[99] et s'explique par la volonté de réduire à tout prix les frais pour rester compétitif. À la longue, cela risque de causer des lésions ou des maladies liées au port de charges lourdes.

Le montant de la taxe communale est souvent dérisoire et ne permet pas d'améliorer l'équipement des marchés et d'assurer la maintenance et la propreté quotidienne de ces espaces. Les commerçants sont réticents à l'idée d'augmenter les frais liés à leur implantation dans les marchés et préfèrent rester dans ces mauvaises conditions. Ils s'enferment alors dans un cercle vicieux. En cas d'accident ou de maladie, les travailleurs n'ont aucun recours. 41,7 % des travailleurs interrogés utilisent leur propre épargne pour financer les dépenses de santé, tandis que 30 % doivent sacrifier d'autres dépenses telles que la nourriture ou l'éducation de leurs enfants pour pouvoir se soigner. Les travailleurs se plaignent rarement et beaucoup considèrent que leurs conditions de travail sont normales.

Il convient toutefois de constater qu'avec le temps, ce qu'ils jugent anodin mène à une détérioration grave de leur santé pouvant aboutir à une inaptitude au travail. Les principales causes qui poussent habituellement les travailleurs à quitter le commerce vivrier sont la charge élevée de travail et la maladie ou l'accident de travail[100]. La quasi-totalité des unités informelles n'a accès à aucune assurance maladie, à l'exception des unités dont les conjoints travaillant dans le secteur formel bénéficient d'une assurance élargie à leur famille. Le dispositif de couverture sociale actuel, comme la Caisse nationale de prévoyance sociale (CNaPS) ne développe pas d'offre spécifique pour le secteur

---

99 Les ratios sont respectivement de 23 %, 23 % et 15 % pour le « Riz », les « Brèdes » et le « Poulet ». Mais Le premier mode de transport pratiqué par les commerçants est le transport en commun (400 à 600 Ariary pour une course en ville), pourtant, ce mode de transport n'est pas approprié pour les marchandises, car les bus servent d'abord pour le transport de personnes. Les risques de détérioration et de perte sont donc importants.

100 Ces deux facteurs sont, respectivement, à l'origine de 41,1 %, 41,3 % et 34,7 % de cessation d'activité dans les filières « Riz », « Brèdes » et « Poulet » selon les personnes interrogées.

informel. Les responsables de cette institution admettent que les employés et les employeurs du secteur informel ne font pas partie de leurs groupes cibles en raison du non-enregistrement légal des unités informelles. Par ailleurs, les commerçants ne voient pas l'intérêt d'adhérer à la CNaPS.

Les unités enquêtées possèdent généralement un nombre limité d'employés (1 à 2 employés en moyenne), souvent recrutés au sein même de la famille pour un travail non durable et instable. Du coup, la fidélisation des employés *via* la souscription aux services de protection sociale de la CNAPS n'est pas une stratégie prioritaire du commerçant. Il préfère garder l'argent plutôt que de le verser à la CNaPS sous forme de cotisations sociales. En outre, les employés des unités informelles (excepté le chef d'unité) sont réticents à l'idée d'être déclarés à la CNaPS car cela implique pour eux un prélèvement salarial, ce qui réduirait encore davantage le faible salaire qu'ils perçoivent. L'absence de dispositif de protection sociale et de couverture maladie, qui protégerait les travailleurs informels des risques liés aux SST, perpétue alors la spirale de la pauvreté et de l'informalité. D'une part, ceux qui offrent un dispositif de protection ne savent pas s'adapter aux contraintes du secteur informel et d'autre part, le secteur informel considère que ce système leur rapporterait moins que ce qu'il leur coûterait.

La salarisation, modèle phare dans l'économie formelle, est le modèle que l'on retrouve le moins dans l'économie informelle. En effet, le modèle salarial crée non seulement, une obligation de payer périodiquement un salaire, mais il se conjugue également avec l'obligation d'enregistrer formellement ses employés, c'est-à-dire de supporter d'autres frais. Notre échantillon compte à peine 13 % de salariés. Chez les détaillants, le ratio est de 10 % seulement. Pour les grossistes, malgré un chiffre d'affaires plus important, le recours à la salarisation est tout aussi faible, la main-d'œuvre informelle étant essentiellement recrutée dans le cercle familial. Dans certaines situations, certains employeurs informels sont même amenés à proposer des rémunérations différentes pour un travail équivalent[101] afin de réduire leurs frais de fonctionnement. Les unités informelles de l'étude ont recours à près de 70 % à de la main-d'œuvre sous-payée pour faire fonctionner leur activité, à savoir la main d'œuvre familiale ou les apprentis. Le modèle

101 Une main-d'œuvre familiale est généralement sous-payée. Il arrive souvent qu'un employé travaille aujourd'hui pour un salaire donné, et le lendemain pour une rémunération plus faible, pour le même travail (quand la recette est mauvaise).

de salarisation n'est donc pas adapté au contexte d'urgence permanente et d'insécurité des revenus, ce qui décourage les commerçants à recruter sous cette forme.

En raison de la saturation du marché et de la recherche incessante par les acteurs d'un avantage compétitif, l'exploitation des enfants risque de devenir la norme et un facteur clé de survie dans le secteur informel. Cette main-d'œuvre, outre sa gratuité, permet d'alléger la charge de travail du chef de l'unité. Lors de l'enquête, nous avons rencontré un petit nombre de travailleurs enfants, preuve de l'existence de ce phénomène dans l'économie informelle. 10 % des personnes interrogées ont commencé à travailler dans le commerce vivrier marchand à l'âge de 15 ans ou moins, et 58 % d'entre elles sont des femmes. Les activités du secteur vivrier marchand leur imposent les mêmes exigences et les mêmes conditions de travail que celles des adultes. Le travail des enfants peut avoir de graves conséquences sur leur éducation, leur santé et leur développement et perpétuer leur état de pauvreté. En raison de leur faible niveau de qualification, ils n'auront accès qu'à des emplois encore plus médiocres et moins bien rémunérés les condamnant à la précarité sociale. Les acteurs de l'économie informelle semblent donc ignorer les avantages à long terme à ne pas faire travailler les enfants, ou ils sont tout simplement dans l'incapacité de l'éviter.

On observe en conclusion un décalage certain entre le Code du travail, censé faire prévaloir les droits des travailleurs (y compris ceux de l'économie informelle), et la réalité vécue par les acteurs du commerce vivrier marchand[102]. Le non-respect du Code du travail trouve souvent sa source dans les conditions de travail imposées par le marché lui-même et auxquelles les commerçants ne peuvent se soustraire, au risque de perdre leur compétitivité. Si « formaliser » signifie réduire sa compétitivité, alors les commerçants ne s'engageront pas dans cette voie. Toute législation en la matière n'est qu'un arrangement de textes inapplicables et non appliqués, que ce soit par les commerçants informels ou par la justice, qui manque de moyens.

102 Voir dans la Loi n° 2003-044 du 28 juillet 2004 portant sur le Code du travail, article 53, article 75, article 100, article 101.

4. Les opportunités de transition vers l'économie formelle

Dans cette section seront examinées principalement les opportunités offertes par la loi sur les coopératives et l'innovation apportée par la CNaPS en matière de protection sociale. Si la première aidera à surmonter les problèmes liés à l'enregistrement légal, la seconde palliera le déficit de sécurité sociale subi par les acteurs de l'économie informelle. D'autres dispositifs incitatifs seront aussi présentés.

4.1. Le modèle de coopérative

Selon l'article 2 de la loi sur les coopératives à Madagascar : « *Une coopérative est une société civile particulière à capital et personnel variables rassemblant des personnes qui se sont volontairement groupées pour atteindre un but commun, par la constitution d'une entreprise gérée collégialement, en fournissant une quote-part équitable du capital nécessaire et en acceptant une juste participation aux risques et aux fruits de cette entreprise, au fonctionnement de laquelle les membres participent activement. Elle est dotée de la personnalité morale* »[103]. Une coopérative est alors un moyen de regrouper des unités de production informelles acceptant de mettre en commun toute ou partie de leur activité afin de profiter des avantages collectifs et individuels de cette forme organisationnelle. Elle constitue ainsi une opportunité pour les acteurs de l'économie informelle de faire entendre leur voix sur les conditions sociales de travail, de protéger leurs intérêts économiques, et de bénéficier d'un réseau d'entraide. Les contextes macro-économiques défavorables et l'intensification de la concurrence rendent plus que nécessaire la mutualisation des ressources des commerçants pour faire face aux problèmes quotidiens et améliorer leur productivité. Les coopératives se posent alors comme une alternative sérieuse en ce sens et peuvent jouer un rôle important en termes de sécurisation des conditions d'activités et d'accroissement des revenus (notamment à travers des centrales d'achat ou encore des mécanismes assurantiels).

103 Loi n° 99-004 du 21 avril 1999 relative aux coopératives.

FIGURE 6.8 Principaux avantages obtenus en tant que membre d'une coopérative

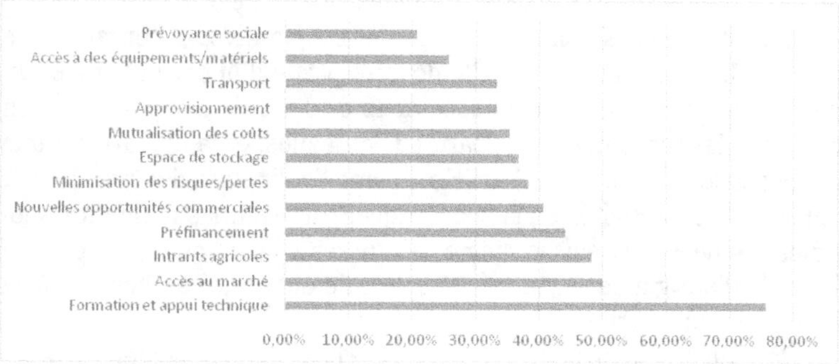

Source : Traitement des données d'enquête.

En effet, la coopérative offre à ses membres un certain nombre d'avantages leur permettant de surmonter la plupart des obstacles évoqués plus haut. Les conseils, les formations, l'accès au marché, l'approvisionnement en intrants et le préfinancement sont les principaux avantages cités par les membres (Figure 6.8).

R. Alex, Homme, 33 ans, transporteur :

> « *Je suis dans le métier du transport de marchandises depuis neuf ans maintenant, et dès le départ, j'ai été membre d'une coopérative de transporteurs informels qui s'appelle FIMPIAT ou Coopérative des transporteurs dans le marché d'Anosibe (Fikambanan'ny Mpitatitra Anosibe Tsena). La raison principale qui m'a poussé à intégrer cette coopérative est la possibilité d'exercer mon activité de manière légitime même si nous sommes des travailleurs informels au regard de la loi. Pour le moment, nous ne pouvons pas nous permettre de formaliser notre activité, car nous ne sommes pas capables de supporter les coûts liés à cela. Cependant, le fait d'être dans une coopérative nous autorise et nous donne même l'exclusivité de pouvoir travailler dans le marché d'Anosibe moyennant un paiement de taxes financièrement supportables. C'est une relation gagnant-gagnant avec les gestionnaires du marché. Outre cela, il existe d'autres avantages que j'obtiens en étant membre de la FIMPIAT, tels que : (i) la possibilité d'obtenir un petit crédit en cas de nécessité à partir de la cotisation payée par les membres (ii) les aides sociales non remboursables de la part des membres en cas de décès ou de naissance au sein de ma famille (iii) la sécurisation des revenus grâce à l'exclusivité sur le marché.* »

Pourtant, très peu d'acteurs de l'économie informelle (7 %) saisissent cette opportunité, certains préférant intégrer des réseaux informels (9 %) dont les actions sont jugées plus tangibles et répondant mieux à leurs besoins quotidiens. Le modèle de la coopérative, tel qu'il existe actuellement, présente donc un certain nombre d'obstacles qui n'incitent guère les acteurs informels à les intégrer.

Certaines dispositions de la loi sur les coopératives découragent les acteurs de l'économie informelle de faire partie d'une coopérative. On peut citer entre autres les dispositions de l'article 2 sur la mise en commun des ressources et le partage de risques, et la libération d'une part sociale ; et celles de l'article 11 sur l'obligation des membres à participer aux activités de la coopérative.[104] Devant les difficultés quotidiennes liées à la survie même des unités commerciales, la culture individualiste gagne du terrain, l'esprit de solidarité se limitant à la famille et aux proches.

Par ailleurs, la structuration verticale et le fonctionnement pyramidal du mouvement coopératif (Articles 29 à 33 de la loi sur les coopératives) laissent peu de place à la prise en compte des préoccupations individuelles. En effet, les fédérations et les confédérations de coopératives semblent ne s'intéresser qu'aux questions relevant plus du « haut niveau », loin des préoccupations quotidiennes des acteurs informels. Les commerçants ont donc l'impression que les coopératives se concentrent sur des sujets non impactant ou, du moins, avec des retombées non immédiates, alors que les unités informelles fonctionnent généralement dans l'urgence[105]. Les intérêts de chacun ne sont pas forcément pris en compte dans les débats et les discussions. La coopérative est davantage perçue comme une source de dépenses (d'argent et de temps) plutôt que comme un moyen de développer son commerce.

Il y a aussi un manque de confiance des commerçants vis-à-vis des coopératives, à l'instar du manque de confiance des paysans concernant le dépôt de leur argent auprès des institutions financières, notamment les IMF. Ils ont peur d'être trompés par des organisations qui vont leur soutirer de l'argent qui n'aura finalement servi qu'à renflouer les poches des dirigeants de ces structures. La culture de la responsabilité envers les membres d'une coopérative étant peu développée, les recours auprès

---

104 Être tenu responsable des mauvais agissements des autres membres de la coopérative est une source de réticence pour les commerçants. Les activités de la coopérative constituent pour eux des exigences supplémentaires, mettant les intérêts de la coopérative avant ceux de leur propre unité de production.

105 Par exemple, les responsables des marchés rencontrés ont fait part de l'existence des réseaux de commerçants informels élisant leurs propres délégués pour les représenter dans les litiges les opposant aux autorités communales ou aux gestionnaires de marché.

de la justice en cas de détournement avéré, peu effectifs, et le nombre d'avantages ou de services offerts par les coopératives peu nombreux, les commerçants n'ont pas confiance dans les coopératives.

Il convient d'ajouter à cela un problème d'ignorance des travailleurs qui méconnaissent tous les avantages que leur offrent les coopératives, notamment la possibilité de mettre en commun les moyens de production afin de cibler des marchés requérant des volumes de production plus importants, ou de créer des centrales d'achat pour mieux négocier avec les grossistes.

Les coopératives sont néanmoins un pont prometteur entre l'économie informelle et l'économie formelle. En cela, elles peuvent devenir un outil puissant pour inciter les acteurs informels à formaliser leurs activités. L'étude a montré qu'une interaction plus au moins importante entre les deux économies incite les grosses unités de l'économie informelle à se conformer aux exigences de formalisation pour éviter d'être désavantagées en matière d'approvisionnement ou d'écoulement de marchandises[106]. Ainsi, former ou intégrer une coopérative pourrait faciliter l'accès au marché ; en particulier aux marchés publics. Il convient tout d'abord de surmonter les faiblesses du modèle coopératif énoncées précédemment, pour le rendre attractif aux yeux des commerçants et démontrer sa réelle utilité. Des opportunités de collaboration entre les coopératives et les pouvoirs publics existent et peuvent être exploitées, notamment au plan de la construction d'infrastructures marchandes, de la gestion et de la sécurisation des marchés, de la mise en place de fonds de financement des activités ou encore de la collecte des taxes et des impôts.

4.2. La réforme du système de prévoyance sociale au sein de la CNaPS

Il a été montré que l'absence de dispositif de protection sociale pour les acteurs de l'économie informelle est l'un des obstacles majeurs à la formalisation et à l'amélioration des conditions de vie de ces derniers. Consciente de cet enjeu, la CNaPS a consenti des efforts pour se rapprocher des unités informelles, notamment celles de l'agriculture. Auparavant, elle appliquait les mêmes taux de cotisations sociales (13 % aux employeurs et 1 % aux employés) à tous les secteurs, mais actuellement, dans le secteur agricole, les taux appliqués à l'employeur et à l'employé sont respectivement de 8 % et 1 %. Le développement d'offres

106 Ceci concerne 11 % de l'échantillon, dont plus de 2/3 sont des grossistes ou des demi-grossistes.

de service pour les coopératives de producteurs a été expérimenté avec succès. Des ajustements continus ont été apportés, si bien que depuis 2017, une coopérative, en tant qu'entité formelle, est considérée comme un employeur, et ses membres (les producteurs) sont des employés. Un autre ajustement apporté par la CNaPS s'illustre par l'exemple de l'HOREB (hygiène, organisation et restauration de l'environnement et de la biodiversité), qui paie à la CNaPS, pour le compte des exportateurs informels de litchis, des cotisations équivalentes à 1,25 % (retenu à la source) de leurs revenus[107].

Encadré 6 3 Signature d'une convention de sécurité sociale entre la CNaPS et le Référentiel HOREB au bénéfice de 176 paysans, rapportée par la presse

La sécurité sociale figure dans la Déclaration universelle des droits de l'homme et est également reconnue par la Constitution malgache. À Madagasikara, la loi indique que c'est la CNaPS, Caisse nationale de prévoyance sociale, qui prend en charge la sécurité sociale des travailleurs du secteur privé et de leur famille. Les producteurs du monde rural font partie du secteur privé. Ces producteurs représentent 80 % de la population malgache. Ils n'ont jamais bénéficié d'une sécurité sociale alors qu'ils constituent la base de développement économique, grâce à leur production. Ces paysans subissent des problèmes notamment la vulnérabilité physique due à la vieillesse. Ils sont aussi fragiles face aux catastrophes naturelles car ils n'ont pas d'assurance. Face à cela, la CNaPS a une vision : prendre en charge la sécurité sociale de ces producteurs. Un objectif qui est atteint à travers la signature d'une convention avec le Référentiel HOREB ce mardi 14 novembre à Foulpointe. Ainsi, 176 producteurs de litchis sont regroupés dans la coopérative « TARATRA » et s'engagent à verser les cotisations à la CNaPS afin de bénéficier des 3 prestations de la CNaPS, à savoir : les prestations familiales, les rentes en cas d'accident de travail ou de maladie professionnelle et la pension de retraite.

Le Référentiel HOREB dirigé par Rasamimanana Faly achète les produits « litchis et vanille » des paysans de la coopérative « TARATRA » et « une partie de cet argent servira de cotisation » explique Firesy Modeste, président de la coopérative. « Il y a longtemps que nous attendions ce moment » assure Firesy Modeste. « En vieillissant, nous nous affaiblissons et à chaque naissance de nos enfants nous n'avons jamais eu d'allocation. Aujourd'hui, nous sommes contents et remercions le directeur général de la CNaPS et le Référentiel HOREB car notre rêve se réalise enfin » poursuit le président de la coopérative.

---

107 HOREB est un référentiel qui a pour objectif de mettre en place un système de management de développement en milieu rural orienté vers l'agriculture et ses dérivés. Ce référentiel se base sur le principe de Responsabilité Sociétale des Entreprises (RSE) impliquant tous les acteurs de développement en milieu rural (source : http://horeb.mg/).

La collaboration de la CNaPS avec le Référentiel HOREB n'est qu'un début. Toutes les coopératives ou associations ou organisations paysannes qui veulent s'affilier à la CNaPS sont les bienvenues. La porte de la CNaPS est grande ouverte car « la sécurité sociale est l'affaire de tous ».

Source : Journal Lakroan'i Madagasikara du 19 novembre 2017 (http://www.lakroa.mg/item-1219_articles_societe_18.html)

Le modèle de prévoyance sociale généralement réservé au secteur formel est donc compatible avec le secteur informel. Il peut être capitalisé par le biais de l'amélioration des coopératives ou d'autres formes de groupement d'unités informelles. En d'autres termes, de tels ajustements devraient être étendus aux autres secteurs de l'économie informelle.

4.3. Les autres opportunités

Il existe de nombreux dispositifs d'appui public et privé qui devraient permettre aux acteurs de l'économie informelle d'améliorer leur productivité et de formaliser leurs activités pour profiter ensuite des avantages proposés. Cependant, ces dispositifs sont faiblement coordonnés et par conséquent, manquent d'efficacité.

Parmi les dispositifs de professionnalisation et de formalisation, les initiatives suivantes méritent une attention particulière et doivent être encouragées dans leurs efforts pour la transition vers l'économie formelle :

– Les actions menées par la Direction de la professionnalisation des petits métiers et de la promotion de l'auto-emploi (DPPMA) du ministère chargé de l'emploi, depuis mai 2017. Il s'agit d'un programme de formation sur l'élevage de poulet « *gasy* » au niveau des « *Fokontany* » (quartiers). La formation concerne l'hygiène et la santé des volailles et des éleveurs, et la gestion simplifiée de leurs activités. La DPPMA fait également des campagnes de sensibilisation sur la mise en place de coopératives.

– La Stratégie nationale de transition de l'informel vers le formel, qui est en cours d'élaboration et avec la participation du ministère chargé de l'emploi, du ministère de la Santé et de la CNAPS. L'une des pistes évoquées à ce sujet est l'étude de faisabilité de la mise en place d'un guichet unique pour faciliter la transition vers l'économie formelle.

– Le ministère auprès de la Présidence en charge de l'agriculture et de l'élevage (MPAE) essaie de mettre en place des mesures incitatives à la formalisation s'articulant, entre autres, autour de la formation de techniciens du ministère, du soutien à la création d'emplois pour les jeunes dans le milieu agricole, de l'amélioration de la gouvernance, de la promotion des pôles de croissance rapide. La filière riz a, par exemple, bénéficié de la mise en place de mesures d'amélioration de la gouvernance consistant à renforcer les capacités des inspecteurs de semences, à promouvoir les démarches de certification et de normalisation des engrais, à mettre en place une Stratégie nationale de mécanisation du processus de production et de commercialisation afin de donner moins d'espace au secteur informel pour se développer. Ceci a eu pour effet d'augmenter la production et d'instaurer des balises en matière de spéculation et de rétention des stocks qui influent sur le prix du riz au marché.

– La Chambre de commerce et d'industrie d'Antananarivo (CCIA) développe des dispositifs pour inciter les entrepreneurs à intégrer l'économie formelle. Cela consiste en sessions d'information sur les normes (en partenariat avec le ministère du Commerce et le secteur privé) et en accompagnement et en coaching des PME informelles souhaitant formaliser leurs activités[108].

– En matière de santé au travail, des initiatives à portée multisectorielle ont été prises. Par exemple, le ministère de la Santé a étudié la faisabilité de mise en place d'une Couverture de Santé universelle incluant même les travailleurs informels. Par ailleurs, des mesures d'atténuation du risque ont été intégrées dans le Pacte international de Droits civils et politiques, dont le ministère de la Justice reste le fer de lance.

– Le ministère de la population a déjà mis en place des mesures pour le secteur informel comme le « *Vatsin'Ankohonana* » *(bourses familiales)* et les projets HIMO (haute intensité de main-d'œuvre) dont le but est d'initier des mesures de protection sociale pour les travailleurs informels.

Il y a également d'autres initiatives diverses qui ont fait leurs preuves telles que :

- Le projet FORMAPROD du ministère chargé de l'agriculture et de l'élevage sur le renforcement des capacités des jeunes pour une meilleure employabilité ;

108 Chaque mardi et vendredi de la semaine, la CCIA organise des discussions/ateliers afin de fournir des conseils juridiques, techniques et répond aux besoins en information des PME présentes.

- Le Fonds de développement agricole (FDA) qui a permis la mise en place de guichets de matériel agricole dans 7 antennes régionales ;
- Les Centres de service agricole par district qui forment les paysans.

Il existe en réalité de nombreuses initiatives pertinentes et nous n'en avons cité que quelques exemples. La grande faiblesse de ces actions réside cependant dans le manque de synergie entre les efforts déployés, ce qui pourrait aboutir à des doublons ou même à des incohérences, comme nous l'avons signalé antérieurement.

5. Conclusion

Les facteurs d'exclusion qui affectent les acteurs de l'économie informelle ne se limitent pas aux facteurs macro-économiques. Il a été montré à travers la présente étude que, pour le secteur du commerce vivrier, d'autres paramètres souvent ignorés par les décideurs politiques, jouent un rôle déterminant dans la dynamique de l'économie informelle, les pratiques et les institutions que l'on peut y trouver. Il s'agit notamment du manque de communication et de transparence concernant les procédures légales d'enregistrement ; de la complexité des régimes fiscaux et du manque de confiance des citoyens vis-à-vis de l'État ; du faible niveau d'éducation et de formation professionnelle et entrepreneuriale ; de la reproduction sociale et de l'absence de mécanisme de mobilité sociale ascendante ; de la faiblesse de la productivité des unités informelles et donc de leur revenu ; de l'inadéquation de l'accès au financement ; de l'atomisation du marché générant une concurrence rude qui réduit les marges ; de la mauvaise qualité des infrastructures (de stockage et de vente) où les acteurs exercent leurs activités, ce qui aggrave leur précarité ; des conditions de travail contraignantes, surtout en matière de santé et de sécurité ; de l'absence de dispositif de protection sociale.

L'ignorance des décideurs politiques de tous ces phénomènes est l'une des raisons principales qui mettent en échec les différentes tentatives passées de lutter contre la prolifération des activités informelles dans le pays. En effet, ces dernières, centrées uniquement la promotion de la croissance économique, ont montré leurs limites en termes de promotion de l'emploi décent et de transition vers l'économie formelle. Par conséquent, l'emploi dans le secteur informel est loin d'être temporaire. Les acteurs ne pensent pas trouver mieux dans le secteur formel et considèrent leur activité comme permanente. Ils s'y investissent corps et âme. Il serait nécessaire de voir la situation autrement. Au lieu de miser sur la croissance économique et sur l'application stricte des règlementations, dont les effets sociaux ne seront palpables qu'à long terme, il serait plus judicieux de trouver en priorité la manière d'aider ces acteurs à rendre leur activité plus profitable pour eux-mêmes afin de réussir leur transition vers l'économie formelle. Pour ce faire, un certain nombre de mesures sont proposées. Il s'agit, entre autres, de (1) répondre à leurs besoins prioritaires notamment l'allègement fiscal et l'allègement des procédures de formalisation[109] ; (2) redynamiser le modèle coopératif et les plates-formes regroupant les acteurs informels, par le renforcement de leur légitimité auprès des établissements financiers et des institutions de prévoyance sociale, et par l'amélioration et la diversification des services proposés à leurs membres ; (3) pallier le problème d'accès au financement en créant des fonds d'appui aux filières et en multipliant les offres de financement adaptées à l'économie informelle[110] ; (4) mettre en place un système de prévoyance sociale et de couverture maladie universelle incluant le secteur informel, d'autant plus qu'une grande majorité des acteurs informels se déclare prête à cotiser[111] ; (5) développer la collaboration entre les mandants tripartites pour instaurer un dialogue social permettant de mieux comprendre la situation et de mieux coordonner les actions à entreprendre au profit de la transition vers l'économie formelle ; (6) mieux communiquer sur les démarches à suivre pour la formalisation et ses avantages, dans le cadre d'une stratégie nationale de la formalisation des unités informelles ; et (7) soutenir l'intégration économique des jeunes en investissant sur un programme d'employabilité des jeunes.

Néanmoins, les efforts de réformes économiques en vue d'instaurer une croissance inclusive offrant de réelles perspectives d'amélioration des conditions de vie de tous ceux qui évoluent dans l'économie informelle et des nouveaux entrants sur le marché du travail, doivent être au cœur des préoccupations des décideurs politiques. C'est la condition

109 Le secteur informel est un gisement fiscal potentiel important pour l'État. Un système de taxation viable du secteur informel devrait tenir compte à la fois de la rentabilité des unités et du coût éventuel de recouvrement pour l'État.

110 Le cas de VOLAMAHASOA qui accepte le cautionnement solidaire en guise de garantie est une voie à explorer.

111 D'après les enquêtes, 82,5 % d'entre eux sont prêts à payer un certain montant pour en bénéficier (63,1 % affirment pouvoir payer jusqu'à 5.000 MGA par mois de cotisation, soit 60.000 MGA par an).

nécessaire à toute transition de l'économie informelle vers l'économie formelle.

Bibliographie

Banque mondiale (2017), *Doing Business 2017: Equal opportunity for all, Economy Profile 2017 Madagascar*, Washington DC: World Bank.

Bureau international du Travail (2011), *Madagascar : Évaluation des impacts de la double crise sur l'emploi*, Antananarivo : BIT.

---------- (2017), *Recommandation (N° 204) sur la Transition de l'économie informelle vers l'économie formelle 2015 : Guide à l'intention des travailleurs*, ILO Genève.

Centre d'études économiques (2013), « Enquêtes socio-économiques sur les employés des entreprises franches de confection à Madagascar », *Document de travail du CEE*, Faculté DEGS, Université d'Antananarivo, Madagascar : CEE.

Chen, M.A. (2012), "The informal Economy: Definition, Theories and Policies", *WIEGO Working papers No1*, Cambridge MA: Harvard Kennedy School.

COFACE (2018), *Baromètre : Risques pays et sectoriels, Deuxième semestre 2018*, Bois Colombes : Les Publications Économiques de COFACE.

De Soto, H. (2000), *The Mystery of Capital: Why Capitalism Triumphs in the West and Fails Everywhere Else*, New York : Basic Books.

Harris, J.R. and Todaro, M.P. (1970), "Migration, Unemployment and Development: A Two Sector Analysis", *American Economic Review,* n°60 (2).

INSTAT (2013a), « Le Marché du Travail à Madagascar en 2012 dominé par le phénomène de sous-emploi massif », *Enquête Nationale sur l'Emploi et le secteur informel (ENEMPSI) 2012 Tome 1*, Antananarivo : INSTAT.

---------- (2013b), « Le secteur informel à Madagascar en 2012 : Poids économique et social importants en déconnexion avec le système formel », *Enquête Nationale sur l'Emploi et le secteur informel (ENEMPSI) 2012 Tome 2*, Antananarivo : INSTAT.

Lewis, W.A (1954), "Economic Development with Unlimited Supplies of Labour", *Manchester School*, n°28 (2).

Maloney, W.F. (2004), "Informality Revisited", *World Development*, n° 32(7).

Ministère de l'Économie et du plan (2017), *Rapport de Mise en Œuvre des programmes 2015*, Antananarivo : MEP.

---------- (2015), *Plan national de Développement 2015-2019*, Antananarivo : MEP.

---------- (2017), *Rapport économique et financier 2015-2016*, Antananarivo : MEP.

Ministère de l'Emploi, de l'Enseignement technique et de la Formation professionnelle (2015), *La Politique Nationale de l'Emploi et de la Formation Professionnelle (PNEFP)*, Antananarivo : MEETFP.

Ministère des Finances et du Budget (2017), *Projet de loi n° 040/2017 du 27 octobre 2017 portant Loi de Finances pour 2018*, Antananarivo : MFB.

Moser, C.O. (1978), "Informal Sector or Pretty Commodity Production: Dualism or Dependence in Urban Development", *World Development*, n°6 (9).

Chapitre 7

Les commerçantes de produits vivriers, victimes « collatérales » de la gestion conflictuelle et défaillante des marchés à Abidjan

•

Simon Barussaud

1. Introduction

Ce chapitre est le fruit et le prolongement d'une étude-diagnostic commanditée par le Bureau international du Travail (BIT) en Côte d'Ivoire. L'objectif de cette étude a été d'analyser les principaux facteurs de vulnérabilité des commerçantes de produits vivriers[112]. La connaissance du mode de fonctionnement et des conditions d'emploi de ces filières vivrières marchandes demeure stratégique car ces filières occupent environ 6 % de la population active nationale (INS-CI, 2016), permettent l'inclusion de groupes sociaux vulnérables (femmes, jeunes, migrants internes) et assurent une fonction essentielle en matière de sécurité alimentaire. À travers cette étude, réalisée en 2017 à Abidjan au sein de 12 marchés et auprès de 382 commerçantes de produits vivriers, il a été mis en évidence six facteurs[113] qui, de manière cumulative et interreliée, contribuent à l'accroissement de la vulnérabilité de

112 Au cours de ce chapitre, nous utiliserons le terme « commerçante de produits vivriers » pour définir l'ensemble des personnes actives dans ces filières. L'usage du féminin est justifié par la prédominance des femmes au sein de cette filière.

113 Ces six facteurs sont (i) le niveau d'instruction et de compétences des commerçant(e)s, (ii) la précarité de leur lieu d'implantation et des conditions d'exercice de l'activité, (iii) la faible structuration des filières vivrières et les phénomènes de concurrence déloyale, (iv) le mode de gestion informel et la faible inclusion financière,

ces acteurs, maintenus pour la plupart dans des activités informelles de subsistance.

Parmi l'ensemble de ces contraintes endogènes ou exogènes concourant à l'informalisation des conditions de travail des commerçantes, la précarité/l'instabilité du lieu d'implantation est de loin la dimension la plus problématique et celle qui présente l'incidence négative la plus déterminante sur les autres dimensions. En effet, l'un des résultats les plus significatifs de ce diagnostic a été de mettre en évidence le fait que près d'un tiers des commerçantes interrogées opère dans des marchés temporaires non aménagés, situés dans des zones insalubres, voire dangereuses avec une menace constante de « déguerpissement » de la part des autorités municipales. En outre, il a été révélé que dans certaines communes populaires d'Abidjan telles que Abobo et Yopougon, le nombre des commerçantes opérant de manière « désordonnée » à l'extérieur des marchés représente plus du double des effectifs situés à l'intérieur de ceux-ci, qui demeurent, quant à eux, faiblement occupés. Par ailleurs la réalisation de l'enquête de terrain nous a révélé de nombreux problèmes sécuritaires tels que l'incendie du grand marché d'Abobo qui a détruit les trois quarts du marché et a fait plus de trois mille sinistrés, les inondations récurrentes des marchés Siporex à Yopougon, les problèmes de délinquance juvénile et de prostitution des mineurs au sein des marchés d'Adjamé, etc.

Comment expliquer la généralisation, voire la banalisation de ces problèmes de gouvernance des principales infrastructures marchandes d'une métropole de 4,5 millions d'habitants qui se présente comme vitrine moderne de l'émergence économique et commerciale de la Côte d'Ivoire ? Comment comprendre que les filières vivrières qui connaissent une croissance spectaculaire de leur volume de production[114] et une demande exponentielle des consommateurs urbains soient si peu organisées et que leurs principaux acteurs soient contraints d'évoluer dans des infrastructures marchandes si précaires et si délabrées ? Quels sont le rôle et la responsabilité de l'État et des collectivités territoriales dans la dégradation progressive du niveau d'aménagement et dans la gestion défaillante des marchés d'Abidjan ? Quelles sont les répercussions de ce phénomène sur l'activité des com-

(v) les risques sanitaires et sécuritaires élevés et (vi) les pesanteurs sociales et familiales.

114 Selon les statistiques du ministère de l'Agriculture (MINADER, 2015), le volume de production des filières vivrières est passé de 11,8 millions de tonnes en 2011 à plus de 15,9 millions en 2014.

merçantes et sur l'accroissement de leur degré de vulnérabilité et d'informalité ?

La compréhension des causes multiples de cette détérioration/dégradation du mode de gestion des marchés à Abidjan et l'analyse des répercussions en chaîne de celle-ci sur l'informalité / la vulnérabilité des commerçantes de produits vivriers, constitue la problématique centrale et la trame narrative de ce chapitre. Cette analyse, effectuée à différents niveaux, est particulièrement instructive car elle permet de questionner de façon concrète l'influence de la gouvernance publique (nationale, régionale et locale) sur la production de l'informalité et sur la capacité plus ou moins grande des acteurs de ces filières à offrir des réponses individuelles et/ou collectives à cette gestion défaillante. Pour opérationnaliser cette réflexion et offrir une analyse complète et localisée de la problématique de la gouvernance des marchés à Abidjan, ce chapitre sera structuré en trois grandes parties qui apporteront un éclairage de plus en plus concret et précis sur cette thématique.

La première partie sera constituée d'une analyse diachronique du mode de planification et de gestion des marchés à Abidjan en mettant en évidence le degré d'intervention et de régulation variable des pouvoirs publics et les modalités de collaboration plus ou moins conflictuelles avec les promoteurs privés. Dans cette partie, nous questionnerons plus particulièrement l'efficacité et les répercussions du processus de privatisation de la construction et la gestion des marchés à Abidjan qui se sont déroulés au tournant des années 1990 et 2000 sous l'impulsion des bailleurs de fonds internationaux (Banque mondiale, FMI, etc.). Cette analyse reposera notamment sur l'utilisation des résultats de plusieurs études-diagnostic effectuées dans le cadre d'un projet de l'IRD sur le mode de gestion des marchés au sein des villes africaines (Bertoncello et Bredeloup, 2002; Bredeloup, Bertoncello et Lombard, 2008; Poyau, 2005). En prolongement de cette analyse diachronique, une représentation spatiale de la situation des marchés à Abidjan en 2017 sera proposée à travers plusieurs cartes thématiques basées sur les données collectées au cours de l'enquête de terrain. Cette représentation spatiale de la gestion de l'infrastructure marchande existante permettra d'identifier si la situation problématique décrite par les études du projet de l'IRD demeure toujours d'actualité, plus de dix ans plus tard.

Dans la deuxième partie, nous changerons d'unité d'analyse en nous intéressant aux incidences de ces problèmes de gestion des marchés sur l'activité économique des commerçantes, sur le respect des différents critères de formalité et sur l'accroissement de leur vulnérabilité multidimensionnelle. Cette partie reposera sur l'analyse statistique des données collectées via l'enquête de terrain réalisée auprès de 382 commerçantes. Un intérêt particulier sera porté au lieu d'implantation de l'activité (marché aménagé versus non aménagé, marché communal versus marché privé), sur la situation entrepreneuriale de la commerçante, son respect de la règlementation et l'exposition plus ou moins forte à certains facteurs de risques (sanitaires, sécuritaires, etc.).

Enfin, la troisième partie proposera une étude de cas du marché d'Andokoi à Yopougon, qui fait face à des problèmes aigus de gouvernance et de conflit de compétences public/privé. Cette étude de cas illustrera de manière parlante et saisissante les principaux problèmes évoqués dans les parties précédentes. Elle permettra de comprendre, à partir d'une analyse qualitative, les intérêts distincts voir antagonistes des différentes catégories d'acteurs et de mettre en évidence les jeux de pouvoir, d'influence et de résistance qui s'opèrent entre eux. Avant d'aborder ces trois parties centrales, il convient d'effectuer dans la prochaine partie, une brève clarification conceptuelle et méthodologique de l'étude, permettant de délimiter le périmètre de la recherche et de mieux apprécier la portée des résultats produits.

2. Cadre conceptuel et méthodologique

2.1. Principaux concepts utilisés

L'étude porte sur les filières vivrières qui désignent l'ensemble des produits agricoles, de nature saisonnière, qui ont pour fonction de nourrir la population au niveau local, national et plus rarement sous-régional. Ainsi, les filières vivrières s'opposent aux « filières de rente » qui sont des cultures pérennes, avant tout destinées à l'exportation sous forme de matière première (café, cacao, hévéa, huile de palme). Le terme « marchand », qui y est accolé, désigne la part de cette production vivrière, qui n'est pas consommée localement par les actifs agricoles (« agriculture de subsistance ») et qui entre du coup dans les circuits de commercialisation campagnes-villes. Cette « part marchande » de la production vivrière a connu une hausse substantielle au cours des dernières années du fait de la croissance démographique, de l'augmentation de la demande urbaine et d'une intensification de la production agricole liée à un processus de professionnalisation du secteur (mode de production, nouveaux acteurs). Ces filières vivrières sont composées de cinq catégories de produits (céréales, tubercules, oléagineux, légumes et fruits) qui possèdent des caractéristiques spécifiques et font l'objet de circuits distincts de commercialisation (Rongead, 2015).

Dans le cadre de cette étude, notre intérêt se portera sur trois unités d'analyse qu'il s'agit de définir :

- Le **marché vivrier** : qui désigne un espace de vente plus ou moins aménagé et reconnu par les autorités communales, où se concentre une activité intense de commercialisation de produits vivriers. À Abidjan, ces espaces de vente peuvent être gérés par la mairie, un promoteur privé, un groupement de commerçantes ou une chefferie coutumière. Certains marchés commercialisent exclusivement des produits vivriers (notamment les marchés de gros) alors que dans d'autres, on vend également d'autres produits (textiles, cosmétiques, matériels électroniques, etc.).
- Les **coopératives de commercialisation** : acteurs centraux du processus de distribution des produits vivriers assurant l'approvisionnement des villes à partir des zones de production. De taille plus ou moins importante et de nature plus ou moins inclusive, les coopératives sont censées représenter les intérêts de l'ensemble des acteurs de la filière et servent d'interlocutrices privilégiées des pouvoirs publics. Certaines coopératives possèdent leurs propres infrastructures commerciales qu'elles ont financées sur fonds propres et/ou avec l'appui de partenaires extérieurs.
- Les **commerçantes de produits vivriers** qui opèrent pour la grande majorité d'entre elles à l'intérieur ou aux alentours des marchés vivriers et sont les acteurs ultimes du processus de commercialisation. De petite taille, les unités commerciales sont à 85 % tenues par des femmes (Ensesi, 2016) exerçant des activités d'auto-emploi avec un recours plus ou moins régulier à de la main-d'œuvre familiale. Dans la chaîne de distribution, trois statuts de commerçantes se distinguent : les grossistes, les semi-grossistes et les détaillantes qui demeurent de loin les plus nombreuses.

Cette étude-diagnostic reprend l'approche multicritères de l'informalité promue par le BIT[115] visant à identifier les principaux facteurs

115 Voir le document BIT : Travail décent et économie informelle, Rapport VI, Conférence internationale du Travail, 90e session, Genève, 2002.

défavorables au travail décent. Cette approche vise à dépasser la vision dichotomique secteur formel/informel, pour offrir une lecture graduelle du processus de formalisation des emplois qui repose sur le respect du cadre règlementaire (administratif, fiscal, social), la prévention des risques de santé et de sécurité au travail (SST) et la promotion des principes et droits fondamentaux des travailleurs (PDFT). Pour les besoins du diagnostic sectoriel, ces domaines constitutifs de la formalité ont été élargis à d'autres dimensions propres au mode de fonctionnement des filières vivrières (précarité des lieux d'implantation, nature périssable des produits commercialisés, forte fluctuation du marché) et aux caractéristiques des acteurs qui y opèrent (activité d'auto-emploi, prédominance des femmes, bas niveau d'instruction).

Cette contextualisation vise à définir les facteurs spécifiques de vulnérabilité – au nombre de six, qui touchent les commerçantes de produits vivriers dans le cadre de leur activité marchande et de leur condition de vie également. Cette approche multidimensionnelle et cumulative permet d'établir un continuum allant des conditions d'emploi les plus vulnérables à celles les plus décentes. Au vu des résultats de ce diagnostic et des conditions précaires d'implantation des commerçantes, l'ensemble du chapitre sera consacré à l'analyse des répercussions plus ou moins négatives de la localisation de l'activité sur les cinq autres facteurs de vulnérabilité selon la figure 7.1 ci-dessous :

FIGURE 7.1 Incidence négative du mode précaire d'implantation sur les cinq facteurs de vulnérabilité

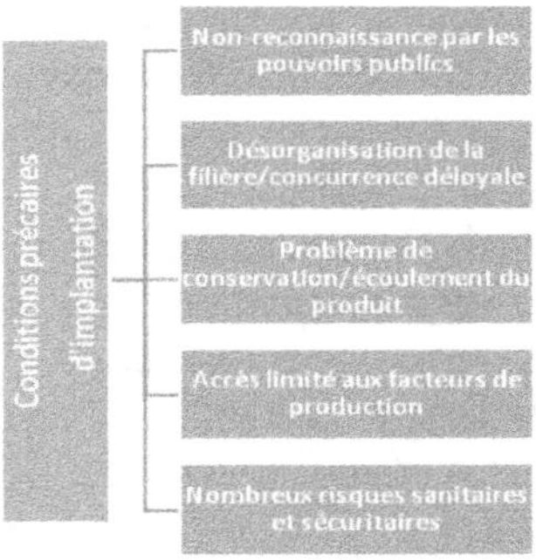

Après avoir introduit les concepts clés de ce chapitre, il convient de décrire la méthode de collecte de données utilisée dans le cadre de cette étude empirique.

2.2. Méthode de collecte de données

Au vu de la nature de la problématique consistant à déterminer l'influence du mode de gouvernance des marchés sur le degré de vulnérabilité des commerçantes de produits vivriers, cette étude repose sur l'utilisation de méthodes mixtes et multiniveaux de collecte de données. Cette collecte s'est déroulée en trois étapes successives qui apportent chacune un éclairage particulier sur la relation existant entre la commerçante et le marché, lieu d'exercice de son activité.

2.2.1. Le recensement des marchés de la ville d'Abidjan

Le premier niveau d'analyse a été de nature macro à travers un recensement de l'ensemble des marchés vivriers d'Abidjan. Ce recensement a été effectué par une équipe de cinq enquêteurs sur une période de dix jours. Il a permis de recenser et de géolocaliser 132 marchés fonctionnels soit une hausse significative par rapport aux dernières données disponibles datant de l'année 2005 qui faisaient état de 120 marchés (Poyau, 2005). Sur l'ensemble des marchés recensés, l'équipe d'enquête a pu rencontrer le bureau de gestion qui a fourni une série d'informations de base sur la nature du propriétaire, la date de création, le niveau d'aménagement et le nombre de commerçantes qui y opèrent. Ce recensement a servi principalement trois objectifs soit (i) l'identification des communes les plus actives commercialement et au sein desquelles sera conduite l'enquête de terrain, (ii) la réalisation d'une typologie des marchés en fonction de leur mode de gestion et de leur niveau d'aménagement et (iii) l'évaluation de l'effectif total des commerçantes et les sous-effectifs par type de marché pour procéder, par la suite, à l'échantillonnage de la population interrogée.

CARTE 7.1 Localisation des marchés de la ville d'Abidjan.

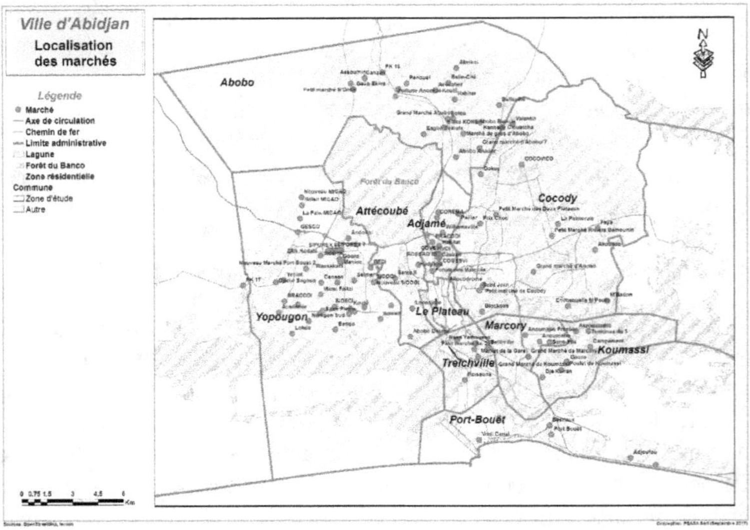

La carte (7.1) représente la localisation des marchés d'Abidjan recensés, inégalement répartis sur le plan spatial. Elle permet d'identifier cinq communes qui concentrent la majorité des marchés de la ville et servent de pivot commercial pour l'écoulement des produits vivriers. Ces cinq communes (Abobo, Adjamé, Cocody, Treichville et Yopougon) abritent à elles seules 92 marchés pour un effectif approximatif de 72.341 commerçantes.

TABLEAU 7.1 Nombre de commerçantes par commune

Commune	Nombre de marchés recensés	Effectifs de commerçantes de produits vivriers
Abobo	21	31.666
Adjamé	15	8.400
Cocody	11	4.668
Treichville	4	1.371
Yopougon	41	26.236
Ensemble	92	72.341

Tableau 7.2 Répartition par type de marché

Mode de gestion/Type d'aménagement	Aménagé	Non Aménagé	Total
Communale	29 %	13 %	41 %
Privée	29 %	14 %	44 %
Coutumière/Informelle	7 %	8 %	15 %
Total	65 %	35 %	100 %

De plus, ces cinq communes offrent une diversité de situations socio-économiques à travers des communes très populaires (Adjamé et Abobo), de classe intermédiaire (Yopougon et Treichville) et aisée (Cocody). Par conséquent, elles dépeignent un panorama relativement représentatif de la ville d'Abidjan et ont été choisies pour l'enquête de terrain auprès des commerçantes.

La connaissance du mode de gestion (publique, privée ou coutumière) et du niveau d'aménagement (aménagé et non aménagé) des marchés recensés a permis d'établir une typologie basée sur six catégories représentées dans le tableau 7.2. Il a ensuite été possible de ventiler les effectifs de commerçantes au sein de ces six catégories afin de mesurer leur poids relatif. Concernant le mode de gestion, on constate que près de 44 % des commerçantes évoluent dans des marchés privés, suivis des marchés communaux (41 %) et des marchés coutumiers, nombreux (23), mais de taille relativement restreinte (ils représentent 15 % des effectifs). L'analyse du degré d'aménagement démontre que deux tiers des commerçantes évoluent dans un marché aménagé (infrastructure construite en dur) ou semi-aménagé (infrastructure construite en matériaux temporaires) contre un tiers qui opère dans des marchés non aménagés (sans infrastructure).

La connaissance de cette répartition des effectifs par type de marché a permis de procéder à l'échantillonnage par strates des 382 commerçantes interrogées. Cette prise en compte du type de marché dans les procédures d'échantillonnage permet d'évaluer l'influence de la localisation sur le degré de vulnérabilité de la population interrogée.

2.2.2. L'enquête quantitative auprès des commerçantes

Le deuxième niveau d'analyse, de nature micro, correspond à l'étude des caractéristiques de fonctionnement des 382 commerçantes de produits vivriers. Pour réaliser cette enquête de terrain, douze marchés vivriers ont été choisis au sein des cinq communes de l'enquête et en fonction de la typologie de marchés décrite ci-dessus. Pour garder la représentativité de l'échantillon par rapport à la population mère, des quotas de commerçantes interrogées ont été définis pour chaque marché en tenant également compte des différentes catégories de commerçantes (grossistes, semi-grossistes et détaillantes). L'identification et la sélection des commerçantes interrogées ont été effectuées en collaboration avec les responsables des marchés qui connaissent le statut de chaque commerçante. L'enquête quantitative, conduite par une équipe de six enquêteurs ivoiriens, s'est déroulée sur une période de trois semaines. Malgré quelques incidents de parcours démontrant le haut niveau de vulnérabilité des commerçantes (incendie du marché central d'Abobo, inondation des marchés de la Siporex à Yopougon, altercation avec les brigades de police chargées du déguerpissement des commerçantes ambulantes), cette collecte de données s'est relativement bien déroulée. La bonne mobilisation et participation du milieu commerçant ont permis d'atteindre les quotas ciblés par type de marché et par statut (grossistes, semi-grossistes, détaillantes).

2.2.3. L'étude qualitative au sein du marché d'Andokoi (commune de Yopougon)

Ce troisième niveau d'analyse s'est déroulé après avoir procédé au traitement des données statistiques et identifié les principaux facteurs de vulnérabilité affectant les commerçantes de produits vivriers. L'analyse quantitative a permis de dégager les problématiques centrales relatives à la gestion conflictuelle et défaillante des marchés, à leur niveau élevé d'insécurité et d'insalubrité, à la concurrence déloyale des vendeuses itinérantes, etc.

Pour offrir une vision plus globale et approfondie des problématiques susmentionnées, le marché d'Andokoi a été sélectionné afin d'y conduire une enquête qualitative supplémentaire de dix jours. Au cours de cette période, des entretiens semi-directifs ont pu être effectués avec l'ensemble des acteurs de l'écosystème marchand, à savoir les propriétaires du marché, les services techniques et de recouvrement de la mairie de Yopougon, le bureau des commerçantes et les responsables de coopératives et d'associations tontinières. En outre, dix entretiens semi-directifs ont été réalisés avec chaque catégorie de commerçantes (à l'intérieur du marché et à l'extérieur de celui-ci). La confrontation des opinions sur l'origine et les causes des problèmes actuels de gestion du marché offre une étude de cas pertinente pour analyser, au niveau local, le rôle et les responsabilités de chaque acteur dans la dégradation de la situation.

En résumé, cette partie conceptuelle et méthodologique a permis de montrer les principaux enjeux de cette étude et de présenter les différents niveaux d'analyse du lien existant entre la mauvaise gouvernance des marchés et la vulnérabilité des commerçantes de produits vivriers. Il convient dorénavant de présenter les résultats de l'étude en commençant par le niveau le plus global, lié à l'évolution de la construction et de la gestion des marchés vivriers à Abidjan, en partant des premiers constats effectués au début des années 2000 par les chercheurs de l'IRD. Ensuite, nos données d'enquête 2017 permettront d'actualiser ces résultats.

3. Évolution de la construction et de la gestion défaillante des marchés à Abidjan

3.1. Aperçu critique de la situation au début des années 2000

La politique de construction et de gestion des infrastructures marchandes de la ville d'Abidjan a connu de nombreuses évolutions au cours des dernières décennies en fonction de la conjoncture économique et des priorités politiques des décideurs.

Dans un premier temps, au sortir de l'indépendance, l'État planificateur était en charge, à travers la création de sociétés immobilières publiques (SICOGI), de la construction et de la gestion des marchés de la ville. À cette époque, la priorité était d'organiser les activités marchandes traditionnelles en proposant un cadre structurant à travers la construction de marchés communaux de taille imposante. Ces infrastructures se devaient d'être réparties de manière homogène et équilibrée dans les différents quartiers de la ville afin de satisfaire les besoins de consommation des ménages urbains. Ainsi, chacun des dix quartiers d'Abidjan possédait son marché central dont la gestion était publique. Cette situation a prévalu jusqu'à la fin des années 1980 ; la ville d'Abidjan avait alors une taille relativement modeste (inférieure à un million d'habitants). De cette époque datent les derniers marchés publics construits par l'État ivoirien dans les quartiers de Port-Bouët, Treichville, Yopougon et Marcory (Bredeloup, 1989).

Ensuite, des phénomènes successifs ont entraîné le retrait progressif de l'État de son rôle de planificateur de l'infrastructure marchande. Le premier phénomène est d'ordre financier, à travers le ralentissement de l'activité économique à la fin des années 1980, provoqué par la crise de la dette et la mise en place des politiques d'ajustement structurel (PAS). Ne disposant plus des moyens financiers nécessaires pour assurer la construction des marchés, l'État a cherché à établir des partenariats avec des investisseurs privés afin qu'ils prennent le relais et répondent au besoin d'infrastructures découlant de la forte croissance démographique et spatiale de la métropole abidjanaise (Poyau, 2008). Le second phénomène est d'ordre politique à travers la mise en œuvre du processus de décentralisation et les nouvelles compétences dévolues aux collectivités territoriales en matière de gestion et de taxation de l'activité marchande.

Faute de moyens financiers suffisants, les dix autorités communales de la ville d'Abidjan ont établi des partenariats avec des investisseurs privés, pour la plupart étrangers, afin d'assurer la construction de nouveaux marchés au sein de leurs territoires respectifs. Durant cette période, la majorité des nouveaux marchés ont été construits sous la forme du *Build Operate and Transfer* (BOT)[116]. Ce nouveau type de partenariat public privé (PPP), combinant le bail à construction et le contrat de gestion, devient le mode préférentiel de financement des marchés (Poyau, 2005).

Attractif en apparence, le système de BOT connaît de graves problèmes de gouvernance dans la phase d'élaboration des contrats, de construction et surtout de gestion des ouvrages. L'établissement des contrats se fait de gré à gré, de manière opaque et sans concertation de la société civile et notamment des organisations de commerçants. Les études de faisabilité et de rentabilité sont très limitées, ce qui favorise la course au gigantisme et à la surfacturation des ouvrages de piètre qualité et solidité. Chaque maire cherche à construire le marché le plus grand, le plus moderne, ce qui ne correspond pas aux habitudes de consommation des populations et aux moyens financiers des petites commerçantes qui se retrouvent exclues de ces nouvelles infrastructures. L'exemple le plus manifeste de ces « éléphants blancs » demeure

116 Le BOT « *consiste, à l'initiative de l'État ou de la commune, à confier à un opérateur privé la conception, le financement, la construction et l'exploitation d'une grande infrastructure pendant une période dont la durée est déterminée en fonction du temps nécessaire pour amortir le capital investi. Au terme de la période d'exploitation, l'ensemble des ouvrages, maintenus en bon état, revient gratuitement à la commune* » (BNETD, 1997)

le marché Forum d'Adjamé construit sur trois étages, d'une capacité d'accueil de 12.000 places et d'un coût total de 12 milliards de F CFA. Mal calibré, ce marché connaît un taux de remplissage et de fréquentation largement inférieur aux ambitions escomptées par ses promoteurs (Bertoncello et Bredeloup, 2002).

Selon les résultats des études de l'IRD, cette inadéquation croissante entre l'offre et la demande d'infrastructure marchande a de nombreuses conséquences négatives au niveau spatial comme social. Sur le plan global, la concurrence des mairies pour abriter le plus grand nombre de marchés sur son territoire provoque un déséquilibre spatial avec des zones abritant une densité excessive de marchés et celles qui sont complètement dépourvues d'infrastructures de proximité. Au niveau social, on assiste à une gentrification de l'activité marchande avec des conditions d'accès aux places de marché qui deviennent de plus en plus prohibitives. En effet, les opérateurs privés, guidés par une recherche de rentabilisation de leur investissement considérable, pratiquent des tarifs de location exorbitants qui ne sont pas à la portée des commerçantes de produits vivriers. Ces dernières, victimes d'un processus de marginalisation, sont dès lors obligées de déménager dans des zones périphériques et populaires ou de se lancer dans le colportage et la vente itinérante.

En résumé, les études de l'IRD démontrent que le processus de privatisation des marchés à Abidjan connaît de grandes difficultés en raison de conflits d'intérêts, de délimitation hasardeuse des compétences de chaque acteur et de l'absence de vision planifiée et concertée de la gestion des infrastructures commerciales à l'échelle de la ville. Il convient de déterminer, à partir des données de l'enquête, si ce constat critique établi en 2005 est toujours d'actualité en 2017 et si les problèmes de gestion observés se sont atténués ou au contraire accentués.

3.2. État des lieux préoccupant de la situation en 2017

Le recensement des marchés fonctionnels à Abidjan en 2017, couplé à l'analyse de leurs caractéristiques de gestion et des résultats de l'enquête menée auprès des commerçantes, permet d'offrir un état des lieux actualisé de l'offre d'infrastructure marchande. De manière globale, les résultats obtenus lors de notre travail viennent confirmer les tendances observées au début des années 2000 par les chercheurs de l'IRD. Pire encore, la crise socio-politique des années Gbagbo, les violences postélectorales de 2011 et la croissance rapide et non maîtrisée de la métropole abidjanaise (provenant notamment des zones de conflits), semblent avoir encore dégradé la situation de l'offre d'infrastructure marchande. Cette dégradation est perceptible autant sur le plan spatial (inadéquation de l'offre d'infrastructure marchande par rapport à la demande) que sur le plan qualitatif (abaissement du niveau d'aménagement et déliquescence du mode de gestion des marchés). Ces principales carences seront tour à tour analysées en recourant à l'utilisation de cartes thématiques pour illustrer les différentes facettes du phénomène.

3.2.1. La précarisation des lieux d'implantation des marchés populaires

La ville d'Abidjan connaît une croissance extrêmement rapide de sa population qui est passée de 2,87 millions d'habitants en 1998 à plus de 4,39 millions d'habitants en 2014 lors du dernier recensement de la population qui a été effectué (INS-CI, 2014). Cette explosion démographique s'avère extrêmement difficile à maîtriser au plan des politiques d'aménagement du territoire et la ville fait face à un sérieux problème de pression foncière et d'occupation anarchique des friches urbaines encore disponibles. Les infrastructures marchandes n'échappent pas à ce problème et les terrains vierges sont rares et font l'objet de nombreuses convoitises de la part des investisseurs nationaux et internationaux. Les mairies profitent de cette conjoncture pour vendre leurs terrains au plus offrant avec une logique de rentabilisation financière à court terme qui l'emporte sur les considérations socio-économiques de plus longue haleine. De manière concrète, les implantations marchandes récentes sont avant tout orientées vers la construction de centres commerciaux de haut standing destinés à une clientèle aisée[117]. Cette orientation des municipalités vers les infrastructures marchandes haut de gamme se fait au détriment des infrastructures plus modestes destinées au commerce vivrier de détail et de proximité. Faute d'espaces disponibles et de politique inclusive d'aménagement, la majorité des nouveaux marchés émergent de manière spontanée et anarchique dans des zones non constructibles, insalubres et potentiellement dangereuses.

La carte n° 7.2 illustre l'aggravation de ce phénomène au cours de la période 2000-2010 et surtout 2010-2017 qui a connu une explosion du nombre de marchés précaires. Cette tendance est particulièrement mar-

117 La ville d'Abidjan devient le terrain de chasse privilégié des multinationales de la grande distribution. La marque Carrefour a ouvert deux grands centres commerciaux à Treichville et Cocody, la marque Casino en partenariat avec l'entreprise Prosuma compte ouvrir de nombreux centres commerciaux de taille intermédiaire, etc.

quée au sein des communes populaires d'Abobo et de Yopougon où le nombre de marchés précaires dépasse largement celui des marchés permanents. Par conséquent, au sein des deux communes les plus peuplées d'Abidjan, des quartiers entiers sont dépourvus de marché aménagé de proximité et leurs habitants sont contraints de s'approvisionner dans des marchés insalubres non aménagés. Ce constat fait écho à celui établi en 2002 par Bertoncello et Bredeloup qui mentionnaient que « *l'État décentralisé n'a pas su prendre des mesures compensatoires pour protéger les intérêts des plus faibles ni mettre en œuvre une instance régulatrice permettant de contrôler les interventions des opérateurs privés ; le marché communal tend à devenir un lieu difficile d'accès précisément pour les populations qu'il était censé accueillir prioritairement. En effet, le renchérissement de services urbains autrefois quasiment gratuits pourrait rapidement provoquer le déclassement des plus démunis, des plus "étrangers" ou des plus isolés si le délégataire de service n'est pas en mesure de proposer des formules de location ou de vente plus adaptées. La clientèle de ces nouveaux marchés risque également de se transformer et les acheteurs les plus modestes de se reporter sur les marchés de quartier* » (2002, p. 99).

Carte 7.2 Évolution historique des marchés en fonction de leur statut

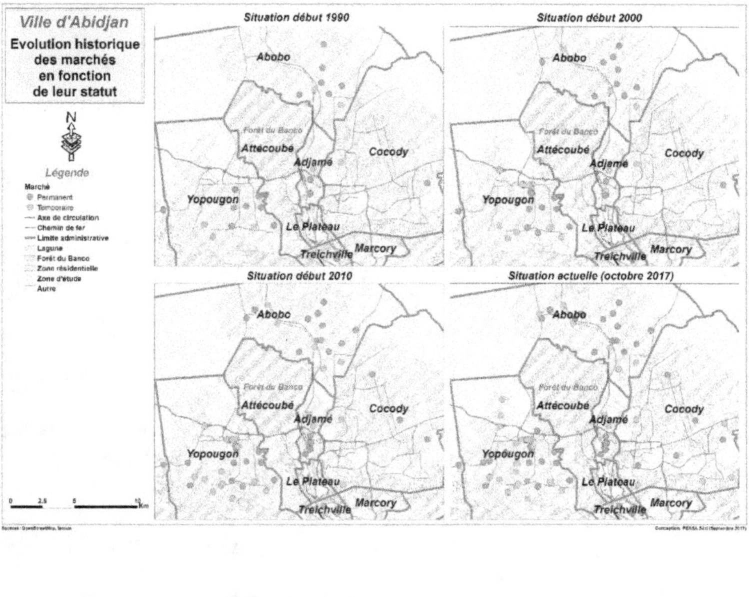

3.2.2. La dégradation des infrastructures marchandes liée à la gestion conflictuelle du BOT

Le processus de privatisation de la construction et de la gestion des marchés d'Abidjan s'est renforcé au cours de la dernière décennie et au sein des cinq communes de l'enquête. Les marchés privés (28) sont plus nombreux que les marchés villageois (24) et les marchés communaux (21). La carte n° 7.3 illustre cette explosion du nombre de marchés privés principalement octroyés sur le mode du BOT et la logique de déconcentration de l'activité marchande qui s'en est suivie. Cependant, la généralisation de ce type de PPP ne coïncide pas avec la réussite de ce modèle qui connaît dans la pratique des difficultés croissantes. À l'époque, Bertoncello et Bredeloup critiquaient déjà le système naissant des BOT marqué par « *l'opacité des modes d'attribution des contrats qui se font principalement de gré à gré sans aucune approche démocratique et participative. Les logiques de corruption et de clientélisme sont dénoncées avec vigueur et font l'objet de nombreux procès et contentieux renforcés par la forte instabilité politique qui tend à faire et à défaire les accords entre les mairies et les promoteurs privés. Dans la pratique les agents municipaux ne sont pas outillés en matière de préparation, négociation et de suivi des contrats* » (p. 92).

CARTE 7.3 Mode de gestion des marchés

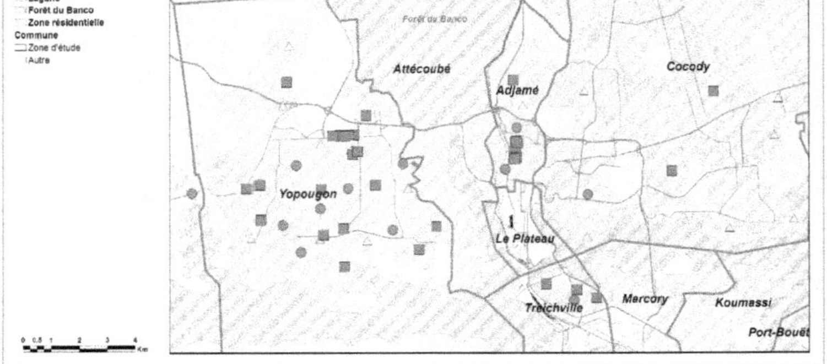

Au fil des années, les problèmes de gestion des BOT se sont encore accrus en raison de la crise socio-politique et du délitement de la qualité de la gouvernance locale qui n'arrive pas à assurer son rôle de supervision de la bonne exécution des contrats établis. En raison de l'opacité des modes d'attribution des BOT, les conflits de compétences entre mairies et promoteurs sont légion et se règlent la plupart du temps devant les tribunaux. Ainsi, de nombreux projets de construction de marchés sont abandonnés ou mis en suspens faute d'accord sur les modalités de financement et de gestion des marchés. L'instabilité socio-politique causée par les différentes alternances politiques conflictuelles participe de cette insécurité juridique et commerciale qui provoque de nombreux changements de propriétaire des marchés au gré des affinités politiques et du clientélisme. Après la crise post-électorale de 2011 et l'arrivée au pouvoir du régime d'Alassane Ouattara, la prise de contrôle des marchés privés par les autorités communales est un moyen d'asseoir leur pouvoir politique, de renflouer les caisses de la mairie et de tourner la page de l'ancien régime. Cependant, cette opération ne se fait pas sans résistance de la part des promoteurs privés qui font valoir les contrats établis avec les dignitaires de l'ancien régime et la durée d'exploitation prévue (en général fixée à 20 ans) pour maintenir leurs prérogatives. De nombreux marchés dans les communes d'Adjamé (marché Forum) et d'Abobo (marché Avocatier) se retrouvent dans une sorte de gouvernance hybride et bancale dont les premières victimes sont les commerçantes qui pâtissent de ce climat imprévisible et tendu.

En outre, les promoteurs privés sont avant tout guidés par la rentabilisation financière de leur investissement et n'accordent pas beaucoup d'importance à l'entretien des infrastructures ni à la fourniture des services de base (évacuation des déchets et des eaux usées, mise en place d'un système de sécurité et de prévention des risques, etc.). Peu à peu, l'intérieur du marché se dégrade et les problèmes d'hygiène et d'insalubrité se multiplient, ce qui diminue fortement son attractivité et sa fréquentation. Cette lente désaffection du cœur du marché, devenu de plus en plus dangereux et mal fréquenté, favorise le développement de la vente ambulante qui représente la troisième tendance lourde observée lors du recensement des marchés d'Abidjan.

3.2.3. Le foisonnement de la vente ambulante

La réalisation du recensement a permis de constater à quel point le phénomène de la vente ambulante aux abords des marchés a pris de l'ampleur au cours de la période récente. Dans certains quartiers, l'intérieur du marché n'est même plus perceptible depuis l'extérieur tant les étals temporaires sont nombreux, denses et disposés anarchiquement sur la voie publique. La carte n° 7.4 illustre l'exacerbation de ce phénomène dans les communes de Yopougon et d'Abobo, qui sont confrontées à de graves problèmes de gestion et à une sous-dotation chronique en infrastructure marchande. De plus, cette prédominance de la vente « à la sauvette » est davantage marquée dans les grands marchés aux effectifs nombreux que dans les marchés de taille plus modeste. Ces marchés sont en sureffectif et leur gestion interne demeure très difficile à assurer, étant donné les problématiques mentionnées ci-dessus. De plus, les conditions d'accès de plus en plus prohibitives imposées par le système BOT excluent de facto les commerçantes les moins nanties, obligées de vendre leur marchandise à même la rue pour maintenir leur activité de subsistance. Les collectivités territoriales en charge de la collecte des taxes, de la gestion de la voirie et des services d'assainissement n'ont pas la volonté et/ou la capacité d'endiguer ce phénomène. En outre, elles affichent une position ambiguë qui vise d'une part à condamner cette occupation anarchique du domaine public et des nuisances occasionnées (entrave à la fluidité des axes de communication, insalubrité, concurrence déloyale, etc.) et de l'autre, à légitimer leur présence au vu des taxes communales importantes qui sont collectées quotidiennement.

CARTE 7.4 Répartition des commerçants en fonction de leur localisation.

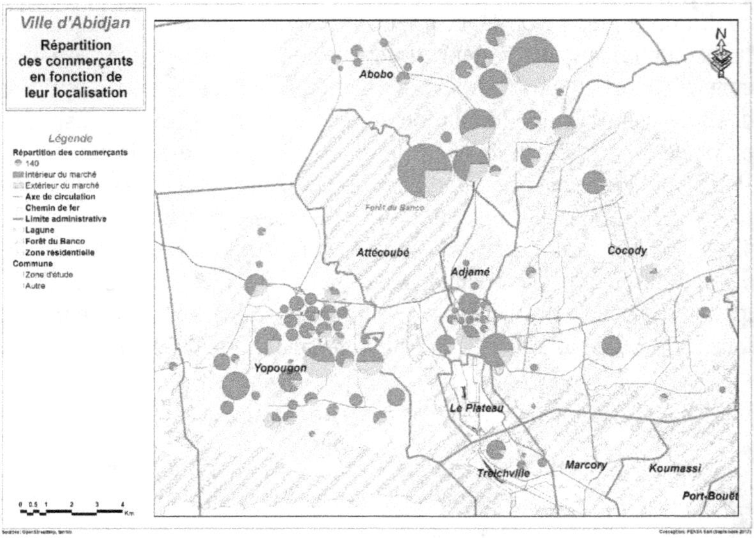

L'état des lieux de la situation des marchés à Abidjan en 2017 montre une dégradation marquée de l'offre d'infrastructure marchande par rapport à la situation antérieure, déjà problématique selon les études menées par l'IRD. Cette dégradation de l'offre, perceptible sur le plan quantitatif (pas suffisamment de nouveaux marchés), spatial (répartition géographique inégale au détriment des quartiers populaires, marginalisés) et qualitatif (instabilité des modes de gestion, exclusion sociale du commerce de détail) est la résultante de plusieurs processus concomitants. Parmi ceux-ci figurent la privatisation non maîtrisée et non encadrée de la construction et de la gestion des marchés, les problèmes de gouvernance et de compétence des collectivités territoriales et une focalisation politique sur les gros investissements structurants au détriment des infrastructures commerciales de proximité. Ce constat étant établi, il convient, dans la prochaine partie, d'analyser comment cette dégradation se répercute négativement sur l'activité des commerçantes de produits vivriers et sur leur vulnérabilité à titre individuel.

4. Incidences négatives sur la vulnérabilité des commerçantes

La phase préparatoire de l'enquête ainsi que le recensement des marchés vivriers de la ville d'Abidjan ont permis de dégager une typologie des infrastructures de vente en fonction de leur zone d'implantation et de leur degré d'aménagement. Cette typologie en trois catégories de marchés dont les caractéristiques sont illustrées à la figure 7.2 a été également utilisée comme variable explicative permettant d'analyser les différents facteurs de vulnérabilité affectant les commerçantes.

FIGURE 7.2 Caractéristiques générales de la typologie des marchés

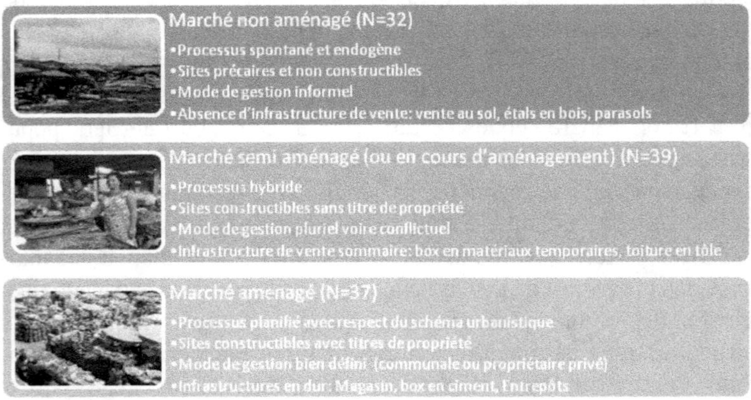

L'établissement de cette typologie permet de constater que les commerçantes de produits vivriers ne sont pas confrontées aux mêmes contraintes/opportunités selon qu'elles opèrent au sein d'un marché non aménagé, semi-aménagé ou aménagé. La politique de construction et d'aménagement de l'infrastructure marchande peinant à satisfaire les besoins du milieu commerçant, il devient de plus en plus difficile d'occuper un point de vente au sein d'un marché aménagé. Cette raréfaction de l'offre et la concurrence accrue qu'elle occasionne tendent à défavoriser les commerçantes disposant d'un statut social inférieur, ce qui demeure le premier facteur de vulnérabilité chez les commerçantes de produits vivriers. Le tableau 7.3 basé sur les caractéristiques sociodémographiques de l'échantillon enquêté reflète ce processus de sélection.

TABLEAU 7.3 Comparaison des caractéristiques sociodémographiques suivant le type de marché

	Non aménagé	Semi-aménagé	Aménagé	Total
Genre				
Femme	97,30 %	94,20 %	85,20 %	92,30 %
Homme	2,70 %	5,80 %	14,80 %	7,70 %
Classe d'âge				
<25 ans	9,90 %	11,30 %	4,80 %	7,60 %
25-34 ans	22,70 %	15,10 %	25,70 %	23,10 %
35-60 ans	55,30 %	69,80 %	62,00 %	60,60 %
>60 ans	12,10 %	3,80 %	7,50 %	8,70 %

Niveau éducation				
Aucun niveau	42,60 %	49,10 %	41,50 %	42,90 %
Niveau primaire	39,00 %	39,60 %	37,80 %	38,50 %
Niveau secondaire/ supérieur	18,40 %	11,30 %	20,20 %	18,30 %
Parcours migratoire				
Né à Abidjan	27,00 %	24,50 %	37,80 %	31,90 %
Migrant interne	66,00 %	69,80 %	54,30 %	60,70 %
Migrant international	7,10 %	5,70 %	7,40 %	7,10 %
Statut matrimonial				
Célibataire	22,70 %	24,50 %	24,60 %	23,90 %
Divorcé(e)	12,10 %	3,80 %	5,90 %	7,90 %
Marié(e)	53,20 %	60,40 %	61,00 %	58,00 %
Veu(ve)	12,10 %	11,30 %	8,60 %	10,20 %

Source : Données collectées au cours de l'enquête, 2017

4.1. Influence du statut social sur la localisation de l'activité

Le commerce de produits vivriers est une activité informelle de subsistance qui, en raison de barrières réduites à l'entrée, permet l'intégration professionnelle de certains groupes sociaux défavorisés (jeunes, femmes, migrants, population non instruite) ; cependant, les conditions de démarrage et d'exercice de l'activité ne sont pas les mêmes suivant le statut social de l'individu. Ainsi, le tableau 7.3 indique que les groupes sociaux dits vulnérables sont plus fortement représentés au sein des marchés non aménagés par rapport aux marchés semi-aménagés et surtout, aménagés. Au plan du genre, les femmes sont nettement majoritaires au sein du vivrier et ont une présence plus forte au sein des marchés non aménagés par rapport à ceux qui sont aménagés. Par ailleurs, le niveau d'éducation relativement bas pour l'ensemble de l'échantillon (81,3 % des commerçantes ne sont pas allées au-delà de l'école primaire) est légèrement supérieur au sein des marchés aménagés. La comparaison des statuts migratoires s'avère également instructive avec la présence plus forte des migrants internes et internationaux au sein des marchés non aménagés alors que les marchés aménagés abritent une proportion plus forte d'autochtones (population née à Abidjan). Enfin, le statut matrimonial révèle que les femmes mariées sont plus représentées au niveau des marchés aménagés (61 %) alors que les femmes de statut plus précaire (divorcées ou veuves), sont davantage présentes au sein des marchés non aménagés (24,2 %).

Ces différents éléments semblent indiquer, de manière relativement intuitive, que le statut socio-démographique exerce une influence sur le choix de la zone de commercialisation (type de marché). Par conséquent, pour des raisons de proximité spatiale et de capacités financières, toutes les commerçantes n'ont pas la possibilité d'accéder à des marchés aménagés et celles disposant de ressources moindres ont une probabilité plus élevée d'opérer dans les marchés temporaires et précaires situés dans les quartiers périphériques de la ville.

Ce constat étant établi, il convient de pousser la réflexion plus avant en analysant le mode d'implantation plus ou moins stable et durable prévalant au sein des différents types de marchés et son influence sur le sentiment de reconnaissance par l'administration publique et le degré de conformité règlementaire.

4.2. Stabilité de l'implantation et respect de la règlementation

Les dynamiques d'implantation varient fortement selon le type de marché et mettent en évidence une présence beaucoup plus stable et durable au sein des marchés aménagés. En effet, les commerçantes évoluant dans les marchés aménagés ont une infrastructure de vente en dur (boutique ou box) acquise via le paiement du « pas de porte »[118] ou sous la forme d'une location mensuelle (Figure 7.3). À l'inverse, au sein des marchés non aménagés, l'infrastructure de vente est beaucoup plus sommaire et l'occupation de l'espace de vente est de nature plus temporaire et précaire pour les commerçantes qui vendent leurs marchandises à l'air libre sur des étals en bois ou à même le sol (Figure 7.4).

---

118 Le « pas de porte » représente un investissement financier consenti par la commerçante pour accéder à un espace de vente au sein d'un marché. Cet investissement, dont la valeur dépend de l'attractivité du marché, est généralement sanctionné par la délivrance d'un contrat de bail qui authentifie la présence de la commerçante et lui permet de récupérer son argent lorsqu'elle décide de quitter le marché.

FIGURE 7.3 Implantation selon le type de marché

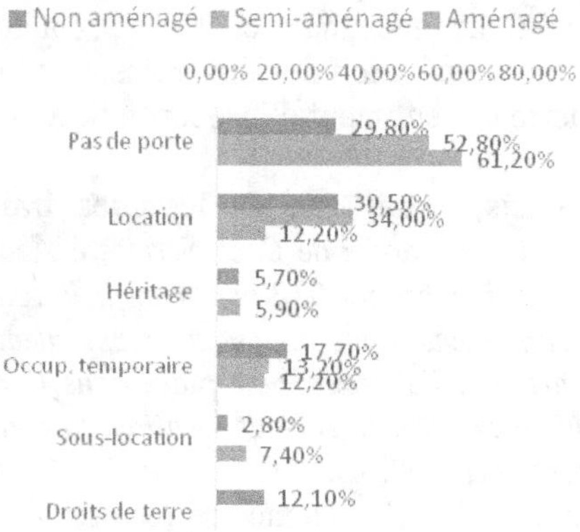

Source : Données collectées au cours de l'enquête, 2017

FIGURE 7.4 Type de point de vente selon le type de marché

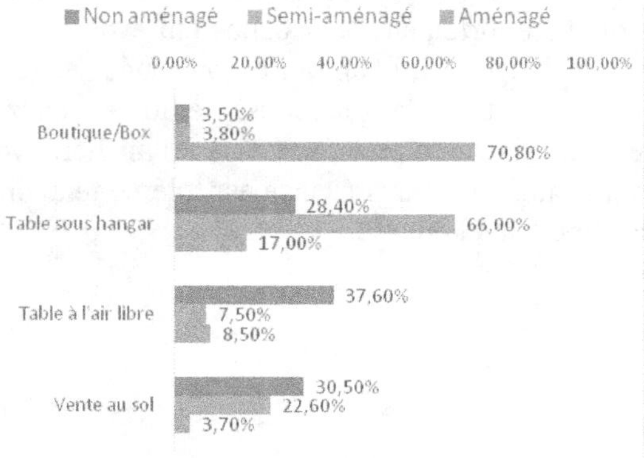

Source : Données collectées au cours de l'enquête, 2017

La comparaison de l'ancienneté des commerçantes au sein du même point de vente reflète cette stabilité plus forte des marchés aménagés (13,8 ans) par rapport aux marchés semi-aménagés (10,6 ans) et non aménagés (10,5 ans). Par ailleurs, les commerçantes évoluant dans des marchés non aménagés sont plus nombreuses à avoir connu des « déguerpissements » et à avoir dû changer fréquemment de marché, ce qui atteste de leur grande vulnérabilité et de la nécessité de devoir se réadapter plusieurs fois à un nouvel environnement commercial. Le témoignage ci-dessous, émanant d'une détaillante victime d'une « opération de déguerpissement » de son marché temporaire, illustre ce sentiment d'insécurité lié à la précarité de son implantation.

Femme, 46 ans, détaillante de légumes frais, marché non aménagé : « *J'étais au marché de Coco Service à Abobo quand ils ont décidé de détruire le marché en 2012 pour élargir la route principale. On nous a chassés sans même nous reloger ni nous indemniser. Après plusieurs mois d'inactivité, j'ai trouvé une place dans le marché Avocatier (Abobo) où je suis présentement en sous-location. J'espère avoir une place fixe auprès du responsable du marché* ».

De même, la situation plus ou moins précaire du marché et le type de point de vente occupé exercent une influence forte sur la manière dont les commerçantes se sentent reconnues et considérées par l'administration publique en général et les autorités communales en particulier. En effet, la figure 7.5 illustre le fait que les commerçantes opérant au sein d'un marché aménagé ont davantage le sentiment que leur activité est reconnue par la mairie (94,1 %) alors que cette impression diminue fortement pour celles qui évoluent au sein d'un marché semi-aménagé (65,9 %), voire non aménagé (31,1 %). Par ailleurs, cette perception négative est renforcée chez celles qui occupent un point de vente précaire (table à l'air libre, vente au sol) qui ont l'impression que leur présence est tolérée temporairement et non pas acceptée dans la durée.

FIGURE 7.5 Sentiment de reconnaissance de l'activité commerciale par la mairie selon le type de marché

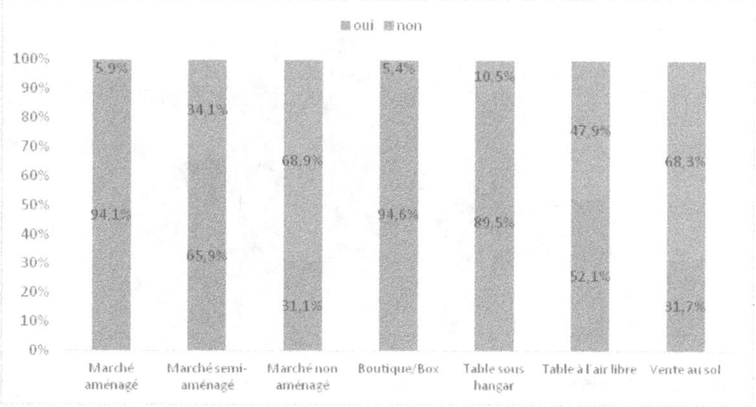

Source : Données collectées au cours de l'enquête, 2017

La précarité de cette implantation et le sentiment d'être délaissées par les autorités municipales, particulièrement au sein des marchés non aménagés, font que les commerçantes affichent une certaine défiance vis-à-vis des services administratifs et qu'elles ne se sentent pas tenues de respecter la règlementation commerciale. Malgré l'obligation légale qui est faite de posséder un Registre du commerce et du crédit mobilier (RCCM), la grande majorité d'entre elles ne se sentent pas contraintes de le faire et/ou n'en voient pas l'utilité. Le taux de possession du RCCM qui est de 9,1 % pour les marchés aménagés tombe à 3,3 % pour les marchés non aménagés (Figure 7.6). Conscient qu'il agit très peu pour développer le secteur commercial et pour faire évoluer la nature informelle des filières vivrières marchandes, l'État ivoirien semble attacher peu d'importance au respect de cette règlementation commerciale. Par conséquent, il affiche une attitude relativement attentiste concernant l'enregistrement des commerçantes qui n'est à ce jour pas pleinement encouragé. Cette inaction dénote un déphasage important, une zone grise, entre ce que dit la règlementation et la façon dont celle-ci est appliquée dans la pratique par l'administration.

Figure 7.6 Possédez-vous le RCCM ?

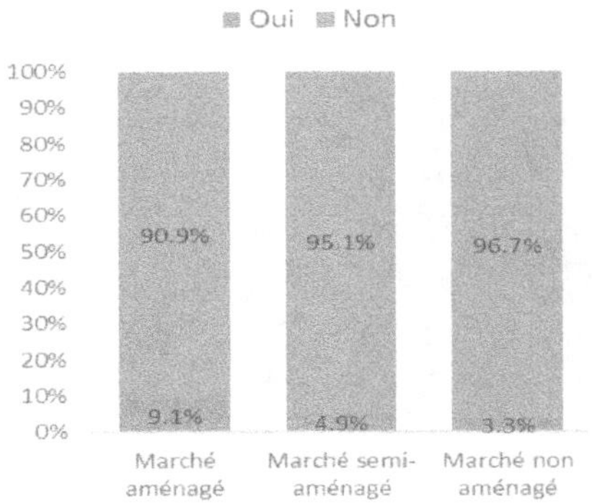

Source : Données collectées au cours de l'enquête, 2017

Figure 7.7 Payez-vous les taxes municipales ?

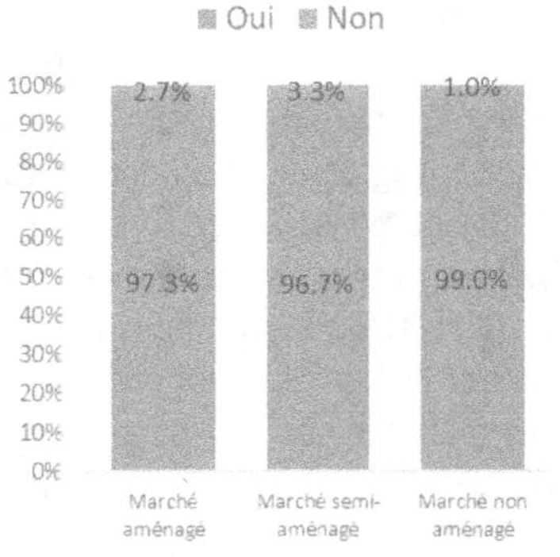

Source : Données collectées au cours de l'enquête, 2017

À l'opposé de cette position attentiste de l'État, les collectivités territoriales exercent une pression fiscale forte sur les commerçantes via le prélèvement de taxes journalières forfaitaires auxquelles sont soumises la quasi-totalité des commerçantes interrogées quel que soit le marché où elles opèrent. Cette pression fiscale s'exerce même au sein des marchés non aménagés pourtant situés dans des zones précaires et non reconnues par les pouvoirs publics. Elle témoigne de la manne financière que représente le commerce de détail pour les budgets communaux et de l'attitude ambiguë, voire paradoxale, des mairies à l'endroit des commerçantes. En effet, par le prélèvement de l'impôt, les mairies légitiment l'émergence et la croissance des marchés spontanés informels tout en critiquant et en combattant ensuite leur prolifération via les opérations de « déguerpissement » qu'elles mènent régulièrement. Cette pression fiscale est ressentie durement par les commerçantes qui ont l'impression de faire l'objet d'une taxation arbitraire sans aucune reconnaissance de leur statut de contribuable et sans qu'elles ne bénéficient en retour d'une politique d'aménagement de leur marché ni de services publics de qualité. La situation s'avère encore plus problématique pour les commerçantes évoluant au sein des marchés BOT qui se déclarent victimes d'une double taxation de la part du propriétaire du marché et des services de recouvrement de la mairie. La perception négative de cette double fiscalité, jugée abusive, favorise les comportements de résistance des commerçantes notamment via l'occupation anarchique de l'espace public qui représente un moyen d'échapper à ce diktat fiscal.

En résumé, cette partie met en évidence les difficultés éprouvées par les commerçantes pour accéder à un espace de vente aménagé et durable qui leur permette de se sentir reconnues et légitimées par les autorités communales. Elles sont par conséquent contraintes d'évoluer dans un environnement précaire et instable au sein duquel elles se sentent doublement menacées par la mairie qui les soumet à une pression fiscale quotidienne via les agents municipaux et leur fait régulièrement subir des opérations de « déguerpissement ». Pourtant, la stabilisation de leur situation demeure une condition sine qua non du succès de leur activité via leur intégration réussie dans des réseaux commerciaux performants.

4.3. Répercussions du déficit infrastructurel sur les circuits d'approvisionnement et d'écoulement des produits vivriers

L'insertion dans les chaînes de valeur agricoles est un défi pour les commerçantes qui se doivent de servir d'intermédiaires efficaces entre les zones de production et les consommateurs finaux. Cette difficulté est renforcée au sein des filières vivrières dont les zones de production sont atomisées et difficiles d'accès, l'offre de transport est insuffisante, onéreuse et inadaptée, la production est de nature volatile et saisonnière, les biens commercialisés sont fragiles et périssables. L'ensemble de ces facteurs est source de vulnérabilité pour les différentes catégories de commerçantes qui sont confrontées à cette activité cyclique faite de périodes d'abondance et de pénurie.

De plus, la complexité du processus d'approvisionnement est accentuée par le fait que la ville d'Abidjan ne possède aucun marché de gros aménagé fonctionnant selon des standards modernes et performants. Les principaux marchés de gros sont situés dans les communes populaires et périphériques d'Abobo et de Yopougon. Ces marchés, de taille conséquente, sont les lieux par lesquels transitent les productions vivrières venant des différentes régions agricoles de la Côte d'Ivoire. Ils servent de zones de déchargement et de transbordement utilisées par les grossistes pour reconditionner leurs marchandises. Ainsi, ils font office de source d'approvisionnement préférentiel des semi-grossistes et des détaillantes qui opèrent au sein de l'ensemble des marchés d'Abidjan. Pour la plupart, ces marchés de gros ne disposent pas d'un niveau d'aménagement très évolué ni de plates-formes adaptées de transbordement, ce qui nuit à la rapidité et à l'efficacité de ces processus. De plus, ce déficit d'infrastructure de stockage et de transport provoque une saturation rapide de ces espaces qui peinent à répondre efficacement à la demande croissante des différents marchés de la ville qui ne possèdent que rarement leur propre plate-forme de déchargement. Les communes de Cocody et de Treichville sont ainsi dépourvues de marchés de gros et dépendent par conséquent des marchés d'Abobo et de Yopougon pour leur approvisionnement, ce qui contribue à majorer leur prix de revient et à diminuer leur marge bénéficiaire.

Les commerçantes font face à de réelles difficultés pour s'approvisionner, ce qui les oblige à se déplacer elles-mêmes au sein des marchés de gros ou de demi-gros. Dans les trois quarts des cas, cela nécessite d'aller s'approvisionner dans une autre commune au petit matin avant l'ouverture de leur propre marché. Du fait de la nature périssable du produit, la cadence d'approvisionnement est très fréquente notamment chez les détaillantes de légumes frais et peut même dans certains cas se faire quotidiennement. Ce processus est très chronophage et engendre des coûts de transport importants. Ce constat est d'autant plus marqué en période de rareté, quand la marchandise n'est pas aussi accessible, ce qui implique de faire le tour de nombreux fournisseurs avant de trouver la quantité et la qualité souhaitées.

Cette vulnérabilité est d'autant plus marquée au sein des marchés non aménagés que ces derniers ne disposent d'aucun espace de stockage et d'entreposage de la marchandise. Par ailleurs, ils n'abritent aucune unité artisanale de transformation des produits agricoles qui sont situés uniquement au sein des marchés aménagés (production de concentré de tomate, de pâte d'arachide, de farines de céréales, d'huile artisanale, etc.). Ces petites unités de transformation jouent un rôle économique primordial au sein des marchés aménagés, car elles permettent de donner de la valeur au produit brut, de prolonger sa durée de conservation et de créer des emplois connexes qui assurent la vitalité commerciale du marché.

A contrario, au sein des marchés non aménagés, dont la part des produits transformés est très faible (80,7 % de produits bruts), les détaillantes font face à un problème de conservation de leur marchandise. Cela les pousse à écouler très rapidement leur produit sous peine de devoir les vendre à vil prix ou jeter une partie de leur stock. Cette pression commerciale favorise le développement de la vente itinérante et le recours à de la main-d'œuvre infantile pour commercialiser le surplus de marchandise auprès de la clientèle environnante. Elle possède un effet déstructurant sur le fonctionnement des filières vivrières et le maintien d'une certaine marge bénéficiaire, ce qui tend à précariser les conditions de travail au sein du secteur.

La forte fluctuation des prix et le niveau irrégulier de l'offre et de la demande provoquent souvent des tensions de trésorerie et nécessitent une bonne planification financière de ces activités. À cet égard, il convient de comparer comment s'organisent les commerçantes, financièrement, pour mener leur activité au sein des trois types de marchés et quels sont les différents services financiers qui demeurent accessibles et sont utilisés par ces dernières.

PHOTO 7.1 Illustration des problèmes de conservation des produits au sein des marchés non aménagés

Sources : Photographies de l'auteur effectuées sur les marchés de la Siporex, Yopougon, Abidjan

4.4. Coexistence des services financiers formels et informels selon le type de marché

Les commerçantes de produits vivriers sont confrontées à des difficultés financières récurrentes pour assurer l'approvisionnement régulier de leur marchandise, le paiement des charges de fonctionnement (fiscalité, location de leur emplacement) et pour amortir les différents chocs idiosyncrasiques. Cette planification financière nécessite qu'elles puissent disposer d'outils pour sécuriser leur revenu, constituer une épargne dans les périodes fastes et accéder à des financements extérieurs en cas de coup dur ou d'opportunité commerciale. En la matière, la figure 7.8 semble indiquer une influence de la localisation de l'activité des commerçantes (type de marché) sur leurs pratiques financières et les services utilisés.

Les services financiers classiques (Banque et IMF) sont davantage utilisés par les commerçantes évoluant dans les marchés aménagés alors que les autres catégories de commerçantes n'y recourent que très marginalement. Ces deux types d'établissements s'implantent avant tout dans les zones commerciales dûment enregistrées et dotées d'un minimum d'infrastructures. Par conséquent, ils sont plus proches et accessibles pour les commerçantes situées dans les marchés aménagés : elles sont plus nombreuses à y avoir ouvert un compte personnel. De plus, ce type de marché est également desservi par des agents collecteurs (appelés agents « signé-signé ») qui parcourent le marché chaque soir pour venir récupérer l'épargne des commerçantes et approvisionner un compte à leur nom. Ils participent ainsi du désenclavement financier des marchés les plus modernes et les plus dynamiques et favorisent le rapprochement entre les commerçantes et les établissements financiers.

Ne disposant pas de ces services de proximité, les commerçantes des marchés précaires doivent trouver des stratégies alternatives pour sécuriser leur revenu. Ainsi, elles sont plus nombreuses à avoir créé un compte *Mobile Money* et à y déposer régulièrement de l'argent (30,5 %) ou à faire partie d'une association tontinière qui demeure la forme d'épargne informelle la plus répandue dans ce type de marchés où la solidarité communautaire constitue un moyen d'atténuer la vulnérabilité individuelle

FIGURE 7.8 Service d'épargne utilisé selon le type de marché

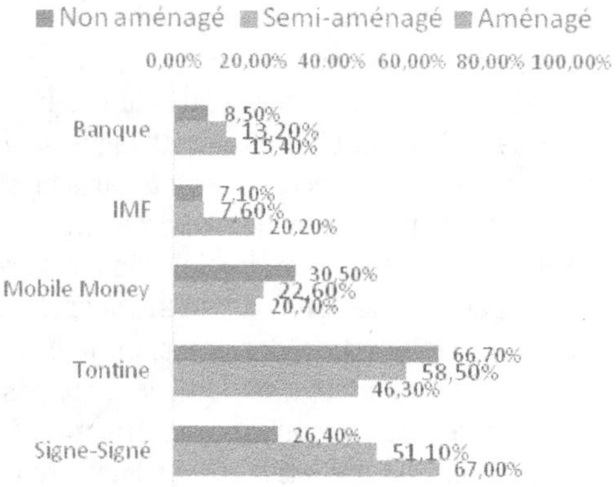

Source : Données collectées au cours de l'enquête, 2017.

FIGURE 7.9 Taux d'accès au crédit selon le type de marché

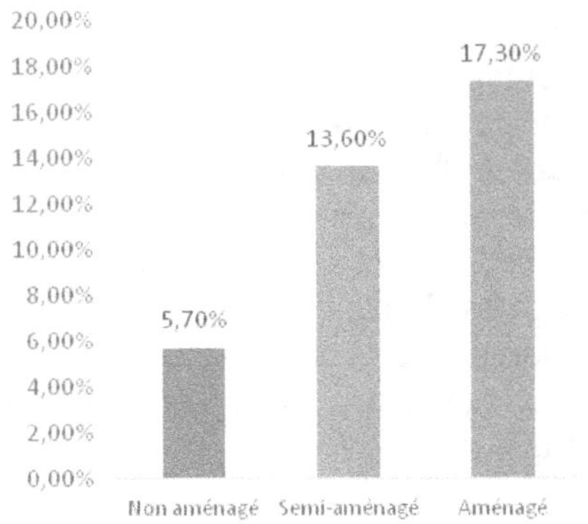

Source : Données collectées au cours de l'enquête, 2017.

Les mêmes inégalités s'observent au niveau de la probabilité d'accès au crédit qui est trois fois plus élevée au sein des marchés aménagés (17,3 %) que dans les marchés non aménagés (5,7 %). Le fait d'évoluer dans un emplacement reconnu et d'avoir son propre espace de vente constitue un avantage pour les commerçantes des marchés aménagés qui utilisent leur bail commercial comme garantie, ce qui favorise l'acceptation de leur demande de financement. À l'inverse, les conditions précaires d'implantation des marchés non aménagés provoquent la réticence des commerçantes qui ne sont pas sûres de la durabilité de leur présence et de leur capacité effective de remboursement, ce qui peut entraîner la précarisation de leur situation.

Femme, 32 ans, détaillante, marché Mami Faitai (non aménagé) : « *J'ai peur de prendre crédit, car on ne nous donne pas le temps de fructifier l'argent et on doit rembourser en même temps. C'est risqué, quand tu n'arrives pas à rembourser, on te fait voir de toutes les couleurs et tu ne trouves plus le sommeil. Il paraît même qu'elles (les banques) ont mis des commerçantes en prison à cause de crédits.* »

En résumé, cette partie révèle que le degré d'aménagement du marché exerce une influence significative et plurielle sur les comportements financiers des commerçantes qui y évoluent. En effet, les marchés les plus aménagés et dynamiques suscitent l'intérêt des établissements financiers et particulièrement des IMF qui décident d'y implanter une agence à proximité, voire à l'intérieur de celui-ci. Cette proximité, essentielle à l'instauration d'un climat de confiance et de collaboration entre les commerçantes et le personnel de l'IMF, est renforcée par le travail des agents collecteurs (agents « signé-signé ») qui jouent un rôle essentiel dans l'inclusion financière et la sécurisation des revenus des commerçantes. Au sein des marchés non aménagés, la situation est diamétralement opposée puisque la localisation dans des zones précaires et souvent périphériques participe de leur enclavement financier. Cette faible disponibilité et accessibilité des services financiers formels poussent les commerçantes à maintenir des pratiques informelles de financement de leurs activités. En témoigne une adhésion plus forte au système d'épargne tontinier qui permet à la fois de sécuriser les revenus, de pouvoir répondre rapidement à des besoins en espèces et également d'intégrer un groupe de soutien et de solidarité utile en cas de coup dur. Cet aspect va être abordé dans la partie suivante qui traite de l'exposition aux risques sanitaires et sécuritaires des commerçantes.

4.5. Exposition aux risques sanitaires et sécuritaires

Les emplois informels sont caractérisés par leur degré élevé de pénibilité causé par un ensemble de facteurs cumulatifs : les conditions précaires d'implantation et l'absence d'infrastructures adaptées, la charge excessive de travail hebdomadaire, l'exposition à divers risques sanitaires et sécuritaires, etc. L'ensemble de ces éléments impacte négativement l'activité des commerçantes, de même qu'il nuit à leur bien-être individuel. Faiblement couvertes par les dispositifs d'assurances sociales et médicales qui sont avant tout destinés aux travailleurs du secteur formel, elles peinent à pouvoir accéder aux services sanitaires de base, à faire face aux différents frais médicaux de même qu'à pallier l'arrêt temporaire de leur activité. En outre, ne souscrivant à aucun système formel de prévoyance sociale, elles demeurent totalement dépendantes financièrement de leur activité professionnelle, qu'elles doivent maintenir pour certaines d'entre elles malgré leur avancée en âge et la dégradation de leur état de santé.

Au sein des filières vivrières marchandes, cette pénibilité est décuplée en raison du degré important d'insécurité et d'insalubrité et des problèmes d'aménagement et de gouvernance des marchés mentionnés tout au long de ce chapitre. Ces espaces marchands sont mal entretenus, les services publics assurant la propreté et l'hygiène des lieux sont irréguliers, voire inopérants, et il n'y règne aucune politique de prévention des risques sécuritaires (incendie, électrocution, inondation). Ce constat général d'une dégradation des conditions de travail des commerçantes de produits vivriers est davantage marqué au sein des marchés temporaires et non aménagés. En effet, les commerçantes qui y évoluent sont beaucoup plus critiques concernant le niveau de salubrité et de sécurité de leur espace commercial (Figures 7.10 et 7.11).

FIGURE 7.10 Évaluation du niveau de salubrité de votre emplacement

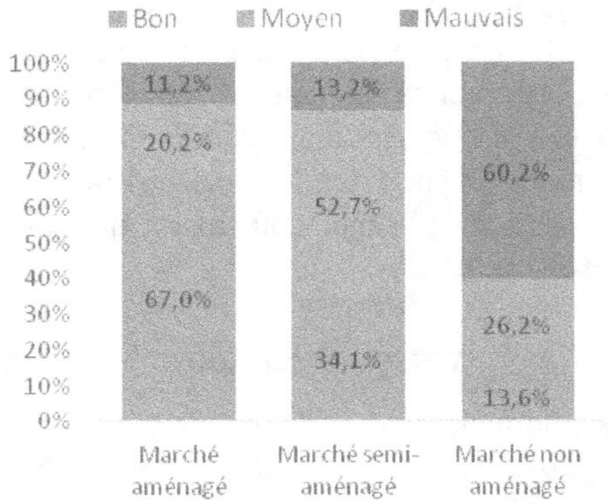

Source : Données collectées au cours de l'enquête, 2017

FIGURE 7.11 Évaluation du niveau de sécurité de votre emplacement

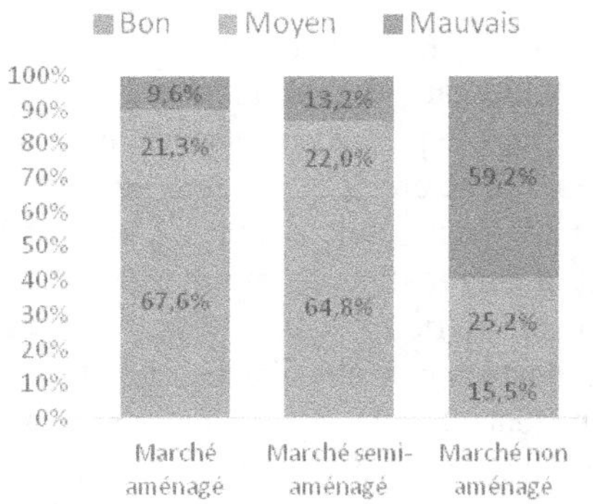

Source : Données collectées au cours de l'enquête, 2017

Les marchés non aménagés ne disposent pas des infrastructures de base leur permettant de commercialiser les marchandises dans de bonnes conditions et à l'abri des aléas météorologiques (chaleur, poussière, pluies, boues et inondations). En outre, ces friches urbaines demeurent peu connectées au système d'évacuation des déchets et sont régulièrement utilisées par le voisinage comme lieu d'aisance et de décharge publique. Faute de clôtures et de système performant de gardiennage, elles n'offrent pas de protection efficace aux commerçantes qui y travaillent et y sont régulièrement victimes de vols, d'intimidation, voire d'agressions de la part de certaines franges de la population (enfants des rues, consommateurs de produits psychotropes, etc.).

L'amélioration du cadre de travail des commerçantes est d'autant plus cruciale que celles-ci y passent un grand nombre d'heures par semaine et que certaines d'entre elles sont obligées d'y venir avec leurs enfants en bas âge en raison de leur statut matrimonial (mère célibataire) et de l'absence de structure éducative de proximité.

FIGURE 7.12 Combien d'heures de travail par semaine ?

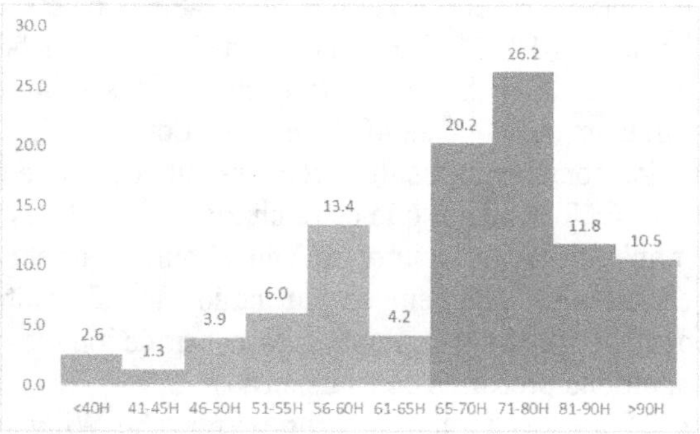

Source : Données collectées au cours de l'enquête, 2017

Figure 7.13 Comment évaluez-vous cette charge de travail ?

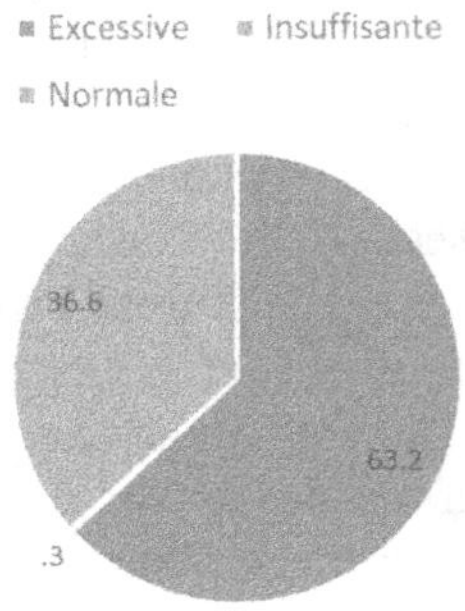

Source : Données collectées au cours de l'enquête, 2017

Le commerce vivrier est une activité très prenante qui demande une implication totale des commerçantes qui y consacrent six jours par semaine pour 49,7 % d'entre elles et même sept jours pour 46,3 %. Une journée type de travail commence très tôt le matin, vers 5h, notamment pour celles qui doivent aller s'approvisionner sur les autres marchés avant de regagner leur propre marché vers 8-8h30 pour se terminer aux environs de 18h-18h30. Par conséquent, la charge hebdomadaire de travail, de près de 70 heures en moyenne, dépasse largement les normes en vigueur qui sont de 40 heures en Côte d'Ivoire. Près des trois quarts des commerçantes déclarent travailler plus de 60 heures par semaine et 63,2 % jugent que cette charge de travail est vraiment excessive et qu'elle fragilise leur organisme et nuit à leur état de santé. Les commerçantes se plaignent en particulier des difficultés liées à l'approvisionnement qui nécessitent de parcourir de longues distances dans des conditions précaires de transport.

Femme, 26 ans, vendeuse d'oignons, marché Willy (non aménagé) : « *Toutes mes marchandises ne sont pas vendues dans la même zone et la disponibilité des produits n'est pas régulière. Je porte les produits sur la tête pour aller d'un point à l'autre, car je peine à trouver gbaka (minibus) ou woro-woro (taxi collectif) qui accepte de transporter mes marchandises dans de bonnes conditions. Ces différentes courses me fatiguent trop et je tombe fréquemment malade.* »

Les divers problèmes de santé rencontrés chez les commerçantes des marchés ont un lien plus ou moins étroit avec la pénibilité de l'activité et les conditions précaires de travail. Interrogées sur les cas de maladie survenus depuis le début de l'année 2017, 54,7 % des commerçantes déclarent avoir interrompu leur activité pour raison médicale pour une durée supérieure à trois jours. Cette proportion demeure plus importante dans les marchés semi-aménagés (56,4 %) et non aménagés (64,4 %) où les conditions de travail sont plus pénibles et les facteurs de risques sanitaires plus intenses et plus nombreux.

Figure 7.14 Avez-vous été absent pour maladie ?

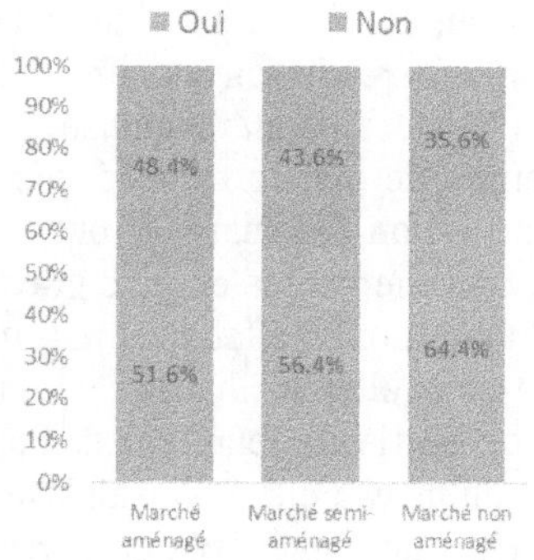

Source : Données collectées au cours de l'enquête, 2017

Figure 7.16 À quoi cette absence est-elle due ?

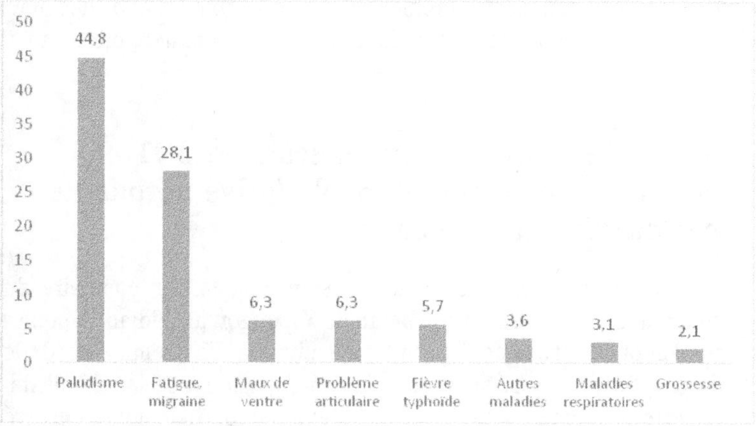

Source : Données collectées au cours de l'enquête, 2017

Les deux causes d'absence les plus fréquentes sont le paludisme (44,8 % des cas) et l'état de fatigue excessif (28,1 %) qui sont directement liés au faible degré d'aménagement du marché et à la problématique de la complexité des circuits d'approvisionnement. Ces causes d'absence ont des répercussions directes et indirectes sur l'activité commerciale et sur la situation économique des commerçantes. Au plan des frais directs, les commerçantes doivent payer sur fonds propres les dépenses découlant de leur maladie (consultation, traitement, hospitalisation éventuelle). Au plan indirect, l'indisponibilité de la commerçante entraîne l'arrêt de son activité, et dans certains cas, la perte d'une partie de son stock de marchandise.

Cette partie a permis de mettre en évidence que les problèmes d'aménagement et de gestion des marchés ont des incidences négatives sur l'activité des commerçantes et, plus grave, sur leur bien-être individuel et leur état de santé. En effet, bien plus qu'un lieu de travail, le marché représente pour elles un lieu de vie au sein duquel elles passent la plus grande partie de leur temps. Par conséquent, elles pâtissent directement du niveau élevé d'insalubrité et d'insécurité qui caractérisent les marchés non aménagés en particulier. Les marchés aménagés présentent cependant aussi certains facteurs de nuisances et de risques qui découlent directement de problèmes de gouvernance et de conflits de compétence entre les propriétaires privés et les autorités communales. Au cours de la partie 4, il sera proposé une étude de cas menée au sein du marché d'Andokoi visant à illustrer de façon concrète et spécifique cette problématique de la gouvernance des marchés et son incidence sur la vulnérabilité des commerçantes qui y évoluent.

5. Problème de gestion du système BOT et conflit de compétences public/privé : étude de cas du Marché d'Andokoi

Le Marché d'Andokoi se situe au sein du quartier populaire du même nom dans la commune urbaine de Yopougon à Abidjan. Le quartier d'Andokoi, densément peuplé, se situe à l'extrémité nord de Yopougon, derrière le périphérique de contournement de la ville d'Abidjan. Cette position géographique spécifique fait qu'il demeure enclavé et relativement déconnecté du reste de la commune. À l'image de la plupart des quartiers populaires d'Abidjan, sa population, fruit des différents courants migratoires nationaux et sous-régionaux, est pluriethnique et de confessions religieuses diverses. Les communautés autochtones ébriés ont progressivement été rejointes par les ethnies de l'ouest (Bété, Guéré, etc.), du centre (Baoulé, Gouro) et du nord (Dioula, Sénoufo) de la Côte d'Ivoire et également par des migrants originaires du Burkina Faso, du Niger et du Mali. Ce brassage ethnique a participé du dynamisme commercial du quartier et de la constitution progressive du marché informel d'Andokoi, spécialisé dans la vente de produits vivriers. Ce marché informel était à l'époque constitué d'étals en bois, de toits en tôle et d'un ensemble de matériaux précaires et sa gestion était assurée par la communauté autochtone ébrié qui y prélevait des taxes forfaitaires liées à l'utilisation du sol (« droit de terre »).

5.1. Aménagement du marché informel sous la forme d'un BOT

À la fin des années 2000, l'ancien maire de Yopougon (Gbamnan Djidan Félicien) issu des rangs du Front Populaire Ivoirien (FPI) décida, devant le dynamisme commercial de ce marché informel, de procéder à son aménagement. Pour cela, il établit un partenariat avec une société nigérienne de construction sous la forme d'un BOT d'une durée de 20 ans. Les travaux de construction de ce marché d'une superficie de 0,7 ha (7000 m^2) et d'une capacité d'accueil de 1.500 places démarrèrent dans le courant de l'année 2009 pour une durée prévisionnelle de 18 mois et un montant de 12 milliards de F CFA. Le financement de ces travaux était assuré intégralement par l'investisseur nigérien qui disposait ensuite d'une période de 20 ans pour exploiter le marché et récupérer son investissement initial via le prélèvement de loyers auprès des commerçantes. En échange, il devait verser à la mairie la somme de 10 % des montants mensuels collectés afin de bénéficier d'un ensemble de services publics (gestion des ordures, raccordement à un système d'évacuation des eaux usées, service de sécurité, etc.).

Ces travaux de construction, situés sur le lieu de l'ancien marché informel, ont connu différents problèmes liés au délogement temporaire des commerçantes et au relogement d'une partie d'entre elles dans des friches urbaines environnantes. Cette opération délicate fut relativement mal vécue et mal perçue par les commerçantes qui voyaient leur organisation et leur activité perturbées sans aucune forme de compensation. En outre, cette opération a commencé à susciter du rejet de la part des communautés autochtones ébriés qui perdaient leur autorité sur la gestion et la taxation de l'activité marchande du quartier. À ces problèmes de gouvernance locale s'est ajouté le délitement de la situation politique nationale. En effet, la crise politique de 2010 et les violences post-électorales qui ont suivi ont également perturbé l'avancée et la finalisation des travaux. Malgré ces incidents, la construction du marché fut terminée en août 2011, date à laquelle il fut officiellement inauguré par les autorités communales de l'époque.

Dès lors, l'enjeu principal pour les deux parties prenantes du marché (propriétaire privé et mairie) était de convaincre les commerçantes délogées de rejoindre le marché et de payer leur « pas de porte » fixé à 200.000 F CFA pour pouvoir vendre leurs produits à l'intérieur de celui-ci. Dans un premier temps, l'attractivité de cette infrastructure moderne, couplée au dynamisme et à la popularité de l'ancien maire FPI de Yopougon, a suscité l'intérêt des commerçantes qui, peu à peu, ont rejoint le marché et participé à son essor. Le succès initial de cette opération a résidé, d'une part, dans l'octroi de facilités de paiement par le promoteur privé pour l'acquisition du « pas de porte » et, d'autre part, par un engagement fort des services municipaux pour mettre un terme à l'occupation de l'espace public environnant à des fins commerciales. Une clause de non-concurrence a même été intégrée dans le contrat BOT stipulant initialement que toute infrastructure commerciale était proscrite dans un rayon de 400 mètres autour du marché pour en garantir l'attractivité. Cette réussite commerciale de l'époque était le fruit d'une bonne collaboration public/privé et du respect de leur engagement réciproque.

5.2. Alternance politique, délitement du partenariat public/privé et perte d'attractivité du marché

En avril 2013, la Côte d'Ivoire a organisé ses premières élections post-crise à travers le renouvellement des conseils municipaux et régionaux. Ainsi, la mairie de Yopougon a connu une alternance politique via l'élection d'un nouveau maire, M. Koné Kafana, issu du parti présidentiel (RDR), au terme d'une campagne relativement mouvementée. Dès sa prise de fonction, l'équipe municipale en place a souhaité affirmer son autorité et son contrôle sur ce bastion traditionnel de l'opposition. Dans cette optique, elle a procédé à un audit de gestion des marchés de la commune et a repris en main certains d'entre eux dont la gouvernance n'était pas conforme à ses exigences. Le marché d'Andokoi qui apparaissait comme un symbole de la réussite de l'ancien maire s'est retrouvé dans le collimateur, et des négociations houleuses se sont établies entre les édiles municipaux et les promoteurs du marché. Face à cette pression de la mairie, ces derniers ont dû accepter une hausse de leur redevance mensuelle ainsi que l'abrogation de la clause de non-concurrence. De plus, il a été décidé que, désormais, les services publics seraient assurés à condition que cette redevance soit effectivement payée.

Pour amortir ces charges additionnelles, qui allaient à l'encontre de leur planification financière initiale, les promoteurs du marché ont dû procéder à une hausse « du pas de porte » et du montant du loyer mensuel des emplacements. Ce renchérissement soudain a eu un impact direct sur le taux d'occupation et de fréquentation du marché par les commerçantes de produits vivriers qui n'avaient dorénavant plus la volonté ni la possibilité de s'acquitter des différentes charges. À partir de cette période, de nombreuses commerçantes ont décidé de quitter le marché et de rejoindre leur point de vente antérieur. Le taux d'occupation du marché a fortement baissé pour s'établir à 15 % des étals disponibles (effectif approximatif de 225 commerçantes). Parallèlement, un phénomène de vente anarchique s'est développé et le marché a été peu à peu ceinturé par des points de vente spontanés. Ce processus de déplacement de l'activité commerciale du dedans vers le dehors a été entretenu, voire encouragé par les collectivités autochtones qui ont trouvé là le moyen de valoriser leur parcelle en y construisant des magasins pour stocker les marchandises des commerçantes de rue. De son côté, l'autorité municipale actuelle, contrairement à la précédente, n'a pas cherché à endiguer et/ou à lutter contre cette occupation anarchique de l'espace public, participant pourtant de l'engorgement du principal axe de circulation et de l'enclavement du marché (voir carte 7.5). Par ailleurs, cette prolifération de la vente ambulante provoque des effets négatifs multiformes qui aboutissent à un climat conflictuel dont les causes et les conséquences sont diversement perçues par les acteurs en présence (propriétaires du marché, commerçantes du marché et vendeuses ambulantes).

Carte 7.5 Représentations spatiales du marché d'Andokoi et de son environnement direct

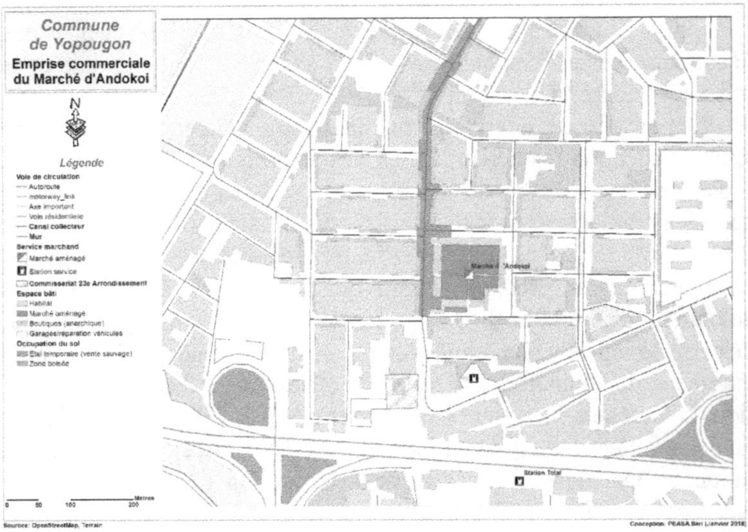

5.3. Positions et perceptions antagonistes des différents acteurs du marché

Les propriétaires du marché dénoncent l'absence de continuité des politiques communales et s'estiment lésés par la modification unilatérale des clauses du BOT qui ne leur garantit plus le retour sur investissement escompté. Ils ne se sentent, en outre, pas soutenus par les services municipaux dans leurs efforts pour maintenir l'attractivité de leur marché et endiguer la prolifération de la vente ambulante qui constitue un réel handicap pour le fonctionnement général du marché et en particulier pour son accessibilité. En effet, l'occupation des parkings et des lieux extérieurs de déchargement provoque l'enclavement du marché. Les fournisseurs de produits vivriers provenant des marchés de gros ne peuvent plus décharger aisément leur marchandise et sont de moins en moins enclins à assurer l'approvisionnement des détaillantes qui opèrent à l'intérieur. De surcroît, le marché fait face à des problèmes de salubrité, car les services municipaux de collecte ne viennent plus ramasser les ordures dans les bennes prévues à cet effet. Devant l'incurie des services publics, les propriétaires privés sont obligés de financer sur fonds propres l'évacuation des déchets sous peine de voir ceux-ci s'entasser à l'intérieur du marché.

Pour endiguer l'exode des commerçantes, les promoteurs du marché ont souhaité entamer des négociations avec les différentes catégories de vendeuses afin de pouvoir trouver une solution consensuelle. À cette fin, ils ont sollicité la médiation du bureau des commerçantes dont le rôle est de défendre les intérêts de ces dernières et de servir d'interface avec la mairie et le promoteur privé. La composition de ce bureau a cependant été désignée par la mairie et celle-ci n'est pas suffisamment légitime et écoutée par les commerçantes, ce qui nuit à la crédibilité et à l'efficacité de sa médiation. Face à ces différentes carences, les propriétaires privés se montrent particulièrement critiques vis-à-vis de la gestion ambiguë de la mairie qui déclare officiellement vouloir lutter contre l'occupation anarchique du domaine public, mais qui, dans la pratique, continue de prélever des taxes auprès des commerçantes du dehors. Pour preuve de cette absence de volonté, le fait que les rares opérations de déguerpissements sont effectuées en fin de journée, après le prélèvement des taxes journalières et la vente de l'essentiel du stock de la commerçante ; ce qui rend ces opérations totalement improductives. Sensibles à la détérioration de la situation économique des commerçantes et souhaitant augmenter le taux de fréquentation de leur marché, les promoteurs ont décidé de diminuer le montant du « pas de porte » et du loyer mensuel ; ce qui, pour l'heure, n'a pas réussi à endiguer le phénomène.

Les commerçantes du dedans, quant à elles, se sentent prises au piège de leur situation et sont nombreuses à regretter d'avoir réintégré le marché en 2011 à la suite de sa réouverture. S'étant acquittées du « pas de porte », elles ne peuvent pas changer d'emplacement et ont à cœur de rentabiliser leur investissement, mais leur situation économique s'est fortement précarisée en raison de la raréfaction de la clientèle. En effet, les clientes préfèrent acheter la marchandise à l'extérieur du marché plutôt qu'à l'intérieur où elles trouveront les mêmes produits à un tarif plus élevé.

FIENI KOUAME Jovine, 33 ans détaillante, fruits et légumes : « *Le marché est un peu enclavé, caché, les gens ne viennent pas facilement ici alors que dehors les prix sont très abordables. Cela marche plus dehors que dedans et les femmes de dehors ont pour la plupart, des places à l'intérieur qu'elles ont désertées. Le gros problème qu'il y a, c'est celui de la route, de l'accessibilité* ».

Face à cette précarisation de leur situation, les commerçantes du dedans sont tiraillées entre une volonté revendicatrice collective visant à interpeller les autorités communales pour endiguer la vente ambulante, et une forme de résignation individuelle qui les pousse à chercher à atténuer les répercussions négatives de cette situation. Pour illustrer cette aspiration collective, un mouvement de grève des commerçantes s'est déclaré lors de l'enquête de terrain. Durant trois jours, ces dernières ont refusé de s'acquitter de leurs taxes communales et se sont regroupées devant la mairie pour exiger que celle-ci fasse un effort pour lutter contre l'occupation anarchique du pourtour du marché. Ce mouvement a été bien suivi et a poussé les autorités à réagir. Elles ont promis de mener des actions fortes visant à détruire les infrastructures marchandes anarchiques et à libérer les voies d'accès vers le marché. Cet épisode témoigne d'une crispation de la situation et d'une montée des antagonismes entre les différents groupes de commerçantes.

KOFFI Pélagie, 44 ans, détaillante, manioc et banane plantain : « *On ne s'entend pas avec les femmes du dehors parce qu'elles nous causent du tort. On a fait une grève pour que ça cesse. La mairie encourage cela parce que quand ils doivent venir les chasser, ils ne viennent pas vite et à ce moment elles ont déjà fini de vendre. S'ils venaient chaque fois au moment où elles commencent à vendre, elles allaient faire de grosses pertes et allaient arrêter.* »

À l'opposé, les commerçantes du dehors semblent plus satisfaites de leur situation et motivent leur choix par la cherté et la petitesse des emplacements du marché qui ne leur permettent pas de présenter et d'écouler convenablement leur marchandise. Certaines disent également qu'elles n'ont pas pu avoir d'emplacement et que le marché est complet, ce qui est loin d'être la réalité observée.

TAHI Achile Irène, 47 ans, détaillante, légumes secs et feuilles : « *Andokoi est un village et pour un village, les places coûtent cher. En plus, il y a beaucoup de taxes à payer (la mairie, le gardiennage, le promoteur). Quand on paye le "pas de porte" à 200.000 FCFA, ce n'est pas fini, car, il faut encore payer 9.775 FCFA en tout par mois (mairie 100 FCFA, promoteur, 250 FCFA, 3.000 FCFA de location) et cela pendant vingt ans. On paye la place à vie finalement. Beaucoup de celles qui sont encore dedans ont perdu leur place dehors. Elles sont donc obligées de rester. Moi-même, j'ai une place dans le marché, mais je l'ai mise en location, parce que ça ne marche pas alors que depuis que je suis dehors, ça va. Les* *clientes n'aiment pas trop se fatiguer et souhaitent faire leur marché où se trouve la marchandise.* »

À l'extérieur, les conditions de vente sont plus précaires en raison de l'absence d'infrastructure et de l'exposition directe aux aléas météorologiques (pluie, soleil, poussière) et aux nombreux risques sécuritaires (vol, agression, menaces de la police). Cependant, étant dans une logique de survie, les commerçantes font fi de ces facteurs de vulnérabilité pour se rapprocher au maximum de leur clientèle et garantir l'écoulement rapide de leurs produits. Cela débouche sur une situation paradoxale où les places sur la voie publique sont plus convoitées que celles à l'intérieur du marché et où chaque commerçante, dans une logique de survie, cherche à vendre sa marchandise au plus près de sa clientèle.

En résumé, l'analyse de la situation conflictuelle du Marché d'Andokoi représente un cas topique des problèmes de gouvernance multiniveaux qui touchent les marchés à Abidjan et affectent négativement les conditions de travail des commerçantes de produits vivriers. Elle met en lumière les conflits de compétences entre la mairie de Yopougon et les promoteurs privés du marché et la faible volonté/capacité de chaque acteur de respecter dans la durée ses engagements contractuels liés au BOT. Fortement politisée, la gestion du marché devient un enjeu de pouvoir pour certains et une source d'enrichissement pour d'autres, sans considération de sa portée socio-économique et de son importance pour le bien-être de la population locale. Prises en étau au sein de cette lutte d'influence, les commerçantes de produits vivriers voient leur condition de vie se détériorer et leur vulnérabilité s'accroître à mesure que la situation se dégrade. Pour surmonter leurs difficultés, elles oscillent entre la volonté de revendiquer leur droit à bénéficier d'une infrastructure marchande bien gérée et attractive et une fuite en avant individuelle favorisant la vente « sauvage » de leur marchandise. Ces externalités économiques négatives sont renforcées par un délitement de la cohésion sociale du quartier, lié à la montée des antagonismes entre les commerçantes du dedans et celles du dehors. À cet égard, plusieurs épisodes conflictuels (grève des commerçantes, opération de déguerpissement, intervention des forces de l'ordre) démontrent l'ampleur croissante de ce phénomène et le risque d'instrumentalisation politique qui peut en découler. Certains propos identitaires reflétant une opposition entre les communautés autochtones autrefois gestionnaires du marché informel et les promoteurs étrangers qui en assurent la gestion actuelle, constituent en particulier des signaux alarmants. Ils viennent en effet altérer la contribution sociale positive du marché en tant que lieu d'échange commercial et culturel, de brassage des populations et de dépassement des identités ethniques ou religieuses.

6. Conclusion

Ce chapitre a eu pour objectif d'offrir un éclairage multi-niveaux sur la problématique de la gestion des marchés vivriers et sur son incidence sur la précarisation des conditions de travail des commerçantes de produits vivriers. Dans un premier temps, la vision macro du phénomène a permis de déterminer les principales causes de cette détérioration de la gestion des marchés à Abidjan et de découvrir le processus historique qui a conduit à cet état de fait. Les résultats de la partie 2 ont mis en évidence la responsabilité conjointe de l'État et des collectivités territoriales qui se sont peu à peu désengagées de la construction, de la gestion et de la supervision des principaux marchés de la ville. Ce processus de privatisation mal négocié des infrastructures marchandes s'est amorcé au début des années 1990 puis s'est peu à peu accentué au cours des années 2000, entraînant avec lui un ensemble d'externalités socio-économiques négatives. L'analyse de la situation en 2017 démontre qu'il n'existe pas de mécanismes opérants de supervision des marchés dans la ville d'Abidjan. Ce déficit de régulation supra favorise les comportements affairistes et opportunistes des maires et des promoteurs privés qui considèrent, les uns comme les autres, le marché comme un moyen d'enrichissement personnel et un symbole convoité de pouvoir et d'influence. Cette recherche de rentabilité financière à court terme a favorisé la construction d'infrastructures marchandes de grande taille et de haut standing, sans prise en compte des réalités sociales environnantes. Les marchés vivriers, lieux de commerce préférentiel des classes populaires, ont connu un processus d'éviction des quartiers centraux et de relégation dans des zones périphériques non aménagées. Les principales victimes de ce processus de gentrification sont les commerçantes de produits vivriers qui n'ont plus les moyens d'accéder aux marchés les plus modernes et sont contraintes d'évoluer dans des marchés informels et précaires.

La partie 3, issue de l'enquête quantitative, révèle les incidences négatives, au plan individuel, de ce processus de dégradation de l'infrastructure marchande et de relégation spatiale et sociale des commerçantes disposant de moindres ressources. Plus que tout autre facteur, l'accès à des infrastructures marchandes bien aménagées, et surtout bien gérées, constitue une condition sine qua non de la réussite économique et de l'atténuation de la vulnérabilité individuelle des commerçantes. En effet, nos résultats démontrent que les commerçantes évoluant dans des marchés non aménagés se sentent davantage menacées par les autorités communales, éprouvent des difficultés à s'approvisionner, à conserver et à écouler leurs produits et disposent d'un accès limité aux établissements financiers. À ces contraintes commerciales et financières s'ajoutent des conditions de travail plus rigoureuses et plus risquées qui ont des répercussions néfastes sur leur bien-être moral et leur état de santé, tous deux préoccupants. Pour anticiper les répercussions négatives de ces problèmes individuels, les commerçantes évoluant dans des marchés précaires comptent avant tout sur la solidarité du groupe et participent davantage à des associations tontinières et/ou communautaires, comme en témoigne la persistance de la finance informelle.

L'étude de cas effectuée dans le quartier d'Andokoi à Yopougon a permis de mettre en perspective les causes et les conséquences de la gestion conflictuelle et défaillante des marchés, à partir d'une analyse localisée de la problématique. Cette analyse qualitative révèle les intérêts antagonistes des autorités municipales et des promoteurs privés qui rejaillissent négativement sur la gestion et le fonctionnement du marché. La lutte pour le contrôle du marché et la volonté de maximisation des revenus via l'élévation du coût d'accès (« pas de porte ») et du loyer mensuel, provoquent des comportements différenciés de la part des commerçantes.

Reprenant le concept d'Exit, Voice and Loyalty (Hirschman, 1970), les commerçantes possèdent trois options pour faire face à cette gestion défaillante de leur infrastructure marchande. La première est de quitter le marché et de vendre leur marchandise au-dehors (*exit*). La seconde consiste à revendiquer une diminution des loyers et une intervention de la mairie pour désenclaver le marché (*voice*), et enfin, la troisième, à adopter une attitude attentiste et résignée en espérant que la situation se normalise via une amélioration de la gestion du marché (*loyalty*). Pour le cas d'Andokoi, il est clair que, faute d'organisation collective inclusive et de représentation légitime, les commerçantes éprouvent des difficultés à faire entendre leur voix et à défendre leurs intérêts. Dès lors, les logiques individuelles prévalent, ce qui provoque un éclatement du groupe des commerçantes, entre celles qui choisissent de rester dans le marché et celles qui décident de vendre leurs marchandises au-dehors. Au vu de la prolifération de la vente ambulante, les logiques d'exit semblent clairement l'emporter sur les logiques de loyauté qui deviennent de plus en plus marginales. Ce déplacement progressif du cœur de l'activité commerciale en dehors du marché aménagé constitue un signal fort qui devrait alerter l'État et les collectivités territoriales sur la nécessité d'assurer une supervision plus rigoureuse et harmonieuse de la gestion de ce marché et, de manière plus générale, des infrastructures marchandes à Abidjan.

À cette fin, il demeure primordial de mettre en place une approche systémique et intégrée de la gestion des marchés à Abidjan afin de définir de manière claire et transparente les rôles et les responsabilités de chaque acteur. Cet objectif passe, dans un premier temps, par l'établissement d'un audit de la gestion des marchés de l'ensemble de la ville avec une priorité accordée aux marchés de type BOT qui catalysent, comme nous l'avons vu, beaucoup de dissensions et de problèmes de gestion. Les modalités contractuelles de ce partenariat public/privé doivent être réévaluées dans leur dimension financière, mais également socio-économique, ce qui pour l'heure n'est pas le cas. Il est en effet nécessaire que ces marchés privés restent accessibles aux commerçantes de produits vivriers et que des mécanismes de cofinancement soient mis en place pour garantir la mixité sociale. De plus, il est également prioritaire que les commerçantes, via leurs organisations représentatives, soient davantage impliquées dans l'aménagement et la gouvernance de leur infrastructure à travers l'établissement d'un comité de gestion multipartite (mairie, promoteur privé, organisations de commerçantes). Ce comité aurait notamment pour fonction de veiller à l'entretien du marché, à sa salubrité et à la mise en place d'une politique de prévention des risques liés à la sécurité. Dans une approche endogène, certaines coopératives de produits vivriers ont déjà fait le choix d'aménager leur infrastructure marchande sur fonds propres et de la gérer sur une base collective et participative[119]. Ce modèle d'appropriation est à encourager en tant que troisième voie originale qui permette aux commerçantes de produits vivriers de s'affranchir de la tutelle des collectivités territoriales et des promoteurs privés dont les intérêts sont divergents. Il constitue un modèle de gestion durable et intégré pouvant servir à restaurer l'attractivité du marché vivrier, à freiner le phénomène de la vente ambulante et de la

119 Le marché Cocovico, construit en 2008 dans la commune de Cocody par la coopérative de produit vivrier du même nom, constitue un modèle de réussite en matière de gestion endogène d'une infrastructure marchande.

concurrence déloyale pour, finalement, diminuer le degré élevé de vulnérabilité des commerçantes de produits viviers.

Bibliographie

Bureau international du Travail (2002), *Travail décent et économie informelle, Rapport VI, Conférence internationale du Travail, 90*ᵉ session, Genève : BIT.

BNETD (1997), *Proposition pour favoriser 10 réalisations et la gestion des marchés communaux par le secteur privé*, Abidjan : BNETD.

Bertoncello, B. et Bredeloup, S. (2002), « La privatisation des marchés urbains à Abidjan : une affaire en or pour quelques-uns seulement », *Autrepart*, n° 1.

Bredeloup, S. (1989), *Négociants au long cours*, Paris : L'Harmattan.

Bredeloup, S., Bertoncello, B. et Lombard, J. (2008), *Abidjan, Dakar : des villes à vendre. La privatisation made in Africa des services urbains*, Paris : L'Harmattan.

Hirschman, A. O. (1970), *Exit, voice, and loyalty: Responses to decline in firms, organizations, and states*, Cambridge MA: Harvard University Press.

INS-CI (2014), *Recensement général de la Population et de l'Habitat*, Abidjan : INS.

---------- (2016), *Enquête nationale sur la Situation de l'Emploi et le secteur informel*, Abidjan : INS.

Poyau, A. (2005), « Les récentes mutations des marchés économiques dans la capitale économique ivoirienne », *Espace populations sociétés – Space populations societies*, n°1.

---------- (2008), « Marchés au "nord", marchés au "sud". Visages et situations des marchés dans les villes de Marseille et d'Abidjan », *Rives méditerranéennes*, n° 2.

RONGEAD (2015), *Étude de la filière Manioc en Côte d'Ivoire*, Abidjan : RONGEAD/ETC-TERRA.

Chapitre 8

Le petit commerce et la vente au détail dans la ville de Lubumbashi (Katanga/RDC)

•

Sylvie Ayimpam, Modeste Mutombo, Gérard Tukumbi, Olivier Kahola et Justin Katumba

1. Introduction

Cette contribution est issue d'une étude qui a porté sur le monde du petit commerce et de la vente au détail dans la ville de Lubumbashi. Lubumbashi est la capitale économique de la République démocratique du Congo et la deuxième ville la plus peuplée du pays, après Kinshasa. Elle est la principale ville de la région minière du Katanga, dans le sud-est du pays, plus précisément dans le *Copperbelt*, non loin de la frontière avec la Zambie. Ancienne ville ouvrière où la majorité de la population active occupait un emploi salarié, Lubumbashi n'a pas échappé au processus général d'« informalisation » qui a progressivement gagné, depuis le début des années 1990, toutes les villes du pays face à la profonde crise économique (Dibwe, 2002). On y observe, depuis lors, un développement important des activités économiques informelles, principalement dans le secteur du micro-commerce et du petit commerce, qui devient la principale activité économique de la population active. On y reviendra.

Pourquoi s'intéresser au monde du petit commerce et du micro-commerce, dans le cadre d'une étude sur l'économie informelle ? Le choix de cette problématique a été principalement motivé par la méconnaissance que l'on a du secteur commercial au sein des études sur l'économie informelle. En effet, depuis 1972, année où la notion d'économie informelle (ou de secteur informel) a été vulgarisée par le Bureau international du Travail, les différentes études menées ont été généralement focalisées sur les activités productives, principalement sur l'artisanat et la micro-industrie, longtemps considérées comme les unités économiques les plus susceptibles de se transformer en petites et moyennes entreprises (PME) pouvant constituer la base de l'économie productive urbaine (De Villers, 2002). Les mutations que l'on observe depuis le début des années 1990 dans le sillage de la mondialisation amènent à changer de perspective. Des travaux comme ceux de Carlos Alba et Pascal Labazée (2007) consacrés aux configurations contemporaines de l'économie informelle dans la ville de Mexico, ont permis d'envisager un nouveau visage de l'économie informelle, au regard de son évolution récente en rapport avec les mutations politiques et économiques en cours au niveau international. Ils observent que l'économie informelle présente aujourd'hui un visage caractérisé par une expansion de certains types d'activités, en l'occurrence les micro-unités de commerce, et par le recul, voire la disparition progressive, d'autres types d'activités, en l'occurrence les micro-unités de production.

Ces mutations amènent en effet à questionner autrement l'économie informelle et à renouveler les anciennes problématiques, en observant d'une part la contribution du micro-commerce à l'expansion de l'économie informelle dans les villes du sud, et d'autre part sa participation à la diffusion de produits provenant de circuits mondialisés[120]. Il convient en effet d'examiner le petit commerce (et le micro-commerce) avec un regard neuf, dans la mesure où il implique aujourd'hui les industries nationales et les unités de production locales dans des rapports de force dissymétriques entre pays, voire biaisés par certaines pratiques telles que la contrefaçon, la contrebande, les subventions à l'exportation, le *dumping*, etc. Par ailleurs, le nombre, l'expansion continue et la concentration spatiale du micro-commerce suggèrent que l'État, tout comme l'économie moderne, continuent à avoir des difficultés à créer des emplois salariés (Alba et Labazée, 2007 : 78-79). C'est en nous situant dans une telle perspective que nous abordons cette problématique du petit commerce dans la ville de Lubumbashi. En effet, cette ville comme les autres agglomérations africaines

120 Ces produits provenant des circuits mondialisés sont vendus à très bas prix dans le petit commerce dans les villes du Sud, parce qu'il s'agit parfois de produits de la contrefaçon, voire de la contrebande (Alba et Labazée, [2007] ; Ayimpam [2014a]).

connaît un développement exponentiel du petit commerce depuis près de trois décennies, mais cela reste jusqu'ici très peu étudié. Il en résulte une certaine méconnaissance de ses réalités et de ses mécanismes internes de fonctionnement.

Une bonne connaissance du monde du petit commerce semble d'autant plus importante qu'il pourrait, sous certaines conditions, être à la base de la dynamisation du tissu entrepreneurial local, de la création d'emplois décents, en particulier pour les populations dépourvues de perspectives d'emplois formels, et de l'insertion par le bas de l'économie congolaise dans les réseaux d'échanges mondialisés. Pour ce faire, nous avons conduit une étude sur le monde du petit commerce et de la vente au détail dans la ville de Lubumbashi, en nous intéressant en particulier aux jeunes et surtout aux jeunes femmes[121]. Plus concrètement les objectifs de cette étude étaient de mieux comprendre :

- les dynamiques internes au secteur de la vente au détail dans la ville de Lubumbashi et la manière dont ce secteur s'articule avec d'autres secteurs d'activités ;
- les problèmes auxquels sont confrontés les commerçants de la vente au détail en termes d'insécurité, leurs conditions de travail, leur rapport à l'administration et à la formalité ;
- les actions ou les mesures qui pourraient les conduire à formaliser leurs activités suivant différents degrés de formalisation.

1. Éléments méthodologiques et conceptuels

2.1. Précisions conceptuelles

L'une des difficultés majeures, lorsque l'on mène une étude sur l'économie informelle est la délimitation des unités d'enquête. Cette difficulté est liée à l'approche dichotomique qui sous-tend la question de l'informel qui, depuis le début, tend à opposer dans les économies urbaines des pays du sud l'économie formelle à l'économie informelle.

---

121 Cette étude a été commanditée par le Bureau international du Travail (BIT) et a été financée sur les fonds retournés dans le cadre du Programme d'activités pour l'emploi des jeunes dans la province du Katanga, dénommé en sigle « projet PAEJK ». L'étude a été mise en œuvre par un pôle de consultants, dont un consultant-coordinateur (Sylvie Ayimpam) avec 4 consultants enseignants-chercheurs de l'Université de Lubumbashi (Olivier Kahola, Modeste Mutombo, Gérard Tukumbi, Justin Katumba).

Comment dès lors définir dans une filière d'activités donnée – et suivant quels critères – les activités qui pourraient être considérées comme formelles et celles qui seraient informelles ? Comment marquer la frontière entre ces deux types d'activités, étant donné que les observations concrètes montrent clairement depuis longtemps que cette dichotomie est théorique, et que les activités urbaines sont en réalité reliées et non discontinues ?

Bien que la notion d'économie informelle ait une multitude de définitions et qu'elle regroupe des activités multiples et très hétérogènes, pour l'utiliser dans une enquête déterminée, il est nécessaire de la rendre opérationnelle. Étant donné la problématique de notre étude et le fait qu'elle reposait en grande partie sur une enquête par questionnaire, nous sommes partis des conceptions les plus couramment admises pour définir les activités informelles. Nous les avons définies comme étant des activités échappant au cadre institutionnel et règlementaire officiel de l'économie et qui peuvent ainsi, à des degrés divers, être non contrôlées et non enregistrées, même si elles sont le plus souvent pratiquées au grand jour ; elles peuvent être non légales, c'est-à-dire ne pas se conformer à la règlementation, ou illégales, c'est-à-dire avoir un objet contraire à la loi (de Villers, 2016). Le cadre institutionnel et règlementaire officiel de l'économie pouvant comprendre des éléments divers comme l'inspection du travail, l'inscription à la chambre de commerce, les circuits bancaires, etc., nous avons emprunté au travail de Nancy Benjamin et Ahmadou Mbaye (2012), l'approche multidimensionnelle qu'ils ont adoptée dans une étude sur les entreprises informelles en Afrique de l'Ouest. Leur approche multidimensionnelle est basée sur six critères : l'enregistrement au registre de commerce (RCCM), à la sécurité sociale (CNSS), la détention d'un compte bancaire (Bancarisation), le paiement de la contribution des micro-entreprises (CME), l'utilisation d'un local pour l'activité (Local), la tenue d'une comptabilité (Comptabilité). Comme nous le verrons et comme l'a bien montré Benjamin Rubbers (2007) en analysant l'économie du Katanga au prisme de la falsification de la loi, l'attribution des étiquettes « formelles » ou « informelles » présente un caractère totalement équivoque au Congo.

2.2. Méthodologie

Nous savons que le commerce est une activité intermédiaire entre la production et la consommation. Nous avons ainsi conçu chaque activité commerciale étudiée comme faisant partie d'un système de commercialisation liant la production et la consommation. De même, nous avons pris en compte à la fois le commerce de gros, de demi-gros et de détail, car nous considérons dans une approche systémique toute filière de commercialisation d'un produit comme étant un ensemble composé de plusieurs acteurs et de plusieurs éléments liés et en interaction, situés entre le producteur et le consommateur[122]. Il s'est agi également de prendre en compte l'environnement économique et social dans lequel s'inscrit l'activité. En ce qui concerne la collecte des données, nous avons opté pour une méthode d'enquête mixte sur le plan horizontal et sur le plan vertical[123].

Tableau 8.1 Méthode mixte de l'étude à Lubumbashi

	Quantitative	Qualitative	Spatiale
Micro (Commerçants)	Enquête par questionnaire auprès de 152 commerçants	4 Focus-Group 40 entretiens biographiques	Identification spatiale des rayons au sein des 4 marchés pour l'échantillon
Méso (Partenaires sociaux)	Analyse des caractéristiques membres	2 structures enquêtées	Spatialisation des marchés urbains (centre/ périphérie)
Macro (État et Politiques pub.)	Bases de données	Analyse documentaire Entretiens avec les structures étatiques et provinciales	/

Sur le plan horizontal, nous avons combiné une approche quantitative et une approche qualitative. Sur le plan vertical, nous avons conduit l'étude à plusieurs échelles en articulant une enquête au niveau micro-social (les commerçants), au niveau méso-social (les regroupements des commerçants et les partenaires sociaux) et au

122 Cette approche systémique pour étudier le petit commerce a été empruntée à l'étude de Ayimpam (2014) sur le petit commerce au marché dans la ville de Kinshasa. Voir aussi Lapeyre et Lemaitre (2014) ; Perseil et Pesqueux (2014) ; Pesqueux (2014).

123 Nous avons emprunté cette méthode mixte d'enquête à l'étude que le Bureau international du Travail a commandée sur le petit commerce à Ouagadougou. Cette étude avait été réalisée par l'équipe du bureau d'études PEASA de Ouagadougou en 2016, sur un projet BIT APERP.

niveau macro-social (l'État et les politiques publiques). Concrètement, nous avons combiné une enquête par questionnaire réalisée auprès de commerçants et des entretiens semi-directifs réalisés auprès de différents acteurs de l'environnement professionnel des commerçants tels que les services de l'administration publique concernés par leur activité, les associations et groupements des commerçants, leurs syndicats, etc. Cette méthode mixte s'est avérée nécessaire car nous voulions, d'une part, avoir une bonne connaissance du milieu et de la population des petits commerçants de Lubumbashi et, d'autre part, appréhender le système relationnel dans leur environnement professionnel et reconstitue leur expérience dans ce métier en saisissant leurs trajectoires de vie.

2.3. Procédure de sélection de l'échantillon

Pour l'enquête par questionnaire, étant donné le temps limité dont nous disposions, nous avons initialement choisi d'interroger cent cinquante commerçants répartis sur quatre marchés de la ville de Lubumbashi. Quant aux marchés, ils ont été choisis en tenant compte à la fois de leur position géographique (centre de la ville ou zone d'activités, périphérie) et de leur statut (marché urbain, marché local). Nous avons construit un échantillon par choix raisonné. Il s'agit d'une technique qui substitue au tirage au sort un choix raisonné ; cet échantillonnage, ici, a été fait par la technique des quotas stratifiés qui permet d'obtenir des résultats intéressants lorsque l'on ne peut interroger qu'un échantillon restreint.

Il convient de préciser que nous avons été confrontés à quelques difficultés pour établir une base de sondage afin d'en tirer un échantillon. L'accès aux registres des commerçants a posé problème dans la mesure où ils semblent confidentiels. Bien souvent dans les marchés, ces registres ne sont que des listes nominatives qui ne sont en général pas établies en fonction des caractéristiques que nous avions retenues comme variables pour l'étude ; n'y figurent notamment pas le sexe, l'âge ni le statut de l'activité des commerçants (grossiste/détaillant). Nous avons donc établi nous-mêmes une base de sondage en procédant à un mini-recensement dans les marchés et avons pu établir une base de sondage composée de 1.312 commerçants recensés dans les rayons des quatre marchés de l'enquête. Nous en avons tiré un échantillon initial de cent cinquante personnes reprenant les caractéristiques de la base de sondage concernant les variables de sexe (hommes/femmes), d'âge (jeunes/adultes), de statut (grossiste/détaillant) et de localisation (centre/périphérie).

2.4. La collecte des données

Nous avons débuté la phase de collecte des données par une enquête par questionnaire. Elle a duré trois semaines et nous a finalement permis d'atteindre cent cinquante-deux commerçants. Le questionnaire a été administré par quatre enquêteurs à raison d'un enquêteur par marché, avec une moyenne d'administration de quatre questionnaires par jour et par enquêteur. Le temps moyen d'administration d'un questionnaire était d'une heure[124]. Nous sommes ensuite passés à la phase qualitative de l'étude en alternant les *focus group* et les entretiens biographiques. L'enquête qualitative a été étendue à différentes parties prenantes (les partenaires sociaux, les organisations d'appui et les différents ministères ou leurs représentations provinciales) impliquées dans la question du petit commerce.

3. Le Petit Commerce à Lubumbashi : Des Activités multiformes et hétérogènes

Le petit commerce occupe actuellement une place importante dans les activités économiques de la ville de Lubumbashi, comme nous l'avons indiqué précédemment. Il est en effet devenu le principal pourvoyeur d'emplois dans la ville. La description et l'analyse du monde du petit commerce à Lubumbashi que nous présentons ci-dessous s'articulent autour de quatre préoccupations principales. Nous décrirons tout d'abord le profil socio-démographique, les trajectoires éducatives et professionnelles ainsi que les motivations des commerçants. Dans un deuxième temps, nous examinerons l'organisation du petit commerce en décrivant les branches d'activités dans lesquelles travaillent les commerçants, leurs positions dans ces filières, leur niveau de collaboration et d'organisation ainsi que leur vécu de la coopération et de

---

124 Durant l'enquête par questionnaire, les principales difficultés auxquelles ont été confrontés les enquêteurs sont liées à la forte mobilité des commerçants et à leur non disponibilité au rendez-vous pour l'administration du questionnaire. En revanche, la phase qualitative a été conduite par les chercheurs avec la collaboration des assistants de recherche ayant participé à l'enquête par questionnaire, et ayant déjà établi un rapport de proximité et de confiance avec la population enquêtée et avec les structures partenaires.

la concurrence. Nous analyserons ensuite leurs pratiques et leurs stratégies en matière de formalisation, en tentant de savoir si leur pratique professionnelle respecte ou non les critères de formalité et si les commerçants mettent en place des stratégies pour formaliser leurs activités. Enfin, nous discuterons de l'adéquation entre les politiques publiques ou les actions des pouvoirs publics et les besoins des commerçants, en insistant sur la perception des commerçants de l'environnement dans lequel ils travaillent ainsi que sur les mesures qu'ils attendent que cet environnement professionnel s'améliore.

3.1. Les acteurs du petit commerce : profils, trajectoires et motivations

3.1.1. Caractéristiques socio-démographiques

Les caractéristiques socio-démographiques des acteurs du petit commerce à Lubumbashi sont relativement proches de celles que l'on observe de manière générale dans l'univers des petites activités économiques en Afrique. Les résultats de notre enquête montrent en effet que la population commerçante est assez homogène et qu'il n'y a pas de grandes disparités socio-culturelles et économiques au sein de la population commerçante. À Lubumbashi, comme dans les autres villes africaines, les femmes sont majoritairement représentées dans cet univers du petit commerce : elles représentent 61,2 % de notre échantillon, tandis que les hommes représentent 38,8 %. L'âge moyen des femmes tourne autour de 40 ans, tandis que celui des hommes tourne autour de 38 ans ; la classe d'âge modale se situe dans le segment 40-45 ans.

En ce qui concerne la composition des groupes socio-linguistiques, les résultats de l'enquête montrent que parmi les commerçants interrogés, il y a deux groupes ethniques majoritaires, l'un est un groupe ethnique situé dans le Katanga et le second provient du Kasaï. Les deux groupes se situent presque à égalité : le groupe Luba du Katanga (Balubakat), représenté à 29,6 % et le groupe Luba du Kasaï, représenté à 28,6 %. Quant à l'appartenance religieuse, l'enquête montre que la majorité des commerçants appartient à un groupe d'église protestante. La catégorie « églises protestantes » regroupe ici autant les églises protestantes traditionnelles que les églises appartenant aux mouvements évangéliste et pentecôtiste. Le niveau scolaire moyen des personnes interrogées est beaucoup plus élevé que ce que l'on observe généralement dans les enquêtes : en effet, 71 % des personnes interrogées ont au moins étudié jusqu'au milieu de l'école secondaire.

3.1.2. Motivations et trajectoires professionnelles

Les commerçants ont débuté cette activité économique assez jeune, généralement vers la fin de l'adolescence, soit au cours soit à la fin des études secondaires. Pour la plupart d'entre eux (75 %), il s'agit de la première activité professionnelle, mais quelques-uns s'y sont lancés après avoir d'abord travaillé dans le secteur privé (18 %) ou encore dans le secteur public (6 %). Quant aux motivations du choix de l'activité, elles apparaissent généralement liées soit à la faiblesse de la formation scolaire, soit au manque de travail, soit à la pauvreté. D'après notre étude, l'une des particularités du petit commerce à Lubumbashi est la faiblesse de l'influence familiale. Contrairement à ce que les enquêtes montrent généralement sur le lien entre l'activité économique et la famille, il apparaît ici que l'influence familiale n'est pas vraiment forte, que ce soit dans le démarrage de l'activité, dans l'initiation et la transmission de l'expérience, dans le soutien financier et matériel ou dans le recrutement du personnel.

3.1.3. Les différents statuts de commerçants

En partant du statut de leur activité, on peut subdiviser les commerçants que nous avons interrogés en deux catégories : les détaillants et les grossistes. Il est bien entendu que les détaillants constituent la grande majorité des commerçants, ils sont donc les plus nombreux dans notre échantillon. Il convient de préciser que nous n'avons trouvé de grossistes que dans deux des quatre marchés de l'enquête. Pendant l'enquête exploratoire visant à faire le choix des marchés de l'enquête et pendant le mini-recensement des commerçants par rayon de vente pour constituer la base de sondage, nous nous étions rendu compte qu'il n'y avait de grossistes que dans les marchés de grande envergure. L'échantillon a été constitué en tenant compte de cette spécificité.

Tableau 8.2 Répartition des commerçants selon leur statut dans l'échantillon initial

Marché	Statut activités		
	Détaillants	Grossistes	Total
KENYA	60	16	76
KARAVIA	26	0	26
PANDE	14	0	14
MZEE	20	14	34
Total	**120**	**30**	**150**

Comme le montre le tableau ci-dessus (tableau 8.2), les grossistes sont localisés au marché Mzee Kabila et au marché de la Kenya. Il s'agit de deux marchés ayant une population marchande importante et ayant le statut de « marché urbain ». Les deux autres marchés, le marché Pande et le marché Karavia, sont des marchés communaux, excentrés et de faible envergure, où il n'y a pas de grossistes.

Les semi-grossistes et les grossistes

Nous avons choisi ici de mettre les deux catégories ensemble, car localement ils sont indistinctement appelés « grossistes ». Dans les marchés où nous avons enquêté, il y a très peu de commerçants qui revêtent le statut de grossistes *stricto sensu*. On y trouve effectivement des grossistes mais ils ne sont pas très nombreux. Ils ont une surface financière importante et un chiffre d'affaires pouvant aller au-delà de 50.000 US$ par an. Ils ont parfois plusieurs points de vente, au-delà de celui qui est situé au marché ou aux alentours du marché. Ils s'approvisionnent auprès de fournisseurs/importateurs de produits, ou ils effectuent eux-mêmes des voyages à l'étranger pour s'approvisionner en marchandises. On en trouve au Marché Mzee Kabila et au marché du Kenya, mais ils sont peu nombreux.

Cependant, nous avons observé que la plupart des commerçants qu'on désigne usuellement et localement par le terme « grossiste » dans les marchés, ne le sont pas en réalité. À notre sens, le terme « semi-grossiste » serait plus approprié pour les désigner au regard de leurs surfaces financières et des caractéristiques de leur activité. Bien qu'ils aient une surface financière plus élevée que celle des détaillants, leur chiffre d'affaires se situe bien en deçà de celui de véritables grossistes : il peut varier de 5.000 à 20.000 US$ par an. Ces « semi-grossistes » se différencient également des grossistes du fait qu'ils ont rarement un accès direct aux producteurs ou aux importateurs de produits pour s'approvisionner en marchandises. En général, ils s'approvisionnent auprès des grossistes, et servent souvent d'intermédiaires entre ces derniers et les détaillants. Bien qu'ils aient souvent un local ou un grand étal au marché, ceux-ci ont rarement une surface aussi importante que celle des grossistes et disposent rarement de magasins de stockage.

Les détaillants

Les commerçants détaillants sont effectivement les plus nombreux dans les marchés de Lubumbashi. À Lubumbashi comme ailleurs, le commerce de détail est pratiqué par un nombre très élevé de citadins et c'est également la forme la plus courante d'auto-emploi dans la ville. Les commerçants de détail sont caractérisés par la faiblesse de leur surface financière et par un volume de vente faible. Ils n'ont quasiment pas de stocks, car ils achètent de petites quantités de marchandises auprès des semi-grossistes. Ils disposent généralement d'un étal au marché, mais certains vendent en étalant leurs marchandises à même le sol aux alentours du marché et sont ainsi en réalité vendeurs de rue ; certains sont carrément vendeurs ambulants.

4. L'organisation de l'activité commerciale

4.1. Les principales filières d'activités et les produits commercialisés

Les produits qui sont vendus dans les marchés sont divers. Dans les quatre marchés de l'enquête, les commerçants sont localisés et regroupés à l'intérieur des marchés par « rayons », et chaque rayon regroupe les commerçants vendant un type de produit particulier[125]. Lors de l'enquête exploratoire, nous avons recensé les commerçants à partir des rayons ; ces rayons portent généralement le nom de l'un ou l'autre des produits qui y sont vendus. Même si l'observation montre que les produits sur lesquels portent les activités du petit commerce sont très nombreux, il est possible de les regrouper par filières ou branches d'activités. Cela permet d'avoir une idée de la diversité des

125 Le terme rayon désigne à l'intérieur d'une place de marché une zone de regroupement des commerçants par type de produits vendus. À Kinshasa par exemple, on utilise plutôt le terme « pavillon » pour désigner ces espaces dans les marchés.

produits vendus dans les marchés de Lubumbashi comme on tente de l'illustrer ci-dessous.

- Produits alimentaires : légumes et fruits, viandes et poissons, farine et féculents, épices et condiments, céréales et légumineuses, etc. ;
- Habillement : vêtements, chaussures, accessoires d'habillement, textiles imprimés ;
- Produits divers : boissons gazeuses, eaux, jus de fruits, crèmes glacées, sacs en plastique, emballages divers, produits en plastique, matelas et mousses-éponges, etc. ;
- Friperie : vêtements et chaussures fripes, linge de maison et accessoires de mode fripes ;
- Produits de luxe : bijouterie de luxe, chaussures et vêtements de luxe ;
- Produits cosmétiques : produits de maquillage, produits pour les cheveux, produits pour la peau, mèches et postiches, etc. ;
- Papeterie : fournitures scolaires, fourniture de bureau, manuels scolaires, livres, revues et magazines de réemploi, etc. ;
- Vaisselle : couverts, batteries de cuisine, assiettes, accessoires de cuisine, etc. ;
- Pharmacie : produits pharmaceutiques modernes, produits de médecine traditionnelle
- Quincaillerie et électricité : matériel électrique, plomberie, maçonnerie, serrurerie, matériel de construction, etc. ;
- Électronique : électroménager, appareils téléphoniques, accessoires téléphones et communication, pièces détachées électroniques, pièces détachées vélo ou auto-moto, etc. ;
- Échoppes : boutiques, gargotes, buvettes, etc. ;
- Dépôts extérieurs : magasins d'entreposage ;
- Couture : mercerie, tailleurs, raccommodage, etc.

Il faut préciser que la variété des produits vendus par les commerçants et, par conséquent, les filières de commercialisation des produits dans lesquels ils peuvent s'inscrire, dépend de la localisation et du type de marché dans lesquels ils travaillent. Les produits proposés sont moins variés et moins nombreux dans les marchés locaux et communaux, tels que les marchés Karavia et Pandé, contrairement aux grands marchés urbains Mzee Kabila et du Kenya. Les filières d'activités sont donc moins nombreuses dans les marchés locaux. Dans les marchés locaux par exemple, en dehors des produits d'alimentation et des produits ménagers de consommation courante pour les ménages, il est rare de trouver par exemple des produits de luxe tels que des bijoux, des chaussures ou des vêtements de luxe, des produits de quincaillerie et d'électricité, des produits électroménagers, etc.

4.2. Approvisionnement et lieux de provenance des marchandises

Alors que la ville de Lubumbashi est une ville minière et qu'elle a été une ville industrielle avant la crise économique des années 1990, l'observation de l'organisation du petit commerce aujourd'hui montre qu'il n'y a pas eu de renaissance d'une industrie manufacturière locale. En effet, très peu d'articles manufacturés sont fabriqués localement à Lubumbashi. Comme à Kinshasa, l'économie marchande est organisée à Lubumbashi autour de l'acheminement et de la commercialisation sur place de produits provenant de l'extérieur de la ville. On peut en effet voir à travers la figure ci-dessous que l'économie marchande à Lubumbashi est extravertie.

Figure 8. 1 Zones de provenance des marchandises

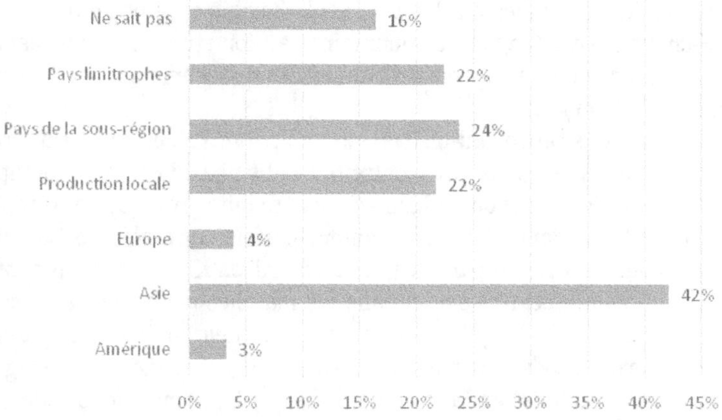

Ce graphique indique que la grande majorité des produits vendus dans les marchés de l'enquête sont des produits d'importation. Ils proviennent pour la plupart d'Asie et principalement de Chine (42 %). Parmi ces produits provenant d'Asie, on trouve principalement des produits manufacturés, mais aussi quelques vivres importés tels que le riz de Thaïlande ou du Vietnam. Viennent ensuite les produits provenant de la sous-région (24 %), composée des pays membres la SADC (*Southern African Development Community*, la « Communauté de développement des pays de l'Afrique australe »), qui en est l'organisation de développement économique. Les pays de la SADC ont développé entre eux un marché commun qui inclut également les pays de l'Afrique orientale. Ce Marché commun de l'Afrique orientale et australe est aussi connu sous son acronyme anglais COMESA. Il s'agit d'une organisation à vocation régionale dont l'objectif est de créer une union douanière entre ses 21 pays membres. Des échanges économiques et commerciaux intenses ont lieu entre ces pays des deux sous-régions. La région du Katanga, très méridionale par rapport au reste du Congo, est celle qui est la plus intégrée économiquement à ce marché commun, et qui développe des échanges commerciaux importants avec les pays d'Afrique australe. La ville de Lubumbashi, elle-même située à proximité de la frontière zambienne, reçoit un grand nombre de produits provenant de deux pays voisins, la Tanzanie et la Zambie, mais aussi de l'Angola. Ces trois pays limitrophes pourvoient 22 % des produits vendus dans les marchés de notre enquête.

Il convient de préciser que les produits provenant d'Asie arrivent le plus souvent à Lubumbashi via le port de Dar es Salam en Tanzanie, et sont ensuite acheminés par la route *via* la Zambie et le poste-frontière de Kasumbalesa, situé à une cinquantaine de kilomètres de Lubumbashi. Ces produits sont aussi parfois directement acheminés de Dar-es-Salam à Lubumbashi.

Ces produits provenant d'Asie, lorsqu'ils font l'objet d'une rupture de charge dans ces deux pays, entrent à Lubumbashi comme produits provenant de Tanzanie ou de Zambie. Les produits provenant d'Europe (3 %) ou d'Amérique (4 %) empruntent parfois cette voie de Dar-es-Salam, mais ils arrivent parfois à Lubumbashi via Kinshasa. La proportion de produits locaux vendus dans les marchés de Lubumbashi est assez faible, 22 %. Ces produits locaux constituent moins du quart de l'ensemble des produits vendus dans les marchés de l'enquête. Il s'agit ici principalement de produits vivriers. Ce que l'on pourrait considérer comme des « vivres locaux » consommés à Lubumbashi ne proviennent pas seulement de la production locale des zones environnantes de la ville. Des produits tels que le maïs, le manioc, certains légumes, le petit bétail (mouton, chèvre), les produits de la basse-cour (poulets, canards), proviennent de la production paysanne zambienne. En réalité, la plus grande partie des produits de consommation quotidienne à Lubumbashi proviennent de Zambie, soit directement, soit indirectement par rupture de charge des produits venant d'ailleurs : pour certains, une fermeture relativement longue de la frontière zambienne pourrait asphyxier l'économie marchande et la consommation à Lubumbashi.

4.3. Regroupements professionnels : associations et syndicats

La question de l'appartenance aux associations et aux syndicats a causé l'une des plus grandes surprises de cette enquête. Alors qu'un peu partout en Afrique, les différentes études sur l'économie informelle ont mis en lumière l'articulation entre cette économie et le réseau de relations sociales des commerçants, nous avons observé à Lubumbashi un lien très ténu avec les réseaux de relations. Ailleurs, l'économie informelle est généralement connue comme étant l'économie des réseaux, verticaux et horizontaux, où les acteurs mettent généralement en place diverses formes de regroupements (généralement informels) qui servent d'appui dans l'exercice de l'activité professionnelle et dans les formes de sécurisation de leur travail. Notre enquête à Lubumbashi donne des chiffres étonnants : 90,2 % des personnes interrogées disent n'appartenir à aucune association de commerçants ni à un quelconque groupement. Si on affine ces résultats par génération, on voit que dans ces 90 %, les adultes sont plus nombreux que les jeunes à ne pas faire partie d'une association, comme le montre le graphique suivant (figure. 8.2).

Si seuls 10 % des commerçants interrogés disent appartenir à des associations de commerçants, les résultats sont encore plus faibles en ce qui concerne l'appartenance aux syndicats : seuls 3 % des commerçants interrogés disent être membres d'un syndicat ou d'un groupement professionnel corporatiste.

FIGURE 8.2 Appartenance des commerçants aux associations

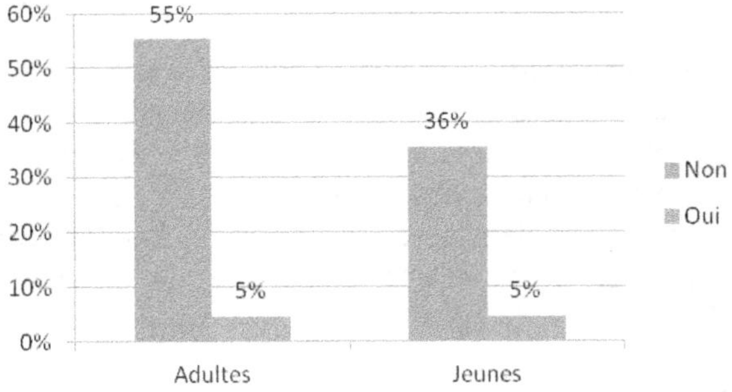

Ces résultats à contre-courant de ce que l'on peut observer ailleurs en Afrique sur ce thème de l'appartenance à des réseaux, pose question au regard du mode de fonctionnement de l'économie informelle ailleurs au Congo et en Afrique. On pourrait émettre quelques hypothèses à cet égard. Une des explications possibles serait à rechercher dans l'histoire même de la ville de Lubumbashi, ville minière, ville industrielle (Dibwe, 2002).

Au plan historique, la composition socio-démographique de Lubumbashi a longtemps été celle d'une ville ouvrière, comme nombre de villes fondées par la colonisation belge dans le Katanga. Ces différences sont sans doute liées à son histoire de ville minière, prospère, avec une prééminence du salariat. Ce lien entre la population active de Lubumbashi, l'emploi salarié et le revenu salarial constitue une grande différence entre Lubumbashi et Kinshasa, par exemple. Comme l'a bien montré Dibwe (2002), les petites activités « de la débrouille » se sont très peu développées à Lubumbashi, contrairement à ce que l'on a pu observer dans des villes comme Kinshasa ou Kisangani. Alors qu'à Kinshasa les activités « de la débrouille » se sont développées avec l'histoire de la ville, notamment avec la crise des années 1930 et l'essor urbain qui a suivi la Deuxième Guerre mondiale (Ayimpam, 2014), à Lubumbashi, ce n'est qu'assez tardivement, dans le sillage de la profonde crise des années 1990, que l'on a vu les petites activités économiques « de la débrouille » prendre une ampleur sans précédent. Par ailleurs, en interrogeant des citadins de Lubumbashi, on se rend compte que des groupes de sociabilité et d'épargne crédit tels que les tontines *Muziki* et *Likelemba*, qui font partie du décor socio-économique et socio-culturel de l'histoire de la ville de Kinshasa, ne se sont pas autant développées à Lubumbashi. On peut donc penser que si ce type de sociétés de secours mutuel et de sociabilité, qui assurent également ailleurs les fonctions de protection sociale, n'ont eu que très peu d'espace dans le développement de la citadinité à Lubumbashi, cela peut expliquer la raison pour laquelle on ne les retrouve que très peu dans les formes de sociabilité en lien avec l'exercice du petit commerce.

Dans cette société urbaine, qui a connu pendant très longtemps le travail salarié avec les formes de protection sociale qui y sont associées, le besoin de ces formes plus informelles de protection et de secours mutuel que fournissent généralement les associations, groupes de commerçants et autres tontines, s'est moins fait ressentir, et cela reste le cas alors que la situation socio-économique de la ville et des travailleurs a radicalement changé.

4.4. Le rapport à la concurrence et à la collaboration professionnelle

Il semble y avoir un paradoxe entre le rapport que les commerçants interrogés ont à la concurrence et leur perception de son évolution. Tout d'abord, les commerçants interrogés ne se plaignent pas de la concurrence en tant que telle dans leur secteur d'activité – ils la considèrent faible. Ils trouvent également que cette concurrence n'a que très peu évolué au cours des trois dernières années. En revanche, quand on aborde la question d'une concurrence vécue comme « déloyale », les proportions augmentent : 44,7 % des personnes interrogées se disent victimes d'une concurrence déloyale. Cette concurrence déloyale serait le fait de divers acteurs du petit commerce.

FIGURE 8. 3 Acteurs et perception de la concurrence déloyale

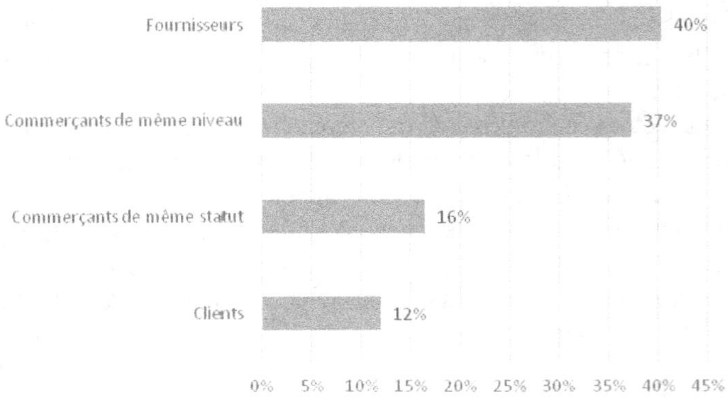

Les commerçants trouvent que cette concurrence déloyale est, d'une part, le fait de commerçants qui sont leurs fournisseurs (40 %) et, d'autre part, le fait de commerçants de même niveau (37 %). Les commerçants indiquent que les fournisseurs de marchandises sont en général les maisons de commerce, les grossistes du marché, les importateurs et les commerçants à longue distance. Selon les personnes que nous avons interrogées, les maisons de commerce tenues par les négociants de nationalité étrangère (Indiens, Pakistanais, Chinois), auprès desquels ils s'approvisionnent généralement, vendent les mêmes marchandises directement aux détaillants, voire aux consommateurs finaux, et souvent au même prix, ce qui est vécu par les commerçants comme la concurrence la plus déloyale. Il existe également de la concurrence déloyale de la part des commerçants de même niveau ou de même statut, lorsque ceux-ci s'approvisionnent dans des circuits parallèles avec des produits de contrebande. On peut également citer ceux qui vendent des produits de mauvaise qualité, périmés ou frelatés, censés être jetés. Ces commerçants cassent alors les prix sur le marché, et ceux qui s'approvisionnent dans les circuits officiels ne peuvent pas suivre ce dumping des prix, et vivent cela comme de la concurrence déloyale.

5. Au sujet de la formalisation

Les activités commerciales qui ont fait l'objet de notre enquête ont été identifiées à partir des six critères de formalisation empruntés au travail de Benjamin et Mbaye (2012) sur les activités informelles en Afrique de l'Ouest. Pour rappel, ces critères sont : l'inscription au registre de commerce et à la sécurité sociale, la détention d'un compte bancaire, le paiement de l'impôt pour les micro-entreprises, l'utilisation d'un local pour l'activité et la tenue d'une comptabilité. Nous analysons ces critères dans les paragraphes suivants en les confrontant à la propre perception des commerçants du niveau de formalité et d'informalité de leur activité économique.

5.1. L'enregistrement de l'activité et le paiement de l'impôt

Qu'est-ce qui différencie, selon nos informateurs, les commerçants formels des informels ? La plupart des commerçants que nous avons interrogés perçoivent la formalité à partir de deux critères principaux : celui de l'enregistrement de l'activité commerciale, c'est-à-dire de l'inscription au registre de commerce et celui du paiement de l'impôt et des taxes.

En partant de leur perception de la formalité et de l'informalité, la majorité des commerçants que nous avons interrogés ne considèrent pas qu'ils exercent une activité économique informelle à proprement parler. Il y a cependant une certaine ambivalence liée au critère du paiement des impôts et des taxes. Cette ambivalence est tout d'abord en lien avec l'objet de l'enquête qui est le petit commerce au marché. Or, le petit commerce fait partie de la catégorie des activités économiques de petite taille pour lesquelles le législateur considère qu'elles ne relèvent pas du régime de l'impôt mais plutôt du régime de la patente. Par ailleurs, concernant les taxes, les petits commerçants paient tout de même certaines taxes, notamment la taxe journalière des vendeurs, désignée plus techniquement par le terme « taxe d'étalage ». Cette taxe est localement appelée à Lubumbashi « *quittance* », alors qu'ailleurs comme dans la ville de Kinshasa par exemple, elle est appelée « *ticket* ». Étant donné que ces commerçants paient certaines taxes et qu'ils paient la patente, ils ne se considèrent pas sur ce plan comme étant totalement informels.

5.2. La carte de commerçant

Au-delà de l'enregistrement de l'activité, nous souhaitions également savoir si l'activité des commerçants était connue des autorités ; nous avons introduit à ce sujet la question de la « carte de commerçant ». Une partie importante des personnes interrogées, 83,6 %, nous a dit ne pas avoir de carte de commerçant. Parmi les 16,4 % restants, 7,2 % disent l'avoir pour des raisons non spécifiées, 8,8 % disent l'avoir pour se conformer à la règlementation. Le motif principal avancé par les commerçants qui n'en détiennent pas, c'est qu'une telle carte n'existe pas. Ensuite, certains n'y voient aucun intérêt et enfin d'autres disent manquer d'informations sur l'existence d'une telle carte. Effectivement, il n'existe pas en R.D. Congo de « carte de commerçant ». Les résultats de l'enquête montrent que la plupart des commerçants interrogés eux le savent. Les commerçants qui ont déclaré avoir une carte de commerçant parlent en réalité de la patente.

5.3. La tenue d'une comptabilité des activités commerciales

La manière dont les commerçants assurent le suivi comptable de leur activité économique est aussi très intéressante. Les commerçants que nous avons interrogés déclarent avoir une comptabilité. Le critère de la tenue de la comptabilité est pourtant un critère généralement utilisé pour différencier les activités formelles des activités informelles. Quand on pose simplement la question de savoir s'ils assurent un suivi comptable ou non de leur activité, sans leur demander de préciser la nature de ce suivi, les commerçants déclarent assurer un suivi comptable de leur activité comme le montre le tableau ci-dessous.

Dans le cas ci-dessus, 116 commerçants déclarent assurer un suivi comptable, soit 76,3 %. Il s'agit d'une très grande majorité des personnes interrogées. La représentation qu'ils ont du suivi comptable est d'ailleurs très importante. Même si la représentation du suivi n'a rien à voir avec ce qu'on attendrait de la tenue d'une comptabilité.

On peut voir sur ce graphique (figure 8.4) que la tenue d'une comptabilité au sens strict du terme n'est effectuée que par 2 % des commerçants interrogés. Pour les autres, qui disent tenir d'autres formes de comptabilité écrite, il s'agit essentiellement de l'usage de supports écrits divers où les opérations journalières relatives à l'activité économique sont notées au fur et à mesure. Plus de la moitié des commerçants interrogés déclarent tenir une comptabilité non écrite. En réalité, les commerçants tiennent en majorité une comptabilité, même lorsqu'elle est mentale et qu'ils n'en gardent pas de trace écrite : c'est ce manque de trace écrite qui amène certains à avancer que les personnes qui pratiquent le petit commerce ne tiennent pas de comptabilité. On peut dire, dans le cas des commerçants ayant fait l'objet de notre enquête, qu'ils tiennent leur comptabilité essentiellement mentalement, mais nombre d'entre eux gardent des traces sur divers types documents écrits, même s'il ne s'agit pas de comptabilité formelle au sens strict.

5.4. L'inscription à la sécurité sociale

La question de la sécurité sociale des travailleurs de l'économie informelle semble être celle qui les éloigne le plus nettement de la sphère de l'économie formelle. En effet, dans cette étude sur les commerçants de l'informel comme dans d'autres, réalisées ailleurs au Congo, les travailleurs de l'informel apparaissent comme ceux qui sont les plus éloignés de la sécurité sociale de l'État, incarnée pendant longtemps par l'Institut national de la sécurité sociale (INSS). Cet institut est devenu la Caisse nationale de sécurité sociale (CNSS). Il n'y a absolument aucun commerçant parmi tous ceux que nous avons interrogés qui se soit inscrit à la sécurité sociale, ou qui y ait inscrit les personnes qu'il emploie, le cas échéant. Les raisons avancées par les personnes interrogées sont diverses comme le montre la figure suivante.

La principale raison avancée est le manque d'information. Ceux qui ont l'information sur la possibilité d'affiliation à la sécurité sociale n'y voient pas d'intérêt, ou encore sont démotivés à cause des dysfonctionnements de l'appareil étatique de sécurité sociale. Dans le cadre du petit commerce à Lubumbashi, on retrouve les mêmes problèmes et la même perception identifiés ailleurs dans des travaux antérieurs sur l'informel à Kinshasa (Ayimpam, 2014b). L'enquête montre que la protection sociale des petits commerçants pose problème : qu'il s'agisse de la question de la prise en charge de la santé, de la sécurité au travail, des accidents de travail, de la retraite, des funérailles du commerçant ou de tiers, etc. L'enquête souligne également le fait qu'il n'existe pas de dispositions de prévention ou de prise en charge de ces risques directement par l'unité économique de chaque commerçant. Si l'on observe une attitude et des propos fatalistes à ce sujet chez les commerçants, qui ont tendance à s'en remettre à la « bonne fortune », c'est parce que les revenus générés par l'activité économique de la plupart d'entre eux sont très faibles et affectés à l'urgence des besoins quotidiens (la nourriture, le transport et le loyer). Seule une infime partie des commerçants interrogés, tels que les semi-grossistes ou les grossistes, qui ont une surface financière importante, arrivent à dégager des revenus plus ou moins décents, leur permettant de faire face à ces risques. On peut dire de manière générale que la précarité des unités économiques des personnes exerçant le petit commerce au marché à Lubumbashi, ne leur permet pas de faire face aux risques généralement couverts par un système de protection sociale.

En second lieu, il faut souligner le fait que l'enquête menée à Lubumbashi met en exergue un certain nombre d'éléments déjà connus concernant l'existence et la manière de fonctionner de l'appareil étatique de la sécurité sociale au Congo. Il convient tout d'abord de rappeler qu'il existe au Congo peu de formes de protection sociale impersonnelles et anonymes susceptibles de prendre en charge la sécurité des travailleurs de manière générale. Ensuite, les dysfonctionnements de l'appareil étatique de sécurité sociale qui, depuis sa conception, ne concerne pour ainsi dire que le travail salarié formel (soit actuellement moins de 10 % de la population active) et laisse de côté les nombreux autres travailleurs, notamment les indépendants. Étant donné qu'avec la crise économique, le travail non salarié et les petites activités indépendantes sont devenus progressivement majoritaires, l'appareil étatique de sécurité sociale leur a été finalement ouvert. Le problème réside dans le fait que cette information ne circule pas et que les acteurs du petit commerce, comme d'autres travailleurs indépendants occupés dans les petites activités économiques au Congo, ne savent pas qu'ils peuvent désormais s'affilier à la sécurité sociale. En outre, étant donné que cet appareil de sécurité sociale a de nombreux dysfonctionnements, il n'attire pas les travailleurs indépendants. L'institut de sécurité sociale collecte assez aisément les cotisations des salariés par un système de prélèvement obligatoire à la source, mais il ne donne que rarement aux travailleurs les prestations auxquelles ils ont droit, le cas échéant : frais des soins de santé, pensions des retraités, etc. sont difficilement pris en charge par la sécurité sociale.

Par ailleurs, en ce qui concerne les personnes employées par les commerçants interrogés, la situation est quasiment la même. Dans le petit commerce au marché, à l'exception des grossistes et des semi-grossistes, les détaillants, qui forment la vaste majorité n'utilisent quasiment pas de main-d'œuvre à proprement parler, mais ont ponctuellement recours à une aide familiale ou à une main-d'œuvre temporaire. Ils n'assurent dès lors pas de couverture sanitaire aux personnes qu'ils emploient : celles-ci peuvent bénéficier, le cas échéant, d'une aide de leur employeur sur une base non convenue à l'avance, mais elle est aléatoire.

5.5. Bancarisation et sécurisation de l'argent

La tendance à la bancarisation chez les commerçants que nous avons observés est à l'image de la tendance à la bancarisation observée au Congo de manière générale, c'est-à-dire une tendance très peu marquée. Au Congo, le taux de bancarisation avoisine les 5 %, et l'on observe chez ces commerçants la même méfiance vis-à-vis des institutions bancaires que vis-à-vis des services de l'état tel que le montre la figure ci-dessous (fig. 8.5).

FIGURE 8.4 La bancarisation chez les commerçants

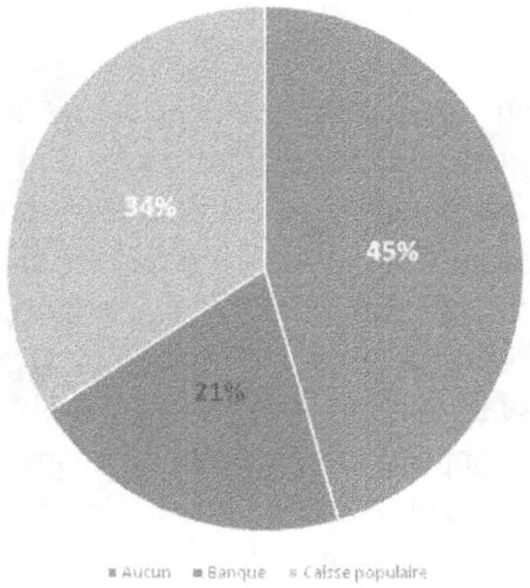

Les commerçants interrogés ne font pratiquement pas confiance aux structures bancaires pour y mettre l'argent de leur activité. En effet, les résultats de l'enquête montrent que la plus grande proportion des commerçants ne détient pas de compte bancaire dans un établissement financier (45,4 %), on trouve ensuite ceux qui gardent l'argent dans des « caisses populaires » (34,2 %), et enfin, ceux qui mettent leur argent dans une banque (20,4 %). De ce fait, l'inclusion financière est faible chez les commerçants. Si l'on va plus loin pour essayer de savoir quel est leur mode d'épargne et de sécurisation de leur argent, les résultats sont plus intéressants si l'on affine les résultats par génération et si l'on dégage des différences de pratiques entre les jeunes et les adultes.

FIGURE 8.5 Sécurisation de l'argent

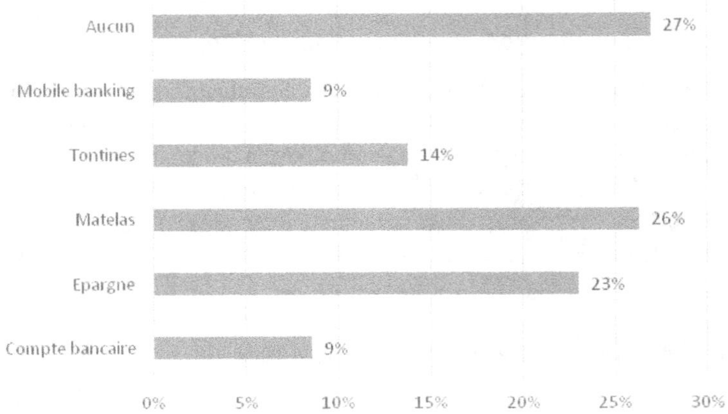

La thésaurisation apparaît comme la forme la plus courante de sécurisation de l'argent par ces commerçants. Si l'on affine ces résultats par génération, on observe que les jeunes auraient moins tendance que les adultes à thésauriser, mais ils auraient en revanche plus tendance à avoir un compte bancaire. Les commerçants interrogés ne pratiquant aucune forme de sécurisation de leur argent car leur activité économique est très faible et ne leur permet pas de dégager un surplus susceptible de faire l'objet d'une véritable épargne sont les plus nombreux : 26 % des adultes et 9 % des jeunes. Ils sont suivis par ceux qui thésaurisent en gardant l'argent « sous le matelas » : cette pratique de thésaurisation ne semble pas intéresser autant les jeunes car nous retrouvons dans cette catégorie 25 % des adultes et 1 % des jeunes. Il en va de même pour la pratique d'épargne-crédit populaire de la tontine que pratiquent 14 % des adultes interrogés contre 1 % des jeunes. *A contrario*, les jeunes commerçants, beaucoup plus que les adultes, épargnent leur argent sur un compte bancaire. Il convient également de remarquer que les services financiers d'un genre nouveau, passant par le téléphone mobile, ont trouvé de la place dans les pratiques d'épargne des commerçants. La leçon essentielle que suggère cette figure est que les commerçants que nous avons interrogés ne font pas confiance aux structures bancaires ni aux institutions financières formelles pour garder leur argent. Ceci représente un défi important en termes d'accès aux financements formels tels que les crédits bancaires, et peut engendrer des difficultés en termes de formalisation et en termes d'inclusion financière.

6. Adéquation entre politiques publiques et besoins des commerçants

Nous allons aborder dans ce dernier point la question du rôle des pouvoirs publics en rapport avec l'informel et des possibilités ou des conditions de la formalisation progressive des activités du petit commerce. Nous aimerions d'emblée préciser qu'aborder la question du rôle de l'État par rapport à la question de l'informel dans le contexte du Congo-Kinshasa est à la fois intéressant et paradoxal. Nous verrons cela plus en détail dans nos conclusions. Nous pouvons d'ores et déjà dire que l'on se trouve au Congo dans le contexte particulier d'un État très défaillant qui s'est progressivement désinstitutionnalisé, gouvernant sur un champ de ruine institutionnel où les initiatives privées bricolent avec les restes des services publics. Il convient ensuite de souligner que cette situation est le résultat d'un processus progressif d'« informalisation » de l'ensemble de l'économie et de l'ensemble des structures sociales, y compris du système étatique ; ce processus est très bien décrit par Gauthier de Villers (2016). L'évaluation de l'environnement professionnel des commerçants, des politiques publiques les concernant, et des contraintes auxquelles ils sont confrontés, nous permettra de discuter dans nos conclusions, en partant du cas du petit commerce à Lubumbashi, cette intéressante question des conditions de la formalisation des petites activités économiques lorsque l'on se trouve dans un contexte propice à l'« informalisation » de l'ensemble de l'économie et du système étatique.

Nous tenterons ainsi dans ce dernier point d'analyser l'adéquation entre les actions ou les politiques éventuelles des pouvoirs publics et les besoins des commerçants, en insistant sur les mesures que ceux-ci disent attendre prioritairement de la part des pouvoirs publics. Avant cela, nous décrirons leur environnement professionnel de leur point de vue, en nous appuyant sur l'évaluation qu'ils en font, ainsi que sur les principales difficultés auxquelles ils disent être confrontés.

6.1. Évaluation de l'environnement entrepreneurial des commerçants

L'évaluation que font les commerçants de leur environnement professionnel est basée sur un certain nombre de domaines sélectionnés et qui sont illustrés dans le graphique suivant (fig. 8.7). Il est en effet question de savoir si les commerçants perçoivent l'évolution de ces différents domaines de leur environnement positivement, négativement ou s'ils estiment que le domaine donné stagne. Ces domaines sont la fiscalité, la douane, l'accès au financement, l'accès aux marchés publics, les formalités administratives, les régulations commerciales, et les dispositifs d'appui et d'encadrement.

FIGURE 8.7 Perception de l'évolution de l'environnement entrepreneurial

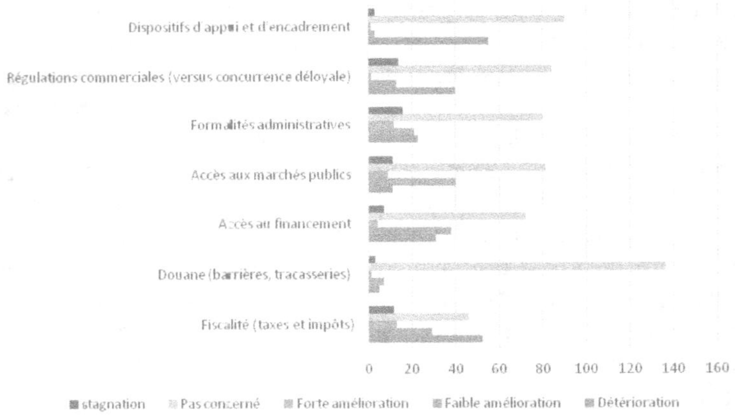

Il est intéressant de noter que les commerçants interrogés ne se sentent quasiment pas concernés par les différents domaines choisis pour évaluer leur environnement professionnel. En effet, ces domaines touchent à la sphère formelle, et la pratique commerciale au quotidien des commerçants en est souvent éloignée. À titre d'exemple, les commerçants interrogés se sentent peu concernés par la fiscalité et la douane. Leur activité ne les amène pas vraiment à être confrontés à la douane, et la fiscalité est perçue en rapport avec les impôts or, ils ne sont pas soumis à l'impôt au sens strict même s'ils se plaignent de la multiplicité des taxes. La taille de leur activité tout comme leurs pratiques de sécurisation de l'argent les éloignent des institutions financières formelles, ce qui, par conséquent, les éloigne également de l'accès au financement ; ces éléments conditionnent également leur non accès aux marchés publics. La taille de leur activité fait qu'ils ne sont que très peu confrontés aux formalités administratives. Les commerçants qui se sentent concernés par l'évolution de ces différents domaines dans leur environnement entrepreneurial la perçoivent, selon les cas, comme positive, négative ou stagnante. Les domaines perçus comme ayant évolué négativement sont les régulations commerciales, les dispositifs d'appui et d'encadrement et l'accès au financement. Les domaines perçus par les commerçants comme ayant évolué positivement sont les formalités administratives et l'accès aux marchés publics, et les domaines perçus comme ayant stagné sont les régulations commerciales en rapport avec la question de la concurrence déloyale.

6.2. Principales difficultés rencontrées

Les commerçants interrogés mentionnent les problèmes liés à l'organisation concrète de leur activité économique et le mode d'organisation commerciale comme les deux difficultés principales auxquelles ils sont confrontés (fig. 8.8).

FIGURE 8. 8 Principales difficultés rencontrées

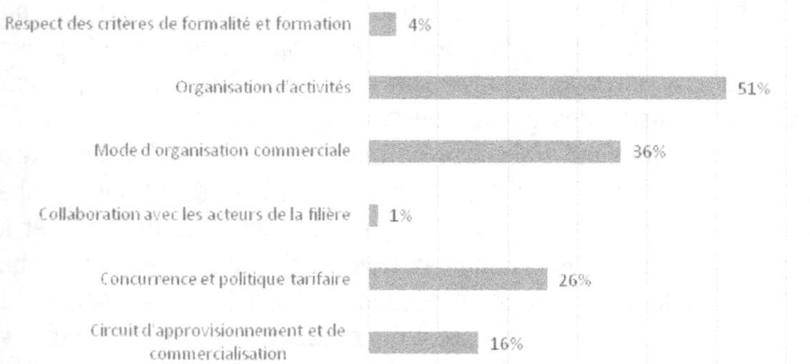

Parmi ces difficultés, on peut citer notamment les problèmes financiers dont se plaignent les commerçants de manière récurrente. Les personnes qui pratiquent le petit commerce au marché, en particulier les détaillants, ont en effet généralement des problèmes financiers liés à la faiblesse de la surface financière, ce qui entraîne des problèmes de trésorerie, des difficultés à accéder au crédit. Il leur est par conséquent difficile de développer leur activité, qui reste précaire. La question de la concurrence déloyale à laquelle sont confrontés les commerçants est aussi épinglée comme une difficulté importante ; cette difficulté est elle-même liée à la désorganisation des circuits d'approvisionnement et de commercialisation.

6.3. Principales contraintes et principaux défis à la formalisation

6.3.1. Principaux obstacles et contraintes à la formalisation

Nous pouvons tout d'abord considérer cette question des obstacles à la formalisation au plan micro-social avant de l'examiner au plan macro-social. Au niveau micro-social, nous tenterons tout d'abord de restituer les éléments tels qu'ils ont été énoncés par les commerçants pendant l'enquête. Ensuite, nous restituerons les éléments issus de nos entretiens avec les structures étatiques ou provinciales chargées de l'administration de l'économie.

Du point de vue des commerçants, les obstacles à la formalisation sont nombreux et le plus important selon eux est la difficulté d'accès aux financements (figure 8.9).

Il apparaît que pour ces commerçants, la faiblesse des moyens dont ils disposent pour exercer leur activité économique constitue le principal obstacle à la formalisation de leur activité. D'autres difficultés sont également considérées comme des obstacles à la formalisation. On peut citer notamment l'absence de dispositifs d'appui et d'encadrement, la multiplicité des taxes qui ne faciliterait pas leur tâche, puisqu'ils ne bénéficient d'aucun appui financier, la multiplicité et la complexité des formalités administratives, l'absence de politique cohérente de régulation des activités commerciales, la lourdeur administrative les obligeant à se soumettre à de multiples formalités et enfin, la difficulté d'accès aux marchés publics.

FIGURE 8.9 Les principaux obstacles à la formalisation

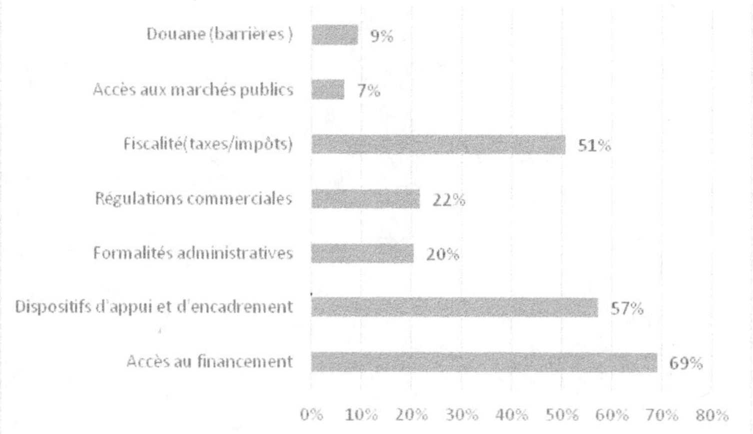

6.3.2. Mesures prioritaires attendues

En ce qui concerne les mesures prioritaires attendues par les commerçants de la part des pouvoirs publics pour les aider à améliorer leur activité et la formaliser, deux grands pôles se dégagent. Certains veulent que les pouvoirs publics mettent en place des mesures d'appui et d'encadrement de leurs activités (43 %), d'autres souhaitent que les pouvoirs publics diminuent les tracasseries administratives (29 %). Enfin, on peut citer un troisième pôle, constitué de ceux qui veulent que les pouvoirs publics diminuent les tracasseries administratives tout en mettant en place des dispositifs d'appui et d'encadrement (28 %) (figure 8.10).

FIGURE 8.10 Mesures prioritaires attendues

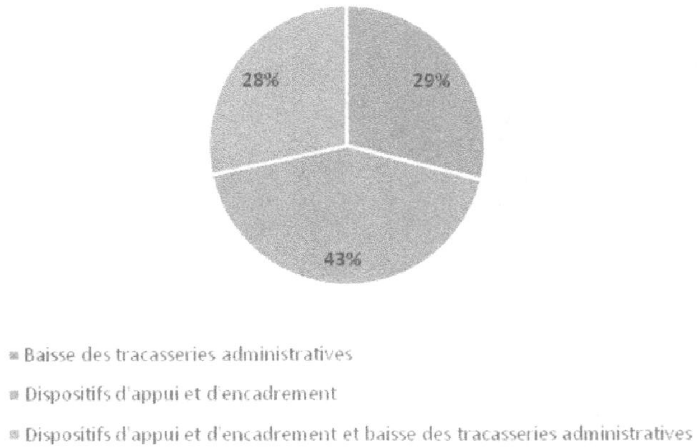

Parmi les dispositifs d'appui et d'encadrement de leurs activités, on peut citer des éléments tels que la facilitation de l'accès au crédit, la formation professionnelle, l'accès aux infrastructures, une meilleure organisation des filières, l'accès aux marchés publics, etc. En ce qui concerne la diminution des tracasseries administratives, il est question de faciliter les démarches administratives, réduire la multiplicité des taxes, supprimer les taxes doublons ou triplons, etc. Si les personnes interrogées avancent ces deux mesures prioritaires, les mesures d'appui et d'encadrement des commerçants et la lutte contre les tracasseries administratives, il va de soi que d'autres choses sont également à faire pour inciter les commerçants à formaliser leur activité.

6.2.3. Les défis de la formalisation et l'implication des pouvoirs publics

Si l'on considère la question au niveau macro-social, les obstacles à la formalisation des petites activités économiques semblent principalement liés, d'une part, à la faiblesse et aux défaillances de l'État et, d'autre part, à l'absence de politique publique véritable et volontariste sur la question de l'informel. On est bien loin ici du cas de pays tels que le Bénin (Bangbola, 2014) ou le Burkina Faso (Barussaud, 2014) pour n'en citer que deux, où les pouvoirs publics ont entrepris certaines politiques volontaristes, même si elles ne sont pas parfaites. En ce qui concerne le Congo (RDC) – et le cas du petit commerce à Lubumbashi le montre bien – on n'observe pas de réelle volonté politique d'appuyer les petites activités économiques ni d'aider à leur formalisation progressive.

Voilà ce qui ressort de nos entretiens avec les structures institutionnelles étatiques ou décentralisées, censées réglementer, soutenir, encadrer, en un mot réguler les petites activités économiques[126]. De même, nous avons discuté avec les responsables de groupements professionnels tels la Fédération des entreprises du Congo, le Syndicat des patrons, ou la Confédération syndicale du Congo (CSC), un syndicat des travailleurs. Au plan de la règlementation, il existe bien un décret réglementant l'exercice du petit commerce, réservé aux nationaux. Selon la division provinciale du ministère de l'Économie, la différence entre petit commerce informel et formel n'est toutefois pas claire, car au niveau de ce ministère, on utilise comme critère d'identification le paiement de la patente. Il existe bel et bien des moyens dissuasifs tels que la police économique, chargée d'identifier les petits commerçants irréguliers et de transmettre l'infraction au Parquet. Les moyens d'action sont essentiellement répressifs, alors que le degré d'adaptation et le niveau de respect de la règlementation commerciale sont très faibles. De même, le niveau d'encadrement et de structuration de l'économie informelle est très faible à Lubumbashi. Il n'existe pas de politique intégrée d'encadrement de l'économie informelle entre le ministère de l'Économie et sa division provinciale. La Division provinciale ne dispose, qui plus est, d'aucune structure d'encadrement de l'économie informelle pouvant assurer une transition progressive vers la formalisation.

L'inspection générale du Travail, chargée de l'application de la législation sociale, notamment de la santé et de la sécurité au travail et de la promotion de rapports harmonieux entre employeurs et travailleurs, fonctionne sous un régime déclaratif. Seuls les employeurs ayant déclaré leurs établissements, y compris le nombre d'agents employés[127], intéressent l'Inspection du travail. Étant donné que les petits commerçants ne déclarent ni leurs établissements, ni leurs travailleurs, ils n'intéressent pas de manière stricte l'inspection du travail. Selon l'inspection du travail, certains acteurs du petit commerce informel

126 Dans le cadre de ces entretiens, nous avons rencontré les responsables de la Division provinciale de l'économie, l'inspection provinciale du travail, la direction générale des impôts, la direction des recettes du Haut Katanga, la direction générale des douanes et assises, l'Institut national de sécurité sociale, l'Institut national des statistiques, la division provinciale du genre, de la famille et des enfants.

127 Cf. l'article 216 du Code du travail congolais.

emploieraient pourtant jusqu'à 10 travailleurs. La règlementation du travail, dans sa configuration actuelle, ne semble pas vraiment adaptée aux petites activités économiques ou commerciales. Les failles résideraient au plan de l'absence de mesures contraignantes pour faire respecter le Code du travail. L'atout majeur dont dispose l'inspection du travail est la présence des inspecteurs chargés de constater les infractions et de pousser les employeurs à se conformer à la loi en cas d'irrégularité ou de contravention. En dehors de ces éléments dissuasifs, il n'existe pas de mécanismes de dialogue et de concertation entre l'administration et les commerçants informels.

La Direction Générale des Impôts (DGI) ne s'occupe que des entrepreneurs d'une certaine envergure, ayant une activité économique d'une certaine ampleur (10.000 US$ de chiffres d'affaires), et qui sont assujettis à l'impôt. Elle ne s'occupe pas des petits commerçants informels. En effet, les petits commerçants qui se sont fait identifier mais n'ont pas de numéro de registre de commerce (RCCM), sont soumis au régime de la patente. Il s'agit de l'autorisation qu'un opérateur économique reçoit de l'administration pour exercer le petit commerce.[128] La plupart des commerçants ignorent l'existence de cette loi, ce serait leur faiblesse principale.

La Direction des recettes du Haut Katanga DRHKAT recouvre les impôts, droits, taxes et redevances dus à la Province du Haut Katanga, dont Lubumbashi est la capitale. Elle s'intéresse aussi aux petits commerçants qui payent la patente. Tenant compte du fait que la majorité des petits commerçants ne déclarent pas volontairement leurs activités, la DRHKAT utilise essentiellement la contrainte et la répression pour parvenir à ses fins. Les moyens de dissuasion utilisés sont l'invitation de service, la vulgarisation, le recouvrement forcé, les pénalités, la fermeture des établissements. Selon la DRHKAT, certains commerçants informels acceptent de plus en plus facilement de s'identifier, même si la plupart attendent la période de recouvrement forcé pour le faire. Des influences politico-policières s'exerceraient de façon récurrente pendant les périodes de recouvrement forcé des taxes. Il s'agirait d'une faiblesse importante du processus de formalisation. Quoiqu'il n'y ait pas de politique intégrée d'appui à l'économie informelle, la direction des recettes provinciales estime que le fait de travailler avec la police, la société nationale d'assurance et la mairie de Lubumbashi, est

128 La loi sur la procédure fiscale 004/2013 du 13 mars 2013 portant réforme de la procédure fiscale

un début de processus de mise en œuvre, en province, d'une politique intégrée d'appui et de formalisation du petit commerce.

La Direction générale des douanes et accises (DGDA) taxe toute marchandise provenant de l'extérieur du pays. La plupart des petits commerçants qui vendent dans les marchés de Lubumbashi ont rarement affaire à la douane, en dehors des grossistes/importateurs. Les facilitations à déclarer et dédouaner sa marchandise sont les mesures incitatives à la formalisation que le nouveau Code douanier accorde à toute personne physique ou morale. De même, il a été mis en place dans le cadre des politiques du COMESA, le marché commun d'Afrique australe, un régime commercial simplifié (RECOS), censé simplifier les procédures de commerce transfrontalier. Le texte du RECOS aurait déjà été signé par les autorités de la RDC mais n'est pas encore mis en œuvre.

L'Institut national de sécurité sociale (INSS) a pour mission d'organiser et de gérer le régime général de sécurité sociale au Congo. Ses principaux objectifs sont l'assujettissement des employeurs et des travailleurs à la sécurité sociale, le contrôle et le recouvrement des cotisations sociales ainsi que la prise en charge des prestations sociales. Conformément à la loi, les employeurs doivent déclarer leurs travailleurs et les affilier au régime de la sécurité sociale. L'INSS fonctionne donc sous un régime déclaratif et couvre en principe la prise en charge de la vieillesse, de l'invalidité, des décès, des accidents de travail, des maladies professionnelles ainsi que des allocations familiales. La nouvelle loi de 2016 fixant les règles relatives au régime général de la sécurité sociale[129] élargit le champ d'application à certaines catégories de travailleurs non encore assujettis – comme les commerçants informels par exemple – qui ont désormais la possibilité de se faire identifier et d'accéder aux différents services couverts par l'INSS, qui est depuis lors devenu la Caisse nationale de sécurité sociale (CNSS). Contrairement aux prévisions, ces nouveaux dispositifs ne semblent cependant pas inciter les travailleurs à s'affilier massivement à la sécurité sociale ; les travailleurs indépendants, comme les commerçants sur lesquels nous avons enquêté, par exemple, restent indifférents à la sécurité sociale. Selon nos interlocuteurs à la direction provinciale de l'INSS, ce désintérêt des travailleurs serait lié à la

129 N° 16/009 du 15 juillet 2016 fixant les règles relatives au régime général de la sécurité sociale. Cette loi comprend notamment l'extension des allocations familiales sur toute l'étendue du pays y compris des allocations prénatales et des allocations de maternité.

méconnaissance de cette nouvelle loi qui n'est pas vulgarisée par l'INSS ; la vulgarisation de cette loi permettrait, selon eux, de sensibiliser les nouvelles catégories de travailleurs afin qu'ils s'affilient désormais à la sécurité sociale.

À notre sens, le problème réside moins dans la méconnaissance de ces nouveaux dispositifs pour inciter les nouvelles catégories de travailleurs à s'affilier à la sécurité sociale que dans les dysfonctionnements même de l'INSS depuis plus de trente ans. Cet appareil étatique de la sécurité sociale dysfonctionne comme quasiment tous les services publics au Congo-Kinshasa, avec la persistance d'une profonde crise économique et un processus de déstructuration progressif et continu de l'appareil et du système étatiques. Si depuis une dizaine d'années, on a assisté à quelques tentatives de réformes,[130] soutenues surtout par des institutions d'aide au développement externes au pays, on constate que les différentes réformes entreprises l'ont été de manière sectorielle et non intégrée.

Dans le domaine d'activités qui nous intéresse, le petit commerce informel, il n'y a pas eu à proprement parler de politique publique de réforme ou de soutien à ce secteur. En réalité, ce que l'on observe avec la sécurité sociale, renvoie à ce qu'on a vu précédemment avec l'inspection du travail, la douane, la direction des recettes et des impôts, etc. Il ressort de la lecture des dispositifs légaux et des entretiens avec des représentants des différentes institutions publiques impliquées dans la question du petit commerce, qu'il n'existe pas de politique intégrée et coordonnée d'appui au petit commerce. Il existe bien entendu une nouvelle règlementation commerciale, mais qui semble avoir été mise en place sans réellement tenir compte des spécificités des micro- et petites activités commerciales. La conséquence en est que le degré d'adaptation et de niveau de respect de la règlementation commerciale est faible chez les commerçants interrogés.

7. Conclusion

Cette étude sur le petit commerce et la vente au détail à Lubumbashi a révélé certaines facettes de l'économie informelle dans cette ville minière. Nous résumerons ici les principaux résultats de l'étude, nous

130 Il s'agit surtout des institutions du Bretton Woods telles que la Banque mondiale, le Fonds monétaire international, ou encore L'Union européenne et les coopérations bilatérales européennes.

les replacerons ensuite dans le contexte du pays, et nous tracerons enfin quelques perspectives en termes de formalisation de ces activités.

Les résultats de l'enquête ont permis de tracer le profil socio-démographique, les trajectoires de vie ainsi que les motivations qui ont poussé les commerçants à embrasser ce métier. L'analyse du profil et de la trajectoire de vie des commerçants montre qu'ils forment un groupe assez homogène. Les femmes sont plus nombreuses que les hommes dans ce métier, l'âge moyen se situe autour de 40 ans, et le niveau moyen des études est l'école secondaire ; l'enquête montre que les commerçants disposent de ressources individuelles très faibles, peu compensées par des dynamiques d'entraide et de solidarité (famille et regroupements professionnels). L'examen du mode d'organisation du petit commerce, et notamment du type de filières, de la position des acteurs, de la concurrence et de la collaboration, du niveau d'organisation, montre que les filières commerciales ne sont pas organisées, et qu'on y observe des formes de concurrence déloyale à cause du non-respect de la spécialisation et de la position des différents acteurs faisant partie des filières. L'enquête montre également une extraversion de cette économie marchande liée au fait que les produits vendus sur les marchés de Lubumbashi proviennent de l'extérieur de la ville et sont principalement des importations des pays de la sous-région Afrique australe, et des pays asiatiques.

En ce qui concerne le processus de formalisation, nous avons essayé de savoir si les commerçants respectaient ou non les critères de formalisation, et quelles étaient leurs pratiques et stratégies en la matière. Il apparaît que les commerçants ne sont quasiment pas engagés dans un processus de formalisation à proprement parler. Si, dans l'exercice de leur métier, les commerçants respectent certains critères de formalisation tels que le paiement de certaines taxes, ou la tenue d'une certaine comptabilité, ils ne paient en revanche pas d'impôt car ils ne relèvent pas du registre de l'impôt, mais de la patente, et ils ne sont pas affiliés à la sécurité sociale. Le processus de formalisation apparaît finalement comme inexistant, voire involutif, car lié au cadre économique et politique dans lequel ne figurent quasiment pas de mesures incitatives à la formalisation, mais plutôt des mesures répressives et l'usage des moyens dissuasifs. L'étude montre enfin qu'il n'y a pas d'adéquation entre les politiques publiques et les besoins des commerçants. Les commerçants ont d'ailleurs une perception négative de l'environnement économique dans lequel ils évoluent qui ne tient pas compte selon eux des difficultés et des contraintes auxquelles ils sont confrontés dans l'exercice de leur métier.

On peut dire que le visage actuel du petit commerce à Lubumbashi est également le reflet de la conjoncture économique générale. Entre l'année 2015 et l'année 2017 où l'étude a été menée, l'économie de la RDC était en mauvaise posture. En effet, dès 2016 l'économie du pays est entrée en récession, après une décennie florissante sur le plan macroéconomique, soutenue par ce qu'on a appelé le « boom minier », de 2006 à 2015. Durant cette décennie, les indicateurs macro-économiques étaient au vert et le Katanga, principale région minière dont Lubumbashi est la capitale, sous-tendait cette croissance économique. L'économie du pays et du Katanga connaissait une période de relative prospérité et d'essor.

Dès 2015, l'économie du pays a toutefois connu un ralentissement suite à la chute du cours du cuivre sur les marchés internationaux ; nombre d'entreprises minières implantées au Katanga ont mis la clé sous la porte. Au-delà des problèmes économiques, la période a été aussi caractérisée par une instabilité sur le plan politique liée à la non organisation des élections, à l'échéance prévue de décembre 2016. Cette instabilité et le flou dans l'horizon politique n'ont pas incité d'autres investisseurs à venir s'installer et cela a eu des répercussions sur d'éventuels nouveaux investissements, potentiels créateurs d'emplois, et sur le plan économique. Il y a donc eu un ralentissement économique général avec des conséquences sur l'économie salariale. On a ainsi observé une diminution du nombre d'emplois dans le secteur minier, déversant ces nouveaux « sans emploi » dans le secteur du petit commerce. Le monde des micro-activités et des petites activités commerciales à Lubumbashi constitue ainsi cette zone « tampon » continuant à résorber les reflux de l'économie salariale en période de crise dans cette ville minière. Il continue à être ce lieu d'accueil de tous ceux qui ne trouvent pas de travail dans le secteur public ou dans le secteur privé et de ceux qui cherchent un complément de revenu. Il demeure toutefois plus que tout un important lieu de l'auto-emploi. Au regard de ce rôle important de filet social qu'il continue à jouer, même dans le cadre d'une ville minière avec un fort potentiel d'industrialisation comme Lubumbashi, il nous paraît judicieux qu'il fasse l'objet d'une attention particulière de la part des pouvoirs publics.

Une politique de formalisation progressive des activités du petit commerce et de la vente au détail devrait prendre en compte les principales difficultés exprimées par les commerçants ainsi que les mesures qu'ils disent attendre prioritairement. Ces difficultés comprennent d'une part celles qui sont directement liées aux caractéristiques de leur activité et d'autre part celles qui sont liées à l'environnement dans lequel ils travaillent. La mise en place d'une politique cohérente et globale de régulation des petites activités commerciales s'avère être la mesure centrale et primordiale à prendre, en vue de la formalisation progressive de ces petites unités économiques. Une telle politique pourrait avoir plusieurs axes d'intervention qui feraient chacun l'objet d'un programme d'appui au petit commerce dans un domaine précis des difficultés exprimées, et elle permettrait à la fois de renforcer les petites activités économiques et d'améliorer l'environnement professionnel des commerçants.

- Étant donné que la faiblesse des moyens financiers est la difficulté majeure exprimée par les commerçants pour formaliser leurs activités, il serait important de mettre en place un programme d'accès au crédit, souple et adapté aux caractéristiques et aux besoins des acteurs du petit commerce. Un tel programme dont l'objectif principal serait d'accroître leur surface financière et de les aider à une meilleure gestion financière aurait l'avantage de concourir au renforcement, voire à la pérennisation de l'activité économique, bien souvent décrite comme structurellement faible : précaire, instable et générant de très faibles revenus. De même, l'accroissement de leur surface financière leur permettrait de mieux se positionner pour avoir éventuellement accès aux marchés publics.

- Un programme de réduction de la complexité et de la lourdeur des formalités administratives nous semble très important pour une formalisation progressive du petit commerce. En effet, la lourdeur des démarches administratives soumet le commerçant à une multiplicité de formalités et décourage ceux qui, parmi les commerçants, veulent être en règle avec les dispositifs règlementaires. Ce programme pourrait comprendre un volet d'aide et d'accompagnement aux démarches administratives pour les commerçants qui se sentent démunis face à la machine administrative. Ce programme pourrait s'inspirer notamment du modèle du régime commercial simplifié (RECOS) mis en place pour le petit commerce transfrontalier par le marché commun d'Afrique de l'est et australe (COMESA), dont l'objectif est de faciliter la fluidité des échanges du petit commerce entre les pays de la sous-région. Le dispositif RECOS réduit en effet la multiplicité des démarches administratives et met en place un guichet unique pour l'ensemble des démarches administratives que doivent effectuer les petits commerçants à la frontière. Ce qui est fait pour améliorer les conditions d'exercice du petit commerce transfrontalier pourrait également l'être pour le petit commerce dans la ville.

- La mise en place des mécanismes de dialogue et de concertation permanente entre les pouvoirs publics et les commerçants. Un tel programme améliorerait les relations entre les commerçants et les pouvoirs publics qui sont des relations d'hostilité et de méfiance réciproque, généralement basées sur la répression de la part des représentants des pouvoirs publics et sur la transgression des normes de la part des commerçants. L'amélioration du dialogue entre les commerçants et les pouvoirs publics peut aider à la baisse des tracasseries administratives et à une meilleure prise en compte des difficultés des commerçants.
- Une mise en cohérence de la nomenclature des diverses taxes et redevances qui concernent l'exercice du petit commerce est très importante afin de réduire l'arbitraire, d'améliorer les relations entre commerçants et pouvoirs publics, et de favoriser une formalisation progressive. En effet, l'une des difficultés majeures auxquelles les commerçants disent être confrontés est la multiplicité des taxes qui ne facilite pas la tâche des commerçants qui pourtant ne bénéficient pas d'appui financier. Une publicité claire à travers des campagnes de communication et de sensibilisation à ces taxes et redevances réduirait l'arbitraire auquel sont parfois exposés des commerçants ayant un faible niveau d'études face à certains agents qui n'hésitent pas à leur réclamer des taxes qui ne les concernent pas ou en « inventent » d'autres.
- La mise en place des dispositifs d'appui et d'encadrement des commerçants s'avère également importante. Les commerçants ont exprimé le besoin d'avoir accès à la formation professionnelle car ils ne maitrisent pas toujours les rouages de la profession. Certains ont été initiés au métier dans le cadre familial, mais ce n'est pas le cas de la majorité des commerçants qui ont appris le métier sur le tas et qui le pratiquent en tâtonnant. Des programmes de formation abordant divers aspects de la gestion

des affaires, voire des programmes d'alphabétisation peuvent les aider à pratiquer leur métier de manière plus professionnelle. Certains commerçants peu alphabétisés ont généralement une méconnaissance de la règlementation en matière de petit commerce, de l'existence de réformes comme celles de la sécurité sociale et des dispositifs d'appui éventuels. Ils ont parfois une perception biaisée de leur environnement professionnel ainsi que des rapports qu'ils ont avec les pouvoirs publics. Par conséquent, ils ne perçoivent pas toujours clairement les enjeux et les avantages d'une formalisation de leurs activités. Ces dispositifs devraient également permettre de mieux organiser les filières commerciales et de mieux organiser la spécialisation du travail entre importateurs, grossistes, semi-grossistes et détaillants afin de réguler la concurrence déloyale bien souvent ressentie par les petits commerçants.

- La mise en place d'un programme d'accès à la protection sociale visant spécialement les travailleurs indépendants et à très faibles revenus, comme les acteurs du petit commerce et de la vente au détail. En effet, les commerçants sur lesquels nous avons enquêté ici ont de très faibles niveaux de rémunération qui ne leur permettent pas d'épargner pour faire face aux aléas et aux risques de l'existence (accidents, maladies, décès, etc.) alors que leurs conditions de travail sont très rudes. Ce programme pourrait s'appuyer sur deux piliers : d'une part, l'approfondissement et une meilleure adaptation de la récente réforme de la sécurité sociale, basée sur l'extension de l'appareil étatique de la sécurité sociale aux travailleurs indépendants non-salariés, et, d'autre part, il peut également s'appuyer sur certaines adaptations des mécanismes de prise en charge collective que sont les systèmes populaires d'entraide auxquelles recourent généralement en Afrique tous les exclus de la sécurité sociale.

Dans une perspective de formalisation progressive, il est impérieux à notre sens que les pouvoirs publics passent d'une logique basée essentiellement sur la répression à une perspective consistant à mettre en place des mesures incitatives à la formalisation. Nos observations à Lubumbashi montrent bien que, comme ailleurs, les petites activités commerciales ne sont pas des activités « cachées » ou de l'ombre : elles se déroulent le plus souvent au grand jour. Elles tendent toutefois plus souvent qu'ailleurs à échapper, voire à se dérober à l'enregistrement et au cadre règlementaire et institutionnel de l'économie dans un contexte comme celui du Congo. En effet, on est ici dans un contexte particulier où l'on observe depuis plusieurs décennies un processus lent mais général d'« informalisation » progressive de l'ensemble de l'économie, des structures sociales et du système étatique. La formalisation des petites activités informelles semble alors plus qu'ailleurs être un véritable défi. La formalisation apparaît ici comme un impératif devant s'appliquer à toutes les sphères de l'économie et de la société. Cela implique la reconstruction d'une administration publique forte, d'un véritable appareil à travers lequel l'État exercerait ses prérogatives, et éventuellement la réduction de la corruption. Dans ce cadre, il serait nécessaire de remettre l'État sur la bonne voie en réhabilitant ses capacités minimales en matière d'administration et de maintien de l'ordre.

Bibliographie

Alba, C. et Labazee, P. (2007), « Libéralisation et secteur informel. Réflexions à partir du cas mexicain », *Transcontinentales,* n° 4.

Ayimpam, S. (2014), *Économie de la débrouille à Kinshasa : informalité, commerce et réseaux sociaux,* Paris : Karthala.

Bangbola, Liamidi O. (2014), « Organiser la transgression ou formaliser l'informel », in S. Perseil et Y. Pesqueux (éds), *L'organisation de la transgression. Formaliser l'informel ?* Paris : L'Harmattan.

Barussaud, S. (2014), « Impact des politiques de développement du secteur privé au Burkina Faso : entre indifférence et espoirs déçus des petits entrepreneurs », in Lapeyre, F. et Lemaitre A. (éds), *Politiques publiques et pratiques de l'économie informelle en Afrique subsaharienne,* Louvain-la-Neuve, Academia.

Benjamin, N., Mbaye, Ahmadou A. (2012), *Les entreprises informelles de l'Afrique de l'Ouest francophone : Taille, productivité et institutions* (Africa Development Forum), Washington DC : Banque mondiale et Agence Française de Développement.

Dibwe Dia M. (2002), « Processus d'"informalisation" et trajectoires sociales. Le cas de la Ville de Lubumbashi », in G. de Villers, B. Jewsiewicki et L. Monnier, *Manières de vivre. Économie de la débrouille dans les villes du Congo-Zaïre,* Bruxelles : Cahiers africains.

de Villers, G. (2016), *Histoire du politique au Congo-Kinshasa. Les concepts à l'épreuve,* Louvain-la-Neuve, Academia.

de Villers, G. (2002), « Introduction », in G. de Villers, B. Jewsiewicki et L. Monnier, *Manières de vivre. Économie de la débrouille dans les villes du Congo-Zaïre,* Bruxelles : Cahiers africains.

Lapeyre, F. et Lemaitre A. (éds) (2014), *Politiques publiques et pratiques de l'économie informelle en Afrique subsaharienne,* Louvain-la-Neuve : Academia.

Lapeyre, F., Lebailly, P., M'Bayo, L, et Musewe, Mutombo Kyamakosa, M. (2011), *Le modèle de croissance Katangais face à la crise financière mondiale : enjeux en termes d'emplois*, Document de travail de l'Emploi n° 82, Genève : BIT.

Perseil, S. et Pesqueux, Y. (éds) (2014), *L'organisation de la transgression. Formaliser l'informel ?*, Paris, L'Harmattan.

Pesqueux, Y. (2014), « De l'économie informelle », in S. Perseil et Y. Pesqueux (éds), *L'organisation de la transition. Formaliser l'informel,* Paris : L'Harmattan.

Rubbers, B. (2007), « Retour sur le secteur informel. L'économie du Katanga face à la falsification de la loi », *Sociologie du Travail,* n° 49(3).

Table des matières

•

Chapitre 2

Aperçu statistique de l'économie informelle en Afrique 57

Florence Bonnet

www.ingramcontent.com/pod-product-compliance
Lightning Source LLC
LaVergne TN
LVHW050626051026
849532LV00002B/284